현
봉
학

현봉학

흥남철수작전의 주역, 동포를 사랑한 휴머니스트

2017년 12월 19일 초판 인쇄
2017년 12월 19일 초판 발행

지은이 현봉학 | 기획 (사)현봉학박사기념사업회
책임편집 김수진 | 교정교열 정난진 | 펴낸이 이찬규 | 펴낸곳 북코리아
등록번호 제03-01240호 | 전화 02-704-7840 | 팩스 02-704-7848
이메일 sunhaksa@korea.com | 홈페이지 www.북코리아.kr
주소 13209 경기도 성남시 중원구 사기막골로 45번길 14
      우림2차 A동 1007호
ISBN 978-89-6324-580-5 03990

값 25,000원

현봉학

흥남철수작전의 주역,
동포를 사랑한 휴머니스트

현봉학 지음

북코리아

일러두기

이 책의 제1부 '현봉학, 나의 이야기'는
1996년에 집필된 故 현봉학 박사의 회고록을 재수록한 것으로서,
내용 일부는 이해를 돕기 위해 수정하였습니다.

《현봉학》을 출간하며

고(故) 현봉학 박사를 그리워하며 기리는 사람이 많다. 그런 이들이 모여 '현봉학 박사를 추모하는 모임(현추모)'을 꾸려왔지만, 안타깝게도 그간 현봉학 박사는 그 업적에 걸맞은 평가를 받지 못한 터였다. 그런 가운데 지난 2014년 현봉학 박사가 국가보훈처로부터 '12월의 전쟁 영웅'으로 선정됨에 따라 새로운 마당이 열렸다. 이는 곧 현봉학 박사의 업적을 더욱더 널리 세상에 알려야겠다는 많은 관계자 여러분의 하나 된 성원에 힘입은 것이다. 그리고 2년 후인 2016년 12월 19일에는 현봉학 박사가 의과 대학생으로서, 첫 의사로서, 첫 교수진으로서 발자취를 남긴, 그래서 한층 더 유서 깊은 옛 세브란스 병원 터에 그를 기리는 동상을 세우기에 이르렀다. 참으로 가슴 벅찬 일련의 행적이 아닐 수 없다.

이 모든 일이 가능했던 것은 두말할 나위 없이 '흥남철수대작전'이라는 전대미문의 사건, 시공간을 뛰어넘는 역사적 거사의 중심에 현봉학 박사가 있었기 때문이다.

현봉학 박사의 생애를 돌이켜보며, 그를 재평가하고 기리는 출판물을 준비하는 것은 여러 가지 측면에서 결코 쉬운 과제가 아니다. 그런데 다행스럽게도 현봉학 박사는 자신의 가족 사항은 물론 성장 및 교육 과정을 비교적 소상하게 글로 남겼다. 특히 그가 훗날 남긴 한국전쟁 관련 글은 우리나라 근현대사의 귀중한 사료이기도 하다.

무엇보다 현봉학 박사는 1953년 도미(渡美)한 후 학자로서 최고의 명성을 누리면서도 흥남철수작전에 관여한 수많은 사람을 추적하고 찾아내 직접 인터뷰했다. 흥남철수작전의 주역인 알몬드 사령관(당시 미 10군단), 도쿄 맥아더 사령부의 연락관으로 있던 알렉산더 헤이그(훗날 미국 국무장관 역임), 그리고 포니 대령 등을 만나 흥남철수작전에 얽힌 이야기를 사진 자료와 함께 생생한 기록으로 남긴 것이다.

현봉학 박사는 생전에 자서전(《나에게 은퇴는 없다》)을 비롯한 몇 권의 저서와 많은 언론 매체에 다양한 글을 남겼다. 이러한 자료의 본뜻을 훼손하지 않고 여기에 새로 발굴한 자료를 더해 《현봉학》을 출판하게 되었다. 새로운 마음가짐으로 출범한 '(사)현봉학박사기념사업회'(회장 한승경)가 내놓는 첫 작품이기에 한층 더 각별한 의미가 있다. 이 책이 특히 '우리 시대에는 영웅이 없다'고 생각하는 이들에게 뜻깊은 메시지를 전해줄 것이라 믿는다. 마지막으로 (사)현봉학박사기념사업회 설립에 도움을 주신 국가보훈처 피우진 처장님 및 관계자 여러분께 감사드린다.

2017년 12월
현봉학 박사를 추모하는 모임 전 회장
이성낙

책을 내면서

오래전부터 주변 친구들이 자서전을 써보라고 권고했으나 무엇을 어떻게 써야 할지 몰라서 여러 해 동안 주저했다. 그러나 한반도와 미국에서 오랜 세월을 살아온 나의 일생이 이 시대를 지켜온 우리의 기록이 되고, 특히 미국 이민사회의 산 역사가 된다는 그들의 설득을 끝내 피할 수 없었다. 혹독했던 일제강점기 시기의 학교생활로 우리말마저 제대로 배우지 못했기에 자서전을 쓴다는 것은 정말 내키지 않는 일이었다. 그러나 나같이 평범한 보통 인간의 파란만장했던 삶의 기록도 우리 재미 동포의 산 역사로서 후세들에게 이야깃거리가 될 수 있겠다는 단순한 바람으로 펜을 들었다.

막상 글을 쓰기 시작하니 예상치 못한 여러 가지 어려움이 따랐다. 관계를 맺었던 많은 사람의 이름, 배경, 만났던 때와 장소들에 대한 기억이 너무도 희미했고, 당시 내 마음속의 느낌이나 감정, 판단도 어떠했는지 생각나지 않았다. 기록을 남기는 일에 얼마나 소홀했는지 부끄럽기 그지없다. 그러면서도 어떤 때는 한꺼번에 너무도 많은 일이 갑자기 생각나서 글로 옮기는 데 순서가 뒤바뀌어 두서없는 글이 되기도 했다. 그러나 무엇보다 곤란했던 점은 표현력의 빈곤이었다.

1988년 2월, 나는 30년 동안 의학 연구와 교육생활을 해온 뉴저지 주립의대(로버트 우드존슨)의 교수직과 나의 이름으로 명명된 뮬런버그 교육병원 병리과장 자리에서 정년이라는 연령의 한계선에 매듭을 짓고 은퇴했다. 그해 5월에 제자, 후배들의 권유와 부탁으로 필라델피아의 토머스 제퍼슨 의과대학의 병리학 교수 겸 혈액병리 주임직을 맡았다. 1~2년 정도만 있을 예정이었는데, 8년이라는 긴 세월이 흘렀다. 금년 6월 말에 다시 은퇴하기로 결심했으나 나의 운명은 은퇴할 수 없도록 결정지어져 있는 것 같다. 왜냐하면 몇 해 전 새로 창설된 수원의 아주대학교 의과대학에서 교수로 와달라는 부탁을 받아들였기 때문이다.

이러한 연유로 나에게는 '은퇴'라는 말이 적용되지 않을 수밖에 없다. 대학에서의 생활도 그러했고 사회 활동에서도 마찬가지다. 더 많은 일이 나의 적극적인 활동을 기다리고 있는 듯 여겨진다. 나로서는 이것이 정말 뜻있는 혹은 보람 있는 삶이었는지 평가할 수 없다.

그러나 후회는 하지 않는다. 내가 스스로 이끌어온 삶이었기에!

1996년 7월
뉴저지 주 와청에서

차 례

2부

**현봉학,
그를 그리다**

1부

현봉학, 나의 이야기

1장

꿈엔들 잊힐리야

흥남중학교 3학년 시절의 필자

머나먼
평양길

40년 만의 귀향

1991년 6월, 40여 년 만에 북녘 땅을 밟았다. 한국전쟁이 일어난 그해 12월 성탄절 전날 밤, 흥남철수 때 피난민과 같이 떠나온 이후 하루도 잊지 못한 고향 땅과 고향 사람들, 죽음의 피난행렬 속에서 보았던 그 표정들, 혹독한 추위와 모진 바람, 그리고 흥남부두에서 배를 기다리며 초조하게 애태우던 얼굴들……. 10만의 동포가 남쪽으로 내려오고 어림잡아 100만의 이산가족이 생겼을 터이니 그들이 서로 그리워하며 가슴에 묻고 살았을 그 골 깊은 한(恨)은 멍울이 맺히고 또 맺혔으리라. 그렇게 헤어진 내 동포를 다시 만나게 된다는 주체할 수 없는 흥분을 안고 나는 북경행 비행기에 몸을 실었다.

나의 북한 방문의 공식 목적은 평양의 김만유 병원 개원 5주년 기념행사에 참가하기 위해서였다. 김만유 박사는 재일교포 의사로, 1986년 평양에 1,200병상의 현대식 병원을 설립하고 최신 의료기계 설비를

손정도(1872-1931)
독립운동가, 목사, 상해 임시정부 요원

기증한 분이다. 이제 개원 5주년 기념행사에 김 박사가 나를 직접 초청해주어 평양에 가게 된 것이다. 이미 오래전부터 재미동포를 통해 북한에 다녀온 이야기를 들을 때마다 북한에 가고 싶은 마음이 간절했는데, 이제서야 내게도 그 기회가 찾아온 것이다. 미국에서 출발하는 일행은 나를 비롯해서 시카고 의과대학의 김윤범 박사, 필라델피아의 실업가 장수철 씨, 손원일 전 해군 제독의 동생인 손원태 선생 부부가 있었다. 그런데 손원태 선생 부부는 북한에 사는 처남이 위독하다는 전갈을 받고 우리보다 한 달 먼저 북한으로 떠났다. 그의 처남은 북한의 유명한 음악가로, 죽기 전에 부부를 꼭 만나기를 원했다는 것이다. 손원태 선생의 부친 손정도 목사는 상해에서 독립운동을 하다가 길림으로 갔는데, 그때 소년 김일성을 잘 보살펴주었고 손원태 선생과는 어린 시절 친구로 지내기도 한 사이였다.

예정대로 우리는 6월 하순에 떠났다. 홍콩을 거쳐 북경에 도착한 다음 날, 먼저 북한 대사관을 찾아갔다. 미리 연락이 되어 있어서 서류에 서명만 하고 비자를 얻을 수 있었다. 여권에는 아무것도 적지 않고 다른 용지에 비자를 따로 발급해주었다. 북한 입국 허가증을 받고 나니 기분이 묘했다. 도무지 현실같지 않았다. 정말 평양에 가게 되는 것인지 믿을 수 없어 몇 번이고 비자를 다시 꺼내 보았다.

6월 25일 화요일 오후 2시, 북경공항에서 수속을 마치고 들어가니 김만유 선생과 일본에서 온 일행 50여 명이 기다리고 있었다. 평양행 조선 민항기는 병원 개원 5주년 기념행사에 초청받은 일행들로 가득 찼다. 북한 승무원들이 소박하면서도 다정한 미소로 우리를 맞이해주었을 때에야 비로소 평양행이 실감났다. 열흘간의 북한 방문은 이렇게 시작되었다.

역시 평양이 고향인 김윤범 박사는 내 옆에 앉아 흥분을 가라앉히지 못하고 자꾸만 창밖을 내다보며 안절부절못했다. 그가 감개무량해하는 만큼 내 가슴도 벅차올랐다.

오후 3시 반, 북경공항을 떠난 비행기는 1시간 반 만에 평양에 도착했다. 평양으로 오는 길이 이렇게도 가깝고 쉬운데, 나에게는 40여 년 동안 갈 수 없었던 멀고도 먼 나라였다. 하늘에서 내려다본 북한 땅은 실로 감개가 무량했다. 여기까지 오는 데 40년이 넘게 걸리다니! 평양 순안비행장에는 해외동포 영접부에서 마중 나와 있었고 입국 수속은 간단했다. 짐 검사는 국빈 대우를 받는 김만유 박사의 일행이어서인지 생략되었다. 미국에서 출발한 우리 셋은 재일교포와 함께 행동해야 하는 줄도 모르고 우리끼리 미리 공항을 빠져나왔다가 다시 합류하는 등 작은 혼동이 있었다.

비행장 앞의 잘 꾸며진 화단에는 분홍색 나팔꽃이 만발할 대로 만발하여 눈길을 끌었다. 나는 평양에 왔다기보다는 40년 동안 그리워한 고향 땅을 찾았다는 감격으로 가슴이 벅찼다. 이렇게 사람들이 서로 왕래해야 대화의 물꼬도 트이고 서로를 더 잘 이해하게 될 것이며, 머지않아 통일의 길도 열릴 것 같아 기뻤다.

나는 고향인 함흥에 갈 수 있으리라는 희망과 어쩌면 아버지 묘소를 찾아가 성묘도 할 수 있게 되리라는 기대에 흥분을 가라앉힐 수 없었다. 흥남철수 때의 일도 떠올랐다. 흥남부두에도 꼭 가서 1950년 12월의 겨울을 회상하고 싶었다. 평양에서 인턴 생활을 했던 젊은 날도 떠오르고, 평양기독병원도 눈앞에 어른거렸다. 밤잠도 제대로 자지 못하고 고달팠던 인턴 시절의 후줄근한 모습도 생각났다. 은사 장기려 박사님의 가족도 꼭 만나 선생님의 건재하심을 알려주고 싶었다. 장 박사님의 따님은 이미 그전에 한두 번 만난 적이 있다기에 나는 장 박사님에 대한 글을 그 가족들에게 전해주려고 준비해 갔다. 키가 작고 온유했던 사모님을 꼭 만나 감격을 나누고 싶었다.

산천도 인걸도 간 데 없어

이러저러한 생각이 머리를 스치는 동안 버스는 어느새 평양 시가지로 들어섰다. 옆자리의 김윤범 박사는 나보다 더 감회가 큰 것 같았다. 그는 평양 근처 평성이 고향이었고, 평양의전 3학년 때 혼자 남하했다. 눈물이 글썽글썽 맺힌 채 여기가 어디냐며 묻는 목소리가 잔뜩 젖어 있어 나도 눈시울이 뜨거워졌다. 그는 내 손을 꼭 잡으며 고향에 오게 되어 무척이나 감회가 깊다고 몇 번이나 흥분된 목소리로 말했다.

> "여기는 학교 다닐 때 늘 지나다니던 곳이야. 전과는 좀 다른데 그래도 틀림없어."
> "한두어 군데 산과 강이 기억에 남아. 저건 옛날 그대로야."

장소 이름을 대가며 손가락으로 가리키면서 김 박사는 거듭 감격스러워한다. 고향이란 지나치면서 내다보는 것만으로도 그토록 감격적인 곳이었다. 더구나 오랜 세월이 흐른 뒤, 나이 들어 천신만고 끝에 찾아온 고향 땅은 감격 그대로의 출렁거림이었다. 쉽게 올 수 있는 곳이라면 감동도 적으련만……. 그는 평양 대동문이 옛 모습 그대로라며 어린아이처럼 기뻐했다. 들떠 있는 김 박사를 보면서 산천은 옛날 그대로인데 사람만 변했다는 옛 시조가 떠올라 잠시 쓸쓸해졌다. 평양은 사람도 산천도 변했기 때문이다.

김 박사는 이미 몇 년 전에 북한을 방문할 기회가 있었지만 한국 정부에서 조사하지나 않을까 하는 조바심과 혹시라도 북한에 사는 친척에게 피해가 있을까 봐 그동안 망설이기만 했다. 그러나 그는 국제적인 면역학자로서 매우 활발하게 활동하고 있는데다 나의 강력한 권유로 이번에야 평양행을 결심하게 되었다.

안내원이 여기저기 평양 시내를 설명했지만 옛날과는 완전히 달라 보통문 외에는 알아보기 어려웠다. 사람들이 모두 지하철을 타고 다니는지 거리는 한산했다. 평양의 지하철은 잘 발달해 있다고 들었다. 자동차나 버스는 드물고, 깨끗하게 정돈된 시가지의 넓은 도로에서 교통안전지도원이 요소마다 교통정리를 하고 있는 모습도 보였다. 자동차가 많지 않아 우리가 탄 버스는 큼직큼직한 빌딩들을 헤집고 순조롭게 달려나갔다. 도심의 차량 숫자는 45년 전 내가 평양에서 1년간 머물 때와 별로 다르지 않은 것 같았다. 그때는 일반 관청에나 자동차가 있을 때였다. 이따금 벤츠 자동차가 지나가는 것이 보였지만 아마도 고관용인 듯했다.

우리는 평양역 앞에 있는 45층 쌍탑 건물인 고려호텔에 투숙했다. 호텔은 매우 웅장하고 규모가 큰 데 비해 로비에는 우리 일행 외에는 사람이 거의 없었다. 이곳을 찾는 사람이 별로 없는 것 같았다. 1층에는 로비와 대합실, 콜라·커피·담배·맥주 등을 파는 작은 상점, 책과 그림엽서를 파는 곳, 과일 등 일용품을 파는 매점이 있었다. 2~3층은 주로 식당이었다. 미국에서 간 우리 일행은 11층에 한 사람당 방 하나씩을 배정받았다. 짐을 풀어놓고 방안에 있는 텔레비전을 켜니 낮 시간이어서인지 나오지 않았다. 저녁식사는 3층 식당에 마련되어 있었다. 음식은 나물반찬과 국 그리고 밥이 나왔는데 먹을 만큼의 양만 내놓아 전혀 낭비가 없어 보였다. 음식은 깔끔했고 맛이 좋았다. 예부터 평양을 '맛의 고장'이라 했는데, 역시 그 명성에 걸맞은 맛이었다. 저녁이 되어 TV를 켜니 한결같이 김일성 주석의 공적을 찬양하는 내용이었다.

다음 날 아침은 호텔 식당에서 죽을 먹었는데 그렇게 맛있을 수 없었다. 담백하면서도 전통적인 고유의 맛을 그대로 지니고 있었다. 적은 양을 담아놓았지만 더 먹고 싶으면 청하면 되었다. 몇 가지 젓갈 반찬이 곁들여 나왔는데, 그것 역시 별미였다. 반찬은 늘 우리가 먹는 한국식 그대로였다. 지금도 함께 갔던 일행을 만나면 그때 먹었던 고려호텔의 죽 이야기를 화제로 삼는다. 잊을 수 없는 맛이었다. 늘 입안에서 뱅뱅 도는, 어쩌면 쉬이 갈 수 없는 고향의 그리운 맛일는지도 모른다.

우리는 아침을 먹은 후 버스를 타고 만경대로 갔다. 웅장한 금빛 김일성 동상이 서 있고 대동강과 모란봉이 내려다 보였다. 가까이에 있는 김 주석의 부모, 조부모의 묘에도 안내를 받았고 모형으로 지어진 생가인 초가집도 보았다. 국민학생들의 단체여행단도 거기서 만날 수 있었다.

오후에는 묘향산 구경에 나섰다. 평양에서 2시간 반가량 동북 방향으로 청천강을 쭉 따라가는데 옆에는 철길이 있었다. 청천강은 이름 그대로 맑고 아름다운 강줄기로 전혀 오염되지 않았고 푸른 물빛이 곱기만 했다. 40분쯤 달리니 평성이 나온다. 평성은 김윤범 박사의 고향이다. 예전에는 200호 정도의 작은 사인면이었는데, 이제는 도청 소재지가 되어 큰 도시로 변모했다. "이렇게 변했구나!" 하고 놀라던 김 박사는 아파트가 늘어서 있는 곳을 가리키며 바로 저기가 자기 집이 있던 곳이라고 소리친다. 어렸을 때 놀던 곳이라며 버스를 세워달라고 했지만, 안내원은 시간관계상 곤란하다며 그냥 지나갔다. 김 박사는 무척 실망하고 상심했다.

나는 그를 위로하며 평양에서 멀지 않으니 나중에 안내원에게 부탁해서 개인적으로 다시 오자고 했다. 단신으로 월남한 그에게 가족들의 소식이 얼마나 궁금할까. 냇가를 지날 때도 "야, 여기서 여름에 발가벗고 미역을 했어", "저 산줄기에는 봄이면 진달래가 만발했는데. 정말 아름다웠지" 하며 50년 만에 쏟아놓는 그의 회한에 찬 감탄은 끝이 없었다. 그의 흥분은 최고조에 달했고, 달리는 버스 안에서도 셔터를 바쁘게 눌러대는 통에 그의 카메라는 잠시도 쉴 새가 없었다.

평성을 지나니 신의주와 만포로 가는 갈림길이 나온다. 우리는 만포 쪽 길로 접어들었다. 길옆에 놓인 철길에는 해주에서 만포로 가는 기차가 우리와 나란히 달려가고 있었고, 그 옆을 청천강이 그림처럼 고요히 흘러갔다. 길가의 사람들은 거의 아무 표정이 없었고, 농부들은 묵묵히 자기 일에만 열중해 있었다. 동족인 그들을 그냥 무심히 지나칠 수 없어 '여보세요!' 하고 큰소리로 외쳐 부르고 싶었다. 가는 곳마다 "위대한 수령 김일성 주석에게 충성을 다한다", "위대한 사회주의 혁명을 앞당기자" 등의 표어가 높다랗게 내걸려 있었다.

묘향산 어귀에 위치한 호텔에 도착한 것은 부슬부슬 비가 내리는 저녁 무렵이었다. 재일동포 일행 가운데 20여 명가량이 이곳에 함께 왔다. 저녁에 내리는 비는 안개와 구름을 동반해서 산의 형체를 전혀 볼 수 없었다. 밤새 비가 내려 산을 구경하는 일정을 취소한다는 말을 듣고 무척 서운했다. 다음 날 역시 비로 시야가 가려져 안타깝게도 묘향산 절경은 보지 못하게 되었다. 우리는 김일성 주석과 김정일이 예물을 받은 것을 전시해둔 국제친선전람관으로 갔다. 한국식 기와지붕이 웅장한 집으로, 세계 각국에서 받은 예물들이 화려하게 전시된 곳이었다.

역사적인 고찰 보현사에도 들렀다. 석가여래의 대리인인 보현보살의 이름을 따서 '보현사'라 이름했으며 고려 현종 15년(1042년) 탐밀 대사가 창건한 243칸의 큰 절이었는데, 한국전쟁 때 미군의 폭격으로 안심사, 대웅전, 만세루 등 많은 유적이 불타버렸지만 1970년에 복원했다고 한다. 묘향산은 휴정, 서산대사가 머물던 곳으로도 널리 알려져 있다. 절에서 스님 한 분이 나와서 사찰의 역사를 설명해주었는데, 공산주의 사회에도 불교가 있음을 보여주려는 의도 같았다.

보현사에는 고려 팔만대장경이 북한 유적 국보 22호로 지정되어 보관되어 있고, 임진왜란 당시 서산대사가 의승병을 지휘한 절이기도 하다. 수충사 사당에는 서산대사와 그의 제자 사명대사, 처영의 영정을 모셔놓았다. 마당에는 엄청나게 큰 탑이 무슨 기원이라도 하는 양 우뚝 치솟아 있었다.

큰 산일수록 자기의 모습을 사람들에게 쉽게 드러내지 않는다고
했던가. 구름에 가린 묘향산을 보지 못함을 이렇게나마 달랠 수밖에 없
었다. 우리의 이런 마음도 모르고 안내원은 묘향산의 가을 단풍 경치가
최고라고 설명하기에 여념이 없었다. 인연이 닿으면 언젠가는 묘향산
을 볼 수 있으리라며 스스로 위로했다. 점심을 먹은 후에는 버스를 타고
평양으로 돌아왔다. 청천강은 여전히 맑고 수려하게 흐르고 있었다.

그날 저녁 우리는 지도원과 같이 시내 산책을 나갔다. 한 블록 정
도 걸어가니 평양의학대학 현관이 나왔다. 사진을 찍으려 하자 수위가
가로막았다. 날씨가 흐려서 김일성 주석의 초상화가 어둡게 나올까 봐
서라고 했다. 저녁 그림자가 차츰 도시를 뒤덮고 있었다.

보고 싶은 얼굴들

6월 28일, 아침을 먹은 후 김만유 병원을 시찰했다. 일본에서 기계를 많
이 들여왔다고는 하지만 시설은 턱없이 부족했다. 나는 임상병리실을
눈여겨보았다. 시설이 매우 미흡했고 자동 혈구 계산기도 가동되지 않
았다. 제약실에는 양약은 거의 없고 북한에서 정제한 한약이 조금 있을
뿐이었다. 당시에는 러시아의 고르바초프와 관계가 불편할 때여서 그
어려움이 더했으리라 짐작되었다. 그래도 김만유 박사의 노력으로 이
만한 시설이나마 갖춰졌다는 게 큰 다행이었다.

오후에는 인민문화궁전에서 개원 기념 축하공연이 있었다. 500여
명의 축하객이 모였다. 이 병원이 많은 인민에게 혜택을 주고 있다는 축
사가 이어졌고, 장철 부총리의 축사도 있었다. 행사 후에는 손님으로 간

모두가 옥류정 만찬회에 초청을 받았다.

내 옆에는 보건부 이종률 부장, 그 옆에 김만유 박사, 가운데는 장철 부총리, 그 옆자리에 김만유 박사의 부인과 두어 명이 더 앉아 식사를 했다. 보건부 부장과 이야기를 나누다 보니 반갑게도 세브란스 의전 3년 후배였다. 고향도 같은 함흥이었다. 세브란스에서 3년 공부한 뒤 여름방학이 끝나고 학교로 돌아가려다가 일본 형사에게 사상범으로 체포되어 함흥형무소에 갇혔다고 한다. 해방 후 풀려나 함흥의전에서 4학년을 마저 끝냈다는 것이다. 이종률은 내게 세브란스 동기생인 김영우를 아느냐고 물었다. 김영우는 미국 버지니아 주 로어노크 시에서 응급의학을 하는 이용설 박사의 사위로, 내가 잘 알고 있던 터였다. 김영우에 대해 이야기를 해주자 무척 반가워하며 안부를 전해달라고 한다. 그는 세브란스 1919년 졸업생인 이용설 박사에 대해 알고 있었는데, 김영우가 그의 사위가 된 사실은 모르고 있었다.

이용설 박사의 아들인 이근영은 뉴저지에서 흉부외과 전문의로 있는데, 그도 이종률의 동기생이었다. 나는 그에게 옛 동창들의 소식을 전해주었다. 이용설 박사는 세브란스 졸업생으로 한국에 최초로 정형외과학을 도입했으며, 독립운동가이자 사회운동가로서 독실한 기독교 신자였다. 이근영은 40년 전 도미하여 버지니아 주립대학에서 외과학을 공부한 후 전주예수병원 외과과장으로 오래 일하다가 다시 도미하여 뮬런버그 병원 응급실 의사로 근무했다. 나는 세브란스 학생 시절 그의 결혼식에 참석하여 새신랑을 매달던 전통혼례를 재미있게 구경했던 기억도 있다. 그러던 이근영이 1년 전 미국에서 금혼식을 가졌다. 참으로 세월은 이렇게 빨리도 흘러간다. 미국병리학회 일로 그 자리에 참석하여 축하해주지 못한 게 못내 섭섭했는데 여기서 또 그 이야기를 하게 될 줄이야!

그의 아들 이원규도 1969년 연세의대를 나와 뉴저지 의대에서 심장학을 가르치며 개업하고 있다. 그가 동포사회에서 크게 활약하며 뉴욕 YMCA에서 열심히 봉사하고 있다는 얘기와 그 부부가 민주화 운동에도 열심이라는 소식을 전하니 이종률은 매우 흥미로워했다. 이종률은 서울에서 학교를 다니던 3년 동안 혜화동에서 김영우와 같은 방에서 하숙을 했을 만큼 절친한 사이라고 했다.

미국으로 돌아와 곧바로 김영우에게 전화를 걸어 이종률의 소식을 전했더니 그는 크게 놀라며 반가워했다. 이종률은 무척 똑똑한 학생이었고, 그때 이미 사회주의에 대해 이야기를 주고받은 적이 있다고 했다. 김영우는 내게 자기 사진과 편지를 이종률에게 전해달라며 부탁했지만, 북쪽에서는 여태 아무런 답신이 없다.

나는 북한에 갈 때 그곳에 살고 있을 세브란스 동기생 여덟 명의 이름과 본적을 적어가지고 갔다. 김선규, 나순길, 박재갑, 위동근, 이영수, 전홍기, 채용재, 최훈주의 이름을 이종률에게 보여주며 찾을 수 있느냐고 물었더니, 다른 사람은 알 수 없지만 이영수는 평양의 유명한 산원에 근무하기에 만날 수 있으리라고 했다. 평양산원은 시설이 좋은 병원이어서 외국인이 오면 시찰하는 곳이라고 한다. 이영수는 교수이자 박사여서 대단히 유명했다. 북한에서는 교수와 박사라는 두 가지 칭호를 가지면 의사로서는 최고의 위치였다. 그를 찾으면 북한에 있는 다른 친구들의 소식도 알 수 있을 거라고 했다.

6월 29일, 김만유 병원 개원 5주년 기념 학술대회가 열렸다. 김윤

평양에서 만난 세브란스 동기동창 이영수 평양산원 교수와 함께(1991. 6)

김만유 병원 창립 5주년 기념행사에서(1991. 6)
왼쪽부터 병원장, 필자, 이종률 보건부장, 김만유 원장, 장철 부총리, 김만유 원장의 부인

범 박사는 면역학에 대해 상당한 수준의 논문을 발표했다. 150여 명의 의사와 부원장이 나와 있었고, 일흔다섯 살가량의 채응석 교수라는 분도 있었다. 학회가 끝난 후 그들과 같이 명예원장실에서 이야기를 나눴다. 북한 의학과학원 류규창 박사와 인사를 나누고 다음 달에 열리는 국제고려학회 연변학회에 초대했다. 참가할 북한 의학자들의 명단과 연제를 알려달라고 부탁하고, 미국과의 의학교류 가능성에 대해서도 의견을 나눴다. 또한 평양에서 국제학술회의를 개최할 수 있는지 여부와 기타 학술교류와 의학서적 및 기재 기증에 대한 가능성도 타진하고, 의학과학원과 평양의대, 함흥의대도 방문하고 싶다는 의견을 피력했다.

첫사랑

오후에는 손원태 선생이 부탁한 편지를 전해주기 위해 최상순 선생을 만났다. 학자 타입으로 박식한 사람이었다. 호텔 로비에서 서울여의전을 나온 평양의대 소아과 현옥경 선생도 만났다. 그녀는 서울여의전 소아과 강사로 있던 중 북으로 갔는데, 내가 아는 김문숙의 선배였다. 그녀와 이야기를 나누다가 혹시나 싶어서 김문숙의 소식을 묻자 개성인민병원 안과 과장으로 있다는 소식을 들려주어 몹시 놀랐다. 나는 그녀에게 꼭 소식을 전해줄 것을 부탁하고, 그날 저녁 호텔에서 즉시 편지를 썼다. 40여 년 만에 평양에 왔으며 개성은 계획에 없어 갈 수 없는 것이 아쉽다는 말과 함께 다음에 다시 오게 된다면 꼭 만나 서울과 미국 소식을 전하겠다며, 혹시라도 기회가 있으면 미국으로 편지를 주면 감사하겠노라고 매우 정중하게 써 보냈다. 나는 그녀가 살아있다는 사실만으로도 반갑고 기뻤다.

　김문숙은 1943년 춘천고녀를 나와 1944년 여의전에 입학한 평안도 벽동에서 온 학생이었다. 나는 세브란스 의전에 다닐 때 가마쿠라 보육원에서 주일학교 교사로 같이 일한 김문숙을 참 좋아했다. 말하자면 그녀는 나의 첫사랑이었다. 나 혼자만 가슴속에 간직한 채 끙끙거리며 말 한마디 제대로 건네보지 못했다. 보육원 아이들을 가르치며 들뜬 마음으로 혼자서 앞날에 대한 꿈을 부풀리기도 했다. 그녀를 만날 수 있기에 보육원 가는 날은 아침부터 마음이 설레고 즐거웠다.

　나중에 그녀에게 이미 약혼자가 있음을 알고 무척이나 충격을 받았다. 짝사랑에 실패한 상처는 컸다. 정말 순수하게 혼자서 몰래 좋아했기에 마음에 입은 상처로 크게 절망했고, 방황하며 죽음 같은 나날을 보냈다. 어머니는 아들의 방황과 우울을 눈치 채고는 세상일이란 늘 마음대로 되는 게 아니라며 남자라면 어떤 난관에 부딪쳐도 딛고 일어서야 성공할 수 있다고 은근히 격려해주셨다.

　그렇게 암담하고 답답한 날을 보내던 어느 날 저녁, 문득 이런 생각이 들었다. 한 여자를 향한 지순한 사랑을 그냥 어둠으로 빠뜨릴 게 아니라 박애정신으로 많은 사람에게 베풀고 봉사하며 평생을 살리라는 결심이었다. 그래서 다시 공부에 전념했지만 쉽지는 않았다. 이를 악다물수록 그녀의 영상이 더욱 뚜렷해졌고, 비참한 내 모습만 자꾸 확대되곤 했다. 미국 유학을 결정한 후에야 겨우 마음을 가라앉힐 수 있었다. 이제부터는 오로지 많은 사람을 위해 내가 공부한 의술을 베풀어야 한다는 사명감을 가지게 되었고, 개인적인 좌절로 큰일을 그르칠 수 없다는 각오로 유학길에 올랐다. 청춘의 한때 열병처럼 휩쓸려 앓았던 첫사랑은 지금도 가슴 한구석을 시큰하게 한다.

유학을 마치고 한국전쟁이 일어나기 석 달 전에 귀국했을 때 나는 김문숙을 꼭 만나고 싶었다. 그녀는 학교를 졸업한 뒤 공안과에서 일하고 있었다. 오랜만에 우리는 찻집에 마주앉았다. 그녀는 훨씬 말라 보였고, 얼굴에는 고뇌가 어려 있었다. 그녀 앞에 앉은 내 마음은 여전히 가라앉지 않았다. 내가 처음으로 좋아했고 영혼까지 사랑하고 싶었던 여자였다. 얼마나 많은 밤을 그녀로 인해 뜬눈으로 지새웠으며, 얼마나 많은 날을 절망 속에 빠져 방황하며 거리를 헤맸는지 모른다.

그녀는 내게 일생 동안 각인될 절망과 패배를 남겨준 여자였다. 그러나 그녀를 만난 순간 그 모든 것은 사라져버렸고 그저 반갑고 기뻤다. 약혼자가 중국에서 행방불명이 되어 돌아오지 않는다는 그녀의 이야기를 들으며 나는 마음이 쓰라렸다. 심각한 고민을 들으며 나는 그녀의 행복을 간절히 빌었다. 내가 닿을 수 없는 거리에 있었지만 혈육 같은 여자였다.

얼마 후 전쟁이 일어나 그녀의 안부를 모르다가 서울 수복 후 그녀의 집을 찾아가니 폭격을 맞아 폐허가 된 집터뿐이었다. 생사를 모르다가 후에 인민군에게 끌려갔다는 소식만 간신히 들었다.

아득해진 우정

6월 30일은 일요일이라 예배를 드리러 평양 봉수교회에 갔다. 박춘근 목사의 '돈의 가치'에 대한 좋은 설교를 들었다. 앞에 십자가가 걸려 있고 강대상 위에는 의자 네 개가 놓여 있는 소박한 교회였다. 20여 명의 여성 찬양대가 소프라노와 알토 화음을 만들어 부르는 찬송 소리는 내 마음을 깨끗함과 아름다움으로 채워주었다. 이곳 북녘 땅에도 진정 신앙의 빛이 스며들어 사람들의 마음에 평화를 주십사고 기도드렸다.

오후 5시에 김만유 선생이 자기가 묵는 초대소로 우리를 초대했다. 부벽루에서 내려다본 황혼녘의 대동강과 능라도의 풍경은 잊을 수 없는 정경이었다. 젊은 날 인턴 시절에 오르내렸던 낭만적인 모습이 그대로 남아 있었다. 그때는 할 일도 많았고 꿈도 컸다. 내가 바랐던 일들을 어느 정도 성취했으니 얼마나 다행한 일인지⋯⋯. 젊은 날 섰던 그 자리에 다시 서서 강물처럼 흘러간 날들을 빠르게 회고했다. 시적인 정취를 안고 흐르는 저녁나절의 강은 지난날의 회상에 잠겨들게 한다. 큰 희망을 안고서 혼신을 다해 살아온 나의 삶, 내게 영향을 준 그리운 얼굴들, 소중한 기억들이 강물을 따라 흘러갔다.

저녁이 시작되는 시간은 어디나 아름답지만 부벽루의 저녁이야 말해 무엇하랴. 내 남은 인생도 저녁 강처럼 넉넉해질 수 있다면⋯⋯. 부벽루에서 얼마나 많은 사람이 인생을 아름답게 채색했을까. 그들은 지금 어디에 있는 것일까. 도대체 인생이란 앞으로 또 어떤 것을 마련해두고 우리를 기다리는 것일까. 부벽루의 전망에 감탄하는 사람들을 보며 나는 서서히 현실로 돌아왔다.

미국에서 간 우리 일행은 김만유 선생의 옆자리에 앉았고 재일교포들도 모두 참석하여 함께한 식사는 즐거웠다. 푸짐한 해산물 요리는 더욱 맛을 더했고, 우리는 국가 귀빈을 모시는 전망 좋은 초대소에서 만찬을 즐겼다. 대동강이 내려다보이는 부벽루는 파티 장소로는 으뜸이었다.

7월 1일 오전 9시 반에 한 지도원이 김윤범 박사의 형제들을 찾았다며 4일 평성에서 만날 수 있을 것이라고 알려준다. 김 박사는 큰 감동에 젖어 나를 붙들고 울음을 터뜨렸다. 나도 눈시울이 뜨거워짐을 느꼈다. 김 박사의 어머니는 1988년에, 아버지는 1970년에 돌아가셨고, 동생들은 평성에 살고 그중 한 명만 청진에 살고 있다고 했다. 후에 알게 된 사실이지만 그들은 김 박사의 형제들을 5월 말에 벌써 찾아두었다는 것이다. 김 박사의 심정을 어찌 헤아릴 수 있을까마는 그에게 혼자만의 조용한 시간을 주기 위해 나는 밖으로 나왔다.

오후에는 폭우가 쏟아지는 가운데 대동문에 갔다. 사진도 제대로 찍을 수 없었다. 자동차로 주체사상탑과 김일성광장 앞을 지났다. 백화점에 들르려고 하자 안내원이 곤란하다고 한다.

호텔에 돌아오니 이영수가 온다는 소식이 와 있어서 무척 반가웠다. 이영수는 학교 다닐 때 몸이 가늘고 키가 컸으며 안경을 쓴 미남이었다. 나는 그의 얼굴이 또렷이 기억났다. 로비에서 만났는데 이영수는 몸은 좀 뚱뚱해졌으나 얼굴은 그대로였다. 내 이름을 말하고, 47년 만에 만난 우리는 서로 정중하게 인사를 나눴다. 서먹서먹하고 여간 어색하지 않았다. 그러다가 "너랑 나랑 친하게 지냈는데 새삼스레 이랬습니다 저랬습니다 해야 하나? 흉허물 없이 우리 방에 올라가서 이야기하자"고 하자 그제서야 우리는 다시 옛날로 돌아갈 수 있었다.

서울 소식, 미국 소식, 그리고 동창들의 소식도 전했다. 가족 소식도 서로 물었다. 그는 말없이 주로 듣기만 했다. 그의 직책은 산원의 박사, 교수 겸 산과연구소 소장, 연수교육부장 등이며, 많은 업적도 쌓아 북에서는 가장 신망 높은 산부인과 명의였다. 그러나 북한에 있는 다른 친구들의 소식을 물으니 전혀 모르고 있었다. 나는 다시 놀라며 나순길은 고향이 평양인데 모르냐고 했더니 20년 전에 어디선가 한 번 만났지만 그 이후로는 다시 볼 수 없었다고 대답할 뿐이었다.

나는 즉각 이곳은 상하 연락은 있어도 횡적인 관계가 이루어지지 않음을 깨달았다. 정치적 인맥으로 움직이는 조직체일 뿐이었다. 한국이 동창의 인맥을 중요시하는 사회인 데 비해 여기서는 전혀 아니었다.

이영수를 만나니 50여 년 전 세브란스 학창시절이 떠올랐다. 세브란스 의전 정문에서 조금 올라가면 오른쪽의 큰 기와집이 남대문교회였고, 왼쪽의 외래 건물에는 남대문을 향해 안경점이 있었다. 남산 쪽 언덕으로 오르면 본관과 이어진 병동이 나오고 그 뒤에 결핵요양소, 간호원 양성소, 그리고 기숙사가 있었다. 간호원 양성소는 우리나라에서 첫 간호대학이 시작된 곳이다. 본관 뒤에는 미생물학교실, 기생충학교실, 해부학교실, 병리학교실과 강의실이 있었다. 본관 뒤편의 지하실에는 학생들의 휴게소와 탈의장, 탁구대가 있어 운동을 좋아했던 나는 시간만 나면 탁구를 치러 갔고 정구장에서 정구도 쳤다. 군사훈련을 받던 운동장과 농구장, 남산으로 오르는 언덕의 교수들이 살던 벽돌집들이 새삼 생생하게 떠올랐다.

이영수와는 함께 세브란스 합창단원으로 활동하며 연습했던 기억도 있다. 이영수는 합창단 단장이었고 우리를 지휘한 이는 유명한 지휘자 임동혁 씨였다. 음악을 좋아했던 이영수와 나는 합창단에서 활동하며 더욱 가깝게 지냈다. 우리는 시민회관에서 음악회도 열었다. 나는 남대문교회의 찬양대원으로 활동하기도 했다. 내가 옛날 일들을 이야기하자 이영수도 기억이 난다며 맞장구 쳐서 우리는 50여 년 전 젊은 날의 세브란스 시절로 돌아가 추억 속에 빠져들었다. 우리에게 공통의 추억이 없었다면 47년 만에 만났어도 어색하고 지루했을 터였다. 재간이 많았던 고원영이 즐겨 치던 남대문교회의 피아노 소리, 딱딱한 의자에 앉아서 〈메시아〉와 〈천지창조〉를 연습했던 즐거웠던 시간도 생각났다. 나는 그에게 다른 동창들의 근황과 친구들의 소식을 시간 가는 줄 모르고 들려주었다.

그가 호텔에서 떠나간 뒤 나는 새삼스레 내가 살아온 세월의 길이를 실감했다. 평양에서 능력 있는 의사로 살아가는 친구의 행복을 빌었다.

내 고향 함흥 땅

그리워라 그리워

7월 2일 밤기차로 함흥에 가는 날이라 내 마음은 온종일 들떠 있었다. 김일성광장, 주체사상탑, 개선문, 능라도경기장을 둘러보는 동안에도 마음은 이미 함흥 땅에 가 있었다. 오후에는 아버지 묘소에 성묘하기 위해 과일과 술, 과자 등을 사려고 백화점에 갔으나 과일은 구할 수 없었다. 고려호텔에서 산 사과는 미국 워싱턴에서 생산된 것이었다. 그 맛있던 황주사과는 다 어디 가고 홍콩을 통해 수입해온 사과들뿐이었다.

기차는 밤 11시 반에 출발하여 다음 날 아침 6시에 도착할 예정이었다. 나는 안내원과 함께 평양역으로 갔다. 거기서 우연히 북한 선교를 위해 미국에서 온 의사 조하열 선생을 만났다. 기차를 타니 온종일 긴장했던 탓인지 고단하여 침대칸을 찾아 누웠다. 캄캄한 차창 밖으로 이따금 불빛이 보였다. 마을의 불빛들은 참으로 포근해 보였다. 나는 여행길에 나서면 밤이 되어 불이 환하게 켜진 집들을 보는 것을 좋아한다. 나는 객지를 떠돌지만 불이 켜진 집 안에 있는 사람들의 따뜻한 모습이 흐뭇하게 연상되기 때문이다.

누워 있어도 잠이 오지 않았다. 기차가 덜컹거리는 소리가 규칙적으로 들렸다. 역을 지날 때 잠깐씩 멈추는 역의 수도 헤아려 보았다. 마음은 다시 고향 땅을 밟는다는 벅찬 기쁨으로 환희가 넘쳤고 가슴이 설레어 자주 눈을 뜨곤 했다. 숱한 사연들이 남아 있는 어린 시절을 보낸 함흥. 나는 지그시 눈을 감고 어린 날의 추억에 잠겨 들었다.

1922년 6월 23일, 나는 함경남도 성진읍 욱정에서 태어났다. 아버지가 성진 보신여학교에서 함흥 영생고녀로 자리를 옮기시어 우리 집은 내가 두 살 때 함흥으로 이사를 갔다. 어린 시절과 소년기, 청년기의 초반을 보낸 함흥은 곧 내 고향이었다.

함흥. 이름만 들어도 벌써 가슴이 설렌다. 반룡산의 웅장한 모습이 맑게 흐르는 성천강물에 그림자를 드리우고 있고 만세교를 지나면 드넓은 함주 들판이 펼쳐진다. 도청 소재지이고 교육도시로 발달한 함흥의 그 분주했던 구석구석, 골목길 하나하나마다 또렷한 기억과 그리움으로 되살아나 얼마나 가슴이 아렸는지 모른다. 나이가 들수록 고향은 단순히 향수만이 아니었다. 참으로 끈끈하게 이어지고 깊이 다가오는 땅이었다. 고무줄을 튕기면 제자리로 다시 돌아가듯 고향은 늘 마음속 한 귀퉁이를 차지하고 귀향을 재촉하는 자리로 남아 내겐 소중하고 특별한 곳이었다.

6남 1녀 중 셋째아들로 태어난 나는 특별한 기억이 없는 평범한 어린 시절을 보냈다. 가난하지만 기독교 정신으로 사시는 신교육을 받은 부모님의 가르침대로 착하고 바르게 자라려고 애썼으며, 가난 때문에

영생고녀 맥애련 교장과 함께(1936년 여름)
뒷줄 왼쪽부터 형 영학, 필자, 동생 시학, 동생 웅(피터), 여동생 순, 부모님 그리고 동생 익(요한)

부모를 원망하지도 않았다. 당시는 몇몇 집을 제외하고는 다 그렇게 어렵게 살았다.

세 살 때 나는 크게 앓아 앉지도 서지도 못하고 봄, 여름을 누워서 지냈다. 통증이 하도 심해서 밤낮을 울어대는 아이가 안타까워 어머니는 안절부절못하셨고 병원에서는 병명조차 알지 못했는데, 어느 한의원에서 준 약을 먹고 6개월이 지난 후 전신불수가 풀렸고 다시 완전히 걷는 데 2년이 걸렸다. 어릴 때 병을 앓았다는 사실을 말로만 들었는데, 15년 전부터 그 후유증이 나타났다. 테니스를 치고 집에 돌아오니 둘째 딸 경선이가 "아버지, 왼쪽다리가 더 가는 것 같아요" 한다. 자를 꺼내어 재어보니 과연 1센티미터가 가늘었다. 대학병원 전문의의 진단 결과는 어릴 때 앓은 소아마비 후유증(Post Polio Syndrome)이라고 한다. 어렸을 때 병명도 모르고 앓은 병이 바로 소아마비였다.

1920년대 당시에는 소아마비를 앓았다면 대부분의 경우 불구가 되거나 심하면 목숨까지 잃었다. 그러나 특별히 운이 좋으면 저절로 나을 수도 있었다. 어머니는 한의원 덕분에 나았다고 믿었지만, 의사인 내가 보기에는 저절로 나은 경우에 속한다. 그 당시 이웃 사람들은 우리가 이사한 집터가 공동묘지였기 때문에 기가 센 자리여서 병이 났다고 하기도 했다. 소년기와 청·장년기를 건강하게 보내고 노년기에 들어서면서 다시 근육이 위축되고 약해져서 그 후유증이 나타났으니 천만다행이라 할 수 있다. 그런데 지금은 다소 불편하여 서두르는 내 마음을 걸음이 따라가지 못하여 답답할 뿐이다.

나는 함흥 중앙교회 주일학교에 다녔는데, 우리를 가르쳤던 황재경 목사(1984년 작고)는 노래와 톱 악기 연주를 잘하는 특별한 재주가 있었다. 이야기도 재미있게 하셔서 주일학교 가는 날이 기다려지곤 했다. 내가 다니던 영생소학교의 교장은 아버지였다. 낙민동으로 이사 가기 전에는 학교 사택에서 살았는데, 질퍽거리는 운동장이 우리 형제들의 놀이터였다. 진흙탕에서 온종일 뒹굴고 들어가면 어머니는 야단을 치셨다. 그래도 다음 날이면 까맣게 잊어버리고 운동장에서 뛰고 구르며 해지는 줄도 모르고 신나게 놀았다. 소학교 때의 성적은 괜찮은 편이어서 50명 정도 되는 반에서 우등생 자리를 놓치지 않았다.

함흥에서 30리 떨어진 곳에는 서호진해수욕장이 있었다. 여름이 되면 사람들은 서호진 바다 이야기를 하며 들뜨곤 했다. 나도 거기 가서 해수욕을 하고 싶었다. 철길 넘어 둑 아래에 있는 성천강에서 수영하는 것과는 완전히 다르리라는 생각이 들자 나는 못 견디게 서호진 바다에 가보고 싶었다. 마음은 벌써 서호진 넓은 바다에서 헤엄치고 있었다. 친구에게 같이 가자고 부추겼다. 처음에는 갈 뜻을 비치더니 30리를 걸어갈 자신이 없다며 고개를 내저었다.

내 주머니에는 월사금 받은 것이 있어 갈 때 차비는 되었다. 결국 친구는 포기하고 소학교 3학년인 나 혼자서 기차를 탔다. 지난해 서울에서 만난 그 친구는 그때를 회상하며 "자네는 어머니를 닮아서 생각하면 바로 행동으로 옮기고야 마는 친구였어. 가만히 앉아 있지 못하는 성미였지"라고 했다.

언덕을 넘어서자 눈앞에 펼쳐진 서호진 바다는 그야말로 경이로웠다. 햇빛이 쨍쨍 내리비치는 남빛 바다는 막막했다. 내 마음도 그러했다. 찬란한 바다 빛에 취해 나는 한참을 내려다보았다. 사람들은 즐겁게 떠들며 오가고 모래는 그지없이 곱고 부드러웠다. 바닷물에 첨벙 뛰어들었을 때의 그 감격은 말로 표현할 수 없었다. 차가운 물이 온몸을 휘감자 나는 어린 새마냥 자유로웠다. 뿌듯하게 밀려드는 자랑스러움 같은 것을 느꼈다. 파도는 철썩거리며 부딪치고, 나는 모든 것을 잊고 저녁기운이 서늘하게 몰려들 때까지 바다와 놀았다.

내 인생에서 바다의 이미지가 늘 서호진 바다로 떠오르는 것은 어린 날의 그 감동 때문일 것이다. 그러나 집으로 돌아가는 길은 무척 고달팠다. 배가 고프고 지칠 대로 지친 상태라 터덜터덜 걷는 길이 어린아이의 걸음으로는 너무 멀었다. 30리가 아니라 한없이 이어지는 끝도 없는 길 같았다. 해는 꼬박 져버리고 함흥에 도착했을 때는 시가지에 불이 환히 들어와 있었다. 몸은 가라앉을 듯이 나른했지만 마음속은 느긋한 행복감으로 가득 찼다.

월사금을 다 써버린 나는 아버지께 안 받았다고 말하고는 다시 받았다. 내 기억으로 그때 처음 부모님께 거짓말을 한 것이다. 그러면서도 전혀 가책이 느껴지지 않았다. 서호진 바다가 너무나 좋았기 때문이었을까? 며칠 후 아버지는 장부를 들쳐 보이시며 "수업료를 두 번 줬다. 어떻게 된 일이냐?"고 하셨다. 하늘이 무너질 듯한 아버지의 호통에 나는 비로소 움찔해졌고 잘못을 깨달았다. 아버지는 무섭게 화를 내시며 회초리를 들었다. 나는 종아리를 걷었고 활활 불이 나도록 내리치시는 아버지의 얼굴을 보았다. 나는 그때 아버지의 노한 얼굴을 평생 잊을 수 없었다. 그 일은 내게 정직하게 살라는 채찍이 되었다. 힘들고 주저앉고 싶을 때면, 그리고 편안해지고자 유혹을 느낄 때면 아버지의 그 얼굴이 떠오르곤 했다.

아버지의 분신, 《생명의 종교》

나의 아버지는 함흥 영생고녀 교목을 지낸 현원국(玄垣國) 목사이며, 어머니는 한국 장로교 여전도회장을 지낸 활동적인 여성 신애균(申愛均)이다. 아버지는 1889년 10월 27일 함경남도 함주군 운전면 하운동에서 한학을 하던 집안에서 태어났다. 풍족했던 집안 형편이 갑자기 기울자 가사를 돕기 위해 나무를 해다 팔고 삯일을 하는 등 고달픈 어린 시절을 보냈다. 그러던 중에 할아버지가 돌아가시고 할머니가 중년에 앞을 못 보게 되어 더욱 어렵게 지내다가 스무 살이 넘어 남궁만 장로에게 기독교를 전교 받고 늦은 나이에 함흥 영생중학에 입학했다. 그의 나이 스물

1930년대 함흥 영생고녀 부근의 마을

여섯 살이었고, 이미 남 장로의 집에 데릴사위로 들어가 남 장로의 딸과 결혼하여 아이까지 두고 있었다.

아버지는 할머니와 아내를 처가에 맡겨두고 캐나다 선교사의 집안 일을 도우며 고학으로 학교에 다녔다. 새벽 4시면 일어나 성천강의 맑은 물을 길어야 했다. 물지게를 지고 오르내리던 언덕길이 꽁꽁 얼어붙은 겨울에는 얼마나 힘겨웠을까. 아버지의 중학 동창인 김상필 선생은 그때 아버지가 불면증에 시달리셨다고 회고했다. 물 긷기와 선교사 댁의 식사준비를 해놓고 9시가 되면 등교했고, 오후 4시부터 다시 일을 해야 하는 힘겨운 생활이었다. 나중에는 선교사 집 아래채를 얻어 가족과 함께 생활하며 학교에 다녔다고 한다.

우리 가문의 족보를 보면 현씨(玄氏) 1세 현담윤(玄覃胤)은 명종조 대장군(明宗朝 大將軍) 봉 연산군(封 延山君)이었다. 8세 용부(用富)는 태조 개국공신이었다. 9세 백(白)은 함흥 주돈군을 맡아 함흥파(咸興派) 혹은 덕원파(德源派)의 시작이었다. 할아버지 도점(道點) 26세는 독자였고, 아버지 원국(垣國) 27세 또한 독자였다.

아버지는 1915년 함흥 영생중학교 2학년 때 동급생 김상필과 도수 높은 안경을 쓰고 반장 노릇을 하던 김사익을 만났다. 그로부터 일생을 통해 인간적으로 가장 깊은 인연을 맺고 정신적으로 서로 큰 영향을 끼치는 친구가 되었다. 10년 아래인 김사익, 김상필과 같은 교실에서 공부하며 나이를 초월한 우정관계를 맺었다. 세 사람은 한 집에서 하숙을 하기도 했고 밤늦도록 공부하고 새벽에는 반룡산 솔숲을 거닐며 찬송가를 부르고 기도하며 우정과 신앙, 정신을 성숙시켰다. 아버지는 영생중학에 학생 YMCA 함흥 지부를 창립하여 초대 회장을 맡았고, 김상필은 서기가 되어 YMCA운동을 시작했다. 그들은 바른 신앙과 조국애, 봉사를 통해 기독교를 실천하는 기반을 다져나갔으며, 학교를 졸업한 후 세 사람은 각자의 길을 걸어가게 되었다.

아버지는 전도사업과 교육에 종사하며 생활의 안정을 찾을 무렵 인플루엔자로 아내를 잃었고, 그 일주일 후에 아이까지 병으로 잃게 되었다. 친구들은 아버지의 고난을 욥에 비유했다. 그러나 그는 노모와 남은 세 살짜리 아들 경학(經學)을 남의 집에 맡기고 다시 전도사업에 열중했다. 그러던 중 활동적인 신여성 신애균을 만나게 되고 청혼하여 어렵게 결혼에 성공했다. 나의 어머니 신애균은 기독교 신앙을 바탕으로 한 실천적인 삶을 사는 여성으로, 사랑 때문이 아니라 자기를 필요로 하는 고난에 빠진 한 남자를 외면할 수 없어서 집안의 반대를 무릅쓰고 결혼을 결심했다고 한다.

아버지는 성진 보신여학교장과 함흥 영생소학교장으로 일했고, 또 영생고녀 교사로 계시다가 일본 관서학원대학 신학부로 유학을 떠났다. 나이와 경제적인 어려움을 극복하고 열심히 공부하여 당당히 졸업장을 쥐고 귀국하여 다시 영생고녀 교목 일을 맡았다. 아버지가 유학 중에 어머니는 혼자서 문방구점을 경영하면서 여러 형제를 키우고 공부시키는 등 힘들게 살았다. 한때는 화재로 문방구가 불타버려 생활이 극도로 어려워지기도 했다. 강인한 어머니는 가난을 두려워하지 않았다. 그러나 어머니에게 큰 병이 생기면서 생활은 더욱 힘들어져갔다. 어머니의 삶은 개인의 행복과는 거리가 멀었지만, 어머니는 그것을 당연하게 받아들였다.

> *"기성 교단에 대한 바른 말이 총알처럼 비판적으로 청중의 가슴을 찔렀다. 학생들은 그의 설교에 취했다. 청년·지식층은 그를 성자인 양 우러러보았다."*

당시 영생고녀 교무주임이던 김상필은 아버지에 대해 이렇게 회고했다. 서울 YWCA 하기 수양회의 설교를 맡아 종교인으로서 존경을 받았고, 선지자적 삶을 살았으며, 종교는 현실과 분리되어서는 안 된다며 생활 속에서의 종교를 주장했다.

가난하고 비참했던 어린 시절, 늦은 공부, 첫 아내, 어린 자식과의

사별 그리고 학교생활, 다 키운 장남 경학을 잃은 비애와 고달픈 유학생활. 학문적으로나 생활에서 안정을 찾아가려는 아버지에게 또다시 고난이 닥쳐왔다. 자신의 굳은 의지와 믿음, 사상을 사람들에게 알려 하느님 나라를 현실 속에 세우기 위해 힘써왔는데 이화여대 교직원과 학생을 위한 하기 수양회의 설교를 준비하던 1936년 6월 위암 선고를 받은 것이다.

세상에 나가 한창 일하려던 그 순간에 죽음의 냄새를 맡게 된 아버지의 절망을 헤아리면 나는 지금도 슬픔을 억제할 수 없다. 그리고 아내와 아직 어린 여섯 자녀의 앞날을 생각하며 아버지는 얼마나 암담하셨을까? 친구 김상필과 김사익, 김춘배 목사에게 가족을 부탁하던 아버지의 처절한 심정을 이제사 나는 알 것 같다. 차가운 기운이 감돌 만큼 냉정하게 가족을 부탁한다고 하시던 아버지의 표정을 김상필은 평생 동안 잊지 못했다. 경학 형이 급성 맹장염에 걸려 열네 살의 나이에 죽었을 때도 바로 그런 표정이었다고 한다. 죽음과 삶과 이별하는 얼굴⋯⋯.

김춘배 목사와 김사익은 아버지의 설교 원고를 정리하여 1주기 때 책으로 발간했다. 설교집《생명의 종교》는 1938년 1월 기독교서회에서 출판되었다. 아버지의 관서학원 신학부 동기인 김춘배 목사는《생명의 종교》를 출판하기 위해 1937년 여름방학 때 함남 북청에서 30리 떨어진 대덕산 절간에 가서 원고 정리를 했다. 그때 김사익 선생과 나는 대덕산에 찾아가서 3주 동안 절간생활을 했다. 신선한 공기와 아름다운 산천에서 여름방학의 한때를 보냈던 기억이 지금도 잊히지 않는다. 나는 중학교 때 아버지를 여의었지만,《생명의 종교》를 통해 아버지를 자주 만났다. 아버지의 충고와 도움이 필요할 때면《생명의 종교》를 펼치고 그 가르침에 귀를 기울였다. 그 책에는 아버지의 주된 사상과 인생이 들어 있었다. 나는《생명의 종교》를 아버지처럼 사랑하고 존경한다.

종교는 하느님과 합일되는 생활로 불완전에서 완전으로 행동과 생각을 옮겨가며, 이론이나 설명으로 도달하는 데는 한계가 있고 체험으로 신비에 도달해야 하는데, 그 과정이 바로 회개다. 회개는 바로 하느님께로 이르는 길이므로 자기 생활을 하늘과 아버지께 죄를 지었다는 태도로 해야 한다는《생명의 종교》에 나는 조심스레 다가갔고, 계속 책장을 넘겼다.

완전한 예배생활은 하느님으로부터 받기를 바라지 말고 통회하는 마음을 드리는 것이며 자기를 드러내기 위한 구제나 기도가 아닌 하느님 중심의 삶과 진실을 밝히는 용기, 기독교인의 양심이야말로 종기에서 돋는 새살처럼 교회를 재생하고 세상을 구제할 수 있다. 상한 마음을 하느님 앞에 드리고 내적 생활을 충실히 하는 삶이야말로 진실한 가치가 있다. 인간은 약하며 예수님이 광야에서 받은 유혹을 받는다.

그러나 신앙의 힘을 얻을 때 자기를 이기고 온 세상을 이길 수 있다. 내가 하는 일이 곧 그리스도를 위하는 일이라면 크고 작은 것을 분별하거나 귀천의 차이가 없을 것이므로 기독교인의 사명은 예수께서 남기신 미완성의 일을 하는 것이다. 하느님은 지금도 창조사업을 계속하며 아담에게 만드신 사물을 '이름 지으라'고 하신 것처럼 혼자 하시지 않고 인간과 함께하신다. 우리가 하는 일은 모두 하느님이 맡긴 일임을 잊지 말고 현대의 혼돈, 공허, 암흑의 세계를 사랑의 힘으로 바꾸도록 이바지해야 한다. 우리 손으로 이상적 세계를 창조하지 않고 누구의 힘을 기다리는가. 내가 봄바람이 되고 아름다운 꽃이 되고 밝은 빛이 되는 것 외에 다른 길은 없다.

예수님의 교육은 지식이 아니라 인간 중심주의였다. 인간은 봉사정신, 즉 타인을 위해 살 때 비로소 자기가 커지고 인격이 깊어진다. 세계 모든 문제의 열쇠는 오로지 예수님에게 있다. 십자가를 지고 사는 것이 바로 종교생활이다. 인생의 궁극적인 목적은 좀 더 참된 생활, 좀 더 선한 생활, 좀 더 아름다운 생활, 즉 완전에 도달하려는 것이다. 생에 대한 요구가 클수록 종교의 요구는 강렬해진다. 하느님의 사랑은 마지막 한 사람까지 살리는 것이며, 세계를 암흑화하여 죽이는 것은 비인격임도 명심해야 한다. 높은 신앙은 그리스도를 위해 다른 것은 버려야 한다. 자신을 비우고 비워내어 가장 낮은 자세로 남을 섬길 때 자기는 높아진다. 기도하는 삶으로 경건하고 위대한 인격자가 되어야 한다. 버릴 것을 버릴 수 있는 사람이 신앙의 용기가 있는 자다.

예수님의 일생은 버리고 준 삶이었다. 오로지 받은 것은 가시 면류관이었다. 예수님은 생명을 일차적인 것으로 보셨다. 인간에 대한 깊은 사랑을 가지셨으므로 우리는 늘 예수님의 지도를 받아야 한다. 예수님의 근본사상은 하느님 나라의 건설이었다. 예수님은 천국의 건설을 위해 일생을 바치셨다. 천국은 우리가 올라갈 나라가 아니라 우리에게로 내려오도록 힘써야 하는 나라다. 회개하고 연대적 책임을 지고 하느님 중심주의로 방향을 전환하고 그리스도의 보조에 맞추고 내부적 의리를 형성하여 오직 사랑으로 천국 건설에 힘쓰는 것이 바로 '생명의 종교'다.

나는 지금도 아버지의 말씀이 듣고 싶거나 충고가 필요할 때면 이제는 낡은 《생명의 종교》를 펼쳐 뒤적인다. 나에게 참된 생명의 길을 가르쳐주시는 아버지의 소중한 교훈들을 새기고 또 새기노라면 어느새 마음은 잔잔한 평화를 얻게 된다. 아버지는 시대를 30년이나 앞서 사신 진보적 기독교 자유주의자였다. 민주적인 사상 등으로 교회로부터 공격을 받기도 했고, 안수받기도 꺼렸으나 함경남도 장로교 노회에서 강요하여 결국 안수는 받았다.

자유로운 아버지의 사상은 한때 교회에서 이단으로 몰리기도 했다. "아무리 기도를 많이 하고 아멘을 부르짖어도 현실에서 좋은 일을 하지 않으면 천국에 가지 못한다"는 현실과 밀접한 생활종교를 강조한 아버지는 당시로서는 획기적인 새로운 신학사상의 소유자였다. 가슴에 와 닿는 감동적인 설교로 젊은이, 어른, 특히 지식층으로부터 존경을 받았다. 그러나 아버지는 자신의 꿈을 채 펴기도 전에 위암으로 1937년 1월 30일의 겨울날, 마흔여덟 살의 나이에 한 많은 이 세상을 떠났다. 당시 어머니는 서른여덟이었고, 나는 열세 살 중학생이었다.

아름다웠던 산하

아버지가 일본으로 신학공부를 하러 떠나신 후, 어머니는 홍문당이라는 문방구점을 운영하면서 생활을 꾸려나갔다. 가게는 그런대로 잘 되어 생활에 큰 불편은 없었다. 그런데 추운 겨울밤 함흥 시가지에 큰 불이 났다. 놀라 깨우는 소리에 일어나니 불길이 타오르고 사방이 불바다였다. 자다가 깬 나는 주일학교에서 들은 마지막 심판의 날이 떠올라 두려움에 휩싸였다. 담요를 뒤집어쓰고 길거리로 나가 한참을 떨면서 그 광경을 보고 있으니 무서움이 조금씩 사라져갔다.

불난리가 지나간 후 우리 집도 형편이 처참해졌다. 집은 완전히 불타버렸고, 어머니 혼자서 모든 일을 감당해야 했다. 자식들은 어리고 아버지는 멀리 일본에 유학 중이었다. 우선 겨우 방 한 칸을 얻어 셋방살이를 했다. 참으로 힘들었던 그해 겨울, 우리는 화근내 나는 불에 익은 자줏빛 김치를 먹으며 춥고 배고픈 시간을 보냈다.

아버지가 일본에서 공부를 마치고 돌아오시자 다시 우리 가족은 활기를 되찾았다. 아버지는 영생고녀의 교목 겸 교사가 되었다. 새 집을 지어 낙민동 언덕으로 이사도 갔다. 그 집은 내부가 온돌로 된 일본식 단층집이었다. 동쪽에는 영생고녀, 서쪽에는 캐나다 선교부와 제혜병원, 뒤에는 교회가 있고, 집 뒤편으로 언덕 하나를 넘으면 성천강이 흐르고 그 뒤에 반룡산이 솟아 있는 낙민동 산기슭이었다. 그 집은 아버지에게는 남다른 감회가 어린 곳이었다. 가난하게 자란 아버지가 자기 소유의 집을 갖게 된 것은 아마도 이루 비할 데 없는 기쁨이었을 것이다. 그 집터는 흉한 터라 해서 무척 싸게 구입할 수 있었다.

어머니는 마당을 파고 일구어 나무를 심고 꽃을 가꾸고 텃밭을 만들어 채소를 심었다. 어머니는 그렇게 자주 이사를 다니면서도 오래오래 살아갈 집처럼 늘 그렇게 꽃밭을 만들고 가꿨다. 어머니의 꽃밭에는 산에서 옮겨온 산나리, 창포, 진달래, 철쭉, 민들레, 도라지꽃이 피어났다. 봉숭아, 채송화, 양귀비, 분꽃도 있었고 복숭아꽃도 피었다. 어머니의 꽃밭은 소박했고 어린 내 가슴에 아름다운 꿈을 피어나게 했다. 어머니의 일생은 바로 황폐한 땅을 가꾸어 아름다운 꽃을 피워내는 삶이었다. 집 뒤에는 키 큰 아카시아 나무가 하나 있었는데, 봄이면 아카시아 꽃 향기가 온 집안에 퍼져 바람을 따라 언덕 아래로 내려갔고 뻐꾹새가 울었으며 여름에는 그 나무에서 내내 매미가 울었다.

노년의 부모님 모습

아버지의 서재에는 책이 많았다. 1930년대 가가와 도요히코(賀川豊
彦)의 책과 우치무라 간조(內村鑑三)의 무교회주의에 관한 서적, 서양 철학
서, 종교인들이 저술한 책이 가득했다. 나는 아버지가 안 계시면 그 방
에 들어가 책 제목을 읽고 가만히 책들을 만져보며 시간을 보냈다. 그
책들은 내게 긍지를 주었고 무척 인상적인 풍경으로 남아 있다.

하루는 일본 육군 중좌가 찾아와 아버지와 같이 서재에서 기도를
했다. 그는 진실한 기독교 신자였다. 일본인은 신사참배만 하고 하느님
을 믿지 않는 줄 알았는데, 그가 기도하는 모습이 내겐 퍽 놀라운 광경
이어서 몰래 훔쳐보았다. 아버지가 정말 훌륭해 보였다. 영생고보 교장
을 지낸 김관식 목사와 함경도 기독교 지도자 조희염 목사, 스콧 박사,
그리고 어머니의 친구인 원산 루시 교녀와 마루다 월손 신학교를 나온

전도부인 차보은 선생, 어머니의 성진 보신여학교 동기 전창신 선생(연세대 김일순 부총장의 모친)이 우리 집을 드나들며 친교를 나누셨다. 그분들의 독실한 신앙과 성실한 생활, 사랑과 봉사의 삶, 독립운동 그리고 우리 민족을 이끌어가는 훌륭한 마음을 보면서 나는 다른 아이들보다 일찍 정신이 깨어났다. 세상이 얼마나 넓으며 배워야 할 게 얼마나 많은지를 깨달았다. 내 어린 날의 꿈에 많은 영향을 주신 분들이었다.

또 하나 잊을 수 없는 추억은 설날이 되면 어머니 친구분들이 모여 우리 가족과 같이 윷놀이를 한 것이다. 영생고녀 김동준 선생은 우리 형제들에게 다이아몬드 게임을 가르쳐주고 같이 즐기기도 했다. 놀이가 끝나면 질기고 맛있는 함흥냉면을 시켜 다 같이 먹었다. 근래 한국에서 말하는 함흥냉면은 육수가 없는 매운 음식인데, 그런 냉면은 적어도 우리가 어렸을 때는 함흥에서 보지 못했다. 진짜 함흥냉면은 질겨서 씹는 맛과 그 특유한 맛을 풍기는 육수가 있어야 한다. 이 젊고 아름다운 여선생은 우리 어린 형제들을 극진히 사랑해주었다.

그 후 그분은 서울 이화여자대학에 영어교수로 전근하셨다. 1993년 1월 신문에서 김동준 선생의 부보와 함께 장기를 의학 연구에 기증했다는 유언을 접하고는 어렸을 때의 추억을 되살리며 슬픈 마음으로 그분을 추모했다. 일찍이 미시간대학을 졸업하고 일생을 교육계에 헌신한 훌륭한 분이었다. 그분의 남편은 미국 유학 중 한글타자기를 고안한 송기주 선생이다. 김 선생이 작고한 후 지난해 그의 딸 송혜경 씨를 만나 참으로 반가웠다. 영생고녀 1기 졸업생인 어머니는 여전도회와 YWCA 함남지부를 조직하여 어려운 살림에도 계속 활동하시어 우리 집은 여성 활동의 중심이 되었다.

1930년대 영생고녀 추계경기대회 모습

상급 학년이 되자 중학교 입시가 부담스러웠다. 낙민동 집에서 영
생고녀 소사였던 공 서방 아들과 같이 밤샘 공부를 했는데, 그때는 문벌
차이가 엄격하여 소사 집안과는 사회적 친교가 없었지만 우리 집은 기
독교 신앙을 가져 빈부나 반상에 대한 차별이 없었다. 어릴 때 부모에게
서 받은 평등사상과 자유민주주의 그리고 인간애는 지금까지 내 삶의
기둥이 되었다.

함흥은 바다가 가까워 해산물이 풍부했다. 겨울에는 명태와 가자
미가 넘쳐났다. 가자미와 좁쌀로 만든 식해는 함흥의 명물이었다. 어머
니는 가자미식해를 특히 잘 만드셨다. 아버지는 그것을 즐겨 드셨다. 넉
넉지 못한 살림이어서 우리는 보리밥과 식해로 끼니를 잇는 날이 많았

다. 어머니의 다정한 손길과 함께 톡 쏘는 그 진한 식해 맛은 지금도 잊히지 않는다. 함흥에는 감자도 많이 났다. 여름에는 감자밥에다 호박국을 끓여먹는 가난한 밥상이었지만 우리는 어머니께서 만든 음식을 좋아했다.

우리가 다니던 중앙교회 이학봉 목사는 온화하고 신앙심이 깊은 분이었다. 특별한 날은 아버지가 설교하시기도 했다. 앞자리에 앉아서 아버지의 설교를 들을 때면 가슴이 두근거렸다. 사람들이 아버지의 설교를 칭찬하면 어깨가 으쓱했고 자랑스러웠다. 10년 전에 타계한 이학봉 목사의 장남은 연세대 음대 학장을 지낸 이인범 교수이며, 셋째아들 이인형은 유명한 피아니스트였는데 한국전쟁 때 납북되었다. 그의 부인 석신행 씨는 LA에 살고 있고, 재미작가 김은국 씨가 바로 이 목사의 외손주다. 1993년 말 나는 오하이오 주립대 건축과에 다니고 있는 이인범 씨의 아들을 만나 옛이야기를 하며 꼭 목사님을 다시 만난 것처럼 반가워했다.

내 어린 날의 이야기가 고스란히 남아 있는 반룡산에는 이성계의 전설이 서려 있다. 나는 그 이야기를 들으며 자랐고 산을 올려다볼 때마다 신비감에 싸였다. 이성계가 산 위 치마대에서 활을 쏜 후 10리 밖의 본궁까지 말을 달려가도 화살이 그때까지 도착하지 않았다는 이야기였다.

소학교 때 본궁으로 수학여행을 갔을 때 우리는 마음속으로 그 이야기를 생각하며 걸었다. 아무것도 모르는 일본인 선생은 본궁의 경치가 좋아 소풍 장소로 택했겠지만, 우리는 조선을 세운 임금을 생각하며 걸었다. 우리의 마음가짐이 달라질 수밖에 없었다. 빽빽한 솔밭과 절간이 그림처럼 어우러진, 함흥차사 이야기가 남아 있는 본궁은 바로 내 아버지의 고향이기도 하다. 봄이 되면 반룡산 중턱에는 진달래꽃으로 온 산이 붉게 물들고 푸른 솔밭과 어우러져 저녁놀빛처럼 타올랐다. 배가 고픈 아이들은 산으로 올라가 꽃잎을 따먹었다. 진달래 꽃잎으로 배를 채우던 가난한 시대였다. 입술에 붉은 꽃물이 든 아이들은 가슴에 한 아름씩 꽃을 안고 산을 내려왔다. 그런 아이들의 얼굴은 꽃보다 더 환했다. 우리는 반룡산에서 함흥 시가지를 내려다보며 무럭무럭 자라났다.

반룡산의 여름은 녹음으로 울창했고 솔잎 향기가 나는 맑은 공기는 우리의 가슴을 깨끗하게 씻어주었다. 가을에는 푸른 하늘을 배경으로 하여 단풍이 더욱 고왔고 겨울에는 눈꽃이 탐스럽게 피었다. 우리는 눈 쌓인 산속으로 토끼사냥을 갔다. 얼굴이 빨갛게 달아 오른 우리는 눈사람이 되도록 산을 쏘다녔다. 참대를 길게 잘라 만든 스키를 운동화나 고무신에 달거나 나무로 짠 썰매를 타고 산 언덕길을 신나게 달리기도 했다. 자연과 더불어 많은 시간을 보냈던 것이다.

장마철이 되면 강폭이 넓은 성천강은 황토물이 철철 넘치도록 거세게 흘러갔다. 우리는 만세교 위에서 강물을 내려다보았다. 큰 나무가 떠내려 오기도 했다. 콸콸 흘러가는 강물을 내려다보노라면 금세 머리가 어지러워졌다. 강변에는 좁은 철길이 있었다. 장진, 신흥, 부전고원으로 가는 협궤열차가 달리는 철로였다. 철길을 건너면 바로 성천강이 나오는데, 우리는 거기서 수영도 하고 그물을 이용하여 물고기도 잡았다. 함흥 아이들은 그렇게 자연에 둘러싸여 천진난만하게 자랐다.

겨울이 되어 강물이 얼어붙으면 썰매나 스케이트를 탔다. 내가 타는 스케이트는 집에서 만든 것이었는데, 중학생 형들은 가죽구두 스케이트를 타고 씽씽 달렸다. 그 모습이 멋있어 보여 얼마나 부러워했는지 모른다. 그러다가 내 스케이트를 내려다보면 한숨이 절로 나왔다. 함흥 고보에 입학한 다음 해 겨울, 나도 그토록 오랫동안 원했던 제대로 된 스케이트를 샀다. 신이 나서 뽐내며 타다가 넘어져서 손목을 다쳤다. 제 혜병원 정만유 선생이 치료해주었는데, 1934년에 세브란스 의전을 졸업한 그분은 당시 우리 집 사랑채에서 신혼살림을 차리고 있었다. 경험도 적은 젊은 의사가 후유증이 없게 훌륭하게 치료해주었다. 그분은 10년 전 뉴욕에서 돌아가셨다. 아버지의 임종 때도 보살펴주었는데, 위암 말기의 환자 팔에 어찌나 주사를 재주껏 놓던지 감탄할 정도였다. 재빨리 살짝 주삿바늘을 꽂는 그 모습은 어린 나를 경탄케 했다. 1972년 연세의대를 나온 그의 아들 인국이 내가 근무하는 병원에 수련의로 왔을 때 나는 무척이나 반가웠다.

우리가 자주 놀러갔던 만세교는 함흥의 상징이었다. 만세교에서 5리쯤 떨어진 곳에 철교가 있었는데 그 길은 북으로는 만주의 도문, 남으로는 원산·경성(서울)으로 가는 철길이었다. 기차가 지날 때면 나는 멀리 북방에 대한 꿈을 꾸었다. 명절날이면 만세교를 오가는 사람이 참 많았다. 함주 사람들이 함흥 시내에 사는 친척집을 오가는 풍경이 아름다웠다. 아이들의 때때옷 차림이 참으로 선명했다. 명절 기분을 북돋우는 정경이었다. 반룡산과 성천강, 그리고 만세교는 내 어린 날의 서정을 키워준 곳이다. 가난한 어린 날을 풍요롭게 해준 곳이기도 하다. 내가 함흥 땅을 잊지 못하고 이렇게 그리워하는 것은 끈끈하고 즐거웠던 어린 날의 추억어린 일들 때문이리라.

젊은 날의 초상

길기만 한 기차여행은 새벽에야 끝났다. 5시 반경 기차는 함흥에 도착했다. 영흥과 정평을 지날 무렵에는 귀에 익은 지명들이라 감회가 깊었다. 영흥은 고보 동기생인 한신과 이한순의 고향이기도 했다. 동녘이 밝아오자 만세교가 보였다. 철교를 지날 때 나는 감격하여 만세교를 바라보았다. 함흥의 상징인 만세교는 옛 것이 아니라 한국전쟁 때 파괴되어 새로 가설한 다리였다. 옛 다리는 기둥만 남아 있었다. 성천강물은 예나 다름없이 짙푸르게 흐른다. 어린 시절 보았던 그때의 빛깔 그대로였다. 만세교 건너편으로 우리가 살았던 낙민동의 기슭이 어렴풋이 모습을 드러내기 시작하자 심장은 쿵쿵 소리를 내며 뛰었다.

함흥역에 내려 자동차로 신흥산호텔로 갔다. 4층짜리 호텔은 썰렁하기만 했다. 커피를 마시고 싶었으나 아무데도 파는 곳이 없었다. 이른 시간이라 1시간쯤 기다려 아침을 먹었다. 기차에서 한숨도 못 자고 정신적으로도 너무 긴장한 탓인지 벌써부터 피로가 몰려왔다. 안내원에게 함흥의대에 가보고 싶다고 간청했으나 미리 연락하지 않아 곤란하다고 했다. 나는 내가 쓴 의학 저서 두 권과 의료기재와 자료들을 함흥의대에 기증하고 싶었으나 결국 허락받지 못했다.

아침 식사 후 아버지의 묘소가 있는 공동묘지를 찾아갔다. 길을 잘 아는 함흥 사람 한 명을 데리고 갔는데도 아버지의 묘를 쉽게 찾을 수 없었다. 화장터가 있었던 곳에도 가보았지만 그 위치를 짐작조차 할 수 없었다. 몇 번이고 언덕을 오르내렸으나 허사였다. 동생 피터는 1971년에 와서 아버지의 묘소를 찾아 사진까지 찍어왔는데, 나는 몇 시간을 헤매어도 끝내 찾지 못하고 허탈한 마음으로 돌아설 수밖에 없었다. 아버지게 송구스러웠다. 어렵게 근처까지 왔으나 불민한 아들이 묘소조차 찾지 못하고 돌아가다니, 죄책감을 억누르기 어려웠다. 안내원은 다음에 다시 오자며 그때는 꼭 찾아놓겠다고 나를 위로한다.

나는 흥남에도 꼭 가보고 싶다고 간청했는데, 흥남은 이제 함흥시에 포함되었다고 했다. 그러나 공업지대여서 외국인은 들어갈 수 없으므로 서호진에 가서 점심을 먹고 흥남을 바라볼 수는 있다고 했다. 함흥에서 흥남으로 가는 길은 넓게 틔었다. 함주평야를 지나면서 나는 서울에서 석탄과 연탄사업으로 성공한 이장균, 유성연 두 삼천리 회장을 생각했다. 고향이 함주군인 두 사람의 입지전적 비디오를 보고 나는 감동하여 연락했고, 그 후로 우리는 친구가 되었다. 여기 같이 올 수 있었다면 얼마나 좋아했을까 하는 생각에 혼자서만 고향을 찾아온 것이 마음에 걸린다.

함흥서 10리쯤 가니 본궁이 나왔다. 차를 세우고 본궁이 보이는 곳에서 기념촬영을 했다. 동해 쪽으로 달려가니 오른편에 흥남의 공장들이 많이 보였지만 그리 바쁘게 가동되는 것 같지는 않았다. 서호진에 도착하여 전에 보던 큰 섬과 작은 섬 사이로 멀리 건너편의 흥남을 바라볼 수 있었다. 흥남부두는 복구된 듯하지만 바다 위에 떠 있는 작은 배만 몇 척 쓸쓸하게 보였다. 문득 1950년 12월의 그날이 눈앞에 펼쳐졌다. 10만 명의 피난민을 수척의 LST를 포함한 11척의 배에 태워 거제도로 피난시켰을 때의 그 극적인 광경이!

서호진…… 해수욕을 하겠다고 월사금으로 기차를 탔던 국민학교 3학년이던 그 악동이 이제 흰머리를 휘날리며 그 바다를 내려다보고 서 있다. 그 옛날 벅찬 감동으로 안았던 바다, 물결, 파도, 햇살들,

서호진 항 전경

그리고 회초리를 든 아버지의 무서운 얼굴이 파노라마처럼 스쳐 지나
갔다. 그렇게 나는 환상처럼 아름다운 바다를 바라보며 추억의 영상들
을 떠올리고 있었다. 그 시절로 돌아갈 수만 있다면 어떤 보상도 치를
수 있으리라……. 아버지도, 엄격했던 어머니도 이미 이세상 사람이 아
니었다.

　서호진 해변에서 좀 더 간 곳에 마전리해수욕장이 새로 생겨 있었
다. 모래가 곱고 물이 참으로 맑았다. 주변에는 공원이 아름답게 조성되
어 피서지로서는 최고인 것 같았다. 거기서 점심을 먹는데 털게 요리가
나왔다. 수십 년 만에 털게 요리를 맛있게 먹었다. 털게는 이곳에만 나는
특산물이다. 어머니는 털게 요리를 유난히 잘 만들었고, 아버지는 그것

어린 시절 친구들과 뛰어놀던 서호진 항에서

을 즐겨 드셨던 기억이 새삼스럽다.

다시 함흥으로 돌아와 함흥고보에 갔다. 지금은 고보가 아니라 함흥사범학교가 되어 있었다. 2층이던 건물은 3층으로 바뀌었고 내가 연습하던 정구장은 없어졌다. 같이 다녔던 동창들을 생각하니 기분이 훨씬 나아졌다. 모두 같이 몰려와 살아온 이야기를 왁자하게 떠들고 싶었다.

"정말 우리 고향에 갈 수 있을 것 같아?" 만나면 서로 확인이라도 하듯 되묻곤 하는 머리가 희어진 친구들……. 함흥고보 그 운동장에 서서 나는 어느새 그 시절로 돌아가고 있었다.

나의 형제들은 모두 함흥 영생고보에 다녔는데, 나는 함흥 공립 고

옛 영생고보 전경

옛 함흥고보 앞에서

등보통학교에 입학했다. 일본 총독부가 세운 도내의 유일한 공립고보로 우리가 입학할 당시의 경쟁률은 6 대 1이었다. 그 근방의 우수한 학생들은 모두 몰려왔다. 내가 함흥고보에 진학할 수 있었던 것은 국민학교 5, 6학년 때의 담임이던 조성진 선생의 영향이었다. 함흥고보 출신인 그는 유능한 교사로 우리의 우상이었다. 그분은 그 후 세브란스 의전에 들어가 의사가 되었으나 젊은 나이에 세상을 떠났다. 나와 같이 공부하던 소사의 아들은 함흥상업학교로 진학했다. 그 이후 우리는 서로 만나기 힘들었다.

내가 입학할 때는 신입생이 A조, B조에 각각 50명씩 모두 100명이었다. 교사는 대부분 일본인이었고 조선인은 두 사람으로 실력이 우수한 한순현 수학 선생과 조선어를 가르친 한정오 선생이었다. 2학년 때 조선어시간이 폐지되면서 젊은 선생님은 학교를 떠났다. 함흥고보 학생들은 수학을 특히 잘하여 입시에서 늘 월등한 성적을 나타냈다. 학제는 5년이었고 영어도 배웠지만, 일본군의 중국침략 이후 반미감정이 점점 팽배해지면서 끝내는 영어시간이 없어졌다.

낙민동 집에서 학교까지는 걸어서 40여 분이 걸렸다. 영생고녀 뒷길을 지나 둑길을 따라가면 함남고녀가 나온다. 여학생들과 마주치면 고개를 푹 숙이고 땅만 보고 걸었다. 그리고 길가에 일본 신사(神社)가 있었는데, 그 앞으로 지나갈 때는 반드시 차려자세로 경례를 올려야 했다. 그냥 지나가다가 친일파에게라도 들키는 날이면 큰일이었다. 겨울에 눈이 내리면 길이 얼어붙어 퍽 미끄러웠다. 강 건너 함주에 사는 친구들은 그 몹쓸 벌판의 바람을 맞아가며 한두 시간은 걸어야 하는 고생스런 통학길이었다. 만세교의 모진 바람이 속살까지 파고들었고 교실에 들어선 친구들의 얼굴은 시퍼렇게 얼어 있곤 했다. 입이 얼어붙어 한동안 말을 하지 못했고, 손이 곱아 1시간이 지나야 겨우 글씨를 제대로 쓸 수 있을 정도였다.

그렇게 혹독한 겨울 한파 속에서도 모두 열심히 공부했다. 공부로 추위를 이겨내야 했다. 공부하는 것 말고는 우리에게는 당장 희망이라곤 아무것도 없었던 일제 강점시기였다. 그러나 봄이 되면 들녘에는 푸른 기운이 감돌고 바람은 한결 부드러워지며 아지랑이가 멀리서 피어올랐다. 강물이 풀려 낮은 소리를 내며 흐르고 푸른 풀이 자라는 둑길에는 쑥내가 향기로웠다. 보랏빛 제비꽃과 노란 민들레꽃이 피는 둑길을 따라 학교 가는 길은 참으로 상쾌했다. 멀리 있는 마을에는 살구꽃이 환히 피고, 학교에 들어서면 활짝 핀 벚꽃길을 따라 교실로 들어갔다. 흰 나비처럼 휘날리는 꽃길을 걷는 카키색 교복을 입은 소년들의 모습은 오히려 로맨틱했다. 그러나 그 얼굴은 어두웠다. 식민지 소년들의 얼굴은 구름 낀 하늘처럼 늘 어두웠다. 행동도 생각도 일본식이 강요되던 시대였다.

공립인 함흥고보는 일본 제국주의에 충성할 인재 양성을 목적으로 설립된 학교였다. 도내의 수재들이 다 모여들었고, 졸업생 중에는 경성제대 예과나 일본의 우수한 상급학교로 진학하는 경우가 많아 인정을 받았다. 내 성적은 괜찮은 편이었는데, 2학년에 진급할 때는 100명 중 2등이었다. 나는 어릴 때부터 착실하고 정직하게 살아야 한다는 가정교육을 받아 세상의 어두운 면을 잘 몰랐다. 모든 사람이 선한 줄 알았다.

2학년 때 조선어시간이 폐지되자 우리는 분노했다. 그러나 감정을 겉으로 드러내지 못하고 속으로만 끓여야 했다. 험악한 상황에서도 항일투쟁을 목적으로 조직된 단체가 있었다. 어느 집에서 상급생 모임이 있었는데, 진지하고 심각한 얼굴로 독립에 대한 이야기를 주고받던 모습이 지금도 눈에 생생하다. 좌익 성격을 띤 모임이었다. 혹시나 우리나라의 독립에 도움이 될까 하여 지식인들 사이에 좌익사상이 유행처럼 번져가던 때였다.

우리는 군사교육도 받았다. 모범생은 소대장이나 중대장이 되어 동급생과 하급생을 지도했다. 나는 중대장이 되어 조례 때 구령을 불렀다. 어린 나이에도 우리나라가 망한 것은 군사력이 약했던 탓이라고 믿고 군사교육도 훗날 독립운동에 도움이 되리라 싶어 열심히 배웠다. 학교에는 기독교 신자가 몇 명 되지 않았다. 우리 학년에는 나밖에 없었다. 내가 신자임을 안 일본인 교사들은 내게 황민교육을 더욱 철저히 시키고자 했다. 그러나 좋은 교사도 있어 내 신앙을 이해해주기도 했다.

나라 없는 서러움은 컸다. 어린 마음에도 언제나 그것을 느꼈다. 모국어를 사용할 수 없었고 배울 수도 없었으며, 식민지 정책의 가혹함은 점점 더 심해져갔다. 아이들의 생활은 비참했고 요즘 청소년들은 이해할 수도 없는 일들이 일어났다. 무엇을 하려고 해도 계속 앞이 막혀 나아갈 길이 없었고 먼 장래를 내다보며 계획하는 희망도 가질 수 없었다. 절망적인 분위기는 해방될 때까지 이어졌다. 한국인을 위해서가 아니라 일본인을 위한 정책, 극소수의 학생만이 대학에 다닐 수 있었던 그 시대의 교육은 엄격히 제한되어 있었다.

창씨개명 지시가 내리자 공립학교에 다니던 우리에게 굉장한 압박이 가해졌다. 학교를 그만두거나 창씨를 해야 했다. 성을 바꾸어야 하는 모욕을 겪으며 결국 나는 아버지의 이름 현원국(玄垣國)을 따서 구로가

키 구니오(玄垣國雄)라는 일본식 이름으로 창씨를 했다. 일본식 이름으로 고쳐야 했던 수치스러운 우리 세대의 과거는 후세의 질책을 받아야 했다. 일본식 군사교육을 받으며 반룡산을 오르내렸고, 신사참배를 하지 않으면 큰 문제가 발생했다. 거부하지 못하고 참배를 했던 우리, 아무리 반발하는 마음이 강해도 그것을 드러낼 수 없었던 우리의 비극과 나약함이 슬프고 서러웠다. 특히 일제 말기에는 기독교 학생에 대한 감시가 심해졌다.

나는 1학년 때 교내 기독교소년회에 가입했다. 회원은 모두 15명이었는데, 교내에서는 큰 활동을 할 수 없었다. 한번은 소년회 주관으로 교회에서 예배를 인도하는데 내가 소년회를 대표하여 설교를 했다. 처음 사람들 앞에 서니 몹시 떨려 내용이 생각나지 않을 정도였지만 설교를 마치고 나니 반응이 괜찮았다. 지금은 그 내용이 생각나지 않지만 돌이켜보면 순수한 열정으로 설교 준비를 했던 그때가 새삼스럽고 흥분되기도 한다.

그때 그 사람들

내가 다닌 중앙교회에는 1916년 세브란스 의전을 나와 의사로 일하는 유칠석 선생이 있었다. 자녀들은 현재 서울에서 의사로 일하고 있으며 손자들도 거의 다 의사가 되었다. 그의 아들 유철은 나의 함흥고보 1년 선배로 나고야 제국대학을 나와 서울과 일본에서 의사로 일했다. 훌륭한 기독교정신으로 살아가는 그분들은 어린 내 가슴에 미래의 씨앗을 싹트게 했다.

나는 함흥고보 연식정구 선수였다. 함경남도 중고 리그전에서 3년 연속 우승을 차지했을 때의 기쁨이란……. 나는 후위였고 전위는 한신(韓信)이 맡았다. 수업이 끝나면 우리는 정구연습을 했다. 우리는 3년 동안 늦게까지 정구장에서 연습하며 우정을 다졌다. 한신은 그 뒤 장군이 되었지만 학창시절의 그는 군인과는 거리가 멀었다. 그는 군사훈련을 지독히도 싫어했다. 동작이 느려서 일본 교관에게 여러 번 야단을 맞고 기합도 받았다. 어쩌면 그것은 일제에 대한 반항심 때문이었는지도 모르겠다.

한신(1922-1996)
제1군사령관, 합동참모부의장

한신은 제2차 세계대전 때 일본 주오대학 법과를 다니다가 학병으로 끌려갔다. 전쟁이 끝나 고향 함남 영흥으로 돌아가 나라 재건에 힘을 보태려 했지만 공산주의에 반대하여 국군에 들어가 국군 창설에 이바지했다. 그가 군인이 될 줄은 아무도 몰랐다. 지금도 동창들 사이에서 그의 이야기가 나오면 인생의 엉뚱함에 웃곤 한다. 한신은 호랑이 장군, 군인 중의 군인, 백골부대장이라 불렸고 내무부장관과 육군 대장을 거쳐 합참의장을 지냈다.

내 어머니의 장례식 때 성남 모란공원 장지에 온 한신에게 동생 피터가 차편을 확인하니 저 아래 있다고 하여 직원을 시켜 가보라고 했는데 버스를 기다리고 있더라고 했다. 하루에 서너 번 다니는 시골버스를 기다리는 한신의 모습을 생각하며 나는 코끝이 찡해졌다. 그것이 바로 내 친구 한신의 참모습이었다.

　1시간이고 2시간이고 시골버스를 기다리는 한신을 전직 장관이요 합참의장이라고 누가 생각하겠는가! 그렇게 그는 언제나 자신과 민족 앞에 당당한 자랑스러운 친구였다. 한국전쟁 때 제1 연대장으로 북진하여 흥남 점령에 공을 세웠고, 함흥철수 때는 시내를 돌아보며 이 사람들이 도대체 어디로 가겠느냐고 기가 막혀 눈물만 나더라고 말하는 그는 목이 메었다. 그는 안양에 살았는데 복잡한 서울거리에 나가는 걸 가장 싫어했다. 그런데도 내가 서울에 가면 동창들의 모임에 나오는 그를 보며 두터운 그의 우정이 눈물겨웠다. 금년 5월 초 그의 부보를 접했을 때 나는 통곡했다.

　서울대 영문과 교수였던 2년 선배 한교석 형과 1년 선배인 고려대 영문과 교수를 지낸 조성식 형과 서울에서 만나면 고향 이야기를 나누고 한신의 이야기도 한다. 조성식 형은 4학년 때 서울로 갑자기 전학을 갔다. 부친이 함흥농업학교 교사였는데 일본인 교사가 조선인을 천대하는 것을 보고 뺨을 때렸다가 파면당해 급하게 함흥을 떠났다. 인사를 나눌 틈도 없이 가버렸다.

　1년 선배 홍덕희 형은 1950년대 후반에 유명했던 골키퍼 홍덕영(洪德泳)의 형으로 함흥 낙민동에서 서로 옆집에 살았는데, 그 집은 나의 어머니가 하던 문방구점에서 좀 떨어진 군영통에서 광문당이라는 문방구점을 하여 두 집안은 서로 가까웠다. 나는 학교 선배인 덕희 형을 무척 따라서 자주 그 집에 놀러갔고 그런 나를 동생처럼 보살펴주었다.

　겨울이면 성천강이 꽁꽁 얼어붙어 우리는 체육시간에 스케이트를 탔다. 스피드 스케이트는 당시 고보 체육시간에 반드시 익히는 필수종

목이었다. 피겨 스케이트를 멋있게 타는 부잣집 아이들이 몹시 부러울 때였다. 칼날 같은 바람을 가르며 추위도 잊고 강 얼음판을 씽씽 달리면 소학교 때 나무판을 발에 맞추어 깎아 끈으로 묶어 타던 스케이트나 썰매와는 완전히 달랐다. 어릴 때 멋있어 보였던 중학생들이 짓던 폼으로 달리노라면 속도가 빨라져서 기분이 몹시 상쾌했다. 나는 겨울강에서 보내는 체육시간을 참 좋아하여 다음 체육시간이 기다려지곤 했다. 환상에서나마 자신을 키우며 살아가는 것은 순간이나마 아름다웠다.

우리 학교는 공립이었지만 반일감정이 심했다. 일본인은 우리의 반일감정을 누르기 위해 언제나 강압적인 훈시를 했다. 1930년대 후반 일본의 중국 침략이 확대됨에 따라 우리는 심한 군사훈련을 강요받았고 교복도 카키색 군복으로 바뀌었다. 일본군이 중국의 주요 도시들을 점령하자 학생들은 강제로 끌려나가 '일본 제국주의 만세'를 외치며 햇불을 들고 시가행진을 해야 했다. 카키색 교모와 교복, 무릎까지 칭칭 끈을 감아맨 우리는 흡사 소년병 같았다.

일제는 우리의 사상을 겉에서부터 무장시키는 교육을 했다. 반일감정이 드세어지는 학생들을 회유하기 위해 미나미 총독이 직접 학교를 방문하여 연설했는데 우리는 존경심 없이 그를 구경했다. 총독이 고보를 방문하는 것은 매우 특별한 경우여서 학교로서는 큰 영광이었으나, 그 내막은 불온한 사상을 지닌 학생들이 많지 않나 하여 학생들의 독립운동을 저지시키는 게 목적이었다. 학교에서는 일본어만 사용했다. 나중에는 집에서도 일본어 사용을 강요했지만 우리 집에서는 편하게 우리말을 썼다.

우리가 존경하고 좋아했던 수학 선생님의 별명은 '한(恨)쟁이'였다.

그는 머리끝에서부터 발끝까지 한이 담긴 사람이었다. 울분을 술로 달래던 선생님은 주정이 심했고, 취하면 개천이든 어디든 가리지 않고 쓰러져 잠이 들었다. 우리는 실력 있고 인간적인 그분을 진심으로 따랐다. 한 선배는 수학시간에 답변을 하지 못하여 매를 맞았지만 그에 대한 존경심은 변하지 않아 어느 날 밤 한쟁이 선생이 만취하여 길거리에 쓰러져 있는 것을 보고 업어다 집에까지 모셔다드린 적도 있었다. 울분으로 술을 많이 마셨지만 멋있는 분이었다.

일본인 교관 시라이(白井) 소위는 당시 나이가 쉰이 넘었는데, 한국 사람을 이해하고 위해주었다. 군사훈련 시간은 엄격했지만 조선인을 차별하지는 않았다. 시라이 선생의 상관인 중좌(中佐)는 우리에게 지독히도 가혹했다. 그는 엄격하고 처벌도 심했으며 조선 사람을 노골적으로 경멸했다. 나는 시라이 선생의 사랑을 받았다. 늘 생각나는 선생님이다. 미국에서 생활한 지 20년이 지난 1970년, 나는 한국으로 가던 길에 시라이 선생님을 만나기 위해 도쿄에 들렀다. 그 아들이 함흥고보 1년 선배여서 간신히 주소를 알아내어 연락이 닿았다. 옛 스승을 재회한다는 설렘이 컸다.

도쿄에서 그 아들과 동행하여 기차를 타고 이바라키 현으로 갔다. 역에서 택시를 타고 딸과 살고 계시는 선생님 댁에 도착하니 반가움에 눈물부터 나왔다. 선생님도 내 손목을 꼭 붙잡고 잠시 말을 잊으셨다. 선생님의 노안에 물기가 어리고 30여 년 만의 재회는 감개무량하기만 했다. 연로하신 선생님은 선후배의 안부를 거듭거듭 물었고 함흥에서 보낸 시절을 몹시 그리워했다. 시간가는 줄 모르고 기억을 더듬는 선생님을 따라 나도 다시 중학생으로 돌아가 즐거운 시간을 가졌다. 당시

만 해도 미국에서 공부한 것이 대단하던 때인지라 일흔다섯 살의 선생님은 나를 기특해하며 손을 꼭 잡고 감격의 눈물을 흘리셨다. 내 눈에도 눈물이 맺혔다. 나는 그분의 기대에 어긋나지 않으리라고 다짐했다.

선생님은 영원한 나의 스승이었다. 만남, 그것이 곧 가르침이었다. 제자를 자랑스러워하던 그 모습을 뒤로하고 기차를 탔다. 작별할 때는 다시 만나자고 굳게 약속했는데 얼마 후 선생님이 돌아가셨다는 소식을 받았다. 한국인에게 따뜻한 마음을 베푼 도덕성 높은 그분을 잊을 수 없다. 나를 만나 기뻐하며 눈물 흘리시던 마지막 모습이 내내 사라지지 않는다.

우리 동기생들 중에 농림부장관과 성균관대 총장, 교총회장을 지낸 박동묘라는 친구가 있다. 그는 홀어머니 밑에서 매우 가난하게 자랐다. 그의 집에 갔다가 어머니와 단둘이 초라한 오두막집에서 어렵게 사는 모습을 보고 눈시울이 시큰했다. 구차하게 살아도 그는 명랑하고 성실했으며, 굳은 의지와 노력으로 성공했다.

어느 여름에 박동묘, 최재영과 같이 서호진해수욕장에 놀러간 적이 있는데, 그 두 친구는 수영을 못했지만 나는 제법 하는 편이었다. 갑자기 하늘이 시커멓게 변하고 바람이 불면서 파도가 거칠어졌다. 배 안으로 물이 넘쳐 들어오고 파도에 배가 기우뚱거리자 나는 엉겁결에 바다로 뛰어들었다. 둘은 물을 퍼내고 당황하여 어찌할 바를 모르는데, 배가 기슭으로 나아가지 않고 자꾸만 바다 한가운데로 들어갔다. 섬에서 이 광경을 보고 한 할아버지가 배를 가지고 와서 둘을 구했다. 바다에 뛰어든 나는 아무리 팔을 휘저어도 숨이 차오르고 해변까지 나가는 데 힘이 들었다. 50미터쯤 떨어진 해변을 보며 나는 절망적으로 헤엄을 쳤다. 기운은 점점 빠지고 기진맥진하여 허우적거리다가 간신히 물가에 이르자 친구들이 뛰어와서 나를 끌어내주며 수선을 피웠다. 박동묘는 지금도 만나면 그때 이야기를 한바탕 늘어놓고 혼자만 바다에 뛰어든 나를 원망한다. 잠깐이지만 죽음을 생각했고 삶의 귀중함을 깨달은 순간이었다.

함흥의 우리 집 아래에는 상업은행장을 지낸 최씨 집이 있었다. 딸들이 영생고녀에 다녔고 부자였다. 셋째딸 최성인이 나와 동갑내기였다. 그 어머니는 중앙교회 집사였는데 나를 최성인과 결혼시키려고 무척 애썼다. 방학 때 집에 내려가면 나를 초대하여 저녁을 사주시곤 했다. 20여 년 전 뉴저지 병원으로 최성인의 편지가 날아왔다. 형에게 부탁하여 주소를 알았다며 자기 아들이 고려대 의대를 나왔는데 미국에서 공부할 수 있도록 주선해달라는 내용이었다. 나는 옛 친구의 아들 정욱 군을 우리 병원에서 인턴생활을 하게 해주었다. 현재 그는 미시간에서 산부인과를 개업하고 있다.

은행장이었던 최성인의 아버지는 북에서 죽고 가족들만 남으로 내려왔다. 내가 알몬드(Almond) 장군의 지시로 거제도에 철수민을 시찰하러 갔을 때 흥남철수 때 내려와 장승포에서 살고 있던 그녀의 동생 성옥을 극적으로 만난 적이 있다. 그녀는 결혼하여 아이를 둔 어머니였고 무척 반가워했다. 얼마 전에는 서울에서 아버지의 친구이자 나의 세브란스 의전 시절 학비를 도와주셨던 김상필 선생 내외를 모시는 자리에 그 두 자매를 초대하여 오랜만에 만나 옛날이야기를 나누기도 했다.

잃어버린 것들

어느 해 가을 부전고원으로 수학여행을 갔다. 협궤열차를 타고 달렸다. 좁은 차 안이 미어지도록 학생들이 꽉 차 있어도 우리는 숨을 크게 쉬며 떠들어댔다. 10월의 부전고원은 몹시도 추웠다. 그곳 천불사(千佛寺)로 올라가는 산길의 단풍이 얼마나 화려하던지 우리의 마음까지 단풍으로 곱게 물들어 마치 선경(仙境) 속으로 인도하는 것 같았다. 사방이 단풍으로 온통 활활 타오르는 가을 속으로 협궤열차가 가쁜 숨을 토하며 산기슭을 힘겹게 올라갔다.

이쯤 되면 여행길에 나선 감수성 예민한 중학생 아이의 몸과 마음은 눈앞에 펼쳐진 가을잔치에 취하여 말을 잃는다. 부전고원은 우리에게 잠시나마 평화와 행복을 안겨주었다. 친구들과 떼 지어 여기저기 돌아다니고 소리를 모아 합창도 했다. 붉은 단풍나무 사이로 비치는 파란 하늘을 올려다보노라면 고개가 아프다가 나중에는 빙글빙글 어지럼증이 일어난다. 우리는 팔을 벌려 빙글빙글 맴을 돌았다. 천불사의 밤하늘에는 수많은 별이 반짝거렸고 차갑게 빛나는 별빛 아래서 미래를 그려보았다. 친구들과 밤을 새우며 별보다 더 많은 이야기를 나누기도 했다.

그렇게 아름다운 부전고원이 그로부터 10여 년 후인 1950년 11월 하순, 중공군에 포위당한 미해병 제1사단의 지옥이 될 줄은 아무도 예기치 못했다.

진달래가 피는 5월의 부전고원은 하얀 눈밭을 뚫고 붉은 꽃송이들이 흰 비단에 놓인 수꽃처럼 터져 나온다는데 10월의 단풍도 그에 못지않은 황홀경이었다. 그 부전고원을 잊고 산 것이 우리에게는 너무나도 한이 맺힌 세월이었다. 먼 훗날 우리 자손은 부전고원의 진달래와 단풍 그리고 눈꽃을 남북 가리지 않고 골고루 볼 수 있으리라. 역사의 한을 녹여버리고 지나간 분단시대의 이야기를 나누며 후세는 부전고원의 아름다움을 실컷 즐길 수 있으리라.

고보 1학년 때 아버지가 위암으로 돌아가시자 겨우 형편이 나아지던 우리 집은 또다시 휘청거리게 되었다. 오래 살지 못할 것을 아신 아버지는 가족들의 생계를 위해 어머니께 여관업을 해보라고 권하셨다. 그러나 이 영업은 우리의 교육에 큰 피해를 주어 어머니는 몹시 괴로워하셨다. 동생 시학은 어머니의 일을 돕느라 1년 늦게 중학교에 진학할 수밖에 없었다.

아버지는 돌아가시기 전날 우리 형제를 불러 앉혀놓고 유언처럼 물으셨다. 이다음에 커서 무엇을 하겠느냐고. 영학 형은 아버지 뒤를 이어 신학공부를 하겠다고 했고, 나는 삐쩍 말라 눈만 커다래진 아버지의 슬픈 얼굴을 보면서 대뜸 의사가 되겠노라고 말했다. 깊이 생각해왔던 것이 아니었고 아버지의 병든 모습을 보면서 그것을 고칠 수 있는 의사가 되고 싶다는 생각이 문득 들었던 것이다. 훗날 내가 병리학자가 되어 아버지와의 약속을 지키게 된 것은 퍽 감사한 일이다. 아버지와의 마지막 약속을 지키기 위해 나는 다른 길은 생각해보지도 않았다. 영학 형도 아버지의 모교인 관서학원 신학부를 고학으로 마쳤고 해방 후 다시 뉴욕 유니온 신학대학원에 유학한 후 이화여대에서 오랫동안 신학자로, 교육자로 재직하여 우리 형제는 아버지와의 약속을 지킨 셈이다.

가세는 점점 기울었고 어머니는 혼자 힘으로 많은 자식을 거두고 공부시키느라 고생이 무척이나 심했다. 하루는 성악을 공부한 아버지의 제자 김영애 씨가 어머니를 찾아와 내게 가정교사 자리를 구해주겠다고 제의했다. 어머니는 조심스레 내 뜻을 물었고, 나는 열네 살의 어린 나이로 입주 가정교사가 되어 남의집살이를 시작했다. 내가 가르친 소학교 5학년 아이는 공부에 관심이 없어 가르치는 데 애를 먹었다. 그 집에서 2년 동안 지내며 학비를 벌었다. 다행히도 그 아이는 중학교에 들어갈 수 있었다. 나는 비기독교 가정인 그 집에서 제사를 지내는 걸 보고 당황하기도 했고 어려운 점도 많았지만 그 댁에서는 나를 참 잘 대해주었다. 그때까지 빈부에 대한 차이를 잘 몰랐는데, 그 댁에서 지내면서 많은 사람이 배고프게 사는데 이런 부자도 있구나 하는 생각이 문득문득 들기도 했다.

고보 4학년이 되던 해 일주일간 일본으로 수학여행을 갔다. 먼저 함흥에서 기차를 타고 서울로 갔다. 서울의 초라한 여관방에서 옹기종기 붙어서 하룻밤을 자고 다음 날 부산으로 가서 관부연락선을 타고 현해탄을 건넜다. 하도 뱃멀미에 시달려서 막상 시모노세키에 도착했을 때는 일본 땅이라는 실감이 나지 않았다. 단체여행이라 일정에 따라 정신없이 돌아다녔다. 히로시마에서 신사참배를 하고는 바로 도쿄로 가 메이지신궁과 니주바시(二重橋)에서 일본 궁성에 경례도 했다. 일본 정신을 철저히 배우는 게 수학여행의 목적이었다. 저녁에는 자유시간이어서 긴자(銀座)로 나가 시내 구경을 했다. 화려한 네온사인이 켜진 긴자 거리를 기웃거리며 쇼핑도 하고 오가는 사람들도 구경했다. 일본말이 능숙했던 카키색 교복 차림의 우리를 보고 일본 사람들은 일본의 어느 시골 중학교에서 여행온 것으로 알았다.

교토(京都)에서는 헤이안(平安)신궁과 긴카쿠지(銀覺寺), 기요미즈데라(淸水寺)를 둘러보고, 나라(奈良)로 가서 도다이지(東大寺) 대불을 보았다. 그

함흥고보 4학년에 간 일본 나라(奈良) 가스가신궁 수학여행에서(1940. 5)

함흥고보 동창생들과의 만남(1981. 9)

왼쪽부터 박동묘, 한신, 필자, 송기철, 주규연

러나 우리는 나라의 역사적 유물들이 백제 문화의 영향을 받았다는 사실을 몰랐다. 거기서 처음 사람을 따르는 사슴을 보았다. 센베 과자를 자연스럽게 받아먹는 사슴의 착한 눈동자가 무척이나 아름다웠다. 사슴의 맑은 눈망울에 비친 나의 모습이 처량해 보이기도 했다. 오사카(大阪)성에 올라가서도 별다른 느낌이 없었다. 일본 역사만 배워서 우리 역사에 대해서는 전혀 몰랐던 것이다. 그래서 맹목적으로 따라다니기만 했을 뿐, 일본 여행을 하면서도 전혀 회의를 느끼지 못했다. 돌아오는 서울서 원산까지 오는 13개의 터널을 지나는 밤기차 안에서 우리는 등불을 끄고 학생들에게 지독하게 굴던 역사 선생 시오자키를 실컷 두들겨주었다.

졸업식 때 나는 우등상과 5년 개근상을 받았다. 고학을 했고 동생들이 많아 집안을 경제적으로 돕겠다는 생각에서 세브란스 의전을 택했다. 경성제대는 6년제였고 세브란스는 4년제였다. 당시에는 경성의전, 세브란스 의전, 평양의전, 대구의전, 서울여의전(고려대 의대 전신)이 있었는데, 반미감정이 드세어져 세브란스 교명이 아사히(旭)로 바뀌어 있었다.

함흥고교에서 나온 우리 일행은 운흥리 영생고보로 갔다. 영생고보는 아버지의 모교이자 영학 형, 동생 시학과 웅이 다닌 학교였다. 운동장 구석에 여전히 400년 넘은 나무가 서 있었지만 전날의 모습이 아니었다.

교정을 둘러보는데 자꾸만 눈앞이 흐려져왔다. 나이 많은 학생으로 고학을 하며 학교에 다니셨던 아버지의 고뇌가 전해져왔던 것이다. 흥남철수 때 데리고 나오지 못했던 박재인의 집이 운흥리에 있었는데,

동네가 완전히 달라져 흔적을 찾을 수 없었다.

아버지께서 10년이나 아래였던 동급생 친구 김사익, 김상필과 함께 오르내렸을 반룡산에도 올라갔다. 산기슭을 향해 가다 보니 낙민동 언덕에 있던 영생소학교와 영생고녀, 제혜병원, 선교사들의 집들이 다 사라지고 없었다. 그 지역은 공원이 되었고 우리 집이 있던 자리에는 김일성의 동상이 서 있었다. 안내원에게 그 얘기를 해주자 그는 잘된 일이라는 듯 고개를 끄덕거렸다.

잃어버린 것들, 없어진 것들은 건물만이 아니었다. 회색 2층집 하나가 언덕에 남아 있어 가보았더니 바로 아버지가 물지게를 지고 오르내렸던 스콧 박사가 살던 집이었다.

스콧 박사는 선교사로 우리나라 기독교에 크게 공헌한 분이다. 그 집 주위에 사과밭이 있었는데 어린 우리는 철조망 사이로 몰래 들어가 사과서리의 스릴을 즐기곤 했다. 훌륭한 선교사이자 교육자였던 스콧 박사가 지금 나와 같이 저 옛집을 바라본다면 얼마나 감격해할까 하는 생각이 들었다.

반룡산 구룡각이 있는 곳으로 올라가니 길이 깨끗이 잘 다듬어져 있어 보기 좋았다. 노인 넷이 앉아서 이야기를 나누다가 카메라를 든 내 모습이 생소했던지 어디서 왔느냐며 말을 걸었다. 미국에서 왔다고 하니까 자기도 미국에서 살다왔다고 한다. 일흔네 살의 그는 한국전쟁 때 남쪽으로 내려갔다가 남미로 이민을 떠났고, 그 후 자녀들이 미국에 정착하자 따라가서 살다가 고향에 꼭 뼈를 묻겠다고 3년 전에 돌아와서 함흥에 살고 있다는 것이다. 아내와 자식을 뉴욕에 두고 혼자 돌아왔다는 그에게 나는 흥미를 느꼈다.

그의 말을 들으니 나도 죽어서 고향 땅에 묻힐 수 있다면 얼마나 좋을까 싶었다. 유쾌한 성격의 그를 만나서 내 기분도 상쾌해졌다. 빨리 통일이 되어 이산가족들이 함께 살 수 있기를 더욱 갈망하며 나는 그와 헤어져 산을 내려왔다. 미국에 돌아와서 뉴욕에 사는 그의 자녀에게 전화를 걸어 안부를 전해주었더니 무척 반가워했다.

함흥에서 허용된 아침부터 밤까지의 시간이 다 끝나가고 있었다. 나는 함흥철수 때 중앙교회와 남부교회를 이리저리 뛰어다니며 사람들에게 역으로 나오라고 연락했던 그 길을 따라가보고 싶었으나 시간이 없었다. 날은 점점 어두워오고 호텔로 돌아가는 마음은 착잡하기만 했다. 호텔에는 함흥의대 함유순 부원장과 류희찬 과장 두 분이 나를 만나러 와주었다. 내 소개를 하고 함흥의대에 대한 관심을 표하면서 의학 교재와 내가 쓴 의학책과 체온계, 청진기 등을 전달했다. 학교시설이나 운영에 대해 물어보았으나 만족스러운 답변을 얻을 수 없었다.

분단의 시간이 길어 말이나 용어가 서로 달라 제대로 알아듣지 못하는 부분이 있어 참으로 안타깝고 답답했다. 잠깐 이야기를 나눈 후 두 사람은 돌아갔다.

회한의 눈물

밤 11시, 평양으로 돌아가기 위해 다시 안내원과 함께 기차에 몸을 실었다. 기차가 서서히 함흥역을 벗어나고 있었다. 지금 북한에는 어렸을 적 내가 알고 지내던 지명으로는 더 이상 존재하지 않는 곳이 여럿 있다. 흥남은 함흥과 병합되었고, 내가 태어난 성진 역시 한국전쟁 때 공이 컸다는 김책 장군을 기념하여 김책시로 지명이 바뀌었다. 나는 달리는 기차 속에 피곤한 몸을 길게 누이며 언젠가 다시 돌아올 수 있기를 바라는 마음이 간절했다. 이렇게 총총히 떠나지 않고 한가롭게 함흥을 거닐며 며칠만이라도 자유롭게 돌아다닐 수 있는 날이 속히 오기를 바라고 또 바랐다.

멀리서부터 뿌옇게 새벽이 밝아왔다. 부지런한 농부들이 들에 나가는 모습이 달리는 차창 밖으로 보였다. 옷차림이 초라해 보였다. 안내원의 아내가 평양에서 의사로 일하고 있고 딸은 평양의대생이라 하여 그에게 청진기와 체온계 세트를 선물로 주었다.

7월 4일, 북한 고관이 나를 만나자는 전갈이 있어 옥류관으로 갔다. 뜻밖에도 강석숭 당 중앙부장 겸 당 역사연구소장(강석주 외교부 부부장의 형)이 나와 있었다. 손원태 선생을 통해 그의 이야기를 들었는데, 그는 손 선생의 북한 방문 때도 접대와 안내를 맡아주었다고 한다. 손 선생은 옛 친구인 김일성 주석도 만나 순수하게 어린 시절 친구로서 즐거운 시간을 보냈다고 했다. 평양냉면을 먹으며 이런저런 이야기를 나누다가 강석숭 부장이 미국에 있는 우수한 학자들을 북한에 초대하고 싶다며 펜실베이니아대학 정치학과의 이정식 교수와 하와이대학 사학과의 최영호 교수, 미국 국립도서관 한국도서부 과장 양기백 선생에게 방문 의향을 타진해달라고 부탁했다. 후에 그들에게 뜻을 전했더니 이정식 교수는 정식 초대장이 오면 그때 결정하겠다고 하고, 최 교수는 잘 모르겠다고 하고, 양 선생은 정부관리여서 특별허가를 받아야 하니 수속이 오래 걸려 힘들 것 같다고 했다. 강 부장에게 사정을 설명하고 우선 초대장을 보내라고 편지를 썼다. 그런데 그해가 다가도록 아무런 응답이 없

평양영화제작소의 엄길선 감독과 함께

었다.

7월 5일, 평양시 중심에서 20분쯤 떨어진 곳에 있는 예술영화촬영소를 방문했다. 북한을 방문하기 6개월 전 뉴욕에서 남북영화제가 열렸다. 그때 나는 북한의 엄길선 감독과 오미란, 홍영희 두 여배우를 만나 인사를 했고, 그들은 북한을 방문하면 꼭 찾아달라고 했다. 그래서 안내원에게 엄 감독을 만나고 싶다고 했더니 김윤범 박사, 장수철 사장이 나를 데리러 와주었다.

예술영화촬영소는 넓은 공간에 깨끗하게 다듬어진 정원과 건물이 괜찮았다. 엄 감독이 직접 나와서 반갑게 우리를 맞이해주었다. 영화제작소에 대한 설명을 듣고 제작소 내부와 촬영세트장도 여러 곳을 돌아보았다. 〈임진왜란〉이라는 영화의 일부도 30분쯤 관람했다. 문외한이

지만 시설이 참 좋다는 생각이 들었다. 두 여배우는 지방로케를 떠나 만날 수 없었다.

나는 엄 감독에게 남자배우 유원중의 이름을 대며 그를 만날 수 있겠느냐고 물었더니 그 역시 지방으로 야외촬영을 떠났다고 했다. 유원중은 볼티모어에 사는 내가 아는 부인의 남편인데, 그녀는 남북영화제 때 상영한 북한 영화에서 남편이 주연으로 출연한 것을 보고 남편이 살아있고 또 배우가 되었다는 사실을 알게 되었다며, 북한에 가면 꼭 자기 소식을 전해달라면서 일부러 필라델피아까지 와서 편지를 전해주었다. 나는 그 편지를 엄 감독에게 맡겼다. 그를 직접 만날 수 없어 몹시 섭섭했다.

나는 그해 7월에 국제고려학회와 연변의학원 공동주최로 중국 연변에서 열리는 학술대회에 북한 의학자를 15명 초청했는데, 그에 대한 응답이 없다고 보건부 부장에게 문의했다. 그는 자기는 잘 모르니 북조선 의학협회 김종기 회장에게 물어보라고 했다. 나는 다시 안내원에게 부탁하여 김종기 회장을 만났는데, 그는 노골적으로 불만을 터뜨리며 초대장은 2주 전에 받았고 학술대회 연사로 초대된 서울의 이호왕 교수에 대해 북한에도 그만한 훌륭한 업적을 낸 사람이 있는데 초대해주지 않았다며 따졌다.

연변의학원에서는 분명히 2월에 초대장을 보냈다고 했는데, 서류를 보니 4월로 적혀 있었다. 나는 사과한 후 이호왕 교수는 한국의 학자로서가 아니라 국제보건기구(WHO) 회원 자격으로 초대되었고, 또 북한의 사정을 잘 몰랐기 때문에 특강 연사로 한국에서 다섯 명을 정했으며, 북한 측 연사로는 의학협회에다 다섯 명을 선정해달라고 부탁했다고 말했다. 결국 북한 측은 학술대회에 참석하지 않았다. 그때 연변에서는 우리 학술대회가 끝나고 이어서 나흘 동안 소장학회가 열렸는데, 거기에는 북한 학자가 10여 명 참석했다. 그들도 초대장을 일찍 받지 못했을 텐데, 아마 우리 회의에는 정책적인 문제가 개입된 게 아닐까 싶었다.

우리 일행이 북한을 떠나기 이틀 전 김윤범 박사는 가족을 만나기 위해 평성으로 떠났다. 평성에는 동생 넷과 그 가족들이 모여 있었고, 단신 월남한 김 박사는 그들을 만나 얼싸안고 울었다. 그런데 그가 그토록 만나고 싶어 했던 어머니가 3년 전에 돌아가셨다는 말을 전해 듣고 그는 땅을 치며 통곡했다. 3년 전이라면 미국에서는 북한의 가족 방문이 허용되던 때였다. 나는 그에게 어머니를 만나러 가보라고 적극 권했지만, 그는 국제적인 면역학자인지라 이리저리 고려해야 할 사정이 많았다. 그는 망설이다가 결국 어머니 살아생전에 가지 못하고 말았다. 그때 갔더라면 어머니를 생전에 만나 뵐 수 있었으련만……. 그는 회한으로 어머니의 무덤 앞에서 몸부림을 치며 울었다.

그의 어머니는 동생들에게 "너희들의 형 윤범이는 어디엔가 꼭 살아있을 것이다. 언젠가는 만날 것이다"라고 말하며 돌아가실 때까지 아들을 기다렸다고 한다. 젊은 시절 신앙이 깊었던 그의 어머니는 아들의 생존을 믿으며 끝까지 희망을 버리지 않았다. 그 어머니가 아들이 면역학자로서 국제적으로 명성을 날리고 성공했다는 사실을 아셨다면 평생의 한이 보상될 수도 있었으련만. 동생들에게 어머니의 말을 전해들은 그는 오열을 터뜨리지 않을 수 없었다. 그는 죄책감과 불효에 몸부림을 쳤다. 그러나 아무도 다시 시간을 되돌릴 수 없었다. 김 박사는 동생들에게 기독교 신앙을 전하고자 했으나 공산당원인 그들은 반응이 없었다. 그래도 그는 맏동생에게 성경과 찬송가책을 주면서 믿음을 권한 후에 작별했다.

　김 박사의 큰조카는 군인으로 근무하고 있었다. 그는 특별히 요청하여 휴가를 얻어 나온 조카와 이틀을 호텔에서 같이 지내며 즐거운 시간을 가졌다. 헤어지는 날 두 사람은 눈물을 줄줄 흘렸다. 옆에서 지켜보는 것만으로도 가슴이 미어졌다. 김 박사가 가족을 재상봉하는 모습을 보니 나는 무척 기뻤다. 그들을 보면서 이산가족은 꼭 만나야 한다는 것을 다시 한 번 절감했다. 이산가족을 만든 데 일말의 책임이 있는 나로서는 어떻게 해서든지 그들을 다시 만나게 하는 길을 찾아야 한다고 생각했다.

　김 박사의 모습은 바로 재미 의사 정동규 박사의 《3일의 약속》의 재현이었다. 나는 그 책을 읽고 크게 감동하여 눈물을 흘렸는데, 김윤범 박사를 보며 다시 가슴이 쓰라려왔다. 정동규 박사는 어머니에게 사흘 후에 돌아오겠다고 약속하고 떠나온 피난길이 영영 헤어지는 운명이 되고 말았다. 먼 훗날 어렵게 고향을 찾아갔지만 어머니는 돌아가시고 이 세상에 없었다. 정 박사가 터뜨린 오열은 바로 김윤범 박사의 오열이었다. 어디 김윤범 박사뿐이랴. 얼마나 많은 사람이 북한에 어머니를 두고, 부모와 형제를 두고, 회한의 세월을 한과 눈물로 보내고 있을까.

　몇 해 전 나는 《3일의 약속》을 읽고 교포 신문에 이런 글을 썼다.

"남북의 평화적 통일은 우리 모든 국민의 염원임은 다시 말할 필요가 없다. 통일의 가장 가까운 길은 우리 동족이 사상적·정치적 국경을 넘어 서로 만나 대화를 나누는 데 있다. 정동규 박사의 《3

1930년대 초반 함흥 시절의 부모님(신애균 · 현원국)

일의 약속》은 남북한 정치지도자들의 양심을 다시 깨우쳐주고 우
리 민족의 평화적 통일을 더 빨리 올 수 있게 하는 크나큰 원동력
이 될 수 있을 것으로 확신한다."

나는 재미 한인의료계 간부의 한 사람으로서 북한 의료 분야 간부
들과 의학을 통한 교류를 적극 추진하고 싶다고 전했다. 이듬해에 20명
정도의 의학자가 북한을 방문하여 북한 학자들과 학회를 가졌으면 좋
겠다는 뜻을 전했더니 그들은 가능하다고 답변해주었다. 그런데 그 이
후 남북 간 그리고 국제관계상 여러 가지 문제가 개입되면서 문호 개방
을 하지 않아 마음이 아팠다.

열흘간의 북한 방문으로 나는 많은 것을 깨닫고 느꼈다. 평양 순안

普　德　窟

金剛山探勝記念

부모님의 금강산 여행 기념사진

봉수교회 앞에서(1995)

비행장을 이륙하는 비행기 안에서 나는 '이것이 출발이다. 이제 앞으로 좀 더 길이 트일 것이다. 또 그래야 한다'고 생각하며 민족이 하나 되는 날을 간절히 염원했다. 김윤범 박사의 눈도 흠뻑 젖어 있었다. 나는 멀어져가는 북한의 산하를 내려다보며 짧고도 길었던 이곳 방문을 회고하는 시간을 가졌다.

　세월이 흘러 1995년 6월, 해방 50주년을 맞은 해에 나는 북조선 기독교연맹 강영섭 위원장의 초대로 다시 북한을 방문할 수 있었다. 우리 일행은 봉수교회의 이른 예배에 참석했고 칠곡교회도 방문했다. 봉수교회에서의 예배는 자못 엄숙하게 거행되었고, 교회 찬양대의 찬양 수준은 4년 전보다 훨씬 높아져 있었다. 이렇게 진지하고 겸허한 태도로 예배를 보는 사람들을 가짜 기독교인이 허위 예배를 보는 것이라고 판단하는 많은 남한 지식인들의 평가는 이해할 수 없었다. 교역자가 부족한 탓으로 500여 곳에서 가정예배를 본다는 말을 듣고 기독교의 부흥이 장차 크게 기대됨을 느낄 수 있었다. 또 놀라웠던 것은 평양에 새로 건립된 천주교당을 방문했을 때 우리 일행 중 한 분이 북조선의 천주교 추기경이 누구냐고 물었는데, 그곳 교당 직원이 서슴지 않고 서울의 김수환 추기경이라고 대답한 것이다.

버스로 1박 2일 동안 금강산 여행도 즐겼다. 금강산의 절경 내금강, 온정리, 구룡폭포 등은 절세의 명승지임에 틀림없었다. 원산과 고성을 지날 때는 원산 상륙, 고성 점령, 알몬드 장군과 포니 대령, 흥남철수 등 45년 전 한국전쟁 때의 추억이 다시 나를 사로잡았고, 조국의 평화통일과 이산가족 재회의 필요성이 더욱 절박하게 느껴졌다.

2장

아름다운 청춘시절

대구 동산병원 병리과장 재직 시절의 필자(1952)

세브란스 학창시절

고마운 선교사들

1941년 3월, 세브란스 의학전문학교 입학 통지서를 받았지만 입학금이 없었다. 어머니와 친분이 두터운 캐나다 선교사들이 이 사정을 전해 듣고는 한 달에 40원씩 장학금을 주기로 했다. 그래서 나는 제2차 세계대전이 발발해서 그들이 한국을 떠난 1942년까지 1년 동안 캐나다 선교부의 장학금으로 대학 공부를 할 수 있었다. 플로렌스 머리(Florence Murray) 박사와 아이다 샌델(Ida Sandell) 간호사, 프레이저(E. J. Frazer) 박사, 윌리엄 스콧(William Scott) 박사는 어릴 때부터 낙민동 이웃에 살았던 잊을 수 없는 고마운 분들이다.

머리 박사는 1922년 중국 연변자치주 용정의 제창병원에서 1년간 일하다가 함흥 제혜병원장으로 부임한 젊고 아름다운 독신 여의사다. 함흥 사람들은 캐나다 해리팩스에 있는 델하우지 의대를 나와 한국 선교사를 자원하여 제혜병원에서 사랑의 인술을 펼친 그녀를 존경하고

정년은퇴로 서울을 떠나기 직전의
플로렌스 머리 박사

좋아했다. 한국 여성들의 비참한 생활을 크게 동정하여 산원을 열었고, 결핵요양원을 세운 한국 결핵 박멸의 선구자이기도 하다. 그녀는 엄격한 병원규칙을 세워 환자를 진료했다. 나는 가끔 어머니의 심부름으로 머리 박사가 사는 선교사 집에 들르곤 했는데, 그들은 언제나 다정하게 대해주었고 어린 나에게 우유와 귀한 서양과자를 주었다. 식당에 앉아 과자의 달콤한 맛을 즐기며 그 집의 아늑함에 빠져들어 행복했던 그 아이는 맛있는 과자를 만든 나라를 아련히 동경했고 언젠가 자라서 갈 수 있게 되기를 바랐다. 신학박사인 프레이저는 선교부의 재정을 맡아보았는데, 그는 내게 직접 장학금을 전달해주었다. 캐나다 선교부는 원산, 함흥, 회령, 성진, 용정에서 선교활동을 했고 그 본부는 함흥에 있었다.

1941년 12월 8일 일본의 진주만 공격 당시 함흥에는 스콧 목사와 머리 박사, 샌델 간호사, 프레이저 목사, 번즈 선교사가 남아 있었다. 전쟁이 일어나자 그들은 일제로부터 더 심한 탄압과 박해를 받았다. 일제는 제혜병원을 빼앗고 그들을 연금시켰다가 거류민 교환조건으로 한국에서 퇴거하라는 명령을 내렸다. 1942년 7월 1일 함흥 사람들은 청춘을 가난한 식민지 주민에게 바친 그들의 사랑을 생각하면서 눈물로 그들을 전송했다. 그들은 함흥을 떠난 지 석 달 뒤 아프리카 희망봉에서 이루어진 포로교환을 통해 캐나다로 돌아갈 수 있었으니 그 고생이 오죽했을까.

1970년 캐나다에서 다시 만난 윌리엄 스콧 부부

캐나다 선교부가 본국으로 돌아가고 나자 나는 다시 학비로 인해 곤란을 겪어야 했다. 그러던 차에 가정교사 자리가 생겼다. 동기 이규선이 소개해준 곳으로, 가회동에 사는 경기고보 학생 둘을 가르치며 그 집에서 숙식을 제공받고 학비를 벌었다. 주인은 경성의학전문학교(경성의전)를 나온 의사로서 일본인이 경영하는 큰 생명보험회사 주치의였고 돈과 지위를 가지고 있었다. 학생들은 공부에는 흥미가 없고 이리저리 핑계를 대며 말이 많아 가르치는 데 무척 힘이 들었다.

2학년 때부터 1년 정도 그 집에서 지냈는데 학교에 가려면 집 앞에서 이화여자대학 여학생 둘과 자주 마주치곤 했다. 윤치호 선생의 따님들로 그중 한 사람이 후에 내 형수가 된 윤보희 선생이었다.

3학년 중반쯤에 가정교사를 그만두고 1년 후배 나도헌과 같이 명륜동에서 하숙을 했다. 나도헌은 충청도가 집이었고 성적이 우수하여

나도헌(1923-2017)
국립의료원장, 보건사회부 차관

반장을 한 똑똑한 친구였다. 그는 후에 외과 의사로 국립의료원장과 보사부 차관을 지냈다. 하숙생활을 1년 정도 한 뒤 생활이 어려워져 서울역 뒤 언덕에 있는 봉래동 남대문교회 집사댁에서 다시 가정교사를 시작했다. 남대문 장로교회는 세브란스학교 내에 있었다. 김영주 목사가 계시다가 곧 김치선 목사가 교회를 맡았는데 아버지의 친구분들이었다. 음악을 좋아했던 나는 남대문교회의 찬양대원으로 활동했고, 세브란스 합창단에 들어가 공연을 하기도 했다. 김영주 목사 내외는 부모님의 친구여서 고학을 하는 나를 언제나 도와주셨다. 나는 가끔 그 댁에 가서 식사도 하고 종교에 대한 이야기도 들었다. 그 후 새문안교회 목사로 전근한 김 목사는 한국전쟁 때 생명을 걸고 교회를 지키다가 결국 납북되었다. 그 부인과 딸(김보화 권사)이 얼마나 고생했을지는 짐작이 간다.

가마쿠라 보육원과 소다 부부

세브란스 의전에서 만난 나이 많은 학생인 김삼덕 선생은 연배로는 나보다 8년 위였지만 학교는 1년 선배였다. 함흥 출신인 그는 신입생인 나를 잘 보살펴주었다. 그는 김하용과 같이 매주 가마쿠라 보육원 주일학교에서 봉사하고 있었다. 김하용은 고(故) 김재준 목사의 조카로 진실한 신앙인이었다. 그들의 권유로 나도 3년 반 동안 보육원에서 주일학

소다 가이치 부부
소다 가이치(1867-1962)는 사회사업가로, 조선 고아의 아버지였다.

교 교사를 했다. 김삼덕 선생은 학교를 졸업한 후 평양기독병원에서 인턴을 했고 소아과 의사로 그 병원에 남아 있어 내가 다음 해 인턴으로 갔을 때 다시 만나게 되었다.

나는 보육원 아이들을 보면서 하느님의 진정한 뜻을 조금씩이나마 배워나갔다. 원장인 소다 할아버지 내외는 식민지 아이들을 위해 희생 봉사하는 박애주의자였고 헌신적인 그리스도의 정신을 실천하는 사람들이었다. 나는 크리스천으로서의 삶이 무엇인가를 조금이나마 깨달으며 큰 감명을 받았다. 식민지 청년에게 신선한 감동을 준 소다 할아버지 내외와 같은 길을 걷고 싶다는 순수한 충동을 느끼기도 했다. 가마쿠라 보육원에는 한국 고아들이 100여 명 정도 있었다.

서른여덟 살의 일본인 사회사업가 소다 가이치는 1905년 서울 YMCA 어학 선생으로 내한하여 다음 해부터 경성 일본 감리교 전도사로 일하다가 3년 후에 기독교계인 숙명여전과 이화여전에 영어 교사로 와 있던 우에노 다기와 결혼했다. 1913년 일본 가마쿠라 보육원장 사다케 오토지로(佐竹音次郎)의 부탁으로 삼판통(三坂通: 현 후암동)에 경성지부를 창설한 소다 부부는 한국의 고아들을 위한 위업에 일생을 바쳤다. 1943년 제2차 세계대전 말기 소다 할아버지는 원산 일본 감리교의 목사 대리로 떠나고 다기 할머니만 서울에 남았다.

해방이 되고 서울로 돌아갔을 때 다기 여사는 홀로 고아원을 유지하느라 무척 고생하며 어렵게 꾸려나가고 있었다. 남편은 원산에서 돌아오지 않고 생사도 모른다고 했다. 나는 다기 할머니의 곤란한 사정을 조금이라도 돕기 위해 그해 겨울 보육원에서 생활하며 많은 시간을 보냈고 미군 부대를 통해 구호품 등을 얻어다 드렸다. 1946년 5월 다행히 소다 할아버지가 돌아오셨고 보육원 일도 영락보린원에서 인수하게 되어 나는 다시 의학 공부로 돌아갈 수 있었다.

내가 미국 유학을 떠나고 한 달이 지난 1947년 10월, 소다 할아버지는 일본으로 귀국하여 세계 평화를 위한 복음 전도에 전념했고 다기 할머니만 서울에 남아 활동하다가 1950년 1월 폐렴으로 세브란스 병원에서 작고하셨다고 한다. 한편 소다 할아버지는 1961년 3월 서울특별시민증을 얻어 그렇게도 사랑하던 한국에 다시 돌아와 영주할 수 있었지만, 다음 해 4월 2일 아흔여섯의 나이로 소천했다. 그의 장례는 한국사회사업연합회에서 주관한 사회장으로 치러졌다. 국장(國葬)에 못지않은 후대를 받았으며 양화동 외인묘지의 부인 곁에 안장되었다.

나는 이 훌륭한 일본인 부부를 잊을 수 없었다. 그런데 우연한 기회에 소다 내외의 묘지를 찾을 수 있었다. 1991년 모교 연세대학에서 선교사 제시 허스트 교수의 전기를 부탁받아 자료 수집차 서울을 방문했을 때였다. 연세의료원 원목 김기복 목사의 안내로 허스트 교수의 첫

가마쿠라 주일학교에서(1942년 무렵)
뒷줄 중앙 오른쪽에 필자가 서 있고, 정중앙에 김삼덕, 김하용 학형이 보인다.

부인과 맏딸의 묘소를 찾아 양화진 외인묘지에 갔다. 그들 묘지 뒤에 한글로 새겨진 묘비가 보여 가까이 다가가보니 바로 소다 부부의 묘소였다. 반가운 마음에 그 앞에서 사진을 찍고는 묘지 관리실에 가서 그 묘지를 세운 사람을 찾았는데, 상이군인인 강두희 씨였다.

거동이 불편한 강 씨와 부인은 나를 반가이 만나주었고 보육원에 관한 자료(신문기사, 표창장, 사진 등)를 내놓았다. 상상도 못했던 내 젊은 시절의 사진도 거기 있었다. 1942년에 수십 명의 원아들과 주일학교 선생들이 같이 찍은 사진으로 김삼덕, 김하용 학형 등의 모습도 보였다. 그 자료를 통해 우리나라 초대 고아원은 강 씨의 아버지 강진형 씨가 1912년에 망명 독립운동가 자녀들을 위해 세웠으며, 일본인 기독교 사회사업가 사다케 오토지로(일본 가마쿠라 보육원 설립자)와 같이 일을 계속했음을 알 수 있었다. 그 후 소다 가이치 씨가 내한하여 이 고아원은 일본 가마쿠라 보육원 경성지부로 계속 유지해온 것이다.

1994년 5월, 연세의대 50주년 상봉 행사를 맞아 서울에 왔을 때 일본을 들러서 가마쿠라 보육원 본원(일본 가나가와 현 소재)을 찾아가 보육원 창설자 사다케 오토지로의 증손자 사다케 야스요시(佐竹保義) 씨와 그 모친 사다케 준코(佐竹順子) 씨의 환대를 받았고, 가마쿠라 보육원과 소다 부부에 관한 자료도 많이 얻었다. 소다 씨는 1939년 사이토 총독과 교섭하여 고아원을 확충했다.

내가 이 보육원의 주일학교 교사로 있을 당시에는 이화여전과 경성여의전 학생도 몇 명 교사로 봉사활동을 했는데, 이화여전의 이유신과 여의전 김문숙이 특히 기억에 남는다. 이유신은 세브란스 동창인 손원태와 결혼했다. 손원태의 부친은 1915년 상해로 망명하여 항일투쟁을 하다가 길림으로 가서 감리교회를 세우고 독립지사들을 도운 손정도 목사다. 큰아들 원일은 중국 남포 군관학교를 나와 해군 제독이 되었고, 막내딸 인실은 YWCA 이사장과 대한적십자협회 부총재를 지냈다. 김문숙은 앞에서 이야기했던 나의 첫사랑으로 내가 주선하여 역시 보육원의 주일학교 교사로 수고하게 되었다.

세브란스의 은사들

세브란스 의전 입학시험은 필기와 구두시험이었다. 면접관 김명선(金鳴善) 박사는 학생들의 이름과 가정 형편을 소상히 알고 있는 것으로 유명했다. 면접 때 내가 받은 질문은 "자네가 현원국 목사의 아들이지? 아버지 없이 고생했겠구나." 그 말뿐이었다. 합격 여부는 전혀 말하지 않았다.

김명선 박사는 1925년 세브란스를 졸업했고, 시카고의 일리노이 대학에서 생리학 박사학위를 받은 후 귀국하여 세브란스 교수와 평양 기독병원장을 겸하여 일주일 중 사흘은 서울에서 강의를 했고 나머지 사흘은 평양기독병원 원장으로서 일하신 분이다. 의학은 날로 발전하는데 20년 된 묵은 노트로 강의했고, 점수는 기분 내키는 대로 주어 아무리 답안을 잘 써도 담배를 피우다가 들키면 낙제 점수였다. 매우 엄격한 괴짜 선생님이었으나 무척 따스한 인간애를 가진 분이었다. 내가 리치먼드에서 공부를 하고 국내에서 처음으로 모교에 임상병리학교실을 열 때 여러 가지 도움을 주기도 했다.

기독교 신자로서, 의료계의 지도자로서, 그리고 교육자로서, 세브란스와 연희대학이 합해져서 연세대학교로 발전하는 데 큰 공헌을 한 그분은 내가 학비로 어려움을 겪자 혜화동 소재 육영재단을 찾아가라고 권했다. 캐나다 선교부에서 받는 장학금으로는 학비와 생활비가 부족했던 나는 육영재단으로부터 매달 20원의 장학금을 받았는데, 김명선 박사께서 뒤에서 나를 도와주는 것임을 알 수 있었지만 그분은 전혀 내색하지 않았다.

세브란스의 정원은 한 학년에 60명으로 주로 한국 학생이었다. 경성의전에는 일본 학생이 대다수였고 우수한 한국인 학생이 소수 끼어 있었다. 우리가 입학했을 때는 전쟁으로 의사가 절실히 필요하여 함흥과 부산, 광주, 청진에도 의전이 설립되었다. 의사는 사회적 지위가 보장되고 명예도 있고 경제력도 괜찮은 윤택한 인텔리 계층의 직업이라 자식을 의사로 만들고 싶어 하는 부모들이 많았다.

나는 아버지와의 약속 때문에 의사가 되고자 했지만 아버지의 친구인 고병간(高秉幹) 박사로부터 학문과 인격, 종교, 인생관 등 많은 면에서 영향을 받았다. 그는 평북 의주 사람으로 1925년 세브란스를 졸업하고 결핵으로 함흥 제혜병원에서 1년 동안 쉬면서 함흥 땅에 정이 들어 건강이 회복된 후에도 제혜병원의 의사로 남았다. 그는 훌륭한 외과의로 소신이 뚜렷했고 정성을 다하여 환자를 치료한 기독교 박애주의자였다. 그는 1930년대 중반 일본으로 건너가 교토제국대학 의대 외과분야에서 박사학위를 받아 귀국하여 세브란스 외과교수로 있었다. 그 후 그는 미군정하에서 대구의대 학장에 임명되었으며 경북대 학장 겸 병원장을 지내다가 한국전쟁 당시에는 총장으로 있었다. 1961년에는 연세대 부총장직도 맡았으며, 1966년 숭실대 학장으로 재임 중에 전국대학총학장 회의 도중 뇌일혈로 쓰러져 12월 11일 세상을 떠났다. 그는 묵묵히 실천하는 기독교인으로 신념이 강한 분이었다.

세브란스 의전에는 내게 많은 영향과 자극을 주신 훌륭한 교수들이 많았다. 이석신 선생은 기초의학자로 경성의전을 나와 베를린대학에서 생화학을 연구한 후, 경성제대에 근무하면서 세브란스에서 생화학과 생리학을 가르쳤다. 1931년 도쿄제대에서 학위를 받고 후진 양성에 전력하다가 1944년 12월 마흔네 살의 젊은 나이에 뇌출혈로 세상을 떠났다. 아들 이영빈은 1966년 연세대 의대를 나와 미국에서 정신신

고병간(1899-1966)
경북대학교 총장

조동수(1908-1994)
연세의대 학장, 소아과 교수

경과 연구를 하여 뉴저지 앙코라 정신병원에서 동기동창인 부인 조문진과 함께 일한다. 이영빈은 남부 뉴저지에서 30년 동안 살면서 한인회 회장을 지내는 등 교포사회를 위해 많은 일을 하고 있다.

안과학 강의를 한 최재유(崔在裕) 박사는 1929년 세브란스 졸업생으로 교토제국대학에서 학위를 받아 1938년 세브란스 교수로 부임했다. 해박한 지식과 달변으로 강의실을 휘어잡았고, 안과학계의 초석을 닦았으며, 믿음이 강하고 도량이 넓고 고매한 인품을 지닌 분이었다. 보사부 장관과 문교부 장관을 지냈으며 1993년 5월 돌아가셨다.

1931년 졸업생인 소아과 조동수 교수는 논리정연하게 강의를 이끌어나갔다. 연세대 부총장 겸 의과대학장으로 은퇴한 후에도 명예교수로 재직했으며, 또 연세대 이사로 오랫동안 모교 발전에 공헌했고, 해마다 미국에 건너가 동문들을 찾아 격려하는 등 동창회를 위해 노력을 아끼지 않았다.

윤일선(1896-1987)
서울대학교 총장,
세브란스 병리학 교수

1971년 연세대 의대 병리학교실의 윤일선 교수를
기념하기 위해 제정된 동호상 기념 메달

동호상 수상 후 김동식, 윤일선, 이유복 교수와 함께(1970. 5)

병리학의 윤일선 교수는 윤치호 선생의 친척으로 교토제국대학과 독일에서 병리학 연구를 하여 서양식 강의와 참 학자의 정신으로 우리를 사로잡았다. 초창기 우리나라 병리학의 권위자로서 해방 후에는 서울대에서 병리학 교수와 총장을 지냈다. 호리호리한 체격에 안경을 쓴

세브란스 의전 3학년 시절의 모습
앞줄 왼쪽부터 4학년 졸업반인 고 김삼덕, 장은섭, 고원영, 고 김하용,
뒷줄 왼쪽부터 필자, 3학년 동기인 홍순각, 이희동

그분의 명강의로 병리학교실은 언제나 열기로 가득했고, 내가 병리학을 택하도록 영향을 준 분이었다. 병리학에 공헌이 큰 그분을 기념하기 위해 나는 1971년 모교에 그의 호를 딴 동호상을 제정하여 의대 2년생으로서 병리학 성적이 가장 뛰어난 학생에게 금메달을 수여해왔다. 당시에는 제법 큰돈인 1,500달러를 기증하여 시상했는데, 이후 물가가 올라 15년 전에 다시 원금을 5,000달러로 올렸지만 이제는 그것만으로는 부족하여 병리학교실에서 보충하여 시상하고 있다. 동호상을 만든 목적은 윤일선 박사를 기념하고 젊은 의학도에게 병리학을 장려하기 위해서였다.

원이길 간호원장과 간호사 양성소 사감, 이신덕 선생, 홍옥순 선생은 내게 특히 친절을 베풀어주었다. 나와 한응수, 송태석 등 몇이 찾아가면 먹을 게 제대로 없었던 그 어려운 시절에 늘 우유와 과자를 준비해두었다가 주곤 하여 고달픈 학창시절이 좀 더 유쾌하도록 도와주었다. 원이길 선생은 고학생인 나를 친누님처럼 격려해주었고 정신적으로 이끌어주었다. 1960년 초반에 미국에서 그의 부음을 접하고 몹시 슬퍼했던 기억이 있다.

1921년 졸업생 최동(崔棟) 박사는 미국, 중국, 캐나다, 일본에서 해부학, 기생충학, 병리학, 법의학을 전공하여 1922년 세브란스에 해부학교실을 열었다. 해방 직후 세브란스 교장을 지냈으며 영어와 중국어에 능통했고, 의학뿐 아니라 한학에도 조예가 깊어 《한민족의 고대 역사》를 출판하기도 했다. 세브란스 재건에 공헌했으며 1973년 돌아가실 때 동건재단의 재산 전부를 연세대에 기증토록 주선하신 훌륭한 스승이었다. 그 장남 최선학은 1945년 세브란스를 졸업하여 만주군의 의무관으로 징용되었다가 해방 후 돌아와 미국에서 공부했다. 내가 미국 유학을 마치고 돌아가던 1949년 12월 샌프란시스코에서 배를 탈 때 부두까지 나와 손을 흔들어주며 이별을 아쉬워했다. 그는 어학에도 뛰어났으며, 병리학 교수로서 버지니아 주립의대를 거쳐 캔자스 의대와 샌프란시스코 캘리포니아 주립의대에서 교수로 있다가 정년퇴임했다. 부인 김미란 여사는 내 아내와 한 집에서 형제같이 지내며 이화고녀, 이화여전을 다녀 지금도 집안끼리 무척 가깝게 오간다.

최동(1896-1973)
법의학자, 병리학자, 역사학자

아름다운 사람들

최선학과 손원태, 그리고 히틀러와 무솔리니 흉내를 잘 내어 '뭇도라'라는 별명을 얻은 송태섭, 철학에 심취했던 김규섭, 또 1993년 1만 명이 참가한 세계정형외과 학술대회가 서울에서 개최되었을 때 대회장을 맡았던 주정빈, 미국에서 결핵 분야를 공부한 후 30여 년간 WHO에서 일한 한응수, 미생물학자 서인수, 보건의학의 방숙·이종승, 벌써 고인이 된 피부비뇨기과 이남주, 안과 홍순각, 소아과 윤덕진·박종무·이준호, 산부인과 주하원 등은 나의 소중한 청춘시절 캠퍼스에서 희로애락을 함께했던 친구들이다.

일제 강점기 말기의 생활은 지극히 비참했다. 굶주림과 물자부족이 심했고, 일제의 발악이 극에 달했던 때였다. 기독교인이라 특히 감시가 심한 가운데서도 우리 친구들은 서로 눈치를 보며 신앙을 지켜나갔다. 우리는 청년으로서의 장래 희망과 뜻있는 일을 해야겠다는 포부를 나누며 서로의 정신을 고무해주었다. 어려운 시대에 서로 좋은 영향을 주었던 나의 친구들은 조금도 자기중심적이지 않았다. 나는 그러한 친구들에게 항상 고마워한다.

손원태는 나보다 1년 뒤에 입학했는데, 중국 연경대학(현 북경대학) 졸업 후 의학을 공부하기 위해 일본으로 건너가다가 시모노세키에서 바로 일경에 체포되어 나가사키형무소에서 복역하다가 서대문형무소로 이송된 파란만장한 경력의 소유자였다. 그는 1941

손원태(1914-2004)
재미 이비인후과 의사

년 석방되어 다음 해 세브란스에 입학하여 실제 나이는 나보다 여덟 살 위였으나 학년은 한 학년 낮았다. 나는 서로 생각이 비슷하고 같은 기독교인인 데다가 학식이 깊고 인생 경험이 풍부한 그를 무척 따랐다. 말수가 적었던 그가 김일성 주석과 가장 친했던 어린 시절의 친구였다는 것과 기독교 신앙이 깊었던 독립운동가 손정도 목사의 아들이었다는 것은 수십 년 후에야 알았다.

해방 후 그의 형 손원일이 광복군으로 돌아와 해군을 창설하고 해군사관학교를 세웠는데, 그 무렵 동생 시학이 사병으로 일본군에 끌려갔다가 막 돌아와 있었다. 시학이 해군사관학교에 입학하고 싶어 하여 이미 입학수속이 끝난 뒤였지만 부탁했더니 해사에 입학할 자격이 있다며 특별히 허가해주어 해군에 몸 바칠 좋은 기회를 마련해주었다.

세브란스 시절 나는 키가 작고 어리게 보여 친구들은 나를 '막둥이'라 불렀고 부지런히 뛰어다닌다 해서 '홍길동'이라고도 불렀다.

어머니는 내게 집안과 친분이 있는 전종휘, 유한철, 정갑 선생 등을 소개해주었다. 나는 그분들을 찾아다니며 내 시야를 넓혔고 가치관을 다졌다. 전종휘 박사는 장기려 선생의 평생 동료로 함흥에서 내과 개업을 하고 있었다. 여름방학이면 그 병원에 가서 많은 이야기를 들었다. 해방 후 서울의대 교수와 가톨릭의대 대학원장으로, 인제대학 창설 시 학장으로 46년간 의학교육에 헌신하신 분이다.

어머니의 친구 최태옥 여사는 함흥 영생고녀의 교사와 기숙사 사감을 지냈는데, 아들 유한철은 1938년 세브란스 졸업생이었다. 그는 동대문 밖에서 이비인후과를 개업하고 있어서 나는 자주 그곳을 방문했다. 그는 예술적 특기를 지녀 주변에 친구가 많았고, 재치가 있어 화술에도 능했으며, 나중에는 영화 관계 일에 뛰어들어 시나리오 작가가 되었다. 그는 재담과 유머, 그림 등에 뛰어난 만능인으로 멋진 삶을 산 분이다. 늘 선배로서 유쾌하게 맞아주며 따뜻한 정을 나눠주던 그는 1980년 4월 작고했다.

정갑 선생은 고등학교 지리교사였는데, 그 부인 김선덕 여사는 시인 김기림의 누이였다. 내가 그 집에 처음 갔을 때 큰딸 순형은 경기고녀생이고 둘째 순빈은 국민학생이었다. 배급으로 어렵게 살면서도 저녁식사에 자주 초대해준 고마운 분들이었다. 아이들은 나를 따랐고 나도 동생처럼 대했다. 1.4후퇴 후 그 가족을 부산에서 만났는데 정갑 선생과 김기림 시인은 납북되었고 김선덕 여사는 두 딸을 데리고 어렵게 살고 있었다. 순형은 의대를 나와 미국에서 정신과를 공부하여 하와이 주정부 의사로 근무하며 방송국에서 20년간 정신건강에 대해 방송하는 재원이다. 순빈은 줄리어드음대를 나와 뉴욕에서 어머니와 같이 산다. 5년 전 김선덕 여사가 두 딸을 데리고 남편을 만나러 북한에 갔던 이야기는 참으로 눈물겨웠다.

박요수아 선생은 북청 사람으로 검정시험에 합격하여 제한된 장소에서만 개업할 수 있는 한지 의사였다. 그는 기독교인이었고 그 부인은 어머니가 성진 보신여학교 교사로 있을 때 학생이었다. 세브란스 시절 그에게 인사를 하러 찾아갔더니 두통으로 누워 있는데, 열이 40℃를 넘어 식은땀을 뻘뻘 흘리고 있었다. 틀림없이 발진티푸스였지만 위로만 해주고 일어서려는데, "현군, 같이 기도합시다" 하며 고열로 벌벌 떨며 앉아 나를 위해 기도해주는 게 아닌가. 나는 감격해 눈물이 나왔다. 열병을 앓으면서도 남을 생각하는 그 따뜻한 마음에 깊은 감동을 받았다.

주변의 이런 사람들을 생각하며 나는 올바르게 살려고 노력했고, 또 내가 이룩한 게 있다면 그것은 바로 이런 사람들의 기도와 염려 덕분이리라 믿는다. 1950년대 초에는 생활이 몹시 어려울 때였는데, 그는 서울대 의대에 편입하여 1955년 졸업할 때는 동급생들보다 무려 20년이나 위였다. 30년 전 그는 미국에 와서 로드아일랜드 프로비던스에서 개업했는데 다년간의 실무경험과 착실한 진료정신으로 환자를 보아 병원이 잘되었다. 30여 년 동안 프로비던스의 유학생들을 많이 도와주었고 교포사회에도 그의 공로가 차츰 알려져 한국 정부로부터 훈장을 받기도 했다. 의사로, 사회사업가로 일하던 그는 10여 년 전 병원을 정리하고 예순의 나이에 신학공부를 마치고 보스턴 퀸시(Quincy) 시 한인교회 목사로 시무하다가 1년 전에 작고했다.

졸업을 앞둔 1944년, 서울 하늘에 처음으로 미군 비행기가 떴다. 미 항공기는 공격은 하지 않고 정찰만 했는데 공습경보가 울리면 우리는 방공호로 피신했다. 일본 대공포가 높이 뜬 비행기를 쏘아대곤 했지만 그 절반에도 미치지 못하여 그것을 보며 우리는 몰래 회심의 미소를 주고받았다. 군사훈련은 점점 심해졌고 우리는 남산 꼭대기 일본 신궁까지 자주 참배를 하러 가야 했다. 기독교 신자인 나는 갈등과 번민과 죄책감을 느꼈지만 겉으로는 참배하지 않을 수 없었다. 고통스럽고 암담한 세월이었다.

세브란스 시절은 내 인생에서 가장 어려웠고 다사다난했으며 갈등도 많았던 때였다. 그러나 한편으로는 가장 아름다운 청춘시절이고 너무도 빨리 지나간 추억의 시절이기도 하다. 나를 성숙시켜준 선생님들, 같이 공부하며 모든 것을 함께 나눈 정다운 친구들, 선배와 후배들, 그들 모두는 결코 잊을 수 없는 세브란스의 추억들이며, 내 가슴에 영원히 남아 반짝이는 별이다.

평양기독병원의 인턴생활

1944년 9월 29일 세브란스 의전을 졸업하고 김명선 박사의 추천으로 평양기독병원에서 인턴생활을 시작했다. 같은 방을 썼던 이헌재는 성격이 소탈하고 좋은 일이라면 무엇이든 앞장섰으며 나와 성격도 잘 맞아 나로서는 큰 행운이었다. 힘든 인턴생활을 서로 격려하며 우리는 형제애를 나눴다.

일제의 잔혹성은 해가 갈수록 더해져 말기적 증상을 드러내던 때인지라 반미감정이 드세어질 대로 드세어가는 중에도 이헌재와 나는 병원 서무과 직원 황희찬에게 몰래 영어를 배웠다. 영어사전을 갖고 있거나 영어공부를 하는 걸 알면 당장 사상범으로 몰려 붙들려 갈 판이었지만 우리는 몰래 숨어서 공부했다. 황희찬은 미국에서 공부한 인재였고, 우리는 그에게서 완전한 본토 영어를 배울 수 있었다. 그때 공부한 것이 훗날 내게 큰 도움이 되었다.

그 후 이헌재와 만나면 우리는 가끔 영어공부 하던 때를 회상하며 즐겁게 웃곤 한다. 억압의 시대가 있었다는 게 믿어지지 않을 만큼 그와의 만남은 자유롭고 즐겁고 유

이헌재(1921-1981)
대한신경외과학회 회장,
연세의대 교수

쾌했다. 하루는 그가 경상북도 고령에 있는 시골집에 같이 가자고 했다. 고령에서도 30여 리 더 들어가는 꼬불꼬불한 길을 따라 도착한 그의 집에는 어머니가 살고 있었다. 나는 거기서 넉넉한 인정을 듬뿍 받았다. 지금도 각박한 미국생활에 지칠 때면 호롱불에 비치던 친구 어머니의 자애로운 눈빛과 따뜻한 손길을 떠올린다.

그는 한국전쟁 후 미시간대학에서 신경외과 공부를 하고 서울로 돌아가 연세대 신경외과 주임교수가 되었다. 정의감과 적극적인 행동, 남을 돕는 사랑의 마음과 솔직함이 그의 매력이었다. 연세대에 있을 때 그는 제자 한 명이 미국에서 어렵게 공부하는 것을 알고 나를 통해 매달 1,000달러씩 반년간 도왔으면서도 전혀 드러내지 않았다. 그는 연세대에 재직하면서 교내 미화에도 앞장서 학교를 새롭게 단장하는 역할도 했다. 청렴한 그는 권력에 굴하지 않고 당당하여 박정희 대통령의 주치의로 있으면서도 다른 환자와 똑같이 대통령을 대했으며 반말로 진료했다는 일화를 남겼다. 그에게는 모든 환자가 똑같은 사람일 뿐이었다. 그의 평등사상과 일에 대한 열정은 그의 삶을 더욱 빛나게 했다.

내가 서울에 갈 때면 그는 만사를 제쳐두고 서울 안내를 도맡아주었고 여러 가지 이야기를 들려주었으므로 우리의 이야기는 끝날 줄을 몰랐다. 1981년 3월 15일 어이없게도 연탄가스 중독으로 그 부부가 죽었다는 소식을 미국에서 전해 듣고 나는 하늘이 무너지는 암담함과 슬픔으로 통곡을 했다. 이 글을 쓰는 지금도 그 친구의 소탈한 웃음소리와 솔직함, 어디서나 바른말 하는 목소리가 생생하게 들려와 더욱 애틋해진다.

평양기독병원 외과 과장은 장기려 박사였다. 그는 독실한 기독교 신자로 수술 전에는 항상 묵도를 했다. 모든 것을 하느님께 의탁하고 사는 그의 모습은 의사로서의 경건한 정신과 사랑을 깊이 심어준 귀감이 되는 분이었다. 그분이 내게 외과의를 권했을 때는 인정받았다는 사실에 참 기분이 좋았다.

하루는 세브란스 동창이자 같이 인턴을 하던 이용세가 어머니가 위독하다는 연락을 받고 고향인 황해도 백천 시골에 다녀오더니 치아로 들어간 독한 균 때문에 한쪽 얼굴이 썩고 패혈증으로 번져 곧 돌아가시게 되었다고 호소했다. 병원으로 옮기려 해도 도중에 무슨 일이 일어날 것 같아서 이러지도 저러지도 못하겠다며 무척 상심했다. 우물쭈물하는 성격으로 빨리 판단을 내리지 못하는 그를 앞세워 나는 응급진료 준비를 하여 그의 집으로 같이 내려갔다. 환자는 그냥 내버려두면 2, 3일 내로 곧 돌아가실 것 같아서 간단한 약과 장비로 응급처치한 후 망설이는 그를 강권하여 큰 수술을 받지 않으면 안 된다고 병원으로 모시자고 했다.

달구지에 태워서 1시간 반 정도 가는 동안 환자가 무척 고통스러워하여 걱정이 되고 애가 탔다. 제발 무사하기를 간절히 기도하며 한 걸음 한 걸음씩 걸었다. 달구지에서 내려 다시 1시간 정도 기차를 타고 겨우 병원에 도착했다. 장기려 박사님이면 해낼 수 있으리라는 믿음이 있었다.

장 박사님은 곧바로 썩은 살을 도려내고 균이 있는 부위를 소독하면서 어쩌면 당장 죽을지도 모르겠다며 곧장 수술에 들어갔다. 이용세의 어머니는 이틀 정도 혼수상태에 빠졌다가 차츰 깨어나 생명을 구했다. 이용세는 나를 자기 어머니를 살려준 은인이라며 두고두고 가족들

필라델피아를 방문한 김명선 교수와 함께(1959)
뒷줄 오른쪽 세 번째가 김명선 교수. 필자는 사진을 찍느라 빠져 있다.

에게 이야기했다. 그 어머니는 해방 후 남하하여 1970년대에 고령으로 세상을 떠나셨다.

인턴의 일과는 아침부터 자정까지 일에 매달려야 하는 고달픔의 연속이다. 식량난이 심각할 때인데도 병원에서는 특별히 우유를 배급받았다. 우리는 그 우유로 죽을 끓여 밤늦게 일을 파한 뒤에 나누어 먹으며 고소한 맛에 흠뻑 빠지기도 했다. 이후에는 어디서도 그렇게 맛있는 우유죽을 먹어보지 못했다. 가끔씩은 당직을 서는 간호사들이 죽을 끓여주기도 했다. 그 별미 특식을 먹는 시간을 기다리던 인턴 시절이 그립다.

그러던 어느 날 김명선 원장이 나를 불렀다. 순안 농림학교 교장 딸이 이화여전에 다니는데 중매를 서겠다는 것이었다. 나는 아무 말도

하지 않았는데 하루는 병원 직원들이 모두 순안으로 야유회를 간다고 했다. 우리가 간 집은 바로 순안의 농림학교 교장 집이었다. 나는 호기심에 그 딸을 볼 수 있을까 살폈지만 만날 수 없었다. 20여 년 전 내가 있던 뉴저지 병원에 서울대를 나온 김영철이 인턴으로 와 있었다. 그를 우리 집에 초대하여 저녁을 먹던 중에 가족 이야기가 나왔는데, 바로 옛날 순안의 그 교장의 외손녀 사위였다. 재미있는 우연이었다. 김영철의 장인과 장모가 미국을 방문했을 때 우리 집에 초대하여 옛날이야기를 나누다가 김명선 박사가 중매하려던 이야기를 했다. 일본에서 의대를 나온 사람과 선을 보아 바로 결혼했다는 말에 나는 그 남편에게 "당신이 조금만 늦게 나타났어도 운명은 누구의 편에 섰겠는가?" 하며 유쾌하게 웃었다.

전쟁이 말기에 이르자 징용 가는 젊은이가 많았다. 어머니가 소식을 보냈는데 함흥 운흥리교회 김 장로의 아들이 일본군 장교로 평양 근처에 파견되었으니 찾아가보라고 했다. 함흥고보 8년 선배인 김형차였다. 일본에서 공부하던 중에 학병으로 끌려가 장교후보생이 되어 평양에 파견된 그를 면회하러 갔다. 당시는 군인을 면회하기가 무척 힘든 때여서 그는 몹시 반가워했다. 함흥에 기독교가 들어왔을 때 일찍이 기독교에 입교하여 전도사업에 공헌한 김 장로의 쌍둥이 동생인 그는 진실한 신앙인이었다. 나는 한 번 더 그를 찾아갔고 곧이어 해방이 되었다. 김형차는 해방 후 서울에서 전택보 선생이 무역회사 천우사를 시작했을 때 입사했다. 천우사는 1950년대 초반 사세가 확장되어 큰 기업으로 부상했고, 미국에 지점을 열었을 때 그는 미국으로 건너왔다. 박정희 정권 때 천우사가 정부의 눈에 벗어나 도산하자 그는 돌아가지 않고 뉴저지에 살면서 15년 동안 함흥고보 미주지역 동창회장을 맡아 일했으며, 미국의 여기저기에 흩어져 사는 동창들에게 연락하여 동창회를 재조직하여 활성화시켰다.

1945년 봄에는 일본 군대나 군수공장으로 끌려가는 20대 안팎의 청년들이 우리 병원에서 신체검사를 받았다. 우리 인턴들이 그 일을 도맡아했는데, 시골에서 올라온 농촌 청년들의 몸에는 이가 들끓었다. 그 이를 통해 전염병이 번져나갔다. 내 가운에도 진찰할 때 이가 옮겨와 기어 다녔다. 결국 나도 발진티푸스에 걸리고 말았다. 열이 심하여 2, 3일 동안 앓다가 정신을 잃었다. 그렇게 되면 죽을 확률이 높았다. 2주 정도 열이 40℃ 이상 계속되어 의식불명 상태였고 아무것도 기억할 수 없었다. 머리가 열로 가득하여 터질 것 같았다.

의식이 돌아올 무렵 내 귀에 음악소리가 아련하게 들려왔다. 병원 근처에 가톨릭 수녀원이 있었는데, 찬송하는 수녀들의 노랫소리가 희미하게 들려오는 듯하다가 다시 정신을 잃었다. 한참 후 다시 정신이 들어 보니 어머니가 와계셨다.

어머니가 도착하기 전에는 김삼덕 선생이 나를 간호했다. 그는 인턴이 끝난 후 그 병원에서 소아과 의사로 일하고 있었다. 나를 간호해주고 치료해준 그는 내가 나을 무렵 발진티푸스에 걸리고 말았다. 아마도 나한테서 옮았을 것이다. 전도가 유망하고 신앙심이 깊었던 그는 끝내 회복되지 못하고 죽고 말았다. 그의 죽음은 평생 동안 내 마음속에 그늘로 자리 잡아 있다. 병을 앓은 뒤 나는 요양을 위해 함흥으로 갔다.

1945년 8월 15일 정오, 라디오를 통해 일본 천황의 떨리는 목소리를 들었다. 일본이 연합군에게 항복한다는 꿈 같은 내용이었다. 말할 수

1974년 6월 서울, 은사 김명선(1897-1982, 연세의대 학장, 연세대 부총장) 교수와 함께

없는 기쁨에 충격을 받았다. 해방의 기쁨은 거리마다 물결처럼 출렁거렸다. 우리는 목청껏 만세를 부르며 서로의 얼굴을 바라보았다. 저녁에 어머니가 돌아오시자 동생 피터와 요한, 순이와 둘러앉아 독립의 기쁨과 우리가 해야 할 새 나라 건설에 대한 포부를 이야기했고, 우리에게 새 희망과 삶을 주신 하느님께 감사의 기도와 찬송을 올렸다. 일본 고베에 있는 감리교 계통의 관서학원대학 신학부를 졸업하고 일본 군대의 징용을 피하기 위해 나흥 철산 군수공장에서 사무원으로 일하던 영학형과 일본 해군 사병으로 끌려간 동생 시학이 건강한 몸으로 집으로 돌아올 수 있도록 기도했다.

수일 후 나는 평양으로 돌아가 인턴생활을 정리하고 다시 함흥으로 돌아가 제혜병원에서 의사로 일할 준비를 했다. 평양기독병원의 여러 선배, 동료, 직원들에게 작별인사를 마친 후 나를 늘 돌보아주셨던 이학봉 목사님을 뵙고 진정으로 감사의 뜻을 표한 뒤 눈물로 작별했다. 그 당시 평양은 이미 좌익과 우익의 혼란 속으로 서서히 빠져들고 있었다. 조만식 선생을 중심으로 한 기독교인과 독립운동가, 민주인사들이 중심이 되어 평양에 임시정부를 세웠다. 그러나 공산당이 압박을 가해 오기 시작하자 그들은 피신해야 했다. 조만식 선생도 쫓겨 우리 병원으로 피신해와 입원해 있었다. 병원 안이 술렁거렸다. 우리는 그분을 만나 보려고 했으나 며칠 뒤 공산당 공안부에 쫓겨 다른 곳으로 옮겨갔다. 우리는 민족운동가인 그를 무척 우러러보며 그분만이 우리 민족을 이끌어갈 수 있다고 의견을 모았다. 해방이 되었지만 혼란은 거듭되었다.

해방된 땅을 뒤로한 미국 유학

생사를 건 남행길

나는 함흥 제혜병원에서 일할 생각으로 그곳에 갔지만 공산당이 들어오면서 우익파와 기독교인이 하나 둘 체포되어 들어갔다. 우리도 기독교 집안이라 주목을 받아 불안했지만 끌려가지는 않았다. 나는 새로운 조국, 해방된 조국에서 의사를 할 수 있다는 사실에 더욱 신이 나서 한동안 함흥거리를 쏘다녔고 그동안 도와주신 분들을 찾아다니며 인사를 드렸다. 그러나 정세는 갈수록 암운이 깔려갔다. 러시아군의 범죄와 공산당의 횡포는 날이 갈수록 심해졌다. 거리에는 붉은 깃발이 나붙었고 '인민'이라는 이름을 가진 사람들이 몰려다니며 지주들을 괴롭혔다.

나는 그때 러시아군을 처음 보았다. 그 모습이 괴상했다. 인간의 근본은 비슷하겠지만 그들의 겉모습은 우리와 달랐다. 손목에서부터 팔 위까지 시계를 여러 개 차고는 팔을 뒤흔들며 으스대듯 걷는 그들의 모습은 참으로 우스꽝스러웠다. 공산당의 종주국이라는 나라에서 온 사람들이 지극히 미개해 보였다. 그들은 길거리에서 아무나 붙들고 "다와이 차스이"를 외쳤다. '시계를 달라'는 말임은 아이들도 알고 있었다. 아이들도 장난삼아 "다와이 차스이"를 외쳐댔다.

그들에게 붙잡히면 꼼짝없이 시계를 벗어주어야 했다. 그들은 규율이 없고 여자들을 붙들고 희롱했다. 처녀들은 러시아 군인만 보면 얼른 피해 달아났고 거리에 함부로 나다니지도 못했다. 그들은 "오친 하라쇼"(상당히 좋다는 말) 하며 떠들어댔고 사람들은 그 말을 따라 읊었다. 그들과 마주치면 사람들은 비굴한 웃음을 보이며 "오친 하라쇼"라고 먼저 말했다.

나는 공산당의 붉은 깃발이 휘날리는 함흥거리를 보며 그곳에 오래 정착하지 못할 것임을 알았다. 하루는 오랫동안 뵙지 못했던 한인환(韓麟桓) 선생 댁에 인사차 갔더니 흐느끼며 울고 있는 네 살 난 아들을 부모가 달래고 있었다. 러시아군이 공산당 청년들을 데리고 와서 아이가 연습하는 그랜드피아노를 빼앗아갔다는 것이다. 그 어린 아들이 바로 오늘날 세계적 피아니스트로 활약하고 있는 한동일이다.

해군에 끌려간 시학은 전쟁이 끝났는데도 돌아오지 않아 어머니는 안절부절못하시며 동생을 기다렸다. 우리 집에서는 어머니, 나, 순, 웅, 요한이 시학과 영학 형을 기다리고 있었다. 우리는 시학과 영학 형이 돌아오면 남쪽으로 내려가려고 준비하고 있었다. 아무래도 공산치하에서는 살아갈 수 없을 것 같았다. 어느 날 시학이 거지꼴로 돌아왔다. 고생이 얼마나 심했는지 꼴이 말이 아니었다. 어머니는 동생을 극진히 보살펴주었다. 시학은 전에 다니던 전기회사에 복직하여 서울로 출장 가서 형편을 살펴본 후 우리가 살 집까지 구해놓고 돌아왔다. 그러던 차에

10월 중순이 되어 영학 형이 거지 행색으로 나흥에 있는 일본 군수공장에서 돌아왔다. 우선 동생과 어머니가 먼저 서울로 올라가고 형은 뒤처리를 해놓고 곧 따라오기로 했다.

시국이 더 심각해지자 나는 친구들과 같이 서울로 떠났다. 아마 11월쯤이었을 것이다. 기차는 러시아군이 장악하고 있어 그들 마음대로 움직였다. 남쪽으로 내려가다가 멈추고 다시 북으로 방향을 돌리기도 하던 때였다. 우리는 철원까지 기차로 내려갔다. 사람이 타는 객차는 거의 러시아 군대에서 전용했으므로 피난민은 대부분 화물차를 이용할 수밖에 없었다. 지붕까지 꽉 메운 피난민은 떨어지지 않으려고 서로 붙잡고 졸음을 물리치기 위해 팔다리를 꼬집기도 했다. 함흥에서 철원까지 가려면 13개의 터널을 지나야 하는데, 터널을 지날 때마다 검은 연기로 숨을 쉴 수조차 없었다. 배도 고프고 다리도 아팠다.

가다 보니 눈앞에 러시아군 초소가 나타났다. 그러나 우리는 강행군을 해야 했다. 초소 앞을 지날 때는 꾀를 내어 어려서 배운 러시아 민요 〈스텐카 라진〉을 큰소리로 불렀더니 초소의 보초병들이 우리를 따라 같이 노래를 불렀다. 우리가 몇 마디 러시아 말을 건네자 그들은 우리를 그냥 통과시켜주었다. 38선 경계 가까이에는 공산당 경찰들이 지키고 있어서 낮에는 농가에 숨어서 자고 주로 밤시간을 이용해 걸어갔다. 들킬까 봐 산길을 택했다. 우리처럼 몰래 남하하려는 사람들이 꽤 많이 있었다.

이럭저럭 한탄강 상류에 도착했다. 거기서부터가 제일 위험한 지점이었다. 우리는 농가에 들어가 쉬고 있다가 자정이 넘자 조용히 강을 건너기 시작했다. 강을 절반쯤 건너니 물이 허리까지 찼다. 늦가을인지라 물살이 어찌나 차가운지 소름이 돋았지만 두려움이 추위를 쫓아주었다. 먼 곳에서 총소리가 들려왔다. 강을 건너 남하하려는 이들에게 총을 쏘는 소리였다. 강을 건너려다가 수많은 사람이 죽어갔다. 자유를 찾기 위해 목숨을 걸고 탈출하는 사람들을 어디서나 볼 수 있을 때였다.

애간장을 졸이며 다시 한참을 내려가니 미군 초소가 보였다. 이제는 살았구나 싶었다. 우리는 줄을 서서 차례를 기다렸다. 남쪽으로 들어가려면 디디티(DDT) 가루 세례를 받아야 했다. 머리끝에서 발끝까지 흰 가루를 뒤집어쓰고 뿌옇게 소독한 우리의 모습은 참으로 우스꽝스러웠고 비참했다. 미군의 눈에 비친 우리의 모습을 생각하니 수치심으로 얼굴이 붉어져왔다. 눈이 따갑고 눈물이 어렸다. 그때 벌거벗은 황토 흙이 눈에 가득 들어왔다. 어머니의 강인한 모습도 떠올랐다. 미군 초소에서 동두천까지는 꼬박 하루를 걸어 발이 다 부르텄다. 참으로 힘든 자유를 향한 남녘행이었다.

다시 서울 하늘 아래

동두천에서 밤 12시에 기차를 타니 다음 날 새벽 서울에 도착했다. 시학이 서울에 마련해놓은 집은 신당동에 있는 적산 가옥이었다. 일본 전기회사에 다니던 이가 살던 집이었다. 생사를 몰랐던 식구들을 서울에서 다시 만났을 때는 얼마나 기뻤는지 모른다. 수일 후 영학 형도 무사히 남하해와 우리는 온 가족이 한집에서 살게 되었다.

나는 우선 세브란스에 외과 레지던트 지원서를 내고 가마쿠라 보육원부터 찾아가보았다. 화재를 당한 보육원에는 소다 할머니와 사무

신당동 집에서 어머니와 우리 6남매, 캐나다 선교사 프레이저 박사(1946)

원 한 사람밖에 없어 아이들을 돌볼 일손이 부족했다. 차마 그대로 돌아올 수 없어서 일단 병원은 쉬기로 하고 아이들과 같이 생활하기 시작했다. 몇 달 동안 그들과 같이 지내며 미군 부대에 찾아가 사정을 설명하고 침구와 의류, 식량을 얻어오고 크리스마스 실과 카드를 만들어 판매한 수익금으로 고아원 운영에 보태기도 했다. 그해 겨울 몇 달 동안 나는 의학에서 완전히 손을 놓고 보냈다.

보육원 일을 볼 때 나를 도와준 사람들은 주태익과 유기묵, 이종항이다. 평양기독병원의 인턴으로 있을 때 평양에서 30여 리 떨어진 곳에 전영택 목사님이 운영하는 보육원이 있다는 말을 듣고 찾아간 적이 있었는데, 주태익이 그 일을 돕고 있어서 만나게 되었다. 그에게는 이미 아이가 다섯이나 있었는데도 고아들을 지극정성으로 돌보고 있었다.

영락보린원
1939년 신의주보린원으로 설립하여 1945년 직원 및 원생이 함께 월남했다.
1947년 후암동 소재의 가마쿠라 보육원을 인수하여 1948년 '서울보린원'으로 명명하고,
이후 1956년 '영락보린원'으로 명칭을 변경했다.

　해방이 되자 주태익은 가족과 아이들 다섯 명에 고아원 아이 두 명
까지 데리고 서울로 내려와 어렵게 생계를 이어가고 있었는데 가마쿠
라 보육원 사업까지 거들었던 것이다. 자선과 봉사, 희생으로 살아가는
그는 자신에게 딸린 많은 식구들만으로도 힘겨울 지경이었을 것이다.
나는 글재주가 뛰어난 그에게 한국전쟁 때 미군 전사과 일을 소개해주
어 그의 대식구를 먹고살게 해준 적이 있었다. 그는 로맨틱한 이상주의
자였다. 남을 위해 봉사하는 삶이 그의 이상이었다. 나의 흥남철수에 대
한 이야기를 배경으로 쓴 그의 극작품 《마지막 배》가 기독교 문학선집
(백록출판사, 1976. 6)에 실리기도 했다.

　유기묵은 세브란스 의대 학생으로 따뜻한 마음을 가지고 고아들을
돌보아주던 청년이다. 평양의 유명한 남산재교회 장로님의 아들로 세

브란스 선배인 유기원, 유기진의 동생이었다. 그의 성실하고 진실한 신앙은 아이들에게 그대로 전해졌다.

그렇게 몇 달을 지낸 후 영락교회에서 보육원을 인수하게 되었다. 나는 비로소 마음 놓고 보육원 일에서 손을 뗄 수 있었다.

미군정에서 실시하는 영어 강좌가 있어 거기에 나가 영어공부를 다시 시작했다. 하루 2시간씩 두 달 동안 열리는 강좌였다. 영어공부는 내게 새로운 희망을 주었다. 강사는 하와이에서 온 교포 2세와 피츠버그 출신의 대학생 잉그램 군으로 둘 다 군인이었다.

그 후 나는 국립 방역연구소에 들어가 잠시 장익진 박사의 페니실린 연구팀에서 일하게 되었으나 곧 그만두고 적십자병원으로 가서 거의 1년 정도 피부비뇨기과 차영록 과장의 조수로 일했다. 당시는 매독과 임질 환자가 많아서 무척 바쁘게 보냈다. 당시 적십자병원장은 손금성 박사였다. 1900년 개성에서 태어난 그는 1923년 미국 유학을 떠나 일리노이 주 내퍼빌 고교에서 늦은 공부를 시작했고, 1929년 필라델피아 하네만 의대를 졸업하기까지 긴 세월을 고학으로 갖은 고생과 노력을 다한 입지전적 인물로 알려져 있었다. 1935년 귀국하여 적십자병원 원장으로서 병원 발전에도 공헌이 많았던 그는 1968년 도미하여 코네티컷 주 웨스트헤이븐에서 살다가 아흔다섯 살의 나이로 작년에 세상을 떠났다.

1947년 7월 어느 날 서재필 박사가 딸 뮤리엘과 함께 적십자병원 시찰을 나왔다. 그때 내가 서 박사와 뮤리엘, 손 원장을 찍은 사진이 손 원장의 저서 《회고 서재필》(칼빈서적, 1995)에 나와 있어 매우 기뻤다. 그때만 해도 우리는 서 박사가 독립운동가로서 미국에서 오랫동안 활동했다는 사실밖에 알지 못했다. 일제 강점기에 학교를 다녔던 우리는 그에 대해 아무것도 배울 수 없었다. 훤칠한 키의 노신사는 자애로워 보였고 우리에게 관심을 기울여주었다. 후에 내가 필라델피아에서 서재필기념재단 초대 이사장이 될 줄이야 당시로서는 전혀 상상조차 할 수 없었으니 사람의 일이란 참으로 묘하다.

1947년 봄부터는 일주일에 한 번씩 미국 감리교 선교사 애리스 윌리엄스 부인에게서 영어 개인교습을 받았다. 이화여대에서 영어를 가르치던 윌리엄스 부인은 부군과 같이 1907년 공주 영명학교를 세운 분으로, 일찍이 우리나라 교육사업에 힘을 기울인 분이었다. 어느 날 윌리엄스 부인은 자기 아들이 미국 리치먼드의 버지니아 주립대학 의대 교수로 있는데 거기로 유학을 가는 게 어떻겠느냐며 권했다. 그때만 해도 미국 유학은 하늘의 별 따기였던 만큼 나는 너무나 기쁜 나머지 그 사실이 믿어지지 않았다. 미국 유학은 굉장한 특전이었던 시대였다. 부인은 곧 유학 수속을 주선해주었고 스칼라십도 얻어주었다.

애리스 윌리엄스 부인
감리교 선교사

마침내 9월, 미국 유학길에 오르게 되었지만 여비가 없었다. 여비 때문에 애태우고 있는데 부인이 부르더니 500달러를 주었다. 당시 미국까지 가는 뱃삯은 250달러였다. 그 500달러는 내겐 생명처럼 귀중한 돈이었다. 윌리엄스 부인의 깊은 사랑의 마음을 나는 평생 동안 고마워했다. 내게 새로운 눈을 열어주었고 인생의 방향을 전환시켜준 은인이었다. 그 후 미국에서 살면서 나는 내 일에 성공을 거둘 때마다 윌리엄스 부인이 베풀어준 사랑을 나도 누군가에게 나눠주어야 한다고 다짐하게 되었다.

해방 후의 혼란과 격동을 뒤로하고 훗날을 기약하며 미국 유학이라는 장도에 올랐다. 새로운 인생이 환히 열리는 것 같았다.

신천지를 향한 멀고 먼 여정의 시작

1947년 9월 15일, 드디어 미국 유학길에 오른 청년의 부푼 꿈은 벌써 태평양 건너 아메리카에 가 있었다. 인천에서 미군 수송선을 타기 위해 서울 중앙청 앞에서 트럭을 탔다. 유학생은 모두 스무 명이었는데, 그중 여학생이 네 명 있었다. 트럭에 막 오르려다 보니 한 여학생하고는 안면이 있었다. 가회동에서 가정교사를 할 때 그 집 뒤에 살던 이화여대 학생으로, 우리는 안국동 전차 정류장에서 가끔 마주쳤다.

우리가 탄 3등 선실은 여러 명이 한 방을 사용했다. 2주간의 태평양 항로는 몹시 지루했다. 우리는 갑판에 올라가 가도가도 끝이 없는 바다와 하늘을 바라보는 것으로 시간을 보냈다. 선상에서 유학생들끼리 이런저런 이야기를 나누다가 가회동에서 만난 그 여학생이 윤치호 선생의 딸 윤보희임을 알았다. 그녀는 경기고녀를 나와 이화여자대학에서 피아노를 전공하여 본교 음대 조교로 있다가 유학길에 올랐다고 한다. 당시 영학 형은 관서학원대학 신학부를 나와 서울사범에 있다가 김활란 박사의 부탁으로 이화여대에 출강했으므로 그녀는 형을 알고 있었다.

나보다 두 달 전에 미국 유학을 떠난 영학 형은 당시 이미 뉴욕에

현영학(1921-2004)
민중신학자, 이화여대 교수

서 비브리칼 신학대학에 다니고 있었는데, 윤 선생은 조지아 주 메이콘 시 웨슬리안대학에서 공부하다가 1년 뒤 뉴욕 맨해턴 음대로 옮겨 그곳에서 다시 형을 만났고, 두 사람은 후에 결혼했다. 나머지 여학생 세 명 중 한 명은 여의사 윤병수(현재 뉴저지 거주)이고, 또 한 명은 남궁조셀 화백의 부인(현재 시애틀 거주)이며, 마지막 한 명은 그린리(콜로라도 주 소재)대학에 가는 학생이었다.

태평양의 파도는 거셌다. 미군 수송선 8천 톤의 높이보다 두 배는 됨직한 파도가 몰아쳐서 마음을 졸이기도 했다. 미국이라는 꿈을 찾아가는 젊은이들이 넘어야 하는 험난한 파도였다. 나는 다행히 뱃멀미를 하지 않아 고생이 덜했으나 다른 사람들은 퍽이나 힘들어했다.

9월 27일, 드디어 우리를 실은 배는 시애틀에 도착했다. 배 안 유리창을 통해 보이는 시애틀은 작고 아름다운 도시였다. 드디어 미국 땅이구나 하는 설렘으로 상륙 수속을 밟는 3시간 동안은 마음이 말할 수 없이 조급했다. 어서 내려 땅에 발을 딛고 싶었다.

우리 일행은 모두 버스를 타고 시내로 들어가 일단 호텔을 잡았다. 프레이저 박사의 사촌에게 전화했더니 호텔까지 와서 나를 데리고 자기 집으로 갔다. 30분 정도 차를 타고 도착한 그의 집이 당시 내 눈에는 엄청나게 커 보였다. 저녁을 대접받고 한국 실정을 듣고 싶다며 자꾸 이야기를 꺼내는데, 졸음이 마구 몰려와 겨우 눈을 뜨고 있을 지경이었다. 그런데 그는 저녁을 먹자 곧 시내구경을 시켜주겠다며 같이 나가자고 했다. 졸음 속에서도 도시의 밝은 불빛과 깨끗한 정경이 인상적이었다.

다음 날은 모두 아침 늦게야 일어나서 각자 행선지로 가는 기차를 타기 위해 택시를 잡아탔다. 그런데 자꾸 빙빙 도는 것 같더니 택시에서 내려서 보니 기차역은 우리가 묵었던 호텔 바로 앞에 있었다. 25센트면 되는 거리를 각자 1달러 50센트씩이나 물어 바가지를 썼다. 서울에서도 가끔 당하는 택시운전사들의 비리였으나 당시에는 속은 줄도 몰랐다.

역에서 우리 일행은 각기 다른 방향으로 기차를 타야 했으므로 헤어졌다. 나는 시카고행 기차를 탔는데, 열차 안이 무척 깨끗하고 시트도 편안해서 역시 미국이 좋구나 싶었다. 시카고까지 가는 데는 이틀이 걸렸다. 시카고로 유학 온 학생은 도착하면 제일 먼저 오크(Oak) 거리 825번 지에 있는 한인교회를 찾아가는 것이 당시의 관례였다. 나이가 오십쯤 되어 보이는 이은택 목사님이 부인과 아들, 그리고 두 딸과 함께 반갑게 맞아주었다. 그날은 무디 바이블 스쿨에서 잠을 잤다.

다음 날은 마침 일요일이어서 누군가의 안내로 전차를 타고 교회에 가서 예배를 보았는데, 교우들이 겨우 일고여덟 명뿐이었다. 당시만 해도 시카고에는 교포 수가 매우 적었다. 목사 부부는 무척 친절했다. 점심에는 김치와 한국 음식이 나왔는데, 3주 만에 입맛에 맞는 음식을 실컷 먹고 나니 살 것 같았다. 나중에 들은 이야기이지만 대식구를 거느리고 구차한 살림을 꾸리고 계셨던 목사님은 문방구 등 행상으로 교회를 운영하면서도 교포와 어려운 유학생들을 돌보아주었다고 한다. 30여 년 봉사하시는 동안 일요일에는 교회 문을 닫은 일이 없었다. 이틀 동안 그분들의 신세를 지고 다시 뉴욕으로 가는 기차에 올랐다. 뉴욕에는 영학 형이 마중 나오기로 되어 있어 한결 느긋한 여행을 할 수 있었다.

차창 밖의 풍경도 이국적이었다. 산은 거의 보이지 않고 끝없이 펼쳐진 넓은 평원을 보면서 올망졸망 산비탈을 타고 올라가는 우리나라의 논밭을 생각했다. 풍요로운 미국 땅이 부러웠고 우리의 가난이 서러웠다. 그런데 기차가 뉴욕에 도착할 무렵 나는 거대한 도시에 숨이 막힐 것 같았다. 이제야 비로소 미국의 참모습을 보는 것 같았다. 맨해턴의 치솟은 높은 빌딩숲과 허드슨 강은 내 상상 속의 세계와 비슷했다.

형과 만나서 시카고에서 이은택 목사님께 신세진 이야기를 했더니 형도 뉴욕으로 올 때 친구 몇 명과 거기서 며칠을 묵었다고 했다. 당시 미국의 한인교회는 동포가 서로 편하게 만날 수 있는 공간이었다. 그리고 해방 전에는 독립운동의 중심이었다. 10여 년 전 손원태 학형의 아들 결혼식장에서 이은택 목사의 아들 중식을 우연히 만나 옛이야기를 했더니 그도 어렴풋이 기억하고 있었다. 그는 시카고에서 엔지니어로 일하고 있었다. 이후 우리는 서로 연락하며 지내고 있다. 이은택 목사님은 존경받는 훌륭한 성직자로서 나의 아내를 양녀로 키운 양주삼 박사와 친하게 지낸 분이기도 하다.

최제창(1906-2014)
워싱턴 한인회장, 보건부 차관

형과 같이 뉴욕에서 며칠을 지내며 시내구경을 한 후 버지니아 주 리치먼드로 떠났다. 뉴욕을 떠나기 전에 나는 알렉스 아머 (Alex Armour) 씨에게 전보를 쳤다. 미국으로 오기 전에 보건부에 인사차 갔더니 차관 최제창 박사가 내가 리치먼드에 간다고 하자 깜짝 놀라며 자기도 1935년에 그곳 의대를 나왔다고 하며 반가워했다. 그는 세브란스 교수로 있다가 개성에서 개업을 했고, 해방 후에는 군정청 보건부 차관이 되었다. 그는 리치먼드에 사는 실업가인 아머 씨와 고등학교 교사인 로사 브랜치(Rosa Branch) 씨를 내게 소개해주었다. 나는 스스로 영어를 제법 잘한다고 생각했는데 미국 남쪽 방언을 쓰는 아머 씨의 말은 거의 알아들을 수 없었다. 그때의 절망감이라니. 손짓 발짓 끝에 겨우 의사소통이 되어 그는 YMCA에 나를 데려다주었다. 그곳은 비교적 싼 숙소였다.

짐을 풀고 나니 이제야 미국 생활이 시작되는구나 싶은 생각에 문득 처량해졌다. 새삼 방안을 둘러보았다. 작은 방은 앞으로 미국에서의 나의 생활을 예고하는 것 같았다. 그러나 당시 나에게는 미국에 대한 기대가 너무 커서 현실의 불편쯤은 아무것도 아니었다. 꿈을 찾아 아메리카라는 먼 길을 달려온 가난한 나라의 청년으로서 반드시 그 꿈을 성취하리라고 다짐했다.

버지니아 리치먼드 주립의대에 들어가다

이렇게 해서 나는 그렇게도 바라던 리치먼드 주립대학 의대 대학원생이 되었다. 애리스 부인의 아들 조지 윌리엄스(George Williams)가 나의 지도교수였다. 그는 1906년 인천에서 태어나 공주 영명학교를 다녔으며 17년간 한국에서 살았기 때문에 한국말이 유창했고 한국에 대한 사랑도 각별했다. YMCA에서는 취사를 금지하여 음식은 사 먹어야 했는데 가난한 유학생으로서는 큰 부담이었다. 그래서 한 달 정도 지난 뒤에 나는 방을 얻어 자취생활을 시작했다.

환갑 정도 되어 보이는 윌리엄스 부인의 2층 방을 빌렸다. 자취하

샌프란시스코에서 만난 은사 조지 윌리엄스(1982)

기가 곤란한 방이었지만 밥이 먹고 싶어서 두어 번 밥을 지었다. 시장에서 전골 재료를 사다가 만들어 먹으니 그렇게 맛있을 수 없어서 다음에는 배추를 사서 김치를 담갔다. 유리병 두 개에 김치를 담가놓고 맛있게 먹었는데, 김치 냄새가 아래층까지 내려갔는지 윌리엄스 부인이 무슨 냄새냐며 소리를 지르며 올라왔다. 부인은 마구 야단치며 다시는 이런 것을 만들지 말라고 경고했다.

내게는 그토록 맛있는 김치가 부인에게는 미개한 음식에 지나지 않았다. 지금은 김치가 널리 알려져 미국인도 즐기는 음식이 되었지만, 그때는 그랬다. 한국 식당에서 매워서 호호 불어가며 불고기와 김치를 먹는 미국인을 볼 때면 리치먼드 자취 시절이 생각난다.

그 집에서 학교까지는 버스로 20분 정도 걸렸다. 하루는 버스기사가 뒤에 앉은 나에게 손짓을 하며 부르더니 뒷자리는 흑인 좌석이니 앞쪽에 앉으라는 것이다. 날마다 버스를 탔지만 그때까지만 해도 인종차별에 대해서는 아무런 의식이 없었던 나로서는 약간은 당황스럽고 마음이 아팠다. 흑인이 사용하는 화장실이 따로 있었고 식당도 구별되어 웬만한 식당에는 흑인 출입이 금지되어 있었다. 심한 인종차별에 몹시 마음이 아팠는데, 그 후 몇십 년 뒤 서울에서 중국인이 배겨나지 못해 떠나갔고 또 미군 혼혈아들이 멸시당한다는 말을 들었을 때 나는 우리나라에도 존재하는 인종차별에 다시 가슴이 아팠다. 그래도 미국은 흑백 차별에 대한 개선을 위해 끊임없이 노력하는데, 우리는 이 문제에 완전히 무관심하다. 리치먼드 의대에는 중국 여학생이 한 명 있었는데 머리도 좋고 아름다웠다. 그녀는 백인 학생과 결혼했는데 당시 버지니아 법률에는 백인과 유색 인종의 혼인을 금지하고 있어 두 사람은 펜실베이니아에서 결혼식을 올리고 돌아와서 계속 학교에 다녔다. 그 사건이 당시에는 떠들썩한 화젯거리였다.

처음 반년 동안은 학교생활이 견디기 힘들 정도로 어려웠다. 반년이 지나니 어느 정도 영어를 알아들을 수 있었고 또 제대로 말할 수도 있게 되어 공부하기에 훨씬 수월했다. 1948년에 광주에서 온 목사 한 분이 리치먼드 유니온신학교에서 반년 정도 공부하고 간 적이 있었을 뿐 당시 버지니아 주에는 한국인이라고는 나 하나였다. 워싱턴에 교포가 10여 명 정도였던 시절이었다. 하루는 한국 사람을 만나고 싶다며 어느 부인이 찾아왔다. 그녀는 하와이 이민 2세로 미국인과 결혼하여 리치먼드에 살고 있었다. 한국말을 조금 알고 있는 그녀는 아버지의 조국에서 온 나를 무척 반겨주었고 친절을 베풀어주었다. 여든 살에 가까운 할머니가 된 지금도 그녀는 리치먼드에서 가끔씩 소식을 전해온다.

당시 미국에서는 혈액학, 혈청학, 세균학, 생화학, 혈액은행 분야를 모두 합친 임상병리학을 공부해야 큰 병원의 중앙검사실을 맡을 수 있었다. 실제로 임상병리실에서 여러 가지 검사를 해보고 담당 의사와 상의하며 운영 방법이나 정책도 배웠다. 나는 이 공부를 모두 끝내고 1950년 세브란스 의대에서 '임상병리학'이라는 용어를 처음 한국에 도입하여 첫 강의를 했다.

리치먼드에 온 지 1년쯤 지났을 때 인턴과 레지던트를 위한 기숙사 방이 하나 비어 거기로 들어갔다. 무엇보다 통학시간을 벌 수 있어 좋았다. 나와 같은 방을 쓰게 된 친구는 중국인 이지호(李智浩)였다. 그를 만날 수 있었던 것은 나에게는 행운이었다. 이지호는 머리도 좋지만 영어로 의학을 가르치는 상해 세인트존스 의대에서 교육을 받아 실력이 우수했다. 의학에 대한 지식과 영어 실력도 뛰어난 그를 보니 부끄러움이 앞섰다. 그는 미국식 의대를 나와 학교생활에도 무척 잘 적응했다. 그에게 자극받아 열등감을 느낀 나는 열심히 하면 그를 앞설 수 있으리라는 일념으로 괴로움을 이겨내며 더욱 분발하여 공부했다.

또 하나 내게 큰 도움이 된 것은 혈액은행에서 일자리를 얻은 것이었다. 주당 30시간씩 아르바이트로 임상병리학과의 일부인 혈액은행에서 직원으로 일하는 것은 실전 경험을 쌓을 수 있는 좋은 기회였다. 영어도 익숙하지 않아 긴장 속에 살다 보니 신경을 많이 써서 늘 피로에 찌들어 지냈다.

일요일마다 교회에 나갔다. 나의 정신적인 지주는 신앙이었다. 어디에 있더라도 신앙 안에서 그리운 사람들과 함께 있으면 유학생활의 고달픔도 잊을 수 있었다. 나는 리치먼드 제2장로교회로부터 생활비를 지급받고 있었는데, 윌리엄스 교수가 나를 그 교회의 장로로 있던 포터 빈슨 교수에게 소개해주어 교회에서 매달 80달러의 생활비를 받게 된 것이다. 커리 목사는 훌륭한 설교와 함께 인품을 갖춘 성직자로서 한국에서 온 나를 무척 아껴주었다. 당시 빈슨 교수는 메이요 클리닉의 유명한 이비인후과 의사로 있다가 리치먼드 의대 교수로 와 있었다. 윌리엄스 교수는 여러 번 나를 자기 집에 초대하여 격려와 위로를 해주었고 빈슨 교수 집에 초대받아 가기도 했다. 그들은 진정한 사랑을 나눌 줄 아는 크리스천이었다.

교회에서는 주일 예배가 끝나면 주일학교와 성인교육반의 부탁을 받아 한국에 관한 이야기를 했다. 한번은 함흥에서 러시아 군인을 본 경험을 이야기하던 중에 "사람이란 근본적으로 다 마찬가지이며 러시아 군인도 행동은 미개하지만 인간의 본질 면에서는 다른 사람과 다를 바 없다"는 말을 했다. 이 말을 들은 보수적인 사람들은 내가 공산당 러시아군을 좋은 사람이라고 말했다며 소문을 퍼뜨렸고, 소문이 교수의 귀에까지 들어가 주의를 들었다. 나로서는 어처구니없는 경험이었지만, 언행에 조심하라는 교훈이 되는 사건이기도 했다.

한국의 이야기를 들은 교회 사람들은 교회와 관계되는 다른 곳에서도 이야기해주기를 청했지만, 나는 공부에 매달려야 해서 거절했다. 나로서는 공부가 가장 중요한 시기였다. 처음 반년 정도는 오후만 되면 졸리고 음식이 입에 맞지 않아 늘 고단했다. 하루는 머리를 식히기 위해 인근에 있는 윌리엄스버그로 구경을 간 적이 있었다. 윌리엄스버그는 영국에서 처음 미국으로 건너온 초대 이민자들이 세운 수도로, 400년 전 영국 청교도들이 살던 모습이 그대로 보존되어 있는 민속촌이었다. 무척 잘 정돈되고 보존되어 있었는데 역사가 짧은 이 나라에서는 무엇이라도 내버리지 않고 보존·발전시키는구나 싶어 퍽 인상적이었다.

나의 지도교수 윌리엄스 박사는 임상병리학 분야에서는 미국 최고의 권위자였다. 한국의 유명한 인사들이 그를 자주 찾아왔다. 고병간 박사와 윤일선 박사, 정치인 조병옥 박사 등 방문객이 많았다. 그는 제2차 세계대전이 끝난 뒤 미 24군단이 한국 주둔을 위해 인천에 상륙했을 때 해군 의무장교 중령으로 하지 중장과 동행했다. 길가에는 많은 사람이 환영을 나왔는데, 환영인파를 향해 그는 한국말로 "환영해주셔서 대단히 감사합니다"라고 말하여 사람들을 놀라게 했다. 미국 장교가 한국말을 하니 할아버지, 할머니들은 놀랄 수밖에 없었다.

하지 중장도 "한국말을 하는 줄은 알았지만 그토록 잘하는 줄은 몰랐다"고 하면서 어디서 배웠냐고 물었다. 그는 손으로 언덕 위의 벽돌집들을 가리키며 "1906년에 한국에서 감리교 선교사의 장남으로 태어나 거기서 17년을 살았습니다"라고 했다. 윌리엄스 박사가 태어난 후 그의 부모는 공주로 내려가 영명학교를 세웠으나 제2차 세계대전 때 일제에 의해 본국으로 강제 송환당했다가 해방 후에 다시 한국으로 돌아와 살고 있었다. 윌리엄스 박사는 17년간 자랐던 한국에 돌아와 하지 중장의 고문관으로 여섯 달 동안 머물렀다.

한국 근대 정치역사상 매우 중요하고 복잡했던 그 시기를 하지 중장의 보좌관으로서 한국에서 보낸 그는 소위 한국의 거물 정객들을 많이 알게 되었다. 조병옥 박사는 영명학교 시절 그의 친구였다. 윌리엄스 박사는 한국 정치에 대한 지식이 밝았으나 정치에는 직접 관여하지 않았다. 나는 1949년 조병옥 박사가 미국에 왔을 때 뉴욕에서 만난 적이 있다. 그는 유학생들을 데리고 베르사유 나이트클럽에 갔는데, 나는 그런 곳은 처음이어서 사람들이 노는 것을 구경만 했다. 그는 우리에게 한국의 어려운 정치상황, 특히 이승만 정권의 독재에 대해 이야기했고 우리는 멀리서나마 걱정했다. 조국이란 멀리 있을수록 더욱 애착이 생기고 소중한 것이었다.

그때까지 동양의 수혈방법은 원시적이었다. 미국은 제2차 세계대전 때 미군 부대에서 연마한 수혈 방법과 혈액취급 방법, 보존 방법이 고도로 발달하여 그 첨단기술을 직접 배울 수 있었으니 학문과 경험을 동시에 얻은 좋은 기회였다. 그 일을 하는 동안 한국에 돌아가면 현대식 혈액은행을 시작하겠다고 결심했다. 나는 2년간 일하는 동안 혈액은행의 권위자가 되었다.

리치먼드에서 더 공부하고 싶었지만 윌리엄스 교수는 그만하면 되었으니 한국으로 돌아가 모교에서 임상병리학교실을 열어 후진 양성에 힘쓸 것을 부탁했다. 2년 정도 더 해부병리학을 배우면 병리전문의 시험을 칠 자격이 생기는데 도중에 그만두고 귀국한다는 것이 불만스러웠지만, 하루빨리 세브란스에도 임상병리학교실을 열어야 한다며 모교가 필요로 하니 어서 떠나라는 윌리엄스 교수의 엄명을 거역할 수 없어 리치먼드에서 짐을 꾸렸다.

첫 뉴욕 나들이

나는 크리스마스나 신년 휴가 때는 주로 형이 있는 뉴욕으로 갔다. 버스로 8시간이 걸렸다. 당시 뉴욕에는 한국 유학생이 10여 명 있었는데,

633웨스트 115번가의 역사적인 뉴욕 한인교회는 한국 동포들이 모이는 곳이었다. 그들은 윤응팔 목사에게 신세를 지며 뉴욕 생활을 해나갔다. 일요일에는 교회에서 예배를 드리고, 교회 3층과 4층에 방을 얻어 하루 1달러 정도의 방세를 냈다. 유학생들은 주로 거기서 생활하며 조국에 대한 소식을 주고받았고 이국생활의 외로움도 달랬다.

김준성 목사도 거기서 만났는데, 인상이 참 좋았다. 키가 크고 빼빼 마른 분으로, 아버지보다 10년 아래였지만 함흥 영생고보 동창이어서 내게 다정히 대해주었다. 김준성 목사가 미국에서 연구한 것은 한글타자기였는데, 그때만 해도 매우 좋은 타자기였다. 그는 설교나 강연에도 빼어나서 다들 그를 따랐다. 그분은 가족들을 한국에 두고 혼자서 쓸쓸히 미국에서 생활하다가 그곳에서 돌아가셨다. 그분이 1920년대 말과 1930년대 초반에 함흥 영생고보에서 교편을 잡고 있을 때 공산주의 사상에 젖어 있던 학생들 앞에 나가 기독교 입장에서 민주주의에 기초하여 우리나라가 재건되어야 한다고 설득하면 학생들은 아무 말 못하고 물러섰다고 한다.

뉴욕에는 롱아일랜드대학 영문과에 강용흘 교수가 있었는데, 그도 아버지와 영생고보 동창이었다. 나는 한번 찾아뵈어야겠다고 마음만 먹고 있었을 뿐 결국 만나지 못했는데, 내 동생 피터는 문학을 전공하고 있어서 그의 생전에 몇 번 만났다고 한다. 강용흘 교수는 어릴 때의 생활을 소설로 써서 미국 내에서 센세이션을 일으켰다. 그의 작품 *The Grass Roof* (초당)는 문학적 가치를 인정받아 훌륭한 문학작품에 수여되는 구겐하임상을 받았다.

그는 롱아일랜드에서 미국인 부인과 살며 자녀 셋을 두었다. 브리

태니커 사전과 뉴욕 메트로폴리탄 미술관, 예일대학 도서관의 주요 멤버가 되어 활동한 그는 롱아일랜드대학과 예일대학에서 영문학과 비교문학을 강의했다. 당시 미국에는 한국인 대학교수가 두 명 있었는데, 그가 가장 유명했고 우리에게 긍지를 심어주었다. 그는《동에서 서로》, 《행복의 숲》을 발표하여 문학성을 인정받았다. 그의 조카 폴(강영복)을 1996년 1월 5일 하와이에서 만나 수십 년 전에 돌아가신 그분의 업적을 이야기할 수 있어서 반가웠다.

1948년에 도미한 동창 한응수는 듀크대학에서 결핵을 공부하고 있어서 나중에 조국에 가서 보건 분야에서 봉사하자며 젊은 이상을 주고받았다. 한응수는 후에 세계보건기구(WHO)에서 결핵 전문가로, 우수한 행정가로 일했다.

무용가 조택원과 펜실베이니아대학에서 미생물학을 공부하던 1년 선배 고원영도 그때 만났다. 고원영은 1913년 세브란스를 졸업하고 도미하여 외과학을 공부한 고명우 교수의 막내아들로, 1951년 펜실베이니아대학에서 한국 사람으로는 제일 먼저 박사학위를 받아 뉴저지 존슨앤존슨 회사의 미생물학자로 있다가 1960년 말에 중부 뉴저지에서 개업하여 성공했고, 그의 두 아들도 의사가 되었다.

고명우 박사는 내가 세브란스에 입학했을 때는 학교를 그만두고 개업의로 있었지만 남대문교회 장로로 있어서 잘 알게 되었다. 큰딸 고봉경은 이화여전 피아노과 교수였는데 한국전쟁 때 납북되었고, 둘째 딸 고황경 박사는 서울여대 학장을 지냈으며, 셋째딸 고난경은 고 김삼덕 선생의 부인이었으나 그분이 작고하자 20년 후 유기진 선생과 재혼하여 지금은 시카고에서 살고 있다. 피터스버그 주립병원 의사였던 양

고명우(1883-1950) 박사와 둘째딸 고황경(1909-2000)
남대문교회 장로였던 고명우 박사는 러들러의 수제자로서
'교회와 불우한 이웃을 사랑한 선한 사마리아인', '한국외과학의 선구자'로 불렸다.

순택 박사는 1935년에 리치먼드 의대를 졸업한 분으로, 가끔 그를 찾아
가 미국에서의 생활을 지도받기도 했다.

1948년 8월 15일 대한민국 정부가 수립되었다는 소식은 벅찬 감
격을 안겨주었다. 비로소 조국이라는 든든한 배경을 가지게 되어 뿌듯
하고 기뻤다. 초대 주미대사에는 하와이에서 의사로 있었던 양유찬 박
사가 부임해왔다. 그 당시 워싱턴 인근의 교포 수는 스무 명 정도밖에
되지 않았는데 거의 대부분 대사관에서 열리는 축하 파티에 참석했다.
예산이 부족했을 때 대사관 살림을 도맡아 열심히 일하신 한표욱 공사
의 공헌이 얼마나 컸는지 지금에 와서야 깨닫게 되었다.

리치먼드에는 또 남장로교의 유니온신학교와 여성 교역자 양성 전
문대학이 있었다. 일요일이면 두 대학의 학생, 교수들과 어울려서 종교
행사나 다민족 문화행사에 적극 참여했다. 주립의대에는 한국 남장로
교 선교사로서 일생을 전라도 순천에서 나병환자의 의사요 친구가 되

이용설, 러들러, 고명우 교수
러들러 박사의 수제자인 이용설과 고명우 교수는 외과학의 선구자들이었다.

어주신 월손 박사와 레지던트로 있던 그의 아들들과도 가까이 지냈다.

나는 1949년 12월 귀국할 예정이었지만 떠나기 전에 동남부 지방을 방문하여 드넓은 미국 땅을 좀 더 알고 싶었다. 그해 가을 일주일 동안 버스를 타고 노스캐롤라이나 주 몬테레이 피서지의 남장로교 대학에 가서 어머니와 절친이던 안년생(安蓮生, 안중근 의사 조카)의 조카인 두 여학생을 만났고, 블루리지(Blue Ridge) 산맥의 아름다운 가을 경치를 즐겼다. 샬럿(Charlotte)에 들러서는 버지니아 의대 졸업반 그레이 군의 집을 방문하여 환영받았다.

애틀랜타의 에모리대학을 찾아갔을 때는 이 대학이 20세기 초에 우리나라의 현대화와 기독교계에 큰 공헌을 했다는 역사도 모르고 그저 '유명한 대학'이라고만 알고 방문했다. 우리나라 개화기의 훌륭한 지도자 윤치호 선생(형수 윤보희 이화여대 피아노과 교수의 부친), 대한민국 초대 보건부 장관 구영숙 박사, 장순욱(장리욱 박사 동생) 박사 등이 졸업한 이 대학은 근 100년 동안 한국 근대화에 지대한 영향을 주었다. 특히 이 대학의 캔터(Cantor) 총장(20세기 초반)과 레이니 총장(1980년대, 전 주한 미국대사)은 한국과는 떼려야 뗄 수 없는 역사적 관계라고 할 수 있다.

나는 또 사바나(Savanah) 시로 장순욱 박사를 찾아갔다. 좁은 환자 대합실에서 나를 반가이 맞아준 장 박사와 그의 백인 부인은 그 당시 극심했던 인종차별을 극복해나가면서 개업을 성공적으로 이끌어나간 경험담을 이야기해주었다.

리치먼드로 돌아오는 길에 사우스캐롤라이나의 록힐(Rock Hill)에 있는 윈스롭(Winthrop) 주립여자대학의 심스(Sims) 총장을 방문했다. 서울을 떠나기 전에 친했던 미 육군 대령 매케이(McCay)의 소개가 있었으므로 나를 무척 반겨주었다. 이때의 인연으로 나의 여동생 순(筍)이 1958년에 이 대학을 졸업할 수 있었다.

이 여행 중에 느낀 것은 미국 동남부지방은 보수적이어서 흑인에 대한 차별대우가 심했으나, 동양인에 대해서는 백인의 인식이 점차 달라지고 있고 우리를 지식인으로 대우해줬다는 점이다.

2년 만의 귀국

1949년 12월, 나는 리치먼드를 떠나 귀국길에 올랐다. 1935년 한국인으로 양순택, 최제창 박사가 버지니아 의대를 졸업한 뒤 12년 만에 한국 학생으로서 공부하게 된 리치먼드는 정이 들어 막상 떠나려 하니 감회가 깊어지기만 했다. 열정만 가진 동양의 한 작은 청년이 부푼 유학의 꿈을 안고 여기에 와서 2년 동안 치열하게 살았던 곳, 영어가 모자라 밤을 지새웠던 수많은 날들과 몸을 지탱할 수 없을 정도로 고단함에 지쳐 있었던 초반기의 어려웠던 생활, 나를 격려해준 고마운 사람들, 보수적이지만 사귀고 보면 정이 깊었던 미국 남부의 사람들. 내 인생에서 가장 큰 희망을 심어주었고 열심히 공부했던 순간들을 두서없이 떠올리며 나는 샌프란시스코를 향하여 귀국길에 올랐다.

배를 기다리는 이틀 동안 그곳에서 양주은 할아버지를 만났다. 칠십 가까운 나이에 인자하고 친절한 그분은 식당을 경영하며 샌프란시스코에 들르는 우리 동포들을 보살펴주었다. 한국에서 오가는 사람들은 모두 그의 신세를 졌다. 나도 그 집에서 점심과 저녁을 푸짐하게 얻어먹었다. 내가 태평양을 연결하는 여객선 프레지던트 윌슨호를 타고 떠날 때 최선학이 부두까지 나와 손을 흔들어주던 장면은 오랜 시간이 지난 지금까지도 잊히지 않는다. 당시 샌프란시스코에는 최동 교수의 아들인 최선학이 유학 와 있었다. 최선학은 그 후 리치먼드 의대에서 병리학 공부를 하며 나의 지도교수 윌리엄스의 사랑을 받았다.

배는 샌프란시스코를 떠난 지 닷새 뒤에 하와이 호놀룰루에 도착했다. 하와이에서 한국 가는 배를 기다리는 데 두 달이 걸렸다. 하와이에 머무는 동안 나는 어머니 친구인 김보배 할머니 집에 묵었다. 소설가 김말봉 선생의 언니 집이었다. 김말봉 선생의 딸인 재금 씨는 부산 피난 시절에 내 여동생 순이와 같이 한국신학대학에 다니며 친하게 지냈는데, 그녀는 실력 있는 외과의사로서 덕망이 높은 서울대 의대 출신의 김

마태와 결혼하여 뉴욕 주 웨스트체스트에서 살고 있다.

하와이는 천국같이 아름다운 곳이었다. 12월인데도 햇살이 따가웠고 그늘에 들어서면 시원했다. 공기도 맑아 하루 한 차례 비가 지나가면 어디서나 무지개를 볼 수 있었다. 나는 이곳저곳 구경도 다니고 하와이에 대해 공부도 하며 시간을 보냈다. 초록빛의 눈부신 해변과 와이키키의 저녁노을은 청년의 가슴을 설레게 했다. 자유롭고 한가하게 해변을 서성이는 많은 사람을 보면서 여유 없이 앞만 보고 살았던 나는 별세계를 보는 것 같아 도리어 쓸쓸해졌다. 하와이 기독교회에서 김태묵 목사와 그 가족을 만나게 되었는데, 특히 중학생이던 맏아들 존과 친해졌다. 또 하와이 총영사였던 김용식 씨 부부와도 알게 되어 귀여운 어린 두 딸과 즐겁게 놀아주기도 했다.

그렇게 두 달을 지낸 후 하와이에 아쉬움과 정을 남겨두고서 요코하마행 배를 탔다. 나는 선실의 3등칸에 타고 있었는데, 3등칸은 필리핀 노동자들이 많아서 지저분하고 불결했다. 그런데 나를 찾는다는 사람이 있어 그를 만나기 위해 1등칸 갑판으로 갔다. 내가 혈액병리학을 공부하고 돌아가는 길이라는 사실을 안 일본의 유명한 혈액학자 가토 가쓰오(加藤勝夫) 박사가 나를 만나자고 한 것이다. 그는 일본에서 적십자사 혈액은행을 창설한 이였다. 가토 가쓰오는 도쿄의과대학 교수였고, 미국에서 몇 달 동안 혈액은행 운영을 시찰하고 돌아가는 길이었다. 그와의 만남은 기쁘고 특별했다. 그는 젊었을 때 미국에서 혈액학을 공부하여 영어가 유창했다. 밝고 편안하고 깨끗한 1등칸에서 그와 많은 이야기를 나눴다.

내가 서울에서 혈액은행을 시작하겠다는 소망을 말하자 그는 잘되었다며 자기는 일본에서, 나는 한국에서 혈액은행을 시작하여 각 나라 사람들을 돕자고 했다. 그 후 그는 일본에서 혈액은행을 만들었고, 나는 세브란스에 임상병리교실을 개설·소개하고 생화학, 혈청학을 개척하느라 정신이 없었다. 3개월쯤 지나 혈액은행을 막 시작하려 할 즈음 한국전쟁이 일어났다. 전쟁 중에 미군의 협조를 받아 한국 혈액은행을 창설하겠다는 꿈도 꾸어보았으나 기회가 없

강득용(1928-2006)
순천향의대 교수

었다. 그러나 그 후 한양대의 고(故) 김기홍 교수, 나의 후배인 연세대 이삼열 교수와 순천향의대 강득용 교수, 그리고 서울대학의 이문호, 김상인 교수 등이 혈액은행 제도 창립에 주도적 역할을 하여 수십 년 동안의 노력으로 우리나라 혈액은행 사업을 세계적인 수준으로 올려놓았다.

1950년 2월 말, 프레지던트 윌슨호는 호놀룰루를 떠난 지 아흐레 만에 요코하마에 도착했다. 도쿄까지 버스로 갔는데 날씨가 쌀쌀했다. 도쿄는 함흥고보 때 수학여행을 가고는 두 번째였는데, 전란으로 무참하게 파괴되어 있었다. 2, 3일 동안 도쿄 시내를 기웃거리며 고등학교 때 갔던 니주바시와 긴자에도 갔다. 서울과 도쿄 사이에 주 1회씩 항공기가 운항되고 있어서 하네다에서 프로펠러 비행기를 탔다. 승객은 10여 명이 전부였고, 비행기는 여의도공항에 내렸다.

1950년 2월 28일, 미국을 떠난 지 석 달 만에 한국에 도착했다. 비행기 안에서 내려다본 일본은 산림이 울창하여 푸르렀는데 낮게 뜬 비행기에서 본 조국의 산은 벌건 황토와 민둥산뿐이었다. 한눈에 우리의

빈곤을 알 수 있었다. 미국의 아름다운 산하와 풍요로운 평원을 보고 일본의 울창한 산림을 본 뒤에 가난한 조국의 산하를 내려다보는 마음은 저리도록 아팠다. 여기가 내 나라구나 싶으니 눈물이 핑 돌았다.

40여 년이 지난 지금은 한국의 산도 푸르고 울창하다. 떠나 있던 2년 반 동안 나는 한 번도 내 나라를 잊은 적이 없었다. 물설고 낯설고 언어도 다른 남의 땅에서도 내게는 공부를 마치고 돌아가 실력을 발휘하고 봉사할 조국이 있다는 오직 그 하나의 희망으로 열심히 공부했다. 유학 생활 2년 만에 공부를 어느 정도 끝내고 기대에 부풀어 귀국한 내 나라는 눈물겹도록 가난했고 메말라 있었다. 내 어머니가 살고 있는 땅, 내가 자라난 땅……. 나는 크게 심호흡을 했다. 잔잔한 파문이 가슴을 휩쓸었다.

모교 강단에 서다

집에서 며칠 쉬고 난 후 세브란스 의대를 찾아가 문창모 원장님께 인사를 드렸더니 무척 반가이 맞아주셨다. 학장이신 최동 박사께도 인사를 드렸다. 학교에서는 나를 크게 환영해주었고 내가 하는 일에 적극적으로 협조하겠다고 했다.

임상병리학교실을 창설할 때 미생물학은 전문 교실이 따로 있어 포함시키지 않았다. 나는 혈액학과 혈청학, 생화학 분야의 책임을 맡아 국내에서 처음으로 '임상병리학'이라는 용어를 도입했는데, 책임감과 사명감으로 힘든 줄도 모르고 일에 매달렸다. 학교에서는 여러 가지로 준비해주었다. 검사실을 수리하고 미국에서 새로 들여온 기계를 설치하여 그것을 움직여야 하는데, 문제는 전기였다. 당시는 전기 사정이 좋지 않아서 기계가 작동될 때 전압이 제 마음대로였고 정전도 잦아서 애로사항이 많았다. 그 당시는 혈액학에 기계가 크게 필요하지 않아 그나마 다행이었다. 이것저것 생각할 틈조차 없을 만큼 바쁜 나날이 계속되었다.

그해 3월 우리나라에서는 처음으로 임상병리학 강의를 시작했다. 혼자 하려니 힘이 들긴 했지만 긍지와 보람을 느끼며 정신

문창모(1907-2002)
세브란스 병원장, 원주기독병원
초대 원장, 14대 국회의원

없이 일에 매달렸다. 가르치는 일은 참으로 즐거웠다. 가르치는 일은 나의 천직이었다. 3년 후배인 박희영이 조수로 나를 도와주었는데, 대여섯 명의 기사가 전부인 소규모 검사실이었다. 그러다가 전쟁이 나서 우리는 제각기 흩어졌다. 박희영은 피난지인 부산에서 다시 만나게 되었다. 나는 민사부 고문으로 있던 미 10군단 전사 편찬반을 편성할 때 영어 번역반에서 일하도록 주선해주었다.

박희영은 1950년대 중반 미국으로 와서 에반스턴 병원(노스웨스턴대학)에서 병리학을 공부하고 버지니아 주립대학에서 1년간 법의학을 공부한 후 귀국했다. 전남대학 의대 병리주임 교수로 있었던 그는 1964년 9월 미국에서 더 공부하고 싶다는 편지를 보내왔다. 우리는 장래에 대한 여러 가지 가능성에 대해 편지로 의견을 주고받다가 1972년 괌으로 가서 정부의 유일한 괌 병원 병리학자로 일하게 되었다. 그리고 그는 괌에서 한국 이민의 기반을 닦았다.

김석기(1950년 세브란스 의과대학 졸업) 부부, 러들러, 최병호 (1951)

세브란스에서는 중국에 오래 있었던 미국 선교사 만제이(Mange) 박사가 안과 교수로 있으면서 내 일을 적극적으로 도와주었다. 시약이 필요하면 미국에 신청하여 구해주었던 그는 한국전쟁 때 본국으로 돌아간 후 연락이 끊어졌다. 근래에 애틀랜타 주 조지아에 사는 그의 딸 케이터(Cater) 부인과 연락이 닿아 아버지의 훌륭한 선교활동 이야기를 전해줄 수 있어서 기뻤다.

학생들은 내 임상병리학 강의를 좋아했고 흥미를 보였다. 우수한 학생들도 많았다. 최병호는 "젊은 교수가 미국에서 공부한 새로운 지식과 신학문을 멋있게 강의하여 한국 학생들을 고무해주었다"고 회상했다. 사람은 누구나 남에게 좋은 영향을 주고 도움이 되었다고 여기면 보람과 긍지와 기쁨을 느끼게 마련이다. 내가 최병호의 삶에 긍정적인 영향을 주었다는 말을 들으니 기분이 좋고 뿌듯했다. 최병호는 그때 4학년 학생이었다. 그는 내가 공부한 학문에 관심을 가지고 열심히 공부했는데, 전쟁이 일어나 얼마 후 흩어지게 되었다. 그는 1960년대에 미국의 일류 의료기관인 클리블랜드 클리닉에서 공부하고 연세대학으로 돌아가 병리학 조교수로 활동하며 젊은 학자로서 명성을 날렸다.

나중에 올바니 의대의 이규택 교수에게 부탁하여 최 교수의 재도미(再渡美) 유학을 도와주었다. 3년간 공부한 그는 박사학위를 받아 미국에 정착하여 뉴욕 로체스타 의대 신경병리학 교수로 재직하며 10년 동안 훌륭한 업적을 남겼고, 그 후 어바인대학 신경병리학 주임교수로 옮겨 그 분야의 세계적 권위자로 인정받고 있다. 나는 그런 훌륭한 학자에게 길을 열어줄 수 있었다는 사실에 만족하고 그를 자랑스럽게 생각한다.

동생 요한의 죽음

신당동 집에는 어머니와 여동생 순이, 그리고 막내 요한이 살고 있었다. 형은 뉴욕에 있었고, 동생 피터도 미국에 유학 중이었으며, 해사 1기생인 동생 시학은 해군 소령으로 해상 근무 중이었다. 당시 요한은 말기 결핵 환자였다. 미국에서 새로 개발된 스트렙토마이신을 가지고 왔지만 복막염으로 진행되어 그 약도 아무런 소용이 없었다. 그래도 요한은 형이 미국에서 의학공부를 하고 새 약도 가져왔다며 매우 희망적이었다. 그런 동생을 보며 나는 절망을 느꼈다.

그해 5월 결국 요한은 죽고 말았다. 나는 의사이긴 했으나 학교 일이 너무 바빠서 큰 도움이 되지 못했다. 수십 년 전 어머니는 경학 형을 다 키워서 병으로 잃고는 무척 상심하다가 요한을 얻어 겨우 위로를 받았는데, 이제 그 아이까지 잃었으니 그 마음이 오죽했을까. 어머니의 마음을 생각하면 지금도 가슴이 저리다. 사람이 태어나고 죽는 일을 날마다 병원에서 접하면서도 동생 요한의 죽음은 나에게 삶에 대해 깊은 회의에 빠져들게 했다. 요한은 우리에게 커다란 빈자리를 남기고 떠났다. 그 아이는 아직 고등학생밖에 되지 않은 눈부신 나이에 죽어갔다.

지금 생각하면 요한의 죽음은 또 하나의 하느님의 섭리가 아니었을까 싶다. 그 아이가 죽지 않고 병석에 누워 있었더라면 한국전쟁이 터진 후 우리 가족은 어찌 되었을까? 그 아이를 버리고 어머니, 순이, 나 셋이 신당동 집에서 피신할 수 없었을 것이며 틀림없이 인민군에게 붙잡혀 죽음을 당했을 것이다. 그 아이의 죽음이 우리 셋의 생명을 구해준 것이 아니었을까? 한국신학대학 김정준 목사가 요한의 장례식과 추도예배를 해주었다. 나는 동생의 죽음을 뒤로하고 학교에 돌아가 다시 바쁘게 일에 빠져들었다.

내가 미국에 있는 동안 서울에 남은 우리 집안에 도움을 준 잊을 수 없는 은인들이 있었다. 현규환 박사는 신당동 우리 집 근처에서 병원을 개업한 훌륭한 의사였다. 1901년 함경북도 경성에서 출생한 그는 경성의학전문학교를 졸업한 후 중국 신경(장춘)의 만주의과대학 위생학 연구생으로 온돌의 위생학적 연구로 박사학위를 받고 연변 도문에서 개업했다.

해방이 되어 월남한 그는 신당동에 병원을 차렸는데, 하루는 '현영학'이라는 문패를 보고 같은 현 씨여서 찾아왔다며 우리 집을 방문했다. 우리도 연변에서 이사 온 함경도 어른을 만나게 되어 반가웠다. 그 후

전쟁 후 처음 이루어진 가족 상봉(1951년 봄)

우리 집안의 사정을 알게 된 그는 우리 집을 돌보아주고 힘이 되어주었다. 특히 요한이 결핵으로 고생할 때는 주치의로서만 아니라 친아저씨처럼, 또 그 부인은 친아주머니처럼 애써주었다. 중학교에 다니던 요한은 그 집 딸들과 친한 친구가 되었다.

나는 미국에서 귀국하자마자 현 박사 댁에 가서 인사를 드렸다. 그는 훌륭한 의사였을 뿐 아니라 인정이 많고 사회경험이 많은 분으로, 어머니께서 언제나 의지할 수 있는 분이었다. 나는 그 집 큰아들 재선이가 서울대 의대를 졸업한 후 미국 유학을 갈 수 있도록 도와주었다. 현규환 박사 부부는 1987년 6월 어머니가 돌아가실 때까지 서로 친하게 사귀었던 참다운 친구였다. 현 박사는 환도 후 적십자사 보건부장, 적십자병원장, 대한의학협회 이사 등 많은 사회활동을 했는데, 그의 가장 큰 공헌은 2천여 쪽이나 되는 《한국유이민사》(韓國流移民史, 상·중·하)를 1976년 흥사단출판부의 협조로 출판한 것이다. 그 충실하고 막대한 자료를 통한 연구논문은 지금도 사학가들의 격찬을 받는다.

그 외에도 어머니의 신앙생활에 많은 영향을 주신 잊을 수 없는 분으로는 김재준, 송창근 박사, 김춘배 목사, 김정준 교수, 정대위 교수 등이 있는데, 그분들은 훌륭한 믿음의 선배였다. 나는 미국 유학을 하고 돌아와서 한국전쟁이 날 때까지 3개월 동안 여러 차례 송창근 박사를 만나 뵈었다. 1930년대 미국에서 신학 공부를 마치고 돌아온 송 박사는 우리나라 종교계의 신앙적 거성이었다. 그는 특히 장로교회의 분열을 막기 위해 많은 노력을 기울였으나 인민군에게 끌려가 영영 돌아오지 못했다.

한번은 최재유 교수가 내게 중매를 서겠다고 했다. 그동안 나는 일이 바빠 결혼은 생각지도 않고 있었다. 상대는 1930년대에 미국에서 생물학을 전공하고 돌아온 친구 이명혁 교수의 딸로, 이화고녀 교사라고 했다. 이 교수는 최 박사에게 놀러왔다가 나를 슬쩍 보고 간 모양이었다. 그 직후 한국전쟁이 일어났다.

당시 영학 형은 윤보희 선생과 결혼하여 미국에서 공부하고 있었고, 피터는 미국 헤이스팅스대학에 유학 중이었다. 동생 시학은 해군 소령으로 요한이 죽은 직후 포함(砲艦)을 인수하기 위해 미국에 가 있었는데, 샌디에이고에서 포함 네 척을 얻어 그중 한 척의 기장이 되어 귀국하던 중에 하와이에서 전쟁 발발 소식을 듣고 부랴부랴 진해로 돌아왔다.

세브란스에 임상병리학교실을 신설한 후여서 이제 막 젊은 꿈을 펼칠 미래만 남아 있었는데 전쟁이 터진 것이다. 아무래도 믿기지 않는 뉴스였다. 대포소리가 들리고 거리에서 일어나는 혼란과 병원에 실려오는 부상병을 보며 장차 우리 민족은 어떻게 되는 걸까 하는 생각에 암담할 뿐이었다. 동족 간의 상쟁. 20세기 중반에 우리는 민족의 역사 앞에 크나큰 죄를 짓고 있었다.

3장

전쟁의 포화 속에서

1951년 무렵 미 10군단에서의 필자

함흥 · 흥남 철수작전

필사의 피난길

한국전쟁이 나고 사흘 후 서울이 인민군의 손에 들어갔다. 6월 27일 저녁 신당동 집에 들르니 어머니와 순이가 무척 걱정하고 있었다. 부상병들이 병원으로 자꾸 몰려들어왔고, 군인들은 북쪽으로 가기도 하고 남쪽으로 가기도 하며 대혼란이 빚어졌다. 28일 밤 12시쯤 세브란스 문창모 원장은 직원들에게 "인민군 전차가 시청 앞까지 와 있으니 자유행동을 취하라"고 했다. 난감한 순간이었다. 도망가지 않으면 틀림없이 붙잡히고 말 것이다. 해방 후 함흥에서 공산주의자들의 행위를 눈으로 보았기 때문에 위기를 느꼈다.

독신인 병리기사 둘을 데리고 새벽 2시가 조금 지나 병원 문을 나섰다. 한강 쪽으로 가는데, 서울역 앞에서 용산으로 가는 길은 피난민으로 아수라장이었다. 우리도 그 속에 휩쓸려 걸어가는데 갑자기 '꽝' 하는 요란한 소리가 들렸다. 무슨 소리인지 알 수 없었다. 한강다리 근처에 가니 이제는 돌아오는 사람들로 대혼란이 일어났다. 한강다리가 폭파되어 건너갈 수 없다고 했다. 아까의 그 요란한 소리는 한강다리가 폭파되는 소리였다.

새벽 3시경 채병덕의 명령으로 한강교가 폭파되었고, 다리를 건너던 수많은 사람과 차량들이 그대로 폭탄을 맞았음을 그 후에야 알게 되었다. 우리는 서빙고 쪽으로 올라갔다. 한강에는 이미 배가 없었다. 서빙고 근처에서 구멍 난 작은 배 하나를 찾아냈다. 노도 없고 구멍이 뚫려 물이 새는 배여서 사람들은 그냥 지나쳤다. 우리는 그 배를 타고 한 사람은 물을 퍼내고 또 한 사람은 엉덩이로 구멍을 막고 나는 팔로 노를 저어 한강을 건너갔다.

한강을 건너가서는 피난민 대열에서 나의 스승 최재유 교수와 다른 몇 분의 스승을 만나 무척 반가웠다. 위급한 때는 서로 아는 얼굴을 만나는 것조차 큰 위안이 되었다. 피난민 대열에 섞여 남쪽으로 내려가는데 수원 근처에 도착하니 새벽이 밝아왔다. 그런데 갑자기 호주 비행기가 나타나더니 피난민을 인민군으로 오판했는지 집중포격을 퍼붓는 것이었다. 수십 명의 부상자가 생겨났다.

나는 의사로서 그들을 돌보지 않을 수 없었다. 당시 수원 도립병원은 육군에 접수되었고, 육군병원장은 나의 동기인 주정빈 소령이 맡고 있었다. 나는 그를 도와 부상자 치료에 나섰다. 의료기재가 제대로 갖춰져 있지 않아 절단 수술이 필요한 경우 끓는 물

주정빈(1923-2016)
연세의대 교수

왼쪽부터 이규택, 홍필운, 최병호, 홍준식(1967, 뉴욕)

에 소독한 톱으로 다리를 잘라내는 식의 원시적이고 비참한 방법을 썼
다. 정형외과는 인턴 때 해본 경험을 살려 치료와 수술을 시도했다. 하
루 이틀이 지나면서 수원에서도 밀려 대전까지 후퇴해야 했다. 나는 트
럭을 타고 육군병원과 같이 행동했다. 그리고 다시 대구까지는 기차로
철수했다.

　　대구 구세병원장의 아들 이규택 선배 집을 찾아갔다. 그의 부친은
1916년 세브란스를 졸업한 분이었다. 그 집 방을 하나 얻어 피난살이를
시작했다. 동창 박종무가 동산병원 소아과장으로 있어서 나도 그 병원
에 나가 일했다. 대구에 도착하고 며칠이 지난 후 이규택이 한국전쟁 소
식을 전해 듣고 부랴부랴 귀국하여 돌아왔다. 그는 1947년 도미하여 세
인트루이스의 워싱턴 의대에서 내과혈액학을 공부하다가 돌아온 것이
다. 전쟁이 일어나면 달아나는 사람들이 많은데 그는 모든 걸 제쳐놓고
귀국할 만큼 훌륭한 인물이었다.

그 집에는 식구들이 많았다. 두 형제가 결혼하여 모두 한 집에서 살고 있었는데, 이규택에게는 다섯 살짜리 딸 미아와 여의전을 나온 인텔리 여성인 아내 이숙경이 있었다. 그는 곧 동산병원 내과과장으로 일하게 되었고 나는 2, 3주 정도 더 그 집에 머물렀다. 하루는 동산병원으로 미국에서 신학공부를 한 황성수 국회의원이 소아마비를 앓는 딸을 데리고 왔다. 그는 나를 보더니 "닥터 현은 전쟁이 났으니 중요한 일을 해야 할 텐데, 내가 국방장관과 의논해 처리하겠다"고 했다.

김성은 장군과의 만남

그로부터 며칠 뒤 미 25사단장 킨(Kean) 소장의 통역으로 일하라는 명령서를 받은 나는 대구를 떠났다. 우선 부산에 가서 손원일 제독을 만나본 후 미군 부대로 들어가라는 내용도 있었다. 부산에서 손 제독을 만난 다음 해병대의 백남표 소령이 운전하는 지프를 타고 마산에 주둔하고 있는 미 25사단으로 떠났다.

부산에서 마산으로 가는 길은 포장되어 있지 않아 몹시 덜컹거렸고 아무리 속력을 내도 굼벵이 행렬일 수밖에 없었다. 우리 일행은 먼지를 뽀얗게 뒤집어썼다. 미 25사단은 어떤 학교 건물을 사용하고 있었는데, 백 소령은 사단본부라 쓰인 지점에서도 차를 세우지 않고 그냥 달렸다. 나는 여기가 내가 가야 할 곳이라고 소리치며 세워달라고 했지만 그는 못 들은 척 냅다 차를 몰았다. 한참을 달리고서야 그는 나를 쳐다보더니 다른 곳으로 갈 데가 있다고 말하며 통역은 우리 해병대가 더 필요하다고 덧붙였다. 그 말을 하며 호탕하게 웃는 백 소령의 쾌활한 태도에 언짢았던 마음이 조금은 풀렸다. 나도 그를 따라 같이 웃고 말았다. 그는 참으로 남자다웠다. 내가 쓸모 있는 존재라니 기분은 괜찮았다. 미군 부대 앞을 지날 때 잠시 맡았던 강렬한 커피 냄새. 그 순간 얼마나 커피가 마시고 싶었는지 모른다. 미국에서 돌아와 그 냄새를 잊고 살았는데 커피 향내를 맡는 순간 못 견디게 커피가 마시고 싶어졌다. 전쟁 상황에서도 커피 생각이나 하는 내가 어처구니없었다. 아마 그것은 커피 맛만이 아니라 미국 생활에 대한 무의식적인 동경과 그리움이 아니었을까 싶다.

　꼬불꼬불한 산길을 돌고 돌아 차는 진동리 어느 마을 앞에 섰다. 백 소령은 나를 자기 상관에게로 데려갔다. 나를 납치한 경위를 설명하며 그는 다시 한 번 호탕하게 웃었다. 내가 인사한 백 소령의 상관이 나중에 '귀신 잡는 해병대'라는 용맹을 떨친 김성은 중령이었다.

　나는 바로 그 유명한 김성은 부대로 간 것이다. 김성은 중령과 나의 인연은 이렇게 시작되어 지금까지 수십 년간 이어져오고 있다.

　김성은 중령을 따라 일선을 시찰하는데 산꼭대기였다. 제일 앞에서 싸우는 한 군의관이 있었다. 그가 뛰어나오며 "네가 여기 웬일이냐?"고 소리치는데, 바로 세브란스 동창 오원선 중위였다. 그는 학교 때부터 군사훈련을 무척 좋아했다. 군의관이었지만 일선에서 총을 들고 싸우던 그는 후에 보건부 장관을 지냈고 1970년대에 세상을 떠났다. 산꼭대기여서 물이 없었다. 사병들은 목이 말라 야단이었다.

　그날 저녁 밤늦은 시각에 백 소령과 내가 산 아래 마을로 물을 가지러 내려갔다. 5갤런짜리 물통이 어찌나 무거운지 쩔쩔매며 산으로 올라가는데 땀이 줄줄 흘러내렸다. 조용한 산중에도 뿌옇게 여명이 번져

김성은(1924-2007)
제15대 국방부 장관,
'귀신잡는 해병'의 주인공

오원선(1922-1978)
제11대 보건사회부 장관

갔다. 그런데 갑자기 총소리가 났다. 아군과 적군 양쪽에서 총을 쏘고 있었는데, 우리는 그 한가운데 들어 있었던 것이다. 우리가 마을로 내려간 사이 부대가 50미터쯤 후퇴한 것이다. 백 소령은 침착하게 주변을 살핀 후 아마 왼쪽에 우리 부대가 있을 것이니 그쪽으로 슬슬 기어가자고 했다. 조금 움직이니 또 양쪽에서 총을 쏘아댔다. 물통을 벗어던지고 아군 쪽으로 포복하며 "백 소령이다! 쏘지 말라!"며 몇 번이나 외친 뒤에야 총소리가 멎었다. 한참을 더 기다리다가 엎드려 앞을 살피니 다행히 그곳에 우리 해병대가 있었다.

　죽을 고비를 당한 와중에도 백 소령은 정황을 침착하게 판단하는 훌륭한 군인으로서의 태도를 보여 나를 감탄케 했다. 물통을 메고서 이제 여기서 죽는구나 하며 조바심을 친 짧은 시간이 내게는 몸서리치는 순간이었다.

강원도 고성 해병대 사령부에서(1950. 10)
왼쪽부터 김동하 대령, 신현준 준장, 김성은 대령, 필자

UN 민사원호처에서 구호물자를 받고 있는 필자(1950)

그 다음 날 김성은 중령이 나를 불러서는 탄약이 부족하고 자동소총(BAR)이 없으니 미군 부대 25사단과 교섭해서 얻어오라고 명했다. 나는 미 25사단에 가서 군사물자 취급부의 책임자 중령을 만나 사정 설명을 했다. 그는 내가 미국에서 공부한 것에는 호의를 보였지만 해병대의 요구는 거절했다. 무기를 아무에게나 줄 수 없다는 것이었다. 공적인 일에 냉정히 잡아떼며 거절하는 그에게 매달려봐야 아무 소용이 없을 것 같아서 우리는 작전을 바꾸기로 했다. 다음 날 다시 찾아가 정중히 인사를 하고 한국에 와서 수고하니 저녁 대접을 하고 싶다고 했더니 초대에는 응하겠다고 하여 동행한 장교와 같이 어느 요정에 자리를 마련했다. 나는 그때 기생집에 처음 가보았다. 물론 술도 마실 줄 몰랐다. 미군들이 춤을 추며 흥겹게 노는 것을 지켜보다가 흥이 고조되었을 무렵에 말을 꺼냈다.

"이 친구들아, 같이 싸우고 있으면서 무기가 부족한데 좀 도와주면 어떠냐?"

"걱정 마라. 내일 다시 와라."

나는 그 소리에 얼마나 기뻤는지 모른다. 우리의 작전이 맞아떨어진 것이다. 이튿날 트럭을 타고 갔더니 귀중한 물품인 탄약과 자동소총 열다섯 대를 건네주었다. 김성은 중령에게 그것을 전달하니 활짝 웃으며 무척 좋아했다. 그것으로 진동리 전투를 할 수 있었으니 해병대의 승리에 나도 한몫을 한 셈이다.

그 며칠 뒤 8월 1일부터 6일 사이에 진동리 일대에서 큰 전투가 벌어졌다. 국군 해병대가 인민군의 공격을 저지시킨 이른바 진동리지구 전투였다. 인민군은 진주를 점령한 후 마산 방면으로 진출하려 했고 한

신현준 중장 부부와 김성은 전 국방장관을 모시고 이갑진 해병대 사령관(뒷줄 오른쪽)과 함께 (1999. 3)

국 해병대는 진동리 서쪽에서 막으려 했다. 김성은 부대는 8월 1일 주둔지를 떠나 8월 2일 창원군 어항면 고사리에 도착했는데, 3일 고사리와 개양리 일대의 고지에서 전차를 앞세운 인민군 6사단 정찰대대의 주력부대에 기습공격을 가하여 퇴각시켰으며, 고성 방면에서 나타난 인민군도 격퇴시켰다.

적군 사살 109명, 포로 6명, 전차 파괴 두 대, 차량노획 여섯 대의 전과를 올린 데 비해 아군의 피해는 전사 6명, 부상 22명이었다. 8월 6일에는 인민군이 점령한 야반산을 공격하여 육박전을 벌여 탈환했고, 인민군의 마산 방면 진로를 막아 전 장병이 1계급 특진하는 개가를 올렸다.

며칠을 고전하여 승리한 부대는 진해로 옮겨가 휴식을 취했다. 군장을 정비하고 사병들에게 휴식을 주는 가운데 한가로이 며칠이 지났다. 나는 한 방을 쓴 김성은 부대장의 용맹함과 군인다운 정신, 전략적인 두뇌, 정의감에 점점 매료되었다.

하루는 인민군이 밤사이에 통영(충무)을 점령했다는 소식이 전해졌다. 통영이 점령되면 거제도가 위험해지고, 그러면 부산까지 위기에 빠져 전쟁에 지고 마는 상황이 벌어지게 된다. 통영 탈환작전은 매우 중요했다. 해군본부에서 통영 탈환 지시가 내려왔고 진동리에서 용맹을 떨친 김성은 부대는 곧 통영으로 출발했다. 지도를 펼쳐보니 통영은 반도여서 본토와 연결되는 좁은 원문고갯길이 하나 있었다. 이곳을 점령하면 인민군의 수송 보급로를 끊어 목을 자르는 역할을 할 수 있을 것 같았다. 그리고 해군 함정이 전투에 참가하여 같이 양동작전을 쓰기로 계획했다.

김성은 중령과 그의 부관, 장교 한 명과 내가 근처에 정박 중인 해군 703호에 오르니 뜻밖에도 내 동생 시학이 그 배의 부함장으로 있었다. 전란 중에 극적인 형제 상봉이었다. 우리는 얼싸안고 서로의 소식을 묻고 전하며 반가워했다. 시학의 친구인 이성호 소령(후에 해군 총참모장)이 함장이었다.

현시학(1924-1989)
해군 창설의 주역,
해군사관학교장,
모로코 · 이란 · 멕시코 대사

작전 계획은 김성은 중령이 짰다. 포함은 통영만 바로 앞에서 함포사격을 가하여 적군이 통영 상륙을 하는 것으로 오인하게끔 유도하고, 원문고갯길을 점령하여 보급로를 차단하면 통영에 있는 500여 명의 인민군이 대혼란을 일으켜 우왕좌왕할 때 집중공격을 가하자는 것이었다. 전투는 계획대로 진행되어 해병대는 적 사살 469명, 포로

83명으로 통영 탈환작전에 승리를 거뒀다. 당황한 인민군은 바다에 뛰어들어 죽기도 했다. 아군 측은 12명의 전사자와 47명의 부상자를 냈다. 이 작전은 우리 해군과 해병대가 최초로 성공시킨 단독 적진상륙작전이었다.

통영 점령 후 탄약을 탈환해 배에 싣고 있는 모습

8월 18일 원문고개에 방어진을 구축하고 19일 오전 시내로 들어간 김성은 부대는 외신 기자들의 격찬을 받아 '귀신 잡는 해병'이라는 특필 보도로 일약 유명해졌다. 그런데 우리가 통영 시내로 들어갔을 때 참혹한 일이 벌어져 있었다. 인민군이 경찰과 민주인사들을 무차별 총살한 뒤였다.

그 후 김성은 부대는 진해로 돌아가 10여 일 동안 휴식을 취하게 되었다. 쉬는 동안 나는 낮에는 진해 해군병원을 찾아가 김기전 원장 외 여러 의무장교들과 만나 군진의학, 미국 유학 경험 등의 이야기를 나누며 뜻있는 시간을 보냈고, 밤에는 부대로 돌아와 김성은 부대장과 같은 침실에서 지내며 우리 집안 이야기와 경험담도 나눴다. 서울에 남아계실 어머니, 여동생 순이에 대한 걱정도 같이했다.

그리하여 김성은 중령과 나는 역사의 한 줄기를 같이 밟았고, 나라를 지키기 위해 생사를 함께 나눈 특별한 사이가 되었다. 김성은 경남

통영 탈환 직전 인민군에 학살당한 우익인사들(1950. 7)

통영 재탈환 후 인민군을 심문하는 과정

창원에서 태어나 열네 살에 하얼빈으로 건너가 학교를 다녔다. 제2차 세
계대전 때 학병으로 끌려갔다가 해방이 되어 크리스마스 무렵 귀국길

에 올랐다. 그는 귀국하는 기차에서 자신의
운명을 결정지을 사람을 만났으니 바로 정일
권이었다. 러시아군에 포로로 잡혔다가 심양
에서 탈출한 후 농부로 변장한 정일권과 만
난 그는 기차에서 많은 이야기를 나눴고, 후
에 한 사람은 국방장관으로, 다른 한 사람은
국무총리로 다시 만났다.

손원일(1909~1980)
해군참모총장, 제5대 국방부 장관

　　김성은은 당시 국방경비대 창설 멤버인
정일권을 태릉으로 찾아가 육군 중위에 임관
되었는데, 임명장을 받고 나오다가 현관에서
손원일 제독을 만나 그의 권유에 해군 중위가 될 결심을 했다고 한다.
'육' 자를 '해' 자로 바꾸면 간단하지 않느냐고 호쾌하게 말하는 손원일
제독을 따라 그는 진해로 내려갔다. 어릴 때 고향을 떠나 중국 땅에서
살며 고향을 사무치게 그리워했던 그는 고개 하나만 넘으면 고향 땅인
진해를 선택한 것이다.

인천상륙작전과 서울 수복

서울이 수복되자 나는 신당동 집을 찾아갔다. 정치보위부 본부로 쓰이
던 집에는 낯익은 물건들은 다 없어졌고 김일성 사진과 선전문만이 덩
그러니 붙어 있었다. 총구멍이 뻥 뚫린 벽을 바라보며 몇 시간 동안 어
머니와 동생이 돌아오기를 기다리다가 부대로 돌아갔다. 내 마음은 온
통 불안과 조급함으로 떨렸다. 다음 날 다시 집에 갔더니 어머니와 동생

이 돌아와 있었다. 죽을 고비를 넘기고 가족이 다시 만난 것이다. 우리는 서로 이렇게 살아서 만나게 된 것을 감사드렸다.

나는 시학의 소식을 전했고, 어머니는 친구 집에서 숨어서 지낸 이야기를 했다. 인민군 치하의 석 달 동안 지옥 같은 생활을 했음에도 불구하고 우리는 살아남았다는 사실만으로 감격이 북받쳐 올랐다. 서울에 돌아왔으니 이제는 모교로 돌아가 세브란스 의전 재건에 힘쓰겠다는 생각으로 해병대에서 나왔다.

그러나 며칠 후 김 대위라는 사람이 찾아왔다. 해병대에서 나를 절대 필요로 한다며 다시 돌아오라는 신현준 준장의 전갈을 가져온 것이다. 나는 학교 재건은 전쟁 후에도 가능하니까 우선은 군대로 돌아가기로 결정하고 강원도 고성으로 이동해 있던 해병대 사령부를 찾아갔다. 해병대는 태백산맥을 통해 북으로 도망가는 인민군을 소탕하기 위해 그곳에 진을 치고 있었다. 나는 김 대위와 같이 군용기로 원산까지 가서 다시 지프차를 타고 고성으로 갔다. 대령으로 진급한 김성은은 해병대 사령부 참모장으로 사령관인 신현준 준장을 돕고 있었다.

신현준(1915-2007)
해병 중장, 국방차관보

국민학교에 주둔하고 있던 우리 부대는 금강산 산록까지 인민군을 소탕하러 나가기도 했다. 하루는 우리 부대에 부상병이 들어왔는데, 피를 너무 많이 흘려 즉시 수혈하지 않으면 목숨이 위태로웠다. 의무관이 따로 있었지만 내가 직접 그의 혈액검사를 했다. 당시 우리나라에서는 수혈에 대한 최신 지식과 기술이 부족했다. 미군 부대에서 나온 시약으로 검사해보니 O형이었다. 다른 사람의 피를 검사하여 수혈할 수도 있었지만 마침 나도 O형인지라 내 피를 수혈하기 위해 팔뚝을 걷어 올렸다. 야전병원은 시설이 너무 엉망이어서 끓는 물에 소독한 고무줄로 묶고는 내 정맥과 부상자의 정맥을 바로 연결해 수혈해주었다. 옆에서 흑인 군의관이 나를 도왔다.

나는 그 일을 까마득히 잊고 살았는데 몇 해 전에 김성은이 그 이야기를 하며 그때 얼마나 감동받았는지 모른다고 거듭거듭 말하여 기억이 되살아났다. 김성은 대령은 의사가 직접 팔뚝을 걷어붙이고 수혈하는 생전 처음 보는 장면에 감동되어 그 이후 나를 매우 특별한 사람으로 보았다. 나로서는 공부한 것을 실행했을 뿐이었는데 말이다. 그도 자기 팔을 걷어 올리며 부상자에게 수혈해줄 것을 요청했다. 아무 피나 되는 게 아니라고 했더니 "왜 당신 피는 되는데 내 피는 안 되느냐?"고 소리를 질러댔다. 미국에서 수혈 공부를 하고 혈액은행에서 실습한 것이 그토록 유용하게 쓰일 수 있었으니 나로서는 퍽 다행스러웠다.

지난 1993년 2월 서울에서 김성은 장관을 만났는데, 진동리 전적지와 통영에 전첩비가 세워졌다며 언제 같이 가보자고 했다. 나는 당장 그곳으로 달려가 43년 전의 그날을 되새기며 희생된 전우들의 명복을 빌어주고 싶었다. 그러나 다른 공식적인 일정 때문에 미룰 수밖에 없어 몹시 안타까웠다. 그러다가 그해 6월 학회 참석차 다시 일본과 한국을 방문했을 때 진동리를 찾아갔다.

창원고등공업학교 국어교사 노춘석 선생의 도움을 받아 곧장 진동리로 달려갔다. 그날따라 뿌연 안개가 끼어 시야가 희미했지만, 마산을

43년 만에 찾은 진동리
치열했던 전투를 기리는 기념비가 서 있다.

지나 잘 뚫린 4차선 길을 따라가며 격세지감을 느꼈다. 꼬불꼬불하고 가파른 고갯길을 몇 구비나 넘어야 하던 옛길은 사라지고 터널이 뚫려 금방 진동리에 도착했다. 고성으로 가는 국도변 고개 위에 진동리 전첩비가 우뚝 솟아 있었다. 여름 기운이 감도는 오후였지만 나는 서늘한 감동으로 탑신을 어루만지며 새겨진 글자를 읽어나갔다. 승리의 기쁨을 나누던 전우들의 빛나던 얼굴이 하나씩 떠올랐다. 나는 묵도를 올리며 1950년 여름의 일들이 다시는 이 땅에서 일어나지 않도록 간절히 염원했다. 물통을 지고 죽을 고비를 겪었던 산봉우리는 끝내 찾지 못했다. 그날 잃어버린 전우를 다시 찾아낼 수 없듯이…….

차는 다시 달려 충무로 향했다. 충무 시내가 내려다보이는 원문고개 검문소에서 조금 더 내려가니 통영 상륙작전 전첩비가 서 있었다. 텅 빈 전첩비 주변에는 초여름 늦은 오후의 그림자가 길게 드리워져 있었다. 앞으로 보이는 좁은 바다는 고요하기 이를 데 없었고 그 너머로 충무시가 보였다. 치열했던 전투와 원문고개 점령, 시내에 진입하여 벌인 시가전 전투가 옛이야기처럼 아스라했다. 충무는 현대 도시로 발전했고, 더 이상 전쟁의 흔적은 남아 있지 않았다.

　40년이 지나도록 내 기억 속에 이렇게 생생히 남아 있는데, 강산에
는 평화가 가득했다. 고층건물이 들어선 저 도시에 사는 사람들이 겨레
와 나라를 위해 희생된 사람들을 얼마나 기억할까 생각하니 쓸쓸해졌
다. 벤치에 앉아서 저녁이 오는 고요한 바다를 내려다보았다. 참으로 아
름다운 바다였다. 저녁빛이 은은히 빛나는 바다를 바라보며 애절하게
전우들의 명복을 빌었다.

알몬드 장군과의 만남

1950년 10월 중순의 어느 하루, 미 10군단 알몬드 소장이 부참모장 포
니 해병대 대령을 대동하여 자기 군단 소속인 우리 부대에 시찰을 나왔
다. 작은 군용기에서 내린 알몬드 소장은 사열이 끝난 뒤 사령관 방에
서 이야기를 하다가 나더러 영어를 잘한다며 어디서 공부했느냐고 물
었다. 버지니아 리치먼드 주립의대에서 공부했다고 하니 그는 깜짝 놀
라며 자기 고향이 바로 버지니아 주 루레이(Luray)라며 반가워했다. 그는
또 내 고향은 어디냐고 물어 함흥이라고 하자 다시 놀라며 10군단 본부
가 함흥에 있으니 자기 부대로 같이 가자는 것이다. 해병대 소속이어서
못 간다고 하자 며칠 후 함흥에서 큰 행사가 있으니 신현준 준장과 나
를 오라고 초대해주었다. 인간적인 친근감이 가는 포니 대령은 함흥에
서 다시 만나자며 친절하게 대해주었다.

　며칠 후 신현준 준장과 나는 10군단에서 보내준 군용기를 타고 함
흥에 갔다. 함흥의 행사에서는 신현준 준장과 손원일 제독이 은성 훈장

이승만 대통령의 연설 장면
앞줄 왼쪽에서 세 번째가 필자, 네 번째가 포니 대령

을 받았고 나는 그 통역을 맡았다. 그날 오후 이승만 대통령의 연설이
있었던 공회당에는 사람들로 가득 찼다. 대통령은 해방된 함흥 사람들
을 향해 1시간가량 연설했고 나는 앞자리에 앉아서 들었다. 행사가 끝
나고 다시 해병대로 돌아가려고 하는데 명령장이 하나 날아왔다. "오늘
부터 미군 10군단 민사부 고문으로 임명함." 그 명령 하나로 나는 그대
로 함흥에 남게 되었다.

　　당시 나에게 명령장을 전달한 사람은 알몬드 장군의 부관인 육군
대위였는데, 그의 얼굴이 오랫동안 희미하게 기억에 남아 있었다. 그런
데 25년 전쯤 나토(NATO) 사령관으로 임명된 알렉산더 헤이그 대장의
얼굴을 텔레비전으로 보았을 때 예전에 본 알몬드의 부관 같다고 생각
했다. 그 후 그는 미국 국무장관으로 활약하고 은퇴했다. 알몬드 장군의

미 10군단 사령관 알몬드 중장(1951)

외손자 톰 퍼거슨(Tom Fergusson) 대령을 통
해 헤이그 대장이 10군단의 부관(한국전쟁
에서)이었다는 것을 확인했으나 그가 고
위직에 있을 때는 연락을 삼가다가 은
퇴하고 몇 년 지나 그에게 편지를 띄웠
다. 반가운 회신은 받았으나 그와의 45년
만의 재회는 1995년 7월 27일 한국전
쟁기념비 건립 기념행사 때 워싱턴에서
이루어졌다. 얼마나 반가웠는지 말로 표
현할 수 없었다.

알렉산더 헤이그(1925-2010)
미국 국무장관

그렇게 해서 함흥에 남게 된 나는

해방된 고향에는 할 일이 많으니 그것도 괜찮겠다는 생각이 들었다. 영영 다시 찾지 못할 고향인 줄 알았는데 다시 함흥을 밟는 마음은 새로움으로 넘쳐흘렀다. 낙민동 옛집 앞에도 가보고 어린 날 놀던 성천강 둑에도 가보았다. 만세교 위에서 말없이 흐르는 강물을 내려다보기도 했다. 바쁘게 일하는 가운데서도 문득문득 지난날을 함께 보낸 소중한 친구들의 얼굴을 하나씩 떠올렸다. 반룡산도 성천강도 옛 그대로의 늦가을 풍경이었는데, 다만 변한 것은 사람들과 나 자신이었다.

휴전 되던 1953년 알몬드가 은퇴하고 앨라배마 주 애니스턴(Anniston) 시에 살고 있을 때 그를 찾아간 일이 있다. 그는 한국전쟁을 회상하며 무척 반가이 맞아주었다. 전쟁을 치른 군인의 모습이라기보다는 온화하고 너그러운 모습이었다. 그는 옛 친구처럼 소탈하고 유쾌하게 대해주었다. 그는 당시 신현준 준장과 직접 통화하여 해병대가 필요로 하는 트럭 70대와 수백 톤의 탄약과 나를 교환했다는 이야기를 들려주었다. 그는 여전히 한국과 한국인을 사랑하고 있었다.

1973년에는 뉴욕 한국 방송국에서 알몬드와 인터뷰를 가졌다. 방송국의 최미리 여사와 내가 앨라배마로 찾아가 그를 만났다. 나는 포니 대령과 내가 함흥·흥남지구 피난민 철수를 여러 번 부탁했을 때 가장 결단하기 어려웠던 점이 무엇인지를 물었다. 그는 당시 막강한 적군으로부터의 철수가 얼마나 어려웠는지를 설명했다. 더구나 민간인 철수에 대해서는 상부인 극동사령부의 허락을 받지 않았을뿐더러 무엇보다 철수시킨다 해도 부녀자와 아이들을 수용할 곳이 없었으며 책임질 수도 없어서 난처했다고 한다. 그러나 무엇보다 공산치하에서 피난하겠다는 사람들의 의지와 정열이 결정적인 계기가 되었다고 말했다.

KBS 다큐〈한국의 쉰들러〉취재차 워싱턴에서 다시 만난 알렉산더 헤이그 대장(1998. 10)

취재를 마친 후 기념촬영
왼쪽부터 필자, 작가 김정희, 알렉산더 헤이그, 알몬드 장군의 손자, 포니 대령의 손자와 증손자

    알몬드는 1950년 9월 29일 유엔군사령관 맥아더가 파괴된 중앙청에 올라서서 유엔군 지휘자들과 이승만 대통령, 그리고 대한민국 정부

맥아더 사령관과 알몬드 소장(1946, 동경)
알몬드 장군이 흥남철수작전을 성공적으로 마친
것에 감사를 표하며 친필사인을 남겼다.

요인들 앞에서 "이승만 대통령, 지금 이 자리에서 점령된 지역을 수복하여 대한민국 정부에게 넘겨드립니다"고 말했을 때 그렇게 기쁠 수 없었다고 회상했다. 그러나 알몬드가 10군단 사령관으로서 가장 슬펐던 일은 1951년 7월 15일 트루먼 대통령이 맥아더 사령관의 지휘권을 박탈한 일과 1951년 6월, 8군 사령관을 통해 현 전선에서 더 이상 북으로 적군을 공격해가지 말라는 명령을 받았을 때였다고 회고했다. 적군을 완전히 쳐부수어 전쟁을 종결지을 수 있었던 상황이었기에 비록 육군 총사령관 벤플리트의 명령에 복종하기는 했지만 동의는 할 수 없었다고 했다. 그는 또한 판문점 평화회담 후에 비무장지대에서 북측이 여러 가지 약속을 어긴 게 걱정이라며, 속히 통일국가를 이룩해서 세계로 뻗으며 번영하는 단일국가 대한민국이 건설되기를 소망한다고 덧붙였다.

1950년 10월 미 10군단 알몬드 사령관의 민사부 고문으로 임명된 며칠 후, 나는 기억이 희미했던 김웅식 장로님 집을 찾을 수 있었다. 문을 두드리니 마침 그 댁 식구들이 다 집에 있었다. 5년 만이었다. 그날 저녁 늦게까지 그동안에 있었던 이야기들을 주고받았다. 당시 10군단 민사부는 함경도 수복사업으로 매우 분주했다. 정신없이 바쁜 터라 며

칠 뒤 짬을 내서 다시 방문하기로
했다.

그때 누가 대문을 두드리며
김 장로님을 찾았다. 틀림없는 나
의 어머니 목소리였다. 모두 뛰어
나가 반가이 어머니를 맞았다. 정
말 꿈같은 일이었다. 어머니는 수
복된 함경남북도 땅에 애국부인회,
YWCA, 장로교 여전도회를 재건
할 목적으로 오셨다. 서울에서 해
병대 사령관 비서의 증명서를 얻
어 해병대의 도움으로 여의도에서

전쟁 고아를 돌보는 모습(1950)

원산까지 비행기로 오셨고, 함흥까지의 교통편을 기다리는 동안 원산
의 조희렴 목사님 댁에서 묵었으며, 그 후 해병대 신현준 사령관과 김성
은 참모장과 같이 지프차로 함흥까지 오셨다는 것이다.

일찍이 캐나다와 미국에서 신학을 공부하고 귀국한 조희렴 목사는
한 달 전 공산당에게 살해당했고, 그 부인 박금녀 여사와 세 아들만 남
아 있었다며 눈물을 흘리셨다. 그날 밤 우리는 밤늦게까지 이야기를 나
눴다.

다음 날 오후 어머니는 YMCA와 YWCA 간부들의 요청으로
YMCA 강당에서 고무적이고 희망찬 강연을 마치고 김 장로 댁으로 돌
아오셨다. 새벽 1시쯤에 모기윤 선생이 문을 두드렸다. 이 대통령 명령
으로 함흥에 도착한 그의 누님 모윤숙 선생이 새로 편성된 함남지사, 함

박근(1927-)
제11대 UN 대사

홍시장, 교회 책임자 몇 분을 비행기로 서울에 피난시켰다고 전했다. 결국 중공군의 대거 참전으로 전국(戰局)이 달라져서 함흥에서 철수하게 된다는 정보였다. 어머니는 할 수 없이 그 다음 날 모윤숙 씨와 같이 비행기로 서울로 돌아가셨다. 그때부터 나는 미군이 정말 철수하게 되면 이 많은 함경도 도민은 어떻게 될 것인가 하는 새로운 걱정을 하기 시작했다.

함흥시 미군 민사부 장교들과 함흥 재건을 토의하던 중 똑똑하고 젊은 통역장교 박근을 만났다. 이 만남은 그와 근 45년 동안의 우정을 나누는 계기가 되었다. 그 후 그는 1950년 중반 내가 필라델피아 펜실베이니아 의대 대학원에서 공부할 때 그 대학에 와서 정치학 박사학위를 취득하고 거기서 결혼식도 올렸다. 귀국 후 그는 외무부에서 UN 대사 등의 요직을 맡아 국가건설에 많은 공적을 남겼다.

함흥 · 흥남 철수작전

중공군의 참전으로 전쟁이 우리에게 불리하게 전개되어 함경도 철수가 필연적이 되었다. 수많은 사람이 나를 찾아와 함께 데려가달라고 부탁했다. 나는 어떤 일이 있어도 김응식 장로 댁 식구들은 구하겠다고 마음먹고 해병대에 요청하여 미군 해병대 소속 비행기로 연포비행장을 통해 철수시켰다. 철수시킬 배도 준비되지 않았고 민간인은 아예 철수 계획에서 제외되어 있을 때였다.

함흥 사람들은 전전긍긍했다. 겨우 자유를 찾았는가 했는데, 기쁨은 순간이었고 다시 불안에 휩싸였다. 5년 동안 목숨을 내걸고 반공 활동을 한 사람들, UN군에 협조한 반공인사들과 기독교신자들, 천주교인을 내버려두고 간다면 공산당이 들어왔을 때 어떤 일이 벌어질지 뻔한데 어떻게 그냥 두고 갈 수 있을까. 나는 번민으로 밤을 지새웠고 할 수 있다면 무슨 일이라도 하겠다고 결심했다. 한국전쟁이 나기 석 달 전 공부를 도중에 그만두고 귀국한 것은 바로 하느님의 뜻이 아니었을까 하는 생각이 들자 용기가 생겼다.

나는 알몬드 소장을 찾아가 함흥 사람들의 사정을 설명하고 민간인 철수를 고려해달라고 간절히 청했다. 그는 아무 말도 하지 않은 채 입을 다물고 심각한 얼굴로 앉아 있었다. 함흥 기독교인은 아무 힘도 없는 나를 찾아와 살려달라고 애원했고 그때마다 나는 알몬드를 찾아갔다. 어떤 날은 들어가지 못하고 방문 앞에서 머뭇거리기도 했다. 포니 대령은 나를 격려해주며 같이 청해주기도 했다. 알몬드의 입장으로서는 10만 명이나 되는 10군단 병력을 철수시키는 것도 미지수인데, 섣불리 민간인 철수를 포함시킬 수는 없었다. 그는 흥남부두의 시설로는 불가능하다고 판단했다. 피난민 중 인민군이 섞일지도 모른다는 우려도 있었다. 나는 그대로 물러설 수 없어서 함흥과 흥남의 20만 민간인이 어디로 피난을 갈 수 있겠느냐고, 적들이 사방에서 쳐들어오고 있는 마당에 갈 곳이 어디에 있겠느냐고 하소연했다. 미국에서 중도에 공부를 마치고 귀국을 서두르게 한 하느님의 뜻에 매달려 계속 간청하는 수밖에 없었다.

1950년 12월 초순, 10군단 사령부는 함흥에서 흥남으로 철수했다.

흥남철수 광경(1950. 12. 20)

나는 흥남에서 다시 알몬드를 만나 부탁했다. 민간인을 내버려서는 안
되며 반드시 구출해야 한다고 간곡히 말했다. 어느 날 아침 갑자기 회의
에 나오라는 연락이 왔다. 회의장에는 알몬드 소장과 포니 대령, 민사부
모아 국장, 제1군단장 김백일 소장과 그 부관이 나와 있었다. 알몬드는
4천 명 정도의 민간인은 함흥에서 구출할 결심을 했으니 기독교인과 유
엔군을 위해 일한 사람을 우선 철수시키라고 했다. 알몬드 소장 역시 고
민을 거듭하여 민간인 철수를 위해 애쓴 것이다. 그리고 철수를 위한 민
간인 접촉은 내가 맡도록 지시했다. 한 사람도 구해내지 못할 줄 알았는
데 4천 명을 철수시킨다니 얼마나 기뻤는지 모른다. 눈앞이 뿌옇게 흐

려왔다. 고맙다고 몇 번이나 머리를 꾸벅거렸다. 기뻐할 교인들의 모습이 벌써 떠올랐다.

나는 곧 10군단 군목으로 일하는 클리어리(Cleary) 신부에게 천주교인의 연락을 맡겼다. 그리고 장로교 선교사이며 10군단 군목인 옥호열(Vohlkel)의 지프를 타고 함흥으로 갔다. 시청과 도청으로 가서 가능한 한 모든 방법을 동원하여 사람들에게 알리도록 했다. 남부교회와 중앙교회, 성결교회, 운흥리교회

김백일(1917-1951)
제1군단장

에 들러 철수를 원하면 함흥역으로 나가라고 전했다. 벌써 해는 지고 어두워진 함흥의 겨울바람은 차기만 했다. 운흥리교회에서 나오는데 문득 국민학교 동창 박재인이 생각났다. 교회에서 가까이 살던 그의 집 대문을 두드렸다. 마침 그가 집에 있었다. 지금 당장 가족들을 데리고 역으로 나가지 않으면 피난갈 수 없다며 내일 미군이 여기서 완전히 철수한다고 전했다. 안으로 들어가 한참 후에 나온 그는 우물쭈물하더니 아내가 만삭이어서 오늘 내일 하는 형편이라 추운 밤에 기차역까지 갈 수 있을지도 의문이고, 기차나 피난지에서 분만해야 하니 못 가겠다고 했다. 한참을 옥신각신하다가 나는 그대로 돌아섰다. 언제나 그 일이 마음에 걸렸다.

박재인의 아버지 박응섭 장로는 영생소학교 교장으로 있다가 해방 후 남하하여 광주에서 고등학교 교감으로 재직하던 중 1949년 좌익학생들에게 테러를 당하여 죽었다. 20년 전 동부지역 한인 테니스대회를 하러 토론토에 갔을 때 거기서 박재인의 동생 박재선을 만났다. 한국전

쟁 때 이야기를 해주며 형의 마지막 모습을 전했다. 얼마 전 그는 북에 사는 동생과 연락되어 1951년 3월 초에 형이 죽었다는 슬픈 소식을 들려주었다. 그 젊은 나이에 박재인이 죽을 리 없었다. 내 짐작에 공산당에게 죽임을 당하지 않았나 싶어 애통하기 그지없었다.

남부교회에 갔을 때는 교인 40여 명이 내일이면 함흥이 함락된다며 절망 가운데 지하실에서 기도하고 있었다. 그러나 내가 전해준 철수 소식을 듣고는 감동하여 "모세가 우리를 구하러 왔다"며 감격해했다. 함흥역으로 가는데 누군가가 함흥형무소에 교인들이 갇혀 있다고 알려주었다. 내가 형무소로 가자고 하자 옥호열 군목은 시간이 없다며 거절했다. 나는 차를 돌리라고 고함치며 내 명령에 따르기만 하라고 다그쳤다. 형무소 정문을 지키는 미군 헌병에게 사유를 설명하니 자기 상관인 헌병 중위에게 안내해주었다. 이야기를 듣자마자 그는 우리와 함께 넓은 감옥 마당을 지프차로 찾아주었다. 과연 한쪽 구석에서 찬송가를 부르는 10여 명의 교인이 있었다. 미군들이 교인을 공산당으로 잘못 알고 가두어둔 것이다. 미 헌병에서 내어준 차로 그들을 역까지 데려다가 기차에 태워주었다.

역에는 함흥 인구 절반은 됨직한 5만여 명이나 나와 혼잡스러웠다. 함흥고보 동창 최승혁이 나를 도와 몰려나온 사람들을 정리했다. 그는 나만 믿고 기차를 탈 수 있으리라 여겼을 텐데, 누가 나를 부른다기에 잠깐 다녀온 몇 분 사이에 그는 보이지 않았다. 아무리 찾아도 없었다. 헌병들이 4천 명은 차 안에, 그리고 1천여 명은 지붕 위에 태우고 기차에 타지 못한 사람들은 강제로 쫓아버린 후였기 때문이다. 날씨는 혹독하게 추웠다.

천주교인을 철수시킨 클리어리 신부는 참
다운 훌륭한 성직자였다. 그는 선교사로 한국
에 나왔다가 전쟁이 시작되기 이틀 전부터 한국
전쟁 종군일기를 쓰기 시작했다. 그는 일기에서
전쟁의 참상을 간결하면서도 생생히 증언했고,
흥남철수에 대한 피난민의 비참함과 생사를 건
탈출작전에 대한 기록을 남겼다. 그의 종군일기
는 뉴욕 메리놀 수도원 본부 서고에 38년간 묻
혀 있었다. 1987년, 나는 그곳과 수차례 연락을

**미 10군단에 종군한
클리어리 신부**

취하여 그 사본을 얻어냈다. 1987년 8월, 나는 한국에 가서 천주교 신자
인 신태민 선생을 통해 천주교 측에 종군일기를 전했다. 긴박했던 상황
속에서도 성직자답게 영웅적으로 민간인을 돌보았고 완벽하게 철수 임
무를 수행한 클리어리 신부의 일을 알려 한국과 한국인을 위해 헌신했
던 그분께 조금이나마 보답하고 싶었고, 한국의 천주교 교회사에 도움
이 되기를 기원했다.

　기차를 타지 못한 많은 사람은 논둑길과 산길로 흥남에 집결했다.
10만인 함흥 인구의 절반이 30리나 되는 길을 걸어서 흥남까지 온 것이
다. 그런데 피난민을 수송해갈 배가 오지 않았다. 해병대를 통해 일본과
부산에 계속 전보를 치고 일주일 넘게 기다리자 드디어 열한 척의 배가
도착했다. 그동안 피난민은 공공시설과 집집마다 수용되었으나 대부분
의 피난민은 숙소가 없어서 벌판에서 밤낮을 지낼 수밖에 없었다. 혹독
한 추위 속에서 많은 사람이 고생했고 노약자는 죽어갔다. 그런 가운데
서도 새로운 생명은 다시 태어났고…….

이준철 가족
왼쪽 대학생이 장남 이웅범

이준철 아들 이웅범 박사
1961년 연세의대를 졸업하고
미국에서 인술을 베풀었다.

　　흥남에 몰려든 10만의 피난민을 먹여살리기 위해 인민군이 남기고
간 창고를 헐었다. 쌀을 나눠주고, 반찬이 없어서 소금을 배급했다. 부
둣가에서 배를 기다리는 수많은 사람의 모습은 비참하기 이를 데 없었
다. 그들은 추위도 배고픔도 잊은 채 오로지 자신들을 남쪽으로 데려갈
배를 기다렸다. 해가 지면 각자 흩어져 부두를 떠나던 그들에게 희망이
라곤 오로지 남쪽으로 가는 배를 타는 것뿐이었다. 흥남 사람들은 피난
민에게 온정을 베풀며 동족애를 발휘하여 보는 이들을 감동시켰다. 방
과 외양간까지 내어준 그들의 인간애는 길이 역사에 남을 것이다.

　　당시 흥남에는 이준철 의사가 개업하고 있었는데, 그는 1931년 세
브란스 의전을 졸업한 진실한 기독교인이고 실력과 경험을 겸비한 사
람이다. 영어, 중국어, 러시아어, 일본어도 잘하는 분이었기에 나는 매

시(MASH: Mobile Army Surgical Hospital, 미 육군 이동병원) 사령관 두바이(Dubuy) 중령에게 소개하여 일하게 해주었다. 두바이 중령은 영어도 잘하고 부상병들을 극진히 치료하는 그와, 아버지를 열심히 돕는 그의 아들 이웅범에게 감탄하여 흥남철수 때 그의 가족을 이동병원과 함께 철수시켰다. 두바이는 이준철 의사를 만난 것과 철수시킨 것에 대한 감동적인 이야기를 《매시》(MASH)라는 제목의 글로 쓴 바 있다. 나는 그것을 영어로 된 나의 흥남철수작전기 《크리스마스 카고》(Christmas Cargo)와 함께 맥아더 기념관에 보내어 한국전쟁 역사사료로 영구 보존시켰다.

1974년 알몬드 중장(흥남철수의 훌륭한 작전 수행으로 중장으로 승급됨)이 버지니아 주 노포크(Norfolk) 시에 있는 맥아더 기념관의 부탁을 받아 흥남철수에 대한 글을 쓰고 있었다. 그러나 민간인 철수에 대한 부분은 더 잘 아는 사람이 있다며 맥아더 기념관장 알렉산더 대령에게 나를 추천했다. 하지만 시간이 없어서 여러 해를 미루다가 큰딸 메리안에게 부탁하여 1985년에야 글을 완성했다. 그때 원고를 보내며 두바이의 글도 함께 첨부했다. 《크리스마스 카고》는 1950년 12월 24일 마지막 배가 흥남부두를 떠났다고 해서 작가인 메리안(경희)이 붙인 제목이다.

미국 해군 함정은 마지막 배가 부두를 떠나자마자 함포사격을 시작했다. 적군의 부두 접근과 남하를 막기 위한 부두 파괴와 봉쇄작전이었다. 무려 8천여 개의 포탄이 캄캄한 밤하늘에 둥그런 포물선을 그리며 퍼부어지는 광경은 말로 형용할 수 없었고, 추위에 얼어서 남겨둔 다이너마이트 400톤과 1천 파운드짜리 포탄 500개도 폭격을 맞아 폭발했으니 그날 밤 흥남부두의 야경과 포탄소리는 그야말로 아비규환을 방불케 했다. 피난 나오지 못한 많은 사람이 흥남부두나 시내에서 희생되

마지막 배가 떠나자마자 미군의 함포사격으로 폭파되는 흥남부두 (1950. 12. 24)

To General Almond,   Dec. 25 1950

  The ROK Marines and its officers send
their best wishes for a very Merry Christmas
and a happy and most successful New Year.
Hope this Korean-made silverware will in
some way express our appreciation.

                              Dr. Bong Hak Hyun
                              for General Shin and
                              his staff.

흥남철수작전 완료 후
알몬드 중장에게 보낸 감사의 편지

었음은 말할 것도 없다. 이날 밤 나는 많은 사람을 철수시킬 수 있었다는 기쁨과 감사의 마음, 그리고 마지막 배를 타지 못한 사람들에 대한 미안함과 안타까운 마음에 잠을 이룰 수 없었다. 이렇게 1950년 크리스마스 전날 밤은 비참한 역사의 한 장면을 남기고 영원히 가버렸다.

포
화 속
에

남은 이
야
기

거제도의 어머니

홍남철수가 끝난 다음 해 4월 25일, 나는 원주로 이동한 10군단 사령부의 알몬드 중장 사무실로 불려갔다. 홍남에서 철수시킨 피난민이 어떻게 살고 있는지 직접 거제도에 찾아가 일주일 동안 조사해서 보고하라는 부탁이었다. 그 바쁜 전쟁 중에 피난민에 대해서는 잊어버렸으리라 생각했는데, 그는 철수해온 사람들이 늘 걱정이었다고 말했다. 피난민을 잊지 않고 생각해주는 그의 배려가 한없이 고마웠다. 나는 군용 비행기로 부산에 도착했다. 부산에 가면 어머니를 만날 줄 알았는데 어머니는 거제도에 가 계셨다.

부산에서는 아는 분들을 찾아뵙고 인사를 드렸다. 모두 피난지에서 갖은 고생을 하고 있었다. 어머니가 지세포에서 피난민 여학생 수용소 '일맥원'을 열어 교육사업을 하고 있다는 소식도 부산에서 듣게 되었다. 부산에서 배를 타고 지세포로 가서 어머니를 만났다.

거제도 지세포 일맥원(1951)

어머니는 어려운 때일수록 도움이 필요한 사람들이 많다며 거제
도에 온 흥남 철수민 중에는 부모 없이 내려온 여학생들이 많아 그들을
위해 학교를 겸한 고아원 '일맥원'
을 시작했다고 한다. 개교하자마자
피난민 자녀들이 몰려와 이제 100
여 명이나 되는 남녀 학생을 위한
중·고등학교가 되었다고 하셨다.
그 후 학생 수가 400명으로 늘어났
다. 학생들에게 졸업장이 필요하기
에 부산에 피난 와 있던 대광중학
교와 교섭하여 대광중학교 분교로

피난민 구호활동 모습(1951)

거제도의 대광중학교 분교생들(1951.5)

인가를 받아내었고, 교사는 피난민 중에서 이북에서 중·고등학교 교
사를 지낸 분들이 맡고 있었다. 처음에는 미군 부대에서 얻어온 천막으
로 만든 교실과 기숙사를 사용했지만, 유엔에서 구호물자를 얻어 교사
를 신축하고 있었다. 교사라고 해야 초가를 몇 채 건립 중이었다. 어머
니는 학생들에게 정신적인 희망과 용기를 주었다.

"지금 네가 처해 있는 궁핍과 슬픔과 속박과 미천함 속에서 너의
이상이 없다고 하면 이상은 다른 아무데도 없다. 그러므로 거기서
부터 창조하라. 그 현실의 테두리 속에서, 그 캄캄한 속에서 번민

일맥원 대광중학교 분교 여학생들과 어머니(1951)

왼쪽 첫 번째가 동생 현순이다.

제13회 흥남시 경노잔치(1999. 5)

흥남대탈출의 숨은 공로자인 필자에게 감사하는 자리로 마련된 행사로,

맨 오른쪽이 행사를 주최한 흥남시 부녀회장 한길순 씨, 맨 왼쪽이 회원 서순환 씨이다.

하면서 너 스스로 만들 수 있는 왕국을 신께 부르짖으면서 네가
네 손으로 건설하라. 네가 구하려는 것이 이미 네 속에 숨어 있다.
너를 네 속에서 찾아라."

어머니는 칼라일의 말을 인용하며 학생들을 고무하고 격려했다.
어려운 시대에도 피난지에서 자녀를 교육시키는 피난민과 자신의 입장
을 생각하고 더욱 열심히 공부한 학생들이 갸륵했다. 그 학교를 마친 많
은 사람이 서울대학과 이화여대, 연세대학 등으로 진학했고 미국 유학
을 하여 훌륭한 일을 하는 이들도 많다.

거제도의 피난생활은 내가 생각한 것보다는 좀 나았으나 역시 말
할 수 없는 고생이었다. 천막을 치고 유엔에서 준 구호물자로 겨울을 지
낸 사람들이 여기저기 흩어져 살고 있었다. 거제도 사람들은 피난민에
게 집을 내주는 온정을 베풀었다. 함흥 교인들도 만났는데 그들은 내게
고맙다는 편지를 보내주었다. 그들은 가진 것이 아무것도 없었으나 자
유로운 땅에서 땀 흘려 일하면 다시 일어설 수 있다는 희망 하나를 품
고 살았다. 피난민 대표자들을 만나 그들의 생활을 듣고 의견도 들었다.
나는 피난민에게 희망을 가지도록 격려했다. 내 보고를 받은 알몬드 중
장은 상당히 만족해했다.

포니 대령

포니(Forney) 대령은 부두 관리와 상이륙(上離陸) 작전의 전문가였다. 그의
우수한 부두 관리 능력으로 빠르게 배가 부두에 닿았고, 군수물자와 군

메레디스 빅토리호
흥남철수작전의 마지막 수송선이었다.

인들을 실어 날랐으니 10만 명의 군대, 35만 톤의 군수물자, 1만 7,500
개의 차량을 운송할 수 있었다. 미 공병 여단은 부둣가에서 노동자 5천
여 명 정도를 고용하여 선적 작업을 마쳤다. 덕분에 배만 오면 피난민
도 태울 시간적 여유가 생겼다. 10군단 철수에 APA 여섯 척, AKA 여섯
척, TAP 여섯 척, 상선 76회, LST 81회, LSD 11회가 동원되었고, 피
난민 철수에는 빅토리 화물선 세 척, LST 두 척도 사용되었다. 보통 1
천여 명밖에 탈 수 없는 LST에 1만여 명까지 태운 일도 있었다고 한다.
그는 철수작전이 끝난 후 곧 미국 샌디에이고 해병대 기지로 돌아가 상
륙작전의 전문가로서 해병대 훈련을 맡았다. 그가 1951년 1월 24일 내
게 보내온 편지에는 다음과 같은 추억이 담겨 있었다.

포니 대령(1909-1965)

포니 대령의 손자 네드 포니와 함께(1999. 7)
서울 프레지던트 호텔에서 열린
Korea Society Summer fellowship 모임에서 처음 만났다.

"내가 한국을 떠나온 후 자네와 나는 서로를 생각하고 있었던 것
같네. …… 흥남철수작전의 성공을 치하해주어서 고맙네. 사실 나
도 그 작전의 성공을 자랑스럽게 생각하고 있으며 그 작전이 역사
에서 사라져버려도 그때 그곳에서 내가 최선을 다했다는 사실에
대해서는 더 큰 긍지와 만족감을 느낄 것일세. 10만 명의 피난민
을 자네 고향에서 구출했다는 소식을 들었을 때의 자네 표정을 나
는 영원히 잊을 수 없을 것이네. 그 표정만으로도 나는 자네의 감
사의 뜻을 충분히 깨달을 수 있었네. …… 처칠이 말했듯, 피땀 흘
려 싸우면 우리의 날이 올 거야. 그날이 오면 자네와 내가 함흥을
방문하고 고성에 다시 내려가 해금강에서 바캉스도 즐길 수 있겠
지. ……"

워싱턴 국립묘지, 포니 대령의 묘소 앞에서
(1996. 2)

포니 대령의 묘소 앞에서(2000. 11)
네드 포니, 필자, 벤 포니

　　포니는 곧 준장으로 승진했고 전쟁이 끝난 후 다시 부인을 동반하
여 한국에 돌아와 수년간 한국에서 해병대 고문으로 있으면서 많은 업
적을 남겼다.

　　포니 준장이 우리 집을 방문했다는 기쁜 소식을 당시 해군 소장으
로 있던 동생 시학과 어머니에게 듣고 나는 곧바로 감사 편지를 썼다.
그 편지에는 흥남철수 이후 이북 피난민이 한국에서 사회적 · 정치적으
로 크게 활약하고 있으며, 특히 민주국가 건설에 크게 공헌하고 있음도
잊지 않고 언급했다.

　　그 후 포니 준장과 나는 미국에서도 서로 연락하고 지냈는데, 1964
년 크리스마스에는 소식이 없어 궁금했다. 그러던 차에 1965년 포니가
폐암으로 갑자기 죽었다는 소식을 그의 부인으로부터 받았다. 나는 한
국을 그토록 사랑했던 한 미국인을 생각하며 한동안 넋을 놓고 통곡했

포니 대령의 묘소 앞에서 필자의 딸들

다. 그는 한국인을 동족처럼 사랑했고 남북통일이 되면 나와 같이 옛 전장을 둘러보자고 거듭거듭 말했다. 1966년 부활절 휴가 때 아이들을 데리고 워싱턴 국립묘지에 있는 포니의 묘소를 찾아갔다. 눈물을 흘리며 헌화하고 파노라마 같은 1950년의 늦겨울을 생각하며 아이들에게 포니 준장과의 인연을 들려주었다.

미 10군단 내 한국군 전사반

흥남철수작전 이후 미 10군단 사령부는 부산에서 하루를 보내고 경주로 이동했다. 미군 내 한국부대의 전사를 기록할 전사반 편성이 쇼트 소령 담당으로 결정되어 구성원 조직은 내가 맡기로 했다. 나는 대구와 부산으로 내려가서 사람들을 모았다. 사학자로 서울대 한우근 교수, 민석홍 교수, 연세대 홍이섭 교수, 미술가로 이화여대 동양화과 이유태 교수, 김인승 교수, 서울대 장우성 교수, 김흥수 화백, 번역에 대광중학교 장윤철 선생, 세브란스 후배 박희영, 수필가 주태익, 어린 날 친구 홍덕희 등이 초빙되어 한국군 전사반이 편성되었다. 그리고 함흥에서 먼저 철수시킨 김웅식 장로의 딸 성혜도 전사반에서 일하게 되었다. 이러한 전사반 구성에 크게 도움을 주신 분은 대구로 피난 나오셨던 종로서적 장하구 회장이었다.

부산을 방문한 미 10군단 전사과 부과장 에트우드 소령과 함께 한 전사반원들(1951. 2)

　　나는 전투를 직접 체험한 문관으로서 전사반의 통솔과 자문을 맡았다. 우리 전사반은 1951년 1월부터 작업에 들어가서 1.4후퇴 이후의 전사를 기록하기 시작했다. 우리는 뉴욕에서 오래 살았던 김준성 목사가 발명한 한글타자기를 사용하여 전사 기록을 써나갔다.

　　알몬드 중장은 나에게 한국의 현대정치사에 대해 알고 싶다고 부탁하여 해방 후부터 당시까지의 정치상황을 조사하여 보고했다. 해방 후의 정당 난립과 다시 6개의 정당으로 압축된 것, 정당의 주요 멤버들과 정당의 색채 등에 대한 기록이었다.

전란 속의 결혼

1951년 7월, 알몬드 중장은 펜실베이니아 주 칼라일에 있는 미 육군대학교 교장으로 전근되어 한국을 떠났다. 무척 서운했다. 나도 미 10군단을 떠나 부산으로 내려가 보건부의 오한영 장관, 최재유 차관의 촉탁으로 일하게 되었다. 어머니와 여동생 순이는 거제도에 있었다.

1951년 4월 거제도에 내려가기 전날 부산 필승각의 김활란 박사와 이정애 선생을 찾아가 인사드렸다. 두 분은 나와 우리 식구들의 생사를 걱정하고 있던 참이라며 반갑게 맞아주셨다. 그러더니 뜻밖에도 나에게 결혼을 권하셨다. 나는 김활란 박사의 중매로 이선숙을 만났다. 그리고 1951년 6월 23일, 바로 내 생일에 김 박사의 저택 겸 이화대학 본부인 필승각에서 약혼했다. 김 박사는 1936년 여름 나의 아버지를 YWCA 수양회, 이화여전의 하령회(夏令會)에 연사로 초청했는데, 큰 성과를 거두자 다음 해 이화여전 하령회 연사로 다시 초청했다. 아버지의

최재유(1906-1993)
보사부차관, 문교부장관

인품과 사상과 종교관을 좋아했던 김 박사는 우리 형제들을 가족처럼 보살펴주었다. 당시는 이화여대 총장으로 있으면서 부산 필승각을 본거지로 하여 전시에 절대적으로 필요한 민간외교에 앞장섰다.

이선숙은 바로 전쟁 전에 최재유 박사가 중매를 서겠다고 말하던 그 여자였다. 인간의 인연일까, 아니면 하느님의 섭리일까? 이선숙은 이명혁 교수의 딸로 다섯 살 때 어머니를 식중독으로 여읜 후 외할아버지 여동

생인 양매륜 여사 밑에서 자랐다. 양매륜은 초대 감리교 총리사인 양주삼의 부인이다. 그러니까 나의 처 이선숙은 양주삼 박사의 양녀인 셈이다. 당시 그녀는 이화고녀와 이화여전을 졸업한 후 이화여고 가사 선생으로 있다가 전쟁이 일어나 이명혁 교수와 대한적십자사 총재로 있던 양주삼 박사가 북으로 끌려가자 양할머니와 같이 부산으로 피난 와서 미 대사관 비서로 일하고 있었다.

그녀의 외할아버지 김득수 선생은 1906년 컬럼비아대학에서 건축학 석사학위를 받고 평양 광성고보 교장으로 일했다. 집에서는 그가 일곱 살 때 열세 살 난 부인을 짝지어 결혼시켰다. 그 부인과의 사이에 딸 셋이 태어났는데, 이후 부인과 여러 가지 면에서 맞지 않았기에 중년에 이르러 장로교 선교사로 나온 미국인 여의사 레드베터(Dr. Leadbetter)와 서로 좋아하게 되었다. 당시는 미국 여자를 사귄다는 것이 사회적으로 용납되지 않았고, 또 미국인 여선교사가 한국 사람과 연애하는 것도 용납되지 않던 시대였다. 그는 결국 애인을 데리고 1930년대 중반 북경으로 도망을 갔고, 그곳에서 부인은 의사 개업을 했다. 그 부인은 1949년 중국공산당이 정권을 잡자 국적지인 미국으로 추방되었다. 그녀는 아이 둘을 데리고 매사추세츠 주 케이프 캇 피서지인 포케스트에서 살았고, 김득수 할아버지는 북경에 남아 있다가 미국의 가족에게 갈 수 있는 허락을 얻어 홍콩을 거쳐 부산에 와서 여동생인 양매륜 할머니와 6개월간 생활하다가 미국으로 갔다.

김득수 선생의 첫 부인이 낳은 큰딸 은덕은 바로 내 아내의 어머니였고, 둘째딸은 도쿄 우에노음대를 졸업한 피아니스트였으며, 셋째딸은 펜실베이니아 주립대학 교수로 있는 함인영 박사의 부인이 되었다.

김은덕은 이화여전 생물학 교수인 이명혁과 결혼하여 딸 둘에 아들 하나를 낳았으나, 식중독으로 일찍 세상을 떠났다. 어머니를 잃은 아내는 양주삼 박사의 양녀가 되었고, 여동생 혜숙은 외할머니와 평양에서 살다가 유엔군의 폭격으로 죽었고, 남동생 윤찬은 1954년 세브란스 의전을 졸업하고 미국 일리노이 상이군인병원에서 일하고 있었다. 김득수 할아버지는 미국에 건너와 가족과 같이 살다가 10년 뒤에 돌아가셨고, 그 부인은 남편이 죽은 10년 후에 세상을 떠났다. 우리 아이들이 어렸을 때는 여름휴가를 외증조부인 김득수 할아버지 댁으로 가 해변에서 뱃놀이도 하고 낚시도 즐겼다.

양주삼 박사는 밴더빌트대학에서 신학공부를 하고 예일대학에서 신학 석사를 받았다. 그의 공적을 기려 이화여대 대강당은 미국 감리교 총리사 웰치와 양주삼 총리사를 기념하여 '웰치–양' 대강당이라 명명되었다.

어머니께 이선숙과 결혼하겠다는 말씀을 드렸더니, 결혼이란 운명이니 당신으로서는 좋다 나쁘다 말하지 않으시겠다며 네가 알아서 결정하라고 했다. 어머니는 스파르타식으로 자녀교육을 시켰지만 결혼이나 진로 문제에 대해서는 상당히 진취적인 자유주의자로서 대개는 자녀들의 의견을 따랐다. 김활란 박사 측에서 워낙 적극적으로 추진하여 나는 약혼까지 했던 것이다. 이선숙은 몸이 호리호리하고 키가 크고 예쁜 얼굴에 조용한 분위기를 지니고 있어서 첫인상이 좋았다. 세브란스 학생시절 나의 교수였던 보건부 장·차관의 보좌관으로 부산에서 일하게 된 나는 그녀를 자주 만나면서 괜찮은 여자구나 하는 확신이 섰다.

1951년 10월 20일 우리는 결혼식을 올렸다. 피난민이 몰려 있는

결혼식 장면(1951. 10. 20)

부산 해군장교 구락부에서 문교부 장관이던 백낙준 박사의 주례로 치렀다.

대구의 미국 대사관 파티에 참석한 필자 부부(1952)

부산에서는 결혼식장을 구하기 힘들었다. 그리고 돈도 없었다. 나는 부두에 정박하여 장교 구락부로 사용되고 있던 해군 LCI 배에서 결혼식을 올릴 수 있도록 부탁했다. 해군에서는 대환영이었다. 해병대에서의 나의 공적과 동생 시학이 해군 소령으로 있어 쾌히 승낙해준 것이다. 주례는 문교부 장관인 백낙준 박사가 맡아주었다. 어머니는 YWCA 일로 백 박사 부부를 잘 알고 있었고, 또 아내 측에서도 백 박사와 친한 사이여서 주례를 서게 된 것이다. 형편상 어쩔 수 없이 올린 선상 결혼식이 다른 사람들에게는 무척 멋있고 낭만적으로 보였다고 했다. 그 후 선상 결혼식이 유행했으니 재미있는 일이었다.

작은 LCI 선상에는 400여 명의 축하객이 참석하여 축복해주었다. 미국 감리교 여선교회의 빌링슬리 총무는 부산항에 도착하자마자 나의 결혼식 소식을 듣고 참석해주었다. 우리 결혼을 가장 기뻐한 사람은 정일형 박사 내외분이었다. 양주삼 박사와 절친한 사이였고 평생을 조국의 독립과 반공, 반독재 민주투쟁으로 일관하며 사신 정일형 박사와 이태영 여사는 아내를 친딸처럼 아껴주었다.

결혼식을 올린 우리는 동래 온천으로 신혼여행을 갔다. 전쟁 중의 결혼식이어서 모든 것이 혼란스러웠지만 그래도 나는 행복이라 여겼다.

부산 부평동 4가 2층 작은 방에서 신혼살림을 차렸다. 우물에서 물을 길어 올려야 하고 불편한 점이 한두 가지가 아니어서 무척 힘들었다. 내 월급은 매우 적었고 아내의 월급은 양할머니 생활비로 드렸기 때문에 재정적으로도 어려웠다. 아침이면 서둘러서 나는 보건부로, 아내는 미 대사관으로 출근했다. 보건부 보좌관으로 내가 맡은 일은 유엔 원호국 보건부장 프랭클린 캐슬 박사와 교섭하여 여러 가지 구호물자와 약품 등을 얻는 것이었다.

부산 피난시절

당시 부산에는 해방 후 미국에서 공부하고 돌아온 유학생 출신이 30여명 살고 있어서 우리는 '삼양회(三洋會)'라는 모임을 만들었다. 한 달에 한번씩 모여 국제정세도 주고받고 나라 걱정도 하고 친목도모도 했다. 우리는 그 모임을 통해 조금이나마 지적 갈증을 해소할 수 있었다. 하버드대학에서 경제학을 공부한 친구인 이한빈 전 부총리, 은행가 김영찬 씨 등도 우리 모임의 멤버였다. 김효규 박사(아주대학 명예총장) 댁에서는 매주음악감상회 모임이 열렸다. 클래식을 듣는 시간은 전쟁과 피난의 고달픈 신혼생활에 유일한 오아시스였다. 그 시간을 참으로 소중하게 여겼다. 가난했지만 전쟁 중에도 정신적 안정을 찾을 수 있었는데, 그 이후에는 일에 쫓겨 그러한 정서적인 아름다운 시간을 가질 수 없었다.

김효규(1917-1999)
연세의대 동창회장, 연세의료원
원장, 아주대학교 총장

1941년 세브란스 졸업생인 김효규 박사는 그 후 서울에서 나의 동창인 정형외과의 주정빈 박사와 1948년 졸업생 서정삼과 더불어 같은 건물에서 개업하여 병원이 성황을 이루었다. 1970년 연세대 동창회장을 맡아 우수한 행정능력을 발휘하여 1972년에는 연세대 의료원장 겸 부총장으로 발탁되었다. 외부에서 학교로 들어가 그런 직책을 맡은 것은 획기적이었다. 양재모 의과대학장이 부임해와서 그를 도왔고, 기획실 참모로 현 연세대 부총장 겸 의료원장으로 있는 김일순 교수와 아주대학 부총장 겸 의료원장인 이성락 교수를 등용하여 과거보다 더 장기적인 발전계획을 수립하여 일을 추진해나가 연세대 의료원 발전에 크게 공헌했다.

양재모 박사도 이후에 의료원장을 지냈으며, 그의 딸은 바로 윤보선 대통령의 아들인 사업가 윤상구와 결혼했다. 어머니와 윤 대통령의 부인 공덕귀 여사는 매우 가까운 사이로 어머니는 공 여사의 결혼을 주선해주셨다.

1952년 1월, 부산에 있는 보건부에서 대구 동산병원 병리과장 자리로 옮겼다. 아내는 직장 때문에 부산에 남아 있어서 나는 주말이면 기차를 타고 부산에 내려갔다. 동산병원 내과과장은 이규택 박사였고, 원장은 피츠버그 의대를 졸업한 황용운 박사였다. 나는 이규택과 같이 논문도 썼고, 많은 일을 함께했다. 그때 우리가 같이 발표했던 논문은 '선천성 용혈성 빈혈'에 관한 것으로서 《보건과 의료》 2월호에 발표되어 국내에서는 처음으로 이 병이 보고된 셈이다.

그렇게 1년이 지나갔고 1953년이 되었다. 나는 미국에 가서 다시 공부를 계속하고 싶었다. 여기저기 편지를 띄웠더니 펜실베이니아 주 이리에 있는 해머트 병원(Hamot Medical Center)에서 일자리를 주겠다고 연락이 왔다. 거기서 연수와 공부를 할 수 있다고 하여 그 즉시 유학 수속을 서둘렀다. 불가능하다고 생각했던 미국 비자도 아내가 미 대사관 정치부 참사 프레드 토머스(Fred Thomas)의 비서로 근무한 덕분에 쉽게 얻었다.

워싱턴의 한국전쟁 참전 기념비

한·미 양국 참전 용사들의 오랜 숙원이던
한국전쟁 참전 기념비가 워싱턴에 건립되어
제막식과 관계된 여러 가지 기념행사의 준비
작업이 시작되었다.

레이먼드 데이비스(1915~2003)
미 해병대 대장,
한국전쟁 50주년 기념사업회 회장

　　나는 레이먼드 데이비스(General Raymond G.
Davis, 해병대 예비역 대장) 한국전쟁 참전 기념비 건
립자문위원장의 부탁으로 1995년 2월과 3월,
또 6월에 서울에 와서 그분의 준비 작업을
도와드렸다. 1950년 12월 초 함남 장진호작
전에서 큰 공을 세워 미국 국회의 최고훈장
인 'Congressional Medal of Honor'를 수여한 그는 작은 키에 온화한
성품과 우수한 행정능력을 갖춘 지도자다. 그와 같이 보훈처의 황평창
장관, SBS의 윤혁기 사장, 한·미우호협회의 김상철 회장, 또 옛 친구
인 연합통신의 현소환 사장, 공정식 전 해병대사령관 등도 만나 많은 협
조를 받게 되었다.

　　그해 7월 25일부터 30일까지 6일 동안 워싱턴에는 미국과 전 세계
에서 수십만 명의 참전용사, 상이군인과 그 친척들이 운집했고, 한국에
서도 김영삼 대통령을 위시하여 수천 명의 대표들이 여러 가지 기념행
사에 참석했다.

　　나는 한국전쟁이 시작되기 전부터 유일한 한국인 AP(Associated Press)
기자였고 전쟁에 관계된 신속하고도 정확한 보도로 명성을 떨친 신화
봉(申化鳳, Bill Shinn) 형을 모시고 7월 27일의 기념비 제막식에 참가했다. 나

미군 수송기에 탄 신화봉 기자

신화봉(1918-2002)
한국전쟁 취재 AP통신 기자,
시사평론 발행인

서울 하이야트호텔에서 열린 '한국전쟁 기념비 제막식 보고대회'에서 만난
레이먼드 데이비스 대장과 나의 가족(1995. 6. 23)

는 데이비스 위원장의 보좌관으로 일했으므로 김영삼·클린턴 양 대통령의 좌석이 마련된 단상에서 15미터 정도 떨어진 귀빈석 앞줄에 신 형과 같이 자리를 잡았다. 이 역사적인 기념비 제막식은 무더운 날씨에도 불구하고 감동적인 행사로 끝났다. 이 자리에서 한국전쟁 때 알몬드 장군의 부관이던 알렉산더 헤이그 육군 대장(전 국무장관)을 45년 만에 다시 만났고, 김시복 보훈처 차관, 김영관 제독, 임정규(재야 시 김영삼 대통령의 보좌관) 씨도 반가이 만났다.

4장

의사로, 의학자로 산
미국생활 50년

1960년 무렵의 필자

필라델피아 시절

다시 유학길로

1953년 3월 초, 아내와 나는 부산을 떠나는 미군 수송선을 탔다. 양매류 여사는 전쟁 중에 남편이 납북되어 오직 양녀인 아내에게 의지하고 살다가 그녀마저 멀리 떠나보내게 되니 영영 이별이라도 하는 듯 슬퍼했다. 하지만 힘든 미국 유학을 가게 된다는 사실 또한 기뻐하여 서운한 심정을 달래느라 애쓰며 이것저것 챙겨 보따리를 싸주었다. 우리를 실은 배는 일본 요코스카 항에서 하룻밤을 묵은 다음 샌프란시스코를 향하여 태평양을 나아갔다. 긴 항해여서 몸이 약한 아내가 걱정되었다. 미 육군 수송선 장교실은 비교적 깨끗하여 그나마 다행이었다.

배가 태평양 중간쯤에 이르렀을 때였다. 갑자기 펑 하고 터지는 소리와 함께 병조각이 사방으로 튀었다. 얼마나 요란했던지 위층에 있던 미군 장교들까지 쫓아내려왔다. 떠나기 전에 분명히 보따리에 든 고추장 병을 꺼냈는데, 배에서 짐을 확인하니 고추장 병이 또 들어 있었다.

한국전쟁으로 폐허가 된 세브란스 빌딩

기초학 빌딩과
도서관

전염병 병동, 치과 및
재활병원

병동   외래빌딩   간호대학   퇴계로   에비슨관

한국전쟁 직후의 세브란스 의과대학, 병원
미군의 도움으로 조금씩 복구를 시작하고 있을 무렵의 모습이다.

샌프란시스코행 군용선에 올라(1953)

양매륜 할머니의 솜씨였다. 그래서 그 병만 꺼내어 한구석에다 따로 놓아두었는데도 기온이 높아지니 고추장이 발효하여 병이 폭발한 것이다. 놀라 달려온 미군 장교들은 이게 무슨 냄새냐며 고추장의 지독한 냄새에 야단법석을 떨었다. 참으로 난처한 순간이었다. 고추장은 천장에까지 튀어 오르고 사방의 벽에 튀어 우리 내외는 때아니게 하루 종일 고추장을 닦느라 보냈다. 수십 년 전의 그 일은 지금 생각하면 재미있었던 한 시절의 해프닝으로 웃을 수도 있지만, 젊은 그때로서는 당혹감과 수치심으로 얼굴을 들 수 없었다.

해가 질 무렵이면 갑판에 올라가 망망한 수평선 아래로 떨어지는 해를 바라보았다. 남국으로 가까이 갈수록 석양은 더욱 붉고 커졌다. 배 뒤로 허연 파도가 일고 하늘에 별이 뜨면 상쾌한 바람이 불어왔다. 밤바다는 고즈넉하고 로맨틱했다. 혼자서 미국 유학길을 떠났던 6년 전과는 느낌이 사뭇 달랐다. 불안도 설렘도 없이 담담했다. 미국에서 보낼 계획을 머릿속에 그리며 오히려 책임감으로 뿌듯하기까지 했다.

부산을 떠난 지 2주 후 새벽안개 속 저 멀리서 우리를 맞이하는 금문교가 보였다. 마음이 무척이나 설레었다. 우리는 배에서 내려 곧바로 양주은 선생의 식당으로 갔다. 양주삼 박사와 양매륜 할머니를 잘 알고 있는 그는 아내를 자기 딸처럼 반갑게 맞아주었다. 양주은 선생은 1879년 개성에서 태어나 1903년 말 두 번째 이민선을 타고 하와이로 노동이민을 떠나 미국으로 왔다. 그는 안창호 선생이 주도한 흥사단 창설자 여섯 명 중 한 분이기도 하며 안창호, 양주삼 박사를 도와 샌프란시스코에 한국인 감리교회를 세우는 데도 힘쓰신 분이다. 샌프란시스코에서 식당을 경영하면서 한국의 독립지사와 정치망명가, 유학생, 군인들을 위해 헌신적인 뒷바라지를 하기도 했다.

샌프란시스코에는 우리나라 영사관이 있어서 우리 부부는 당시 주영한 총영사에게 인사도 드리고 도미 신고도 할 겸 찾아갔다. 그는 이승만 대통령의 심복으로서 무척 거만하고 권위적이었다. 괜스레 거들먹거리면서 사람을 무시하여 괜히 인사하러 갔다고 후회하게 만들었다. 잠깐 앉아 있는 동안에도 참으로 불편했다. 외교관으로 나온 사람이면 자국민을 여러 가지로 배려해야 할 텐데, 이런 자를 내보낸 이승만 정권이 한심스럽기까지 했다.

양주은 선생과 작별하고 우리는 시카고로 가는 기차를 탔다. 차창 밖의 풍경은 예전과 다름없었다. 봄꽃이 화사하게 핀 들녘에는 부드러운 바람이 지나갔다. 그러나 참혹한 전쟁을 치르면서 인간의 가장 처참한 바닥까지 경험하고, 결혼까지 한 눈으로 보는 풍경은 전날과는 달랐

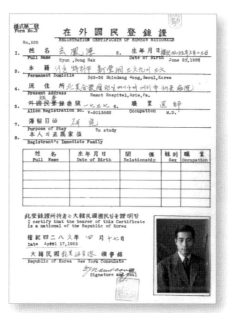

미국 유학 시 받은 재외국민등록증

다. 이제는 성숙한 이성적인 눈으로 바라볼 수 있었다.

　시카고에 내려 이은택 목사님을 찾아갔다. 목사님은 나의 아내가 양주삼 총리사와 양매륜 여사의 양녀임을 알고 더욱 반겨주셨다. 우리는 2, 3일간 시카고 구경을 하면서 잠시나마 한가로이 여유를 즐겼다. 아직 이른 봄날이라 제법 쌀쌀한 날씨였다. 시카고는 오대호 근처의 아름다운 하늘을 가진 도시였다. 아내는 유학 비자를 가지고 있어서 곧바로 학교로 가야 했다. 그녀는 남플로리다대학으로 가정학을 공부하러 떠났고 나는 펜실베이니아 주 이리로 향했다. 우리는 1년간 서로 떨어져서 생활해야 했는데, 아내를 혼자 보내면서 나는 미국 생활에 제대로 적응할까 염려스러웠다. 그로부터 1년 뒤 아내는 말할 수 없이 어려운

서세모
하와이에서 큰아들 필립과 함께
서세모&서필립 소아과를
운영하고 있다.

고학의 쓴맛을 경험하고 가정학 학사를 얻어 내가 있는 펜실베이니아 주 이리 시로 돌아왔다.

내가 이리에 도착한 지 한 달 뒤에 세브란스의 후배 오장옥이 와서 같이 병리학을 공부했다. 그는 그 후 샌프란시스코에 있는 캘리포니아 주립의대 안과 교수로, 또 트라코마 질환의 세계적 권위자로서 많은 학술적 업적을 남기고 있다. 내가 이리를 떠날 무렵에는 서세모와 곽현모 두 후배가 해머트 병원에 와서 일했다. 서세모는 소아과를 전공하여 하와이대학 교수가 되었고, 곽현모는 산부인과 전문의로서 연세대 주임교수로 오랫동안 일했다.

나는 해머트 병원에서 1955년 6월까지 일하며 연구생활을 겸했는데, 병리과장이 자기로서는 더 이상 가르칠 게 없다며 그의 스승 커스터(Custer) 교수를 소개해주었다. 커스터 교수는 세계적으로 저명한 병리학자였다. 그리고 나를 적극적으로 도와주고 이끌어준 고마운 스승이었다. 나는 커스터 교수가 있는 펜실베이니아대학 교육병원인 필라델피아 장로교 병원으로 가기 위해 1955년 7월 1일 필라델피아로 이사했다.

필라델피아는 독립기념관과 '자유의 종'이 있는 고풍스러운 미국 동부의 고도로서 미국의 자유를 상징하는 요람 도시였다. 그곳 사람들은 보수적인 편이었지만, 도시 자체는 퍽 평온해 보였다.

아내는 만삭이었고 7월 18일에 큰딸 경희가 태어났다. 미국식 이름은 양매륜 할머니의 이름을 따서 '메리안'이라고 지었다. 경희는 해방 후 필라델피아에서 태어난 최초의 한국 아기였다.

박사학위를 받다

나는 커스터 교수 아래서 1년 동안 레지던트로 공부한 뒤에 펜실베이니아 의대 대학원에 입학했고, 1958년에는 펜실베이니아 의대 강사로 임명받았다. 내가 연구한 분야는 혈액병리였고, 박사학위 논문은 〈백혈병과 임파암 환자의 비장 적출의 영향〉에 대한 연구였다. 60명의 환자를 대상으로 임상적·병리학적으로 분석한 논문은 400쪽에 달했다. 펜실베이니아 의대에서는 그때까지 동물실험을 하지 않은 논문에 대해 박사학위를 준 예가 없었다. 학위논문 심사 때 빙 둘러앉은 심사위원들이 집중적으로 내게 질문을 퍼부은 것도 바로 그 문제였다. 심사위원들은 내게 이렇게 물었다.

"동물실험도 하지 않은 논문으로 박사학위를 받을 자격이 있다고 생각하는가?"

"그것은 내 논문의 가치를 판정함으로써 여러분이 결정할 문제이지 나로서는 뭐라고 말할 수 없습니다. 그러나 동물을 실험하는 것 역시 환자를 위한 실험으로 행해지는 것이 아니겠습니까? 내 연구는 동물실험을 거치지 않고 환자를 직접 실험대상으로 삼았

펜실베이니아대학 박사학위 수료 기념사진(1959. 5)

필자의 은사 커스터 교수

으므로 오히려 더 가치가 있다고 봅니다."

후에 나의 지도교수 커스터 박사는 내 답변이 매우 명쾌하여 심사위원들이 만장일치로 훌륭한 보고 논문이었다고 인정하여 박사학위 논문으로 통과시켰다고 들려주었다. 나는 1959년 5월 졸업식에서 박사학위를 수여했다.

그날 졸업식에서는 한국의 이봉서가 1천여 명의 졸업생 중 1등으로 졸업하며 특별상 9개 분야 중 4개 분야의 상을 휩쓸어 한국인의 긍지를 드높여 얼마나 자랑스럽고 기뻤는지 모른다. 이봉서는 펜실베이니아대학의 경제학부인 와튼(Wharton)스쿨을 졸업한 뒤 귀국하여 한국의 경제 분야에 크게 이바지했다. 그는 상공부 장관과 동자부 장관 등 요직을 맡아 훌륭한 업적을 남겼고, 지금은 마닐라 월드뱅크 아시아 지역 부총재로 있다.

펜실베이니아대학에 다닌 한국 학생들은 모두 무척 우수했다. 정

펜실베이니아대학원 동기생들
왼쪽부터 이보영(1910-1977), 민광식(1912-1979), 이남주(1923-1972)

치학을 공부한 박근 대사, 아남산업의 김주진 회장과 그의 동생 김주채, 또 조선형, 송명상, 박효종, 김관, 박병찬, 안형주, 김관봉 · 김관호 형제, 이재설, 한영철, 홍연숙, 김태순, 방갑수, 오인호, 임성희 등이 당시 펜실베이니아대학 학생이었다. 조선형은 컴퓨터교육 분야를 공부하여 펜실베이니아 주 교육부 부국장을 거쳐 매사추세츠 주 교육부 국장, 왕컴퓨터 연구소장을 역임한 후 지금은 한국 왕컴퓨터 회장을 맡고 있다. 의사로는 펜실베이니아대학 안과의 세브란스 동기인 홍순각과 피부과장을 지낸 고 이남주, 최한철, 또 타계한 이보영, 민광식, 민병석, 이종무, 황규철 교수 등이 대부분 펜실베이니아대학원에 다니고 있었다.

김관은 펜실베이니아대학에서 화학을 전공했고 퍼듀대학에서 화학 박사학위를 받아 귀국 후에 중앙대 교수로 있다가 20년 전부터 볼티모어에 있는 정유회사에서 요직을 맡고 있다. 이종무는 1954년 세브란스를 나와 1959년 필라델피아 하네만 의대 레지던트로 와 있었다. 도미 이전에 그는 두꺼운 앤더슨 병리 교과서를 세 번이나 통독했는데, 워낙 말이 없고 조용해서 다른 미국 동료들은 이 청년을 바보 취급했다. 한번은 주임교수가 병리 표본을 보고 그것이 무슨 병인지 진단하라고 하자 아무도 몰랐는데 그가 병명을 정확하게 진단하여 동료들을 놀라게 했다.

그 이후부터 동료들은 모르는 게 있으면 그에게 물어보았다. 그는 노력가였고 공부하는 4년 동안 가끔 우리 집에 놀러 와서 학교 일과 병리학에 대해 토론했다. 그는 언젠가 우리 집에서 이태리 국수를 삶아 김치에 비벼 먹은 일을 기억하며 정말 맛있었다고 두고두고 이야기했다. 지금이야 미국에도 한국 식품들이 무엇이나 다 들어와 있어 처음 온 사람들도 큰 불편을 겪지 않지만, 그때는 이태리 국수밖에 없었다.

나는 레지던트가 끝난 이종무를 노스캐롤라이나 주 웨이크포레스트 의대에 추천하여 1년 더 혈액병리를 연구하게 도와주었고, 또 귀국 후 연세대 의대에 추천해서 임상병리 조교수로 일하도록 도와주었다. 그 후 그는 가톨릭의대 주임교수가 되어 훌륭한 업적을 냈다. 우리나라 최고의 병리학자였던 그는 내가 한국에 나가면 가톨릭대학으로 초대하여 강의를 주선해주곤 했는데, 15년 전 뇌출혈로 갑자기 사망하여 참으로 애석함을 금할 수 없다. 그 아들이 서울대 의대를 우수한 성적으로 졸업하게 되었을 때는 참으로 기뻤다.

당시 필라델피아 토머스 제퍼슨 의대에는 서울대 출신 이광수 교수가 양리학과에 와 있었다. 문태준 박사는 1953년부터 3년간 제퍼슨 의대에서 신경외과를 공부하여 연세대 신경외과 주임이 되었다. 그 후 그는 국회의원을 지낸 뒤 대한의학협회 회장과 세계의학협회 회장, 보사부 장관 등 활발한 사회활동을 했고, 제퍼슨의과대학 국제부위원으로 활약했으며 제퍼슨 의대에서 명예박사학위도 받았다. 그리고 여의전을 졸업한 조기옥은 하네만 의대에서 공부한 후 뉴욕에서 소아과를 개업했고, 펜실베이니아대학 병리과에 다닌 48년 세브란스 졸업생 이도현은 캐나다에서 40년 동안 병리학자로 활동하고 있으며, 연세대 의대 45년 졸업생 김희수는 소아병리를 전공하여 뉴욕 의대 교수로 활약하고 있다.

문태준(1928-)
대한의사협회 회장, 연세의대 교수

필라델피아에는 또 1930년대 초반 제퍼슨 의대를 졸업하고 체스터 펜실베이니아 병원 외과의사로 명성을 높인 박범구 박사도 있었고, 또 한국인으로서 유명했던 로버트 차(Robert Charr, M. D., 차균현) 교수가 있었다. 차 교수는 1904년 평북 신천 출생으로 남가주 휴론대학을 마치고 제퍼슨 의대에 입학하여 1931년 우등으로 졸업하면서 의학박사 학위를 받았다. 그는 제퍼슨 내과에서 일하면서 펜실베이니아대학에서 병리학도 공부했다. 결핵으로 요양원에 입원해서도 그는 자신의 병을 끊임없이 연구하여 발표했다. 그는 1940년 초반부터 제퍼슨 흉부내과 조교수로 있으면서 미국 내에서 권위 있는 학자로 인정받았고, 45년 졸업생들은 그를 가장 존경하는 교수로 뽑았다. '의학은 인술'이라는 교훈을 실천한 그는 명강의로 널리 알려졌으나 1956년 결국 결핵으로 죽었다. 나는 그의 명성을 들었으나 직접 찾아뵙지 못한 게 아쉬웠다.

학교 주변의 한인 커뮤니티

필라델피아는 서재필 박사가 살았던 곳으로, 1951년 1월 5일 세상을 떠나 1994년 4월 2일 그 유해가 서울의 국립묘지에 안치될 때까지 이곳에 있었다. 나는 언젠가 서재필 박사에 대해 깊이 연구해야겠다는 생각을 막연하게나마 품고 있었는데, 특히 이병두(William Lee) 씨를 만나 서 박사에 대한 말씀을 들을 때마다 그러한 생각이 강렬했다. 윌리엄 리는 옛 친구인 양매륜 할머니를 만나기 위해 가끔 우리 집을 찾아왔다. 그는 레딩(Reading)에 살았는데, 세라믹을 연구하여 세라믹 의치 특허를 내어 많은 돈을 벌었다. 사재를 털어 독립운동에 재정적인 지원을 아끼지 않았던 그는 서 박사와 절친했으며 겸손하고 자기를 내세우지 않는 훌륭한 분이었는데, 애석하게도 20년 전 워싱턴 주에서 돌아가셨다. 만년에는 시애틀에 사는 자녀들 곁으로 이사를 가서 자주 찾아뵙지 못했는데, 서 박사에 대해 더 많은 이야기를 듣지 못한 게 한스러웠다.

필라델피아 중심가인 체스트너트 가에서는 마실라 신(Marsilla Shin) 여사가 꽃가게를 하고 있었다. 그녀는 이화학당을 졸업하고 3.1운동 때도 큰 활약을 했다고 한다. 1920년대에 혼자 미국에 건너왔는데 가끔 양매륜 할머니를 만나러 우리 집에 왔다. 두 분이 즐겁게 옛이야기를 하는 것을 보는 것만으로도 흐뭇했다. 적십자병원장 손금성 박사가 1923년 도미하여 하네만 의대에서 고학할 때 마실라 신 여사의 가게에서 아르바이트를 했다고 한다.

1955년 7월부터 1960년 6월까지 필라델피아에서 지낸 5년 동안 한국인은 20여 명 있었는데 주로 유학생이었고, 오기항 목사는 가족 교회를 이끌고 있었다. 애리스 김 여사는 아들 둘을 데리고 1954년에 이민 와서 고학으로 제퍼슨 의대 물리요법 교육 2년제 과정을 마친 후 물리요법사 자격을 따서 병원에 근무하고 있었다. 그녀는 일찍이 도쿄여자대학 체육과를 나왔는데 제2차 세계대전 중에 도쿄제대 의대를 나온 남편이 일본군에 끌려가 실종되자 한국에서 어렵게 살다가 미국으로 이민을 온 것이다. 큰아들 토머스는 하네만 의대를 나와 시카고에서 호흡기내과의로, 둘째아들 데이빗은 템플 의대를 나와 캘리포니아에서 가정의학의로 있다.

애리스 여사는 어려운 생활 속에서도 유학생을 가족처럼 친절히 대해주었다. 때로 그녀는 김치와 밥으로 향수를 달래주어 고달픈 유학 생활에 큰 위안을 주었다. 교포들의 일이라면 동서로 분주히 뛰어다니는 김 여사는 참된 봉사자로서 반평생을 살았다. 서재필기념재단에서는 1989년 김 여사에게 제2회 서재필상을 수여했다.

우리 부부가 필라델피아로 이사 와서 해밀턴가 3610번지 아파트에서 자리를 잡자 이제는 유학생들의 안식처가 두 집으로 늘어났다며 다들 좋아했다. 유학생은 한 달에 한두 명꼴로 왔고, 또 한두 명은 공부를 끝내고 떠나갔다. 정보라 치과의는 1930년대에 피츠버그대학에서 같이 치과를 공부한 이유경과 함께 세브란스치과의 대학 승격을 위해 활약했다. 영생고보 출신인 그는 우리 집안과도 가까이 지내던 사이였는데, 1950년에 다시 도미하여 시카고에서 치과 개업을 했다. 그 아들 정돈은 우리가 필라델피아 근교 아드모어(Ardmore)에서 살 때 펜실베이니아치대에 다녔는데, 집안 형편이 어려워 우리 집 2층 방을 비워주어 1년 6개월 동안 숙식을 제공했다. 내 월급이 200달러일 때였으니 아내가 살림을 꾸려나가느라 고생이 적지 않던 때였다. 그는 지금 치과의사가 되어 시카고에서 개업하여 잘 살고 있다. 그러나 새해가 되어도 연하장 한 장, 전화 한 통 없어 여간 섭섭하지 않다.

춘원 이광수의 딸인 이정란은 1955년부터 1960년까지 브린마대학에 다니는 동안 아내와 친하게 오가며 유학생활의 고달픔을 달랬다. 그 동생인 정화도 피츠버그에서 공부했는데 방학이면 언니에게로 와서 보냈고 우리 집에도 들락거렸다. 존스홉킨스대학 물리학 교수인 춘원의 아들 이영근도 한두 번 우리를 찾아주었는데, 춘원이 한국전쟁 때 납북되어 그들을 위로해주기도 했고 서로 많은 이야기를 나눴다. 그들의 아버지에 대한 추억과 사랑은 각별했다.

유학생들의 수가 차츰 늘어나자 필라델피아 한인학생회를 조직하게 되었고 나도 그 멤버였다. 다른 학생들에 비해 나이가 많았지만 모임을 도와주기 위해서였다. 그리고 애리스 김과 의논하여 새로 오는 사람을 환영하고 떠나는 사람을 환송해주는 모임을 만들자고 하여 바이블 클럽(Philadelphia Korean Bible Club)을 창설했다. 체스트너트 37가 테버내클 장로교회에서 한 달에 한 번씩 저녁때 모여 1시간 정도 예배를 보고 새로 온 사람을 소개하고 떠나는 이를 위한 다과회를 열었다. 처음에는 10여명이 모였는데 필라델피아에 있는 한국 사람은 거의 모인 셈이었다. 그 모임은 차츰 커져서 1960년 6월 내가 버지니아로 떠날 무렵에는 필라델피아에 사는 40여 명의 한국인 중 반수 이상이 바이블 클럽에 참석했다. 고신대 총장을 지낸 홍반식 목사가 신학공부를 하던 때 바이블 클럽을 도와주다가 한국으로 돌아간 뒤에는 이도영 목사가 실무를 맡아 얼마 동안 일했다.

1960년대 초반에는 바이블 클럽이 점점 커져서 필라델피아 테버내클 한인교회로 발전했다. 1968년 여름에는 오기항 목사가 이끄는 필라델피아 한인장로교회와 교섭하여 1968년 9월 18일 필라델피아 한인연합교회로 합쳐서 새로 발족하기로 했다. 불행히도 합치기 직전에 오기항 목사가 연합 취소를 알려왔다. 그러나 이름은 그대로 연합교회로 사용하기로 하고 구영환 목사를 모시고 새롭게 출발했다. 1971년 8월 31일 구영환 목사 이임 후 강도영 목사가 1972년 1월 31일까지 사역했고, 1972년 2월 1일에는 고인호 목사가 취임했다. 1978년 교회 내분으로 중앙교회가 갈라져 나가고, 그것이 또 성산교회로 갈라져 나갔다. 1981년 3월에는 성전을 구입하는 문제로 교회가 또다시 갈라져 한인연합교회가 따로 나가고, 고인호 목사는 임마누엘교회 목사로 남게 되었다.

바이블 클럽을 기원으로 하여 분리되어 나간 교회만 해도 다섯 개인데, 그중에서 연합교회와 임마누엘교회는 교세 면에서 성공을 거두고 있다. 나는 1968년 9월 연합교회 창립예배 때 명예장로직을 받았다. 그리고 1993년 9월 18일 창립 25주년 기념예배에는 구영환 목사와 같이 참석하여 감개가 무량했다.

1957년에는 유학생 의사들이 모임을 결성하여 매달 한 번씩 레이스가 917번지 차이나빌리지 중국식당 2층에서 학술토론회를 가졌다. 해방 후 처음 미국 거주 한인들의 의학 집회로 발족하여 3년간은 내가 지도하고 이끌어나갔다. 10여 명으로 시작한 모임은 곧 30여 명의 회원으로 늘어나 활기를 띠어갔다. 그러나 1960년 7월 내가 버지니아로 이사 가면서 모임이 중단되었다가 1974년 재미 한인의학협회가 생기면서 필라델피아에서는 양인민 교수 등이 중심이 되어 이 지구의 의학협회를 새로이 구성했다.

필라델피아에서 공부한 의사들의 필자를 위한 환영식(1966)

민병석 박사도 1959년에 펜실베이니아대학원에서 1년간 수련할 때 학술발표 모임에 자주 참석했다. 그는 서울대를 나와서 1955년 도미하여 텍사스대학 병원에서 3년간 내과수련을 하고 정치·사회에 대한 폭넓은 공부를 했다. 내가 1966년 한국에 갔을 때 그는 필라델피아에서 같이 의사모임을 가졌던 사람들을 모아 나를 크게 환영해주었다. 그때부터 나는 매년 그들과 만났고 민 교수의 초대로 가톨릭대학에서 강의를 하기도 했다. 청빈하고 위국정신과 한국인의 긍지를 가진 그는 가톨릭의대 내과에서 전종휘 교수를 도와 학

민병석(1929-1983)

자로서의 터를 닦았고, 1962년 재도미하여 텍사스대학에서 앤더슨 교수 밑에서 내분비학 공부를 하고 미국 내과전문의 자격을 취득했다. 그는 가톨릭의대 병원에 근무하며 진료에 정성을 다했고 환자를 빈부차별 없이 정성스럽게 대한 인간애를 지닌 의사였다. 강남성모병원장으로서 의료계의 모범적인 교육자였던 그는 대통령 주치의로 버마에 나갔다가 아웅산에서 1983년 10월 9일 순직했다. 그의 딸과 부인 김보경 여사는 연세대 의대 출신이다.

1957년부터 1960년까지는 필라델피아 해군병원에 한국 해군 의무장교 노관택, 박학도, 배영섭 등 몇 분이 파견되었는데, 그들이 우리의 의학 월례회와 바이블 클럽에 참석하여 활기를 불어넣어주었다.

미국 정착을 결정하다

나는 필라델피아에서 박사학위를 받기까지 일에 쫓겨 정신이 없었다. 학위를 얻고 나서 1년 동안은 내 장래를 계획하는 데 제일 중요한 의사 면허증을 따야 했다. 학위를 받고 모교인 연세대학에 돌아가 가르치려고 했던 계획을 변경해야 했다. 1958년 말로 여권기한이 만료되는데 6개월을 연기하면 학위를 받을 수 있었기 때문에 뉴욕 총영사관에 가서 연장 신청을 했다. 그런데 두 달 뒤 외무부를 거쳐 뉴욕으로 돌아온 서류를 보니 5년 동안 체류했으니 더 이상은 연기할 수 없다는 대답이었다. 나는 남궁염 총영사를 만나 학위를 받을 수 있도록 연기해달라고 간절히 부탁했으나 외무부의 정책인지라 그도 속수무책이었다.

학위를 포기하여 4년 동안 공부한 것을 헛일로 돌릴 수는 없는 일이었다. 하는 수 없이 변호사를 통해 영주권 신청을 했다. 기분이 착잡했다. 그때는 영주권 얻는 게 하늘의 별 따기였다. 나의 영주권 신청을 맡은 데이빗 칼라이너 변호사는 일단 국외로 나가 거기서 영주권을 발급받아 재입국해야 한다고 권고했다. 나는 아내와 두 딸을 필라델피아에 두고 변호사가 만들어준 서류를 들고 바하마로 갔다. 바하마는 휴양지여서 여가를 즐기며 한가하게 노니는 수많은 관광객으로 북적거렸다. 미국 영사관에 서류를 내고 바하마에 머물렀던 그 열흘 동안 나는 초라한 호텔방에서 초조하게 영주권을 기다리며 마음을 졸였다. 틀림없이 영주권이 나온다는 보장도 없었다.

며칠 후 영사관에 갔더니 다행히 영주권이 나왔다. 그러나 고국으로 돌아가 모교에서 후진들을 가르치려던 부푼 꿈은 멀리 타국 땅에 고스란히 묻어버리는 결과가 되고 말았다.

펜실베이니아 주는 매우 보수적인 곳이어서 중국과 일본에서 의대를 나온 이에게는 의사면허 자격을 주지 않는다는 주정부의 규정이 있었다. 지도교수인 커스터 박사는 주정부와 몇 번이나 교섭하여 닥터 현은 한국인이지 일본인이나 중국인이 아니니 자격을 주어야 한다고 요청했으나 주정부에서 허락해주지 않았다. 나는 결국 당당하게 시험을 쳐서 버지니아 주와 코네티켓 주의 면허증을 따냈으나, 펜실베이니아 주에서는 면허증 자격시험을 치르지 못하게 하여 하는 수 없이 버지니아 주로 이사를 가게 되었다.

버지니아는 내겐 익숙한 곳이었고 아는 사람들도 있어서 1960년 7월 리치먼드 의과대학 조교수로 가게 되었다. 그런데 버지니아로 떠나기 직전 펜실베이니아 주정부에서 펜실베이니아대학에 대한 공헌과 박

막내 필립을 안고 있는 커스터 교수와 처(1963)

사학위 등으로 면허시험을 칠 자격을 주겠다는 소식이 날아왔다. 당장
은 필요없었지만 장래를 생각해서 시험에 응하여 면허증을 얻었다. 다
행스러운 것은 그때 얻은 면허증으로 28년이 지난 후인 1988년, 뉴저지
에서 정년퇴임한 뒤에 필라델피아에서 일자리를 구할 수 있었다. 만약
그때 면허시험을 치르지 않았다면 제퍼슨 의대로 올 수 없었을 것이다.

5년 동안 주정부와 싸워서 의사면허시험 자격을 얻고 합격한 후부
터는 동양계 의대 졸업생들에게도 면허시험 자격을 쉽게 부여하게 되
었으니 내가 선구적 역할을 한 셈이다.

리치먼드 의대는 내가 미국에 첫발을 내디뎌 혼신을 다하여 공부
했고 젊음을 다 바쳐 연구하고 일했던 곳이다. 미국생활에 힘들게 적응
하며 살았던 리치먼드는 온갖 추억이 어린 매우 특별한 장소였다. 리치

먼드에서 나는 시간의 흐름을 깨닫지 못할 정도로 일에 푹 빠져들었다. 병리학 조교수로서 성적이 상당히 뛰어나 8개월 뒤인 1961년 2월에는 부교수로 승진했다.

그런데 내게는 정이 든 버지니아가 아내에게는 낯선 곳이었다. 남쪽이라 생활하기는 좋지만 한국 사람이 없어 외로워 살기 힘들다고 하여 다시 서둘러 중서부 뉴저지로 이사했다. 그 후 지금까지 우리는 30여 년 동안 뉴저지에서 살고 있다. 리치먼드에서 셋째딸 헬렌이 태어났다. 헬렌은 김활란 박사의 이름을 딴 것이다. 필라델피아에서 난 둘째딸 에스더는 에스더 박 여사의 이름을 붙였다. 해방 후 미군과 같이 한국에 들어가 YWCA 재건을 위해 일생을 바친 박 여사는 20년 전에 은퇴하여 하와이에서 살고 있다. 그리고 막내아들인 필립 정주(正柱)가 뉴저지에서 태어났다. 필립은 양주삼 박사의 주(柱)와 커스터 교수의 이름 필립을 따서 지었다.

미국에서 정착하리라고는 전혀 생각지 않고 빨리 공부를 마치고 한국으로 돌아가서 해야 할 일들을 계획했는데, 어느새 미국 생활을 한 지 40년이 넘었으니 돌아보는 세월이 참으로 길기만 하다.

뉴저지, 뮬런버그 병원

나의 뉴저지에서의 생활은 1961년 7월, 500개 병상을 갖춘 뉴저지 중부 프레인필드 시의 뮬런버그 병원에서 병리학 부과장으로 시작했다. 그런데 다음 해 2월 과장이 불미스러운 일로 병원을 떠나게 되면서 내가 병리과장으로 임명되었다. 미국 내에서 의과대학을 졸업하지 않은 의사들은 주가 바뀔 때마다 다시 면허시험을 보아야 하는 불편을 겪는다. 그래서 나는 다시 뉴저지 주 의사면허시험을 치러야 했다.

　　내가 뉴저지에 갔을 때는 김계봉 박사가 병리학자로서 뉴저지 패터슨 성 요셉 병원에서 막 은퇴한 직후였다. 그는 1904년 하와이 이민으로 들어와 1922년 보스턴 의대를 졸업하고 존스홉킨스대학 병리학 수련과정을 마친 뒤 1924년부터 36년간 성 요셉 병원 병리과장으로 일했다. 당시 한국인으로서 병리학을 전공한 사람은 한두 명에 지나지 않았다. 그의 아들 로버트 김은 아버지가 정년퇴임한 해에 보스턴 의대를

뮬런버그 병원 병리과장 시절 방문한 형 현영학과 함께

뮬런버그 병원 나의 연구실에서(1983. 10)
한국에서 온 제자 손경순, 최태열, 이춘자, 최진국 교수 등의 모습이 보인다.

졸업하고 외과의사가 되었다.

또 한국인으로서 당시 큰 병원의 병리과장을 지낸 이로는 문덕수 박사가 있다. 캘리포니아 주립의대 병리학 주임교수를 오랫동안 지낸 그는 내분비 분야의 병리학자로서 세계적인 권위자였기 때문에 그의 사후 미국병리학회에서 정식으로 추도문을 발표해주었다. 제퍼슨 의대 4학년 학생들이 선택과목으로 내 밑에서 한 달간 수업을 받았는데, 1993년에는 브라이언 문이라는 학생이 들어왔다. 내가 그에게 "유명한 헨리 문만큼 되려면 공부를 열심히 해야 한다"고 말하자, 그는 반가워하며 헨리 문이 바로 자기의 삼촌이라고 했다. 나는 생전의 문덕수 박사를 다시 만난 것처럼 반갑고 기뻤다. 브라이언 군은 그해 5월 제퍼슨 의대를 우수한 성적으로 졸업했다.

우리 가족은 뉴저지에서 생활을 시작하면서 1961년 7월 1일 하일랜드파크에 1년 계약으로 셋집을 얻었다. 뮬런버그 병원은 큰 편에 속했지만 병리학과는 좋지 않았다. 병리학자가 한 사람뿐인 보잘것없는 규모였다. 내가 그 병원으로 간 이유는 병원 측에서 병리실을 적극적으로 지원해주고 실력 있는 유능한 병리실로 발전시켜주겠다는 약속을 했기 때문이었다. 내가 간 후 병리학자를 세 사람으로 늘리고 병리학과를 확장 재편하여 병리기사 양성학교와 해부병리기사 양성학교, 세포학기사 양성학교를 설립했다. 전에 없던 전문분야별 책임자를 증원하는 한편, 현대식 검사기구도 새로 설치하여 최신식 병리교실을 만들었다. 그 모든 것이 제대로 완성되는 데는 5년이 걸렸고 그동안 병리학자는 다섯 명으로 늘어났다.

내가 뮬런버그 병원으로 가기 전에는 병원시설이 미비하여 인턴

수련병원 기준에서 탈락되어 있었다. 그래서 시설을 재정비하여 재심사를 받아 다시 수련병원으로 지정받았으며, 1965년에는 레지던트 제도도 둘 수 있게 되었다. 함흥고보와 서울의대를 나온 박영호와 연세의대 졸업생 김복수가 초대 병리 레지던트로 들어왔다.

병원 측에서는 임상병리과를 발전시키기 위해 내가 들어간 후 5년 동안 막대한 재정적 투자를 아끼지 않았다. 나 역시 많은 시간과 노력을 바쳤다. 계산해보니 하루 평균 15시간을 일한 셈이었다. 아침 6시 반에 집에서 출발하여 자동차로 가면 병원까지 25분이 걸렸다. 7시부터 일을 시작하여 밤 10시 무렵에야 일이 끝났다. 1962년 프레인필드 시로 이사 와서 그곳에서 1986년 정년퇴임하기 2년 전까지 살았다.

몇 해 동안은 아이들을 제대로 돌볼 시간도 없었다. 일요일만 쉬고 토요일에도 나가서 일했고 집으로 일감을 들고 오는 경우도 많았다. 집안일을 전혀 도울 수 없어서 아내 혼자서 모든 일을 도맡아야 했다. 실력 있는 병리학자가 되려면 꾸준히 공부하지 않으면 안 되었다. 한국에서 의학 공부를 했기 때문에 영어도 부족하고 기초의학 지식도 뒤떨어져 그것을 보충해가며 일했기 때문에 미국인보다 두 배는 더 노력해야 했다.

미국의 주류사회에 들어가서 경쟁하며 살자니 그만큼의 노력이 필요했다. 동양 사람의 실력이 어떻다느니 영어가 모자란다느니 하는 손가락질은 받고 싶지 않았다. 실력을 인정받으며 당당하게 미국생활을 하고 싶었다. 그렇게 10년 동안 정신없이 일에 매달리고 갑절의 노력을 기울였더니 다른 사람과도 경쟁이 되고 다소 앞서나갈 수도 있게 되었다. 물론 학구적인 일에만 전념하다 보니 내 자신의 정서생활이나 가정

생활이 희생되었다.

뮬런버그 병원에서 일하는 한편, 커스터 교수의 제자인 컬럼비아 대학 병리과 주임교수 매케이의 부탁으로 1964년부터 일주일에 한 번씩 컬럼비아대학의 강의를 맡으며 1970년까지 조교수로 일했다. 1966년 뉴저지 주립대학 러트거스대학에 의과대학이 창설되었으나 대학 건물이 완성되지 않아 2년 동안 우리 병원 안에 병리학교실을 두게 되었다. 나는 이 대학의 병리학 부교수가 되어 병리학 주임 애쉬튼 모리슨 교수를 도왔다. 그 후 러트거스 의대는 뉴저지 로버트 우드 존슨 의과대학으로 교명이 바뀌었고, 나는 1970년부터 1988년 정년퇴임 때까지 정교수로서 병리학을 가르쳤다.

모리슨 주임교수는 내 옆방에 있었다. 병리학교실 창설에 힘쓴 그는 아일랜드계로 펜실베이니아 주립대학 조교수 시절에 나와 친해졌다. 그는 로버트 존슨 의대에서 10년간 근무했으며, 이스턴 버지니아 의대 학장이 되어 4년간 그곳에서 일한 후 다시 로버트 존슨 의대 부학장으로 부임하여 1993년 정년퇴임 때까지 훌륭한 공적을 남겼다.

우리 병원은 새로이 임상병리가 부흥하고 병원의 질이 좋아지면서 일류 병원으로 도약했다. 1970년 무렵에는 레지던트가 다섯 명, 병리학자 다섯 명, 전문분야 기술자, 일반 병리기사, 각 기사 양성학교 학생까지 합하여 150명 정도를 거느리게 되어 병리학 분야에서 뮬런버그의 전성기를 이뤘다. 대가족을 이끌며 행정과 학자로서의 실력을 갖추기 위해 계속 공부하고 연구하게 되었으니 결국 나의 계획은 달성된 셈이다.

그리고 우리 병원은 뉴저지 주립의대, 로버트 우드 존슨 의대의 중요한 교육병원으로 부상하게 되었다. 우리 병원 각 분야의 의사들을 위해 중앙검사실을 운영하자 우리가 하는 진단학 분야의 능률도 상당히 올라가서 오진이 줄고 빠른 시일 내에 정확한 판단을 내릴 수 있어 의료봉사에 크게 도움이 되었다.

1975년경 뮬런버그 병원의 우리 교실에 병리학자 한 명이 필요하게 되어 광고를 내자 지원자들이 잔뜩 몰려들었다. 여러 유능한 사람이 많았지만, 나는 베트남전쟁에 육군 군의관으로 참전하고 막 제대하여 돌아온 존 애시턴을 뽑았다. 그의 아버지는 콜로라도에서 판사로 일했고 애시턴은 콜로라도 의대를 나와 로체스터 의대에서 4년 동안 병리 레지던트 과정을 마치고 바로 입대했다. 면접을 했는데 박식하고 인간성이 좋고 겸손하고 착실해 보였다. 부인 로자나는 멕시코계 여자로 부부가 다 인상이 좋았다. 나는 학술적으로도 우수하지만 인간적으로도 믿음이 가는 그를 우리 과 부과장으로 뽑아 20년 동안 같이 일했다.

항상 열심히 성실하게 자기 실력을 충분히 발휘하며 나를 도와주는 존 애시턴 같은 미국인 후배가 우리 과에 없었다면, 당시의 여러 가지 학술적이고 사회적인 일들을 감당해내지 못했을 것이다. 그가 나를 잘 보조해주어 내가 좀 더 자유롭고 적극적으로 미국 학계나 국제학회에서 또 의과대학 안에서, 교포사회의 일까지 할 수 있었던 것이다.

사람은 서로 신뢰를 가지고 기대하고 이해할 때 상대방 역시 그만큼 따르게 되고 열심히 일하게 된다. 나는 1988년 정년퇴임을 하면서 병원 측에 나의 후임으로 그를 강력하게 추천했다. 또 그가 부교수로 일하던 로버트 우드 존슨 의과대학에도 그의 업적을 고려하여 정교수로 승진시켜줄 것을 간절히 부탁하여 뜻을 이루게 되었다. 그는 뮬런버그 병원 병리과장으로, 또 의과대학 정교수로 승진하여 자기 일에 최선을 다하는 훌륭한 병리학자로 일했다.

미국에 들어와 생활한 첫 20여 년 동안 나는 실력을 배양하고 많은 제자를 기르며 전적으로 학술과 교육 분야에서 일했다. 그래서 점차 내 이름이 전국적으로 알려지게 되어 한국 사람으로서 유일하게 미국병리학회의 중요한 혈액분과위원이 되어 활동할 수 있었다. 내가 강의하는 의과대학에서도, 또 병원에서도 내 활동을 환영해주었다.

1960년대 후반 미국병리학회 일에 몰두할 그 무렵, 한국으로부터 이민이 많아지기 시작했다. 내가 활동하는 병원에서 일하고 싶다는 한국인 의사도 늘어났다. 레지던트나 인턴으로 온 한국인 제자를 많이 가르칠 수 있어서 더욱 보람을 느꼈다. 또 미국의 의과대학이나 병원에 들어가는 데 추천서가 필요하다며 그것을 부탁하는 한국인도 많았다. 그들이 미국 사회에 진출하는 데 내가 도움이 된다면 힘닿는 데까지 도와주었다. 내가 쓴 추천장만 해도 수백 장이 넘을 것이다.

자랑스러운 후학들

1960년대 후반, 나의 스승 금당 이학송 선생이 아들 이종욱을 데려와 우리 병원에서 인턴을 시키고 싶어 했다. 이종욱은 서울대 의대를 졸업한 장래성 있는 청년이었다. 그가 우리 병원에서 인턴으로 일할 수 있도록 주선했는데, 처음에는 영어가 부족하여 못내 걱정되었다. 두어 달 지나니 영어도 나아졌고, 열심히 노력하여 우수한 성적으로 인턴을 마쳤다. 그는 비뇨기과 전공을 원하여 여기저기 추천서를 써주어 뉴욕 알베르트 아인슈타인 의대에 레지던트로 가게 되었다. 그는 후에 서울대 의대로 돌아가 비뇨기과 주임 교수를 역임했다.

그의 아버지 이학송 교수는 우리나라 비뇨기학계의 개척자로서 온건하고 과묵한 성품으로 1932년 세브란스 의전을 나온 수재였다. 도쿄제대에서 박사학위를 받고 세브란스 의대 피부과장과 병원장을 거쳐 서울대 총장 물망에까지 올랐다. 선생님은 우이동에 사셨는데, 찾아가면 무척 반가이 맞아주셨다. 선생님 댁에는 사회 각계각층의 사람들이 많이 모여들어 나는 선생님을 통해 그들을 만나게 되었다. 비뇨기과 학회장도 역임하고 학회에 공적도 많이 남긴 그는 1981년 5월 16일 세상을 떠났다.

이학송(1907-1981)　　　　　이종욱(1939-)
세브란스 제11대 병원장　　　　서울의대 학장

　　한국에서 공부하러 온 수많은 사람 중에는 내가 존경하는 함흥고
보 김영재 선배의 셋째딸 김혜숙이 있었다. 1977년 가톨릭의대를 나와
내 밑에서 4년 동안 병리학 레지던트 과정을 마치고 귀국하여 2년간 가
톨릭의대에서 일하다가 1983년 다시 미국으로 와서 2년 동안 혈액병리
연구생으로 공부했다. 그녀는 해부병리와 임상병리 시험에 합격하고,
1년 더 혈액병리를 연구하여 혈액병리 전문의 자격을 획득하여 전문가
로서 인정받게 되었다. 내가 가르친 아끼는 제자가 성적이 우수하여 훌
륭한 병리학자가 되었다는 사실이 무척 기뻤다. 그녀는 1984년부터 내
가 은퇴할 때까지 내 밑에서 병리학자로 일했으며, 아직도 나의 후계자
인 존 애시턴 밑에서 근무하고 있다.

　　김영재 선배의 부친 김중석 목사는 내 부모님과도 친분이 두터웠
다. 독실한 기독교 신앙으로 생활하는 김영재 선배는 경성의전을 졸업
하고 경성제대에서 박사학위를 받았다. 전남대학 병리학 교수로 있다
가 해방 후에 가톨릭의대가 신설되었을 때 자리를 옮겨 병리 주임으로

정년퇴임했다. 많은 후진을 양성했고 의학사에도 조예가 깊어 저서를 여러 권 펴냈다. 그의 장남은 서울대를 나와 미국에서 병리학자로 활동하고 있고, 큰딸은 이화여대 의대 출신으로 역시 미국에서 병리학자로 일한다. 한 가족 중에 네 명의 병리학자가 탄생했으니 의학계의 괄목할 만한 역사적인 사실이다.

우리 집안과 잘 아는 유병서 박사는 내가 자랑스럽게 여기는 또 한 분의 선배인데, 함흥 영생고보, 세브란스 졸업생으로 서울여대 의대 내과학 교수를 지내다가 종로에서 내과 개업을 하여 성공했다. 그는 자녀 교육에 열성을 기울여 훌륭하게 키웠으며 자기가 번 돈을 뜻있는 일에 희사했다. 그는 15년 전 캐나다 토론토에서 한국 선교를 위해 일했던 세 사람의 선교사, 특히 세브란스에서 공헌한 이들을 기리기 위해 많은 경비를 들여 기념탑을 세웠다.

나는 재미 연세대 동창회장 자격으로 기념탑 봉헌식에 참석했다. 서재필 박사의 동상을 서울에서 제작하여 미국으로 수송하던 중 비행기 안에서 동상이 망가져 가져올 수 없었던 일도 있었다. 1990년대에는 50억 원의 사재를 모두 털어 모교 연세대 의료원 발전을 위해 기증했고, 의료계 신문도 발간했다. 그의 삶과 행동에 언제나 나는 큰 영향과 자극을 받았다.

1967년 연세대 의대를 졸업한 유병서 박사의 장남 영재가 1968년 우리 병원에서 인턴을 하도록 주선해주었고, 1969년에는 시라큐스 의대 신경외과 과장에게 특별히 추천하여 레지던트를 할 수 있도록 부탁했다. 6년간 레지던트 훈련을 받은 그는 뉴욕 주 루이스턴에서 20년 가까이 신경외과 개업을 하여 크게 성공했다. 유영재의 동생 유영우 역시

1971년 연세대 의대를 나와 우리 병원에서 인턴을 마치고 미네소타에서 개업했다. 그의 매부 박종호도 뮬런버그 병원에서 인턴을 마치고 미시간에서 신장학 레지던트를 한 후, 헨리 포드 병원의 신장학 전문의로 일했다.

유병서

나는 한국인과 외국 유학생이 필요로 하는 수백 장의 추천서를 써주었고, 그들은 나의 추천으로 미국 내의 중요한 병원과 대학에서 공부했으며, 또 직업을 갖게 되었다. 내가 직접 인턴이나 레지던트로 가르친 사람도 수십 명이나 된다. 병원에서 인턴이나 병리기사, 간호사로 일한 사람도 150여 명 되는데, 그들 중 대부분은 의료 분야에서 자기 위치를 확고히 다지며 미국 각지에서 훌륭한 학자로 또는 의료계 지도자로 활동하고 있다. 그들이 미국 주류 사회에 나아가 일할 수 있는 터전을 조금이나마 마련해준 것이 흐뭇하고 보람된다. 때로는 전혀 모르는 이가 편지로 도움을 청해오기도 했는데, 나는 그들을 위해서도 최선의 노력을 기울여주었다.

사람이란 서로 관계를 가지며 살아가는 존재이므로 나는 인간관계의 가치를 소중하게 여긴다. 생택쥐페리는《어린왕자》에서 "인간과 인간은 서로 관계를 맺을 때 비로소 의미를 가진다"고 말했는데, 나는 그 대목을 좋아한다. 전혀 관련이 없는 사람이 특별한 존재가 된다는 것은 아름다운 삶을 영위하는 데 꼭 필요한 것이다.

특히 내가 보람을 느끼는 것은 한국인 의사들이 미국사회에서 적지 않은 영향을 미치고 있다는 사실이다. 1958년 연세대 의대를 졸업한 이창훈은 뉴욕 메모리얼 암병원에서 연수를 마친 후 연세대로 돌아

이창훈
재미 의사

오긍선(1878-1963)
세브란스 의전 교장,
한국피부과학의 선구자

가서 강사로 있다가 동문인 부인 정주실과 함께 20년 전에 미국으로 왔다. 그 부인은 뉴저지 근처 병원에서 일하고 이창훈은 우리 병원 외과에 들어왔는데, 인성이 훌륭하고 친절하며 실력도 우수하여 많은 환자가 그를 찾아 수술을 받는다고 한다. 그로 인해 한국인 의사의 실력도 알아주고 미국사회에 좋은 인상을 남기게 된 것이 기뻤다. 그 부친은 한국전쟁 때 경찰병원장을 지냈고, 백부는 이응준 장군이며, 외조부는 세브란스 창설에 공헌한 이로 가장 어려울 때 세브란스를 이끌어나간 오긍선 교장이다. 나는 훌륭한 가정교육을 받고 자라나 인간성을 갖춘 의사로서 활동하는 그를 항상 자랑스럽게 여겼다.

　　1960년대 후반 이스턴 펜실베이니아에서 현 연세대 부총장 김일순 박사가 인턴을 하고 있었다. 1961년 연세대 의대를 나온 그는 함흥의 낙민동 우리 집 근처에 살았다. 그는 가난하고 청렴한 애국지사 김주 목사의 둘째아들로서 언제나 밝고 명랑했다. 그 어머니 전창신 여사는 우리 어머니의 친구로, 영생고녀에서 어머니와 같이 항일투쟁을 했고,

3.1만세운동에도 적극 참여했으며, 후에 초
대 여자경찰 대장을 지냈다. 전창신 여사의
동생이 전종휘 박사이고, 사촌동생은 이준철
의사의 부인이 되었다.

김일순(1936-)
연세대 의대 학장, 연세의료원 원장

김일순은 우리 집과 무척 가까이 지냈
고, 미국에 유학 중일 때도 그를 남달리 생각
했다. 그는 서울에서 약혼을 하고 미국으로
왔는데, 미국에서 법적으로 정식 결혼을 하
겠다고 내게 의논을 해왔다. 나는 필라델피
아 테버내클 한인 장로교회 목사에게 부탁하여 결혼식을 올리도록 주
선했다. 신랑과 신부는 미국에 가족이 없어서 내가 신부의 아버지 대리
를 했고, 셋째딸이 화동을 했다.

김일순은 존스홉킨스대학 보건대학에서 예방의학을 전공하여 서
울로 돌아가 연세대 의대 예방의학 교수로 있다가 김효규 박사가 부총
장이 되면서 명석한 사람을 참모로 뽑아 학교 발전에 노력했을 때 이성
낙 교수와 같이 부총장을 도와 많은 일을 했다. 그는 금연운동 총이사장
도 맡아 맹활약한 의학교육의 지도자였다. 일생을 예방의학 연구와 의
학교육에 헌신한 그는 연세대학 부총장 겸 의료원장으로 많은 활약을
하고 있다. 그의 부모님은 항일투쟁, 독립운동을 하다가 일본 경찰에 끌
려가 옥고를 치르기도 하여 사후에 대전 국립묘지에 모셔졌다.

김일순의 형 윤열은 집안이 어려워 대학 진학을 포기했는데, 머리
가 비상하여 한국전쟁 때부터 유엔에서 일하게 되었다. 그는 하급 사무
원이었지만 능력을 인정받아 사무관, 행정관으로 승진을 거듭하여 유

엔 개발프로그램 분야에서 한국인으로서는 유엔 최고급 관리로 활동했다. 은퇴한 뒤에는 서울에서 살면서 가끔 영자신문에 칼럼을 쓰기도 한다. 그의 영문은 매우 고급 문장이어서 읽으면 감탄이 절로 나온다.

구차하고 어렵게 살았던 애국지사 김주 목사와 전창신 여사의 코흘리개 아이들이 성공하여 나라와 민족을 위해 봉사하는 것을 보면서 대견하고 자랑스러웠다.

오랜만의 조국 방문

1966년 나는 13년 만에 3개월의 휴가를 얻어 모교인 연세대학 초빙교수로 봉사할 기회를 얻었다. 1953년 부산 피난시절에 조국을 떠나 미국에 영주한 지 13년의 세월이 흐른 뒤였다. 공부와 일에 파묻혀 정신없이 살다 보니 어느 사이 중년이 되어 돌아온 것이다. 두 번째 미국 유학을 떠나면서 내가 얻고자 했던 것을 어느 정도 성취했지만, 그동안 세월은 참 무심히도 흘러갔다. 김포공항에 내리니 감회가 깊었다. 늘 그리운 조국이었다. 서울은 많이 발전하여 전란의 상흔이 거의 없어졌다.

어려서 보았던 어린이들이 어른으로 자라난 것을 보며 새삼 나를 되돌아보았다. 그러나 감상적인 생각에 잠겨 있을 겨를도 없이 서울에서의 3개월은 분주하게 돌아갔다. 모교에서 학생들을 가르치고 레지던트를 지도한 그 바쁜 생활이 내게는 참으로 소중한 시간이었다.

1950년 봄에 미국에서 돌아와 세브란스에 임상병리학교실을 창설하려고 열정적으로 일했던 일들이 되살아났다. 모국어로 가르치니 긴장하지 않고 마음껏 말할 수 있었고, 내가 아는 지식들을 최대한 다 쏟아놓으며 3개월 동안 3년 치를 가르쳤다. 후배들에게 미국의 선진 의학을 욕심껏 전해주고 싶었다. 친구들과 친지들도 만났다. 즐거운 시간은 금방 지나갔다. 내 인생에서 연세대학 초빙교수로 있었던 그 석 달은 잊을 수 없는 아름다운 시간이다.

한국을 떠나기 며칠 전 동아일보사에서 전화가 왔다. 흥남철수 때 10만 명의 민간인을 구출한 일에 대한 글을 부탁한다는 내용이었다. 막상 전화를 받고 보니 막막했다. 그동안 나는 그때의 상황을 전혀 돌이켜 생각해보지 못했다. 16년 전의 일이라 기억도 희미했고 갑자기 생각나지도 않았다. 그러나 무엇보다도 한글로 글을 쓸 자신이 없었다. 일제강점기에 태어나 일본식 교육을 받았고, 무엇보다 바로 미국으로 건너갔기 때문에 나는 우리말을 제대로 배운 적이 없었다.

나는 그때까지 흥남철수에 관한 글을 써서 발표한 적이 없었다. 오히려 내가 당시 운전기사로 함흥에 데리고 간 바 있는 군목 옥호열 선교사가 그 일에 대해 글을 쓴 적이 있다. 그는 윤보선 대통령 시절에 자기 중심으로 흥남철수에 대한 글을 써서 발표한 뒤에 대통령 표창까지 받았다. 미국 장로교 월간지에도 자기가 한 일처럼 기고했다. 나는 그가 쓴 글을 보면서 불쾌하고 괘씸한 마음을 금할 길이 없었다.

어쨌든 나는 그 일에 관해서는 글을 쓸 수 없다고 거절했는데, 기자가 찾아왔다. 젊은 기자는 진지했다. 그와 이야기를 나누어보니 마음이 놓였다. 기자는 그때의 일을 이야기해주면 자신이 글로 정리하겠다고 했다. 그의 열성에 나는 1950년 12월의 비참했던 그 일을 회상하게 되었다.

나는 다시 흥남부두에 서서 그 차갑고 모진 칼날 같은 바람을 맞으며 아우성치는 사람들의 비명소리를 듣고 남쪽으로 내려가려는 사람들의 비장한 각오를 보았다. 그때 가족을 잃고 바다에 뛰어든 사람도 있었고 추위로 죽어간 사람도 있었다. 흥남철수로 이산가족이 되어 한 맺히는 그리움과 회한을 안고 살아가는 사람도 보았다. 나는 3시간 넘게 동아일보 기자에게 내가 기억하는 일들을 들려주었다. 1966년 12월이었다.

그 이야기는 훌륭한 문장으로 다듬어져 1967년《신동아》1월호에 발표되었다. 16년이 지나 흥남철수에 대해 사람들이 흥미를 잃어버리고 무심히 그저 지나간 옛이야기로 여기고 있을 때 글이 발표되었다. 《신동아》1월호에는 나의 함흥고보 선배인 한교석 형의 글도 실렸는데, 한양대 영어 교수였던 그의 글은 해방 후 북한에서 반공운동을 하다가 붙잡혀 반공인사들이 갇혀 있던 수용소에서 강제노동을 하던 중 탈출한 내용이었다. 해방 후에 공산당들이 반공 인사들을 얼마나 못살게 굴었는지를 자세히 서술한 글이었다.

10여 년 전에 뉴욕에서《일간 뉴욕》을 발간하는 심재호 씨를 알게 되었다. 자금이 부족하여 신문은 초라했지만 그는 진정한 언론인이었고,《일간 뉴욕》은 사설이나 내용이 퍽 좋은 신문이어서 그를 도와주며 친하게 지냈다. 무슨 말 끝에 흥남철수 이야기가 나와서 동아일보 기자를 만났던 일을 이야기했더니 심재호 씨가 당시 동아일보 편집국장으로서 나를 취재하라고 보낸 바로 그 장본인이었다. 글이 발표되고 17년이 지난 후 뉴욕에서 그 글의 기획자를 우연히 만나게 되어 나는 곱절로 기쁘고 반가웠다.

심재호 씨는《상록수》의 작가 심훈 선생의 아들로서, 그의 형은 북한에 살고 있고 자녀들은 미국에서 민주운동에 애쓰고 있다. 그는 뉴욕에서 이산가족찾기후원회를 조직했고, 그 대표로 북한을 여러 차례 방문하여 '북한방문기'를 발표했다. 책을 통해 북한의 실정을 미국사회에 소개하고 계몽운동도 하는 등 가치 있는 일을 많이 했다.

나의 두 번째 조국 방문은 차이나 메디컬 보드(China Medical Board)의 매코이 회장의 요청에 의해서였다. 록펠러재단 부속인 이 재단은 중국의 의학교육을 도와주는 것이 본래 목적이었지만, 중국이 공산화되자 아시아 다른 여러 나라의 의료교육을 원조하고 있었다. 1968년 매코이 박사는 "한국에는 임상병리 분야의 정도관리가 거의 없는 것으로 알고 있으니 미국에서 그 분야의 전문가를 한국에 파견하여 정도관리 제도를 만들고 싶다"고 했다. 당시 한국에서는 연세대학 병원의 시설이 가장 나은 편이어서 연세대 의대 병리학교실에 정도관리를 정립하고 그 기회에 전국적으로 정도관리를 발달시키려는 생각이었다. 내가 그 적임자로 뽑혀서 한국을 다시 방문하게 된 것이다.

그 일은 6개월 동안 맡도록 되어 있었으나 병원을 오랫동안 비울 수 없어서 나는 6주 동안만 일하기로 하고 연세대 의대 임상병리과에 정도관리 제도를 신설하는 일을 맡았다. 그때까지 한국에는 자동 혈액 계산기가 없어서 보드에 보고하니 보드에서 연세대에 기계를 기증해주었다. 그 외에 정도관리에 필요한 자금을 보내주어 한국에서는 처음으로 임상병리 정도관리 제도를 이삼열 주임교수의 협조를 얻어 설립했다.

특히 나의 일을 도와주던 로버타 라이스(Roberta Rice) 교수는 연세대와 이화여대의 발전을 위해 힘쓴 사람으로, 10년 동안 한국의 외과학 발전에 기여한 뒤 미국으로 돌아왔다. 당시 그와 나는 연세대와 이화여

이삼열(1926-2015)
한국진단검사의학의 개척자,
연세의대 교수

대의 발전에 대해 여러 가지 의논을 했다. 그
는 지금도 한국에 대해 관심을 보이며 한국
을 위해 일하고 있다. 그는 미국에서 10여 년
간 대학교수로 있다가 정년퇴임한 후 노스
캐롤라이나 주 애슈빌에 살고 있다. 그곳은
19세기 말엽 한국에 서양 의학을 도입한 알
렌 박사의 손부가 살고 있는 곳이다. 나의 소
개로 그 두 가족은 서로 친하게 지내고 있다.

당시는 또 세브란스 35년 졸업생인 이
병희 박사가 부총장 겸 의료원장으로 있으면
서 내 일에 많이 협조해주었다. 이 박사는 스포츠에도 관심이 많았고 테
니스와 스케이팅은 수준급이었다. 그는 한양대 총장으로 일한 뒤 정년
퇴임했다. 1985년 연세대학교 100주년 기념행사 때는 그분과 세브란스
35년 졸업 동기동창인 중국 서안의 방관혁 교수를 초대해 50년 만에 동
창생들과 재회하게 되었다. 그들의 기뻐하던 표정이 지금도 눈에 선하다.

서울에 있는 동안 친구인 이헌재는 나를 위해 많은 시간을 내주었
다. 내가 재정적으로 여유가 없는 것을 알고는 세브란스 5년 선배인 정
준태 박사를 만나게 해주었다. 피부비뇨기과를 개업하여 1960년대에
이름을 떨친 그는 고층건물이 드물던 그 시절에 퇴계로에 15층 건물인
프린스호텔을 신축하여 호텔 경영도 겸하고 있었다. 정준태 박사는 내
가 서울에 머무는 동안 프린스호텔에서 무료로 묵도록 배려해주었다.
아시아를 여행하던 1978년에도 나는 그 호텔에서 지냈다. 나의 편리를
보아주던 그가 늘 고마웠다.

작은 키에 언제나 웃는 얼굴로 다정하고 재미있게 이야기하는 그를 생각만 해도 유쾌했는데, 박정희 정권 말기에 제주도에 방갈로를 건축하다가 불법이라는 죄목으로 재산을 압수당했다. 청와대 관리가 눈독을 들이고 있었던 것이다. 소송을 했으나 청와대를 상대로 하여 이길 가망이 없다며 항소심까지 하다가 포기하고 하와이로 피신했다. 제주도 문제는 결국 무죄판결을 받았으나 프린스호텔은 친척에게 넘겼다. 이후 그는 귀국하지 않고 하와이에서 여생을 한가롭게 즐기며 살고 있다. 그는 어려웠던 한국생활과 정치적인 문제로 고생한 일을 생각하면 다시는 돌아가고 싶지 않다고 말한다.

봉학 현 병리교실

1988년 2월, 나는 27년간의 젊음과 열정과 혼신을 다 바친 뮬런버그 병원과 뉴저지 주립의대에서 예순다섯 살의 나이로 정년퇴임했다. 병원 이사진에서는 새롭게 전산화된 임상병리학실을 나의 이름으로 명명해 주었다. '봉학 현 병리교실'.

나로서는 대단한 영광이었다. 그리고 병원 직원과 교수, 가족들을 모두 초대하여 250여 명이 모인 가운데 퇴임 자리를 마련해주었다. 30년 가까이 몸 바쳐 내 삶의 열정을 다 쏟은 곳이긴 하지만, 병원 측에서 보여준 정성에 눈물겹도록 감동받았다. 퇴임 파티에서는 많은 사람들이 축사를 해주었는데, 과분한 칭찬을 들으면서 나는 그들이 보여준 사랑에 다시 한 번 감사드렸다.

필라델피아에 살던 나의 지도교수였던 커스터 박사 부부는 여든다

'현봉학 병리과' 앞에서 중국에서 온 제자들과 함께(1988. 2)

섯의 노구에도 3시간이나 걸리는 힘든 여행을 마다않고 달려와 축하해
주었고, 전 하버드대학 총장 나단 푸시(Nathan Pusey) 박사도 뉴욕에서 와
서 축사를 해주었다.

커스터 박사는 축사에서 "30년 전 펜실베이니아대학에 학위논문
을 제출했을 때 보통은 석사논문 받는 것으로 연구를 시작했는데, 그는
성적이 우수하여 심사관들이 모두 박사학위를 주어야 한다고 말했다.
…… 나는 학술적인 것보다 먼저 인간성이 중요하다고 가르쳤는데, 내
가 가르친 제자는 인간됨이 제대로 되어 있어 기쁘며, 열성과 진실로 평
생의 삶을 이끌어나가며 진리를 탐구하는 학자로 꾸준히 노력하여 미
국, 나아가 국제 의학계에 공헌한 나의 제자를 자랑스럽게 생각한다"고
말하여 눈물이 솟구쳤다. 그 말씀은 커스터 교수 자신의 생의 철학이었

고 제자인 내가 도저히 따라갈 수 없는, 단지 나의 생의 지표였다.

아시아기독교고등교육재단(United Board for Christian Higher Education in Asia)을 대표하여 축사한 나단 푸시 박사는 유나이티드 보드를 통해 아시아 각국을 다니면서 고등교육 분야에서 활동하고 아시아 대학과 대학의 사회사업 기관에 관심을 두고 적극적으로 활동한 것에 대해 치하한 후, 자신은 내가 학술적으로도 훌륭한 큰 공적이 있는 줄 몰랐는데 오늘 저녁에 이 자리에서 그 사실을 알게 되어 놀라웠다고 했다.

답사를 통해 나는 1947년 미국인 선교사 윌리엄스 부인의 호의로 미국 유학을 하게 된 것에 감사드린 후, "내가 외국에서 의과대학을 졸업하여 영어도 부족하고 학술적으로 부족함에도 불구하고 여러분이 인간적으로, 또 동등하게 대해주신 덕택에 내가 하고 싶었던 일들을 마음 놓고 할 수 있었다. 또 뮬런버그 병원이 있었기에 국제무대에서 활동할 수 있는 기회가 주어진 것이고, 여러분이 그런 기회를 나에게 주지 않았다면 도저히 나는 여러분이 말씀하신 이런 업적을 이룰 수 없었을 것이므로 여러분께 감사드린다"고 말했다. 병원 측은 나에게 뮬런버그 공로상을 주었다.

퇴임 후 나는 지나간 30여 년의 분주했던 미국생활을 되돌아보며 한가롭게 쉬면서 여유를 좀 가져봐야겠다 싶어 여행을 했다. 한국에도 다녀왔다. 그러나 나는 옛 친구의 말처럼 아무 일도 하지 않고 가만히 앉아서 쉴 수 있는 체질이 못 되었다. 이것이 소위 말하는 팔자라는 것일까. 나는 다시 일을 하기로 했다. 내가 습득한 지식을 후세들에게 전할 수 있는 그날까지 나는 결코 놀면서 지낼 수는 없었다. 뮬런버그 시절의 왕성한 의욕으로 다시 일에 매달리고 싶었다.

나
에
게

은
퇴
는

없
다

토머스 제퍼슨 의대

1988년 2월 뮬런버그 병원과 로버트 존슨 의과대학에서 정년퇴임한 뒤 2, 3개월 동안 집에서 쉬기도 하고 여행도 다녔으며 한국에도 다녀왔다. 그러는 동안 나는 나머지 생애를 어떻게 보내야 할까에 대해 심각하게 생각해보았다. 아직 일을 할 수 있는 열정도 남아 있고, 내가 얻은 경험과 지식도 후학들에게 나누어줄 수 있어서 적당한 장소를 생각하고 있던 중 미국병리학회에서 같이 활동하며 친하게 지냈던 제퍼슨 의대 병리학 부주임 겸 대학병원 중앙 임상검사 실장인 렉스 칸(Rex B. Conn, 전 미국 임상병리학회 회장)이 전화를 걸어 제퍼슨에 자리가 있는데 일할 생각이 없느냐고 물어왔다.

35년 전 펜실베이니아 주정부와 5년간이나 싸워서 따낸 의사면허증이 이렇게 소용될 줄은 생각지도 못했다. 그래서 다시 필라델피아에서 일할 수 있다는 것과 무엇보다 집이 있는 뉴저지와도 가까운 곳이기도 하여 일단 병원으로 한번 나가보기로 했다.

필라델피아에 있는 토머스 제퍼슨 의대는 850병상의 의과대학 병원으로 병리학교실에는 기초의학을 연구하는 학자, 해부병리하는 사람 등 수십 명이 있었고, 교수진 중에는 내가 뉴저지에서 가르친 제자들도 여럿 있었다. 그런데 임상병리를 담당하는 학자는 여러 명 있었으나 혈액병리에는 책임자가 없었다. 180년의 전통과 역사를 가진 이 의과대학은 과거에는 유명한 가정의학 전문의를 많이 배출한 대학이었고, 근래 20년 동안 각 분야의 교수진이 확충되고 의학연구제도가 확립되면서 대학의 위상이 급격히 올라간 곳이었다. 과거 3년 동안 미국 내의 모든 의과대학을 조사해서 등급을 매기는데, 제퍼슨은 각 분야가 골고루 좋은 곳이라 하여 1등으로 부상했고 미국 내 300개 대학병원 중에서도 각 분야별 조사에서 성적이 제일 좋은 20개 병원에 포함되었다. 더구나 필라델피아는 지난 1950년대 중반 펜실베이니아 의대 대학원 시절에 고생하며 연구생활을 했던 곳이라 제2의 고향으로 귀향하는 기분이어서 이곳의 병리학 교수 자리를 수락했다. 그래서 제퍼슨대학 혈액병리 주임으로 임명을 받고 1988년 5월 1일부터 일을 시작했다.

정년퇴임하고 새로이 시작한 일자리여서 제2의 인생을 시작하는 기분으로 더욱 활기차게 일하면서도 얼마나 더 여기에 머물게 될지는 나 자신도 알 수 없었다. 그런데 어느새 8년의 세월이 흘렀다. 필라델피아 생활을 다시 시작했을 때는 젊은 날의 일들이 새삼스럽게 떠올랐다. 가난해도 열정으로 연구생활을 했던 그때처럼 다시 살고 싶었다. 그때의 친구들은 대부분 이 도시에 남아 있지 않았지만 나는 금방 이곳에 정이 들었다.

체스트너트, 월너트…… 어디 한 곳도 낯설지 않은 이곳 생활에서 다만 어려웠던 점은 주중에 가족과 떨어져 학교 근처에 아파트를 얻어 혼자 살아야 하는 데서 오는 불편함이었다. 그리고 또 하나 아쉬운 것은 화요일 저녁마다 뉴저지 머리 힐 테니스클럽에서 친구들과 즐기던 테니스를 할 수 없다는 점이었다. 처음에는 화요일 저녁만 되면 그곳으로 한달음에 달려가 공을 치며 친구들과 즐겁게 떠들고 싶어 조바심이 일었다. 상쾌하게 날아가는 공, 톡톡 치는 탄력 있는 소리들, 친구들의 농담과 게임 후에 맥주 한 잔씩을 나누며 이야기하던 그 모습들이 먼 옛날이야기인 양 그리웠다.

주중에는 필라델피아에서 지내고 주말은 뉴저지에서 보냈다. 필라델피아로 이사를 할 수도 있었지만 자녀들과 손주들이 뉴저지에 살고 있어 나 혼자만 옮기기로 했다. 저녁시간을 혼자 보낼 수 있어서 학술연구도 하고 모임에도 나가는 등 여유 있고 유용하게 시간을 이용하기에는 과히 나쁘지 않았다. 주말이면 기차를 타고 뉴저지 와청의 집으로 돌아가 일주일 동안 모아둔 신문과 편지를 읽고 집안일도 정리하고 가족들과 즐거운 시간을 보내고, 월요일이면 새벽 기차를 타고 필라델피아로 돌아오는 규칙적인 생활이 계속되었다.

제퍼슨에서 풀타임으로 전문 분야의 일을 하고 있으니 미국병리학회를 도와주는 여러 가지 사무와 일도 계속할 수 있었다. 나는 천성적으로 일을 사랑하고 일하는 것을 즐거움으로 여기는 성품이라 그냥 노는 것이 오히려 힘들고 불편했다. 무엇보다 좋아하는 학생들과 레지던트 교육에 전적으로 집중할 수 있어서 상당히 보람을 느꼈다. 그리고 오래전부터 하고 싶었던 연구가 있었는데, 여기서 그것을 시작할 수 있었다.

미국의 임파선암과 아시아의 임파선암은 그 종류가 많이 다르므로 골수에 나타나는 소견, 빈도도 어느 정도 다를 것이고 치료방법도 달라야 한다는 착안으로 비교연구를 하고 싶었다. 그 연구를 위해 대학에서 연구비를 받아 공동으로 연구하는 아시아 대학들을 방문하고 학문적 교류를 적극적으로 펼칠 기회가 되어 무척 기뻤다.

학계에서 만난 동지들

나와 함께 공동연구를 하는 아시아 대학은 한국, 일본, 대만, 중국, 홍콩 등의 10여 개 대학이다. 이들과 서로 연계하여 직접 그곳을 방문하는 것도 내게는 즐거운 일이다. 1993년 6월에는 공동연구 중간발표를 위해 일본 후쿠오카대학에서 이틀 동안 학회를 열어 무척 보람을 느꼈다. 중국, 러시아에서 오는 동포 유학생들을 도와주는 장학사업도 계속 할 수 있어서 보람을 느낄 뿐 아니라 한국의 젊은 대학교수들이 여기에 와서 연구생활을 하는 것을 도와줄 수 있어서 기뻤다.

　지난 7년 동안 한국의 젊은 병리학자 10여 명이 이곳을 다녀갔다. 나는 그들의 진지한 학구열과 연구태도에서 한국 의학의 미래를 볼 수 있어 흐뭇했다. 최근에는 가톨릭대학의 지영희, 순천향대학의 김원배, 한일병원의 송애숙, 부산대학의 이은엽 · 설미영, 인제대의 백인기, 한양대의 이응수, 대구보건전문대의 윤인숙, 계명대학의 전동석 등이 1년간 연수를 마치고 돌아갔다. 노년에도 이런 젊은 학자들과 같이 일할 수 있는 것이 내게는 참으로 도움이 된다. 학문에서나 인생에서 그들과 같이 호흡할 수 있고 창의적인 활동도 하며 학구생활을 계속할 수 있어서

토머스 제퍼슨 의대 고넬라 학장

나이와는 상관없이 일에 몰두하며 살아간다. 자연적인 나이도 중요하지만 자기 삶에 열정을 가지고 일에 파묻힌다면 나이를 먹어도 나이 먹지 않는 삶을 살아갈 수 있으리라 믿는다.

제퍼슨 의대에서는 국제적인 학술교류가 상당히 많다. 대학 부총장 겸 의과대학 학장 조지프 고넬라가 한국과의 교류를 원하여 순천향대학, 부산대학, 인천 길병원과 자매결연을 했다. 그리고 서울대와 연세대 의대 학자들도 여기서 많이 연구하고 있다. 제퍼슨에 왔을 때는 한국인 교수가 여럿 있었다. 나를 제자로서 무척 아껴준 최재유 박사의 아들 홍열이 병리학 레지던트를 마치고 조교수로 일하고 있었는데, 그는 장래가 촉망되던 우수한 해부병리 교수로 학생들 사이에 인기가 굉장했다. 그러나 개인 사정으로 학교를 그만두고 뉴저지의 병원으로 옮겨갔다. 촉망받던 젊은 학자가 학교를 떠나게 되어 참으로 아쉬웠다.

세브란스 의대 48년 졸업생인 이비인후과 양인민 교수의 청각에 대한 연구는 유명하다. 그는 1975년에 필라델피아 지구 한인의학협회 창립 회장으로 많은 공헌을 했다. 또 연세대 의대 64년 졸업생인 박찬희는 20년 동안 제퍼슨에서 핵의학 교수로 실력을 인정받고 있다. 내과의 정구영 교수는 1957년 서울대 의대를 나와 심전도실 실장이자 심장학의 권위자다. 1961년 서울대 의대 출신인 한혜원 교수는 간염바이러스를 발견하여 노벨상을 받은 블럼버그 박사와 12년 동안 팍스 체이스

한혜원(1936-)
토머스 제퍼슨 병원 내과 교수

고영재(1935-)
토머스 제퍼슨 병원 피부과 교수

연구소에서 연구생활을 같이한 우수한 학자다. 블럼버그 박사가 영국 옥스퍼드로 가자 우리 대학의 내과 교수로 임명되었다. 간염 예방에 적극 참여하여 수천 명의 교포에게 직접 예방접종을 했고, 또 필라델피아 한인여성회 회장으로 공헌하여 1993년 서재필 기념상을 받았다. 이곳 피부과의 고영재 교수는 한국의학 발전에 크게 공헌하고 있는 숨은 공로자다. 그는 오랫동안 한국의 많은 피부과 의사, 교수들을 초청하여 그들의 연수에 끊임없이 도움을 주고 있다. 산부인과에는 서울대 출신 박희옥 교수가 있으며, 그 외에도 젊은 조교수 둘이 더 있다.

제퍼슨은 미국 내에서 한국계 교수가 제일 많은 대학으로 알려져 있다. 물론 의과대학의 레지던트, 인턴, 연구생, 의대생 등 상당수의 동포가 있다. 이는 일찍이 이 대학의 교수로 공헌한 로버트 차 같은 분이 닦아놓은 공로가 아닌가 한다. 우리는 언제나 나 자신이 바로 한국인의 전체 모습을 보여준다는 책임감으로 일해야 한다. 나로 인해 장래에 우리 동포가 어떤 영향을 입을지도 모른다는 생각을 가지고 살아간다면 현실에 더 충실하지 않을까 싶다. 우리 대학을 통해서도 얼마나 많은 한국인이 미국 주류사회에서 열심히 일하고 있는지를 알 수 있다. 이러한 현실은 내가 처음 버지니아 리치먼드에서 공부하던, 버지니아 주에서는 내가 유일한 한국인이었던 그때는 상상할 수도 없었던 발전이다.

제퍼슨에서 잊을 수 없는 사람으로는 조상연 교수가 있다. 그는 세브란스 의대 56년 졸업생으로 내가 아끼던 후배였다. 해군 군의관으로 1959년 미국 메릴랜드 해군병원에서 1년간 레지던트를 한 후, 귀국하여 해군병원에 근무했다. 1962년 다시 도미한 그는 뉴욕 세인트 올반즈 해군병원에서 1년 동안 레지던트를 마치고 한국 해군병원에서 1968년까지 군의관으로 근무했다. 그는 미국에서 공부하는 동안 나를 여러 번 찾아와 만났다.

나는 이화여대 의대를 나온 이희열 여사와 결혼한 그를 1968년 서울에 6주 동안 머물면서 자주 만났다. 그때 그는 미국에서 다시 공부하고 싶다고 하여 1969년 나의 교수였던 펜실베이니아대학 커스터 박사에게 추천해주었다. 레지던트를 완전히 마친 그는 1년 더 병리학 연구를 하여 1970년 정식으로 미국 병리보드 시험에 합격했다. 그해 그는 토머스 제퍼슨 의대 조교수가 됐고, 1978년에는 부교수로 있으면서 내가 있던 뮬런버그 병원에서 혈액병리도 전공하여 그 분야의 전문의 자격증도 받았다. 1986년에 정교수가 된 그는 내가 이곳으로 오자 무척 환영해주었다. 그런데 1990년 봄에 빈혈이 있어서 혈액검사를 해보니 급성 백혈병이었다. 나는 도저히 믿어지지 않아 한동안 멍했다. 5개월 간 화학요법 치료를 했으나 아무 소용이 없었다. 결국 그는 10월에 세상을 달리하고 말았다. 나를 그토록 따랐던 후배의 죽음은 무척 충격적이었고 한없는 허탈감을 안겨주었다.

학창시절부터 친구인 템플대학 의대의 백운기(연세의대 1947년 졸업)는 국제적으로 알려진 생화학 교수인데, 지금은 수원의 아주대 의과대학에서 일하고 있다.

나누며 사는 세상을 위하여

필라델피아에서 생활하게 되니 옛 친구인 애리스 김 여사, 김주진(아남산업 회장), 이상순, 신태민, 김응택, 한삼영 등 동포사회의 지도자들을 가끔 만나 이민사회의 단합과 발전 등에 대한 이야기를 나누게 된다. 우리 필라델피아에 이런 분들이 살고 있다는 것은 동포사회의 정신적인 지주로서 퍽 다행스럽다. 또 서재필기념재단도 이곳에 있어서 일을 하는 데 여러 가지로 도움이 된다. 학교와 연계시킨 장학·교육사업을 하기에도 좋고 이사들과 만나서 일에 대한 의논을 하는 데도 여러모로 유익하다. 필라델피아의 여러 대학에는 한국인 교수와 학생들이 많은데, 나는 그들과도 만나 선배로서 또는 동료로서 이야기 상대가 되어주기도 하고 의논도 하며 도움을 청해오면 내가 할 수 있는 한 힘이 되어준다.

내가 하느님께 받은 것이 있다면 그것은 나 혼자만의 것이 아니라 남들과 나누어야 하는 것이라는 생각은 어려서부터 부모님으로부터 자연스레 물려받았다. 그래서 사람들을 도울 수 있는 일이라면 건강이 허락하는 한 도우려고 애쓴다. 이런 나에게 이제는 편안히 좀 쉬어도 되지 않느냐고 말하는 친구도 있지만, 나는 가만히 있지 못하는 성격이다.

필라델피아 동포사회 지도자들과 함께(1994)

3년 전, 필라델피아 볼치(Balch) 민족연구소에서 필라델피아 이민사에 대한 전시회를 열었다. 전시회에서 파멜라 넬슨의 안내를 받아 관람했는데 처음 들어간 방에 서재필 박사의 사진이 붙어 있고 그 옆에 중학교 2, 3학년쯤으로 보이는 20여 명의 학생을 가르치는 미국 중년 부인의 사진이 걸려 있었다. 1930년대 충청남도 공주에서 선교사가 학생들을 가르치는 장면이라는 사진 설명이 적혀 있었다. 그것을 보는 순간 문득 떠오르는 것이 있었다. 나를 미국으로 유학 보내준 애리스 윌리엄스 부인 사진이 틀림없었다. 1930년대 공주에서 한국 학생을 가르친 외국 부인이라면 윌리엄스 부인밖에 없었다.

"내가 상상도 못했던 사진이 여기 걸려 있는데, 이 부인이 바로 1947년 나를 미국에 유학 보내준 은인"이라고 파멜라에게 말했더니 그녀도 놀라며 기뻐했다. 이 부인은 나의 지도교수 조지 윌리엄스의 어머니로서, 수십 년 만에 사진으로 재상봉하게 된 것이라고 덧붙였다.

사진으로 우연히 옛 은인을 만난 나는 감개가 무량했고 지난날의 추억에 젖어들었다. 그 부인이 없었다면 나는 어떤 길을 걸어갔을까. 내 길을 열어주신 윌리엄스 부인을 사진으로나마 만나니 무척이나 감격스러웠다. 사진을 어디서 구했느냐고 물었더니 뉴욕 미국 감리교 선교부에서 보내준 것이라고 했다. 한국이민사를 전시하는 방에서 윌리엄스 부인의 사진을 보고 감격에 잠기는 나를 본 파멜라는 이런 우연한 일이 어디 있겠느냐며 감탄했다. 근 25년 전, 은퇴한 후 로스앤젤레스에서 혼자 살고 있는 윌리엄스 부인을 방문한 적이 있었다. 당시 그분의 나이는 아흔다섯 살이었다. 아이들을 데리고 갔을 때 무척이나 반갑게 맞아주신 것이 마지막 만남이었다. 부인은 내가 방문한 다음 해 돌아가셨다.

나는 필라델피아에서의 생활을 사랑한다. 그리고 여기서 만나는 사람들도 내게는 참으로 소중한 분들이다. 이제 필라델피아는 내게 고향 못지않은 익숙하고 편안한 도시가 되었다. 월요일 아침마다 기차에서 내릴 때나 먼 여행길에서 돌아와 공항에 내릴 때면 나는 이 도시의 공기를 깊이 들이마신다. 새롭게 출발하여 살아갈 수 있게 해준 이 도시의 공기를 마시며 생활의 활력을 찾는다.

병리학회에서의 활동

1960년대 후반에 미국병리학회(ASCP) 회원이 된 나는 1970년대 초반 미국 임상병리학회 주최로 필라델피아 펜실베이니아대학에서 열리는 혈액병 진단에 대한 워크숍을 맡아달라는 요청을 받았다. 닷새 동안 여러 병원에서 온 기사 100여 명과 함께한 워크숍 결과는 상당한 반응을 불러일으켰다. 병리학회에서는 매년 두 번씩 열리는 워크숍을 다음 해에는 우리 뮬런버그 병원에서 개최해줄 것과 미국 각지를 순회하며 워크숍을 열어줄 것을 요청해왔다.

그렇게 되자 뉴저지 병원의 일개 병리학자인 나의 이름이 점점 알려지게 되었고, 미국병리학회에서도 실력을 인정받아 학회 내의 혈액위원회 위원이 되어달라는 청을 받았다. 그리하여 1976년부터 1981년까지 병리학회 학술위원으로 학회의 정책과 프로그램을 수립하는 중요한 일을 맡게 되었고, 1982년에는 이 위원회의 위원장으로도 일했다.

1976년부터는 전문의 시험심사위원회의 멤버로, 또 한편 세계적인 권위로 부상한 미국 임상병리학회지의 편집위원으로, 논문 심사위원으로 10여 년간 계속 일할 수 있게 되었다. 1980년부터 5년 동안은 학회의 혈액분야 고시출제위원으로, 1986년부터 1990년까지는 국제관계위원회 위원으로, 그리고 1984년부터 1990년까지는 미국의학협회의 새로운 기술을 개발하는 진단급 치료기술 평가위원으로도 일했다. 1979년부터 6년간은 국제혈액학회와 아시아 · 태평양 분회의 학술위원으로도 일했다. 지난 1977년부터 뉴저지 주립의대와 뮬런버그 병원을 은퇴한 1988년까지 나는 뉴저지 병리학회 의학교육위원장직도 맡아 봉사했다.

1962년 내가 쓴 의학교재인 《혈액학도보》가 처음 출판되었을 때 여러 학자들에게서 찬사와 격려 편지가 왔다. 그중에는 무명으로 보내온 "중국 놈은 당장 돌아가라"라는 내용의 편지도 끼어 있었다. 틀림없이 황인종에 대한 노골적인 무시와 질투에서 나온 반응이었다. 미국 주류사회에서 살면서 우리가 은근히 당하는 차별대우였다. 그러나 미국에서의 차별대우는 심하지 않은 편이다. 나는 일본이나 한국에서 타민족에 대한 차별이 오히려 더 심하고 가혹하다고 생각한다.

나는 지난 30년 동안 여러 방면에 걸쳐 미국병리학회를 위해 일했고, 현재도 혈액분야 자문위원과 교육위원으로 보람 있는 일을 계속하고 있다. 미국병리학회는 병리학자 1만 5천 명과 병리기사, 임상병리기사 등 6만 5천 명의 회원을 가진 큰 단체로서, 임상병리학의 발전을 위해 애쓰고 있다. 일찍이 시카고 의과대학 임상병리학 주임교수로서 20년 전에 작고한 혈액학과 혈액은행의 세계적인 권위자 이스라엘 데이비슨 박사를 기념하여 미국병리학회에서는 그의 사후 3년 뒤에 이스라엘 데이비슨 상을 제정했는데, 이 상은 미국병리학회 최고의 공로상으로, 회원 가운데 특히 교육 분야에서 공헌이 큰 사람을 해마다 한 명씩 선정하여 수여해오고 있다. 상금은 없고 완전히 명예만 있는 것이 특징인 이 상의 수상자는 병리학자로서는 최고의 영예를 차지하는 것이다.

나는 1992년 10월 동양인으로서는 처음으로 이 상을 받는 영광을 얻었다. 지구 저편의 작은 나라 한국인으로서 데이비슨 상을 받게 되어 나 개인은 물론 국위선양에도 한몫을 한 셈이다. 나는 미국병리학회 추계학회가 열린 라스베이거스 시상식장에서 기쁨과 감격에 싸여 이렇게 소감을 말했다.

"한국에서 온, 영어도 잘 모르는 내가 처음 미국에 정착했을 때 나를 따뜻하게 받아주고 키워준 데 대해, 또 차별대우를 하지 않고

이스라엘 데이비슨 상을 수상하고 나서(1992. 10. 20)
왼쪽부터 미국병리학회 회장, 아내, 필자, 장남 필립

오늘의 영예를 얻을 수 있게 도와준 여러분께 감사드립니다."

여러 단체와 친구들, 후배와 제자들, 친지의 축하인사를 받으며 비록 나이는 들었지만 더 많은 노력을 하여 임상병리학, 특히 혈액 분야의 발전을 위해 남은 생을 다 바치리라고 다짐했다.

1994년 4월, 나는 또다시 그해 10월 워싱턴에서 열리는 미국 임상병리학회 추계학회에서 특별공로상 수상자로 결정되었다는 통지를 받았다. 다시 얻게 된 이 영예도 나를 길러준 부모님, 어른들, 여러 교수와 선배들의 가르침, 수많은 동료와 후배들이 보내준 격려의 결과라 믿고 그저 감사할 따름이다. 현미경을 들여다보고 제자들을 가르치고 수많은 시간 동안 강의를 하며, 나 개인을 위해서는 거의 여가시간을 남겨두지 않고 여러 곳을 찾아다니고 만났던 사람들에게 전했던 나의 모든 지식들……. 내게 그러한 시간과 능력을 부여해주신 모든 분께 진심으로 감사드린다.

1971년에는 대한내과학회의 초청을 받아 임파암 감별진단에 대한 특강을 했고, 1976년 9월에는 일본 교토에서 열린 국제혈액학회에서 대회 학술조직위원장이며 오카야마 의대 학장과 병리학 주임인 세노 사치마루 교수의 초청을 받아 학회의 주제연사로도 참석했다. 세계 각국에서 온 수천 명의 학자들이 참가한 학회에서 나는 〈골수 내 플라즈마 세포에 관한 연구〉를 발표했다. 일본인 학자 몇 명을 제외하고 초대된 주제연사는 대부분 서양인이었다.

재미 한국인인 나의 연구 발표는 국제적 활동에 대한 상당한 반응과 평가를 받았다. 그 학회에 참여한 이후부터 나는 일본의 여러 학회에 자주 초대받게 되었고 그곳 학자들과의 친분도 넓어졌다. 일본과 한국을 수십 차례 오가며 강의했고, 20년 동안 여름방학을 이용하여 대만, 필리핀, 홍콩, 중국 등 아시아 각지를 돌며 해마다 강의여행을 다녔다.

1979년 국제혈액학회 아시아·태평양지구 분과 혈액학회가 서울에서 열렸다. 외국에 거주하는 사람은 조직위원이 될 자격이 없는 데도 미국에 있는 내가 조직위원으로서 서울대 이문호 조직위원장의 초청을 받아 학회 준비에 참여했다. 나는 미국 학자들을 많이 데리고 와서 여러모로 도와주었다. "골수검사에 대한 심포지엄"에서는 사회를 맡아 회의를 주관했다. 과거에는 일본 사람들의 영어 발음이 좋지 않다고 말하곤 했는데, 이 회의에 참석한 일본의 젊은 학자들은 문법과 발음이 상당히 뛰어난 영어실력을 보여 깜짝 놀란 반면, 우리나라 학자들의 영어는 영

시원치 않아 무척 섭섭했다. 일본인은 최첨단 실험실 설비 등을 갖추어 우수한 연구를 할 수 있으므로 의학연구 면에서는 우리가 뒤진다 하더라도 영어만큼은 우리가 더 잘해야 하지 않을까 싶었다. 학회를 마치고 좌담회에서 그 점을 지적했다.

최근에는 국제학회에 참석한 우리나라 학자들의 영어실력도 상당히 향상되었고 연구내용도 발전했다. 그러나 일본에 비하면 아직은 뒤떨어진 형편이다.

1983년 6월에는 필리핀 마닐라에서 열린 국제혈액학회에서 백혈병 진단에 대한 특강을 했고, 그해 10월에는 도쿄에서 열린 세계 해부임상병리학회에서 골수검사에 대한 강연을 함으로써 혈액학, 혈액병리의 세계적 권위자들과 토론할 수 있었다. 이러한 계기로 지금까지 수차례에 걸쳐 국제학회에서의 학술적 활동을 계속할 수 있었다.

1953년 3월 두 번째 도미한 나는 13년 동안 학업에 쫓겨 귀국할 기회가 없었다. 그러나 1966년 9월 모교 연세대학의 병리학교실 김동식 주임교수의 초청으로 3개월간 초빙교수로서 봉사할 기회가 주어졌다. 그 당시 임상병리에 관한 정책이 불투명하여 문제가 되었는데, 나는 임상병리의 중요성을 인식하고 이 분야를 더 빨리 발전시켜야 한다고 주장했다. 그 후 서울대학에서 고전하고 있던 김상인·조한익 교수의 노력을 격찬하고 격려했다. 또한 해부병리와 임상병리를 분리하는 것은 잘못이라고 지적했다. 그런데 그로부터 몇 년 뒤 나는 이 두 학술 분야가 완전히 분리되었다는 소식을 들었다. 그러한 일은 우리 후학들의 장래에 큰 잘못을 저지르는 짓이다.

1950년 한국에 처음으로 '임상병리'라는 학문을 소개하고 연세대

미국병리학회에 참석한 Rh인자 발견자인 필립 라빈 박사와 함께(1979. 5)

학에서 이 새로운 분야를 개척하려 했을 때의 나의 의도는 병리학의 분열이 아니라 각 병리학 분야의 발전을 도모함으로써 병리학계의 포괄적인 발전을 도모하는 데 있었다. 따라서 후학들을 위해 해부병리와 임상병리의 재합동과 단결을 도모하는 것이 바람직하다고 믿는다.

미국병리학회에서 활동한 지도 수십 년이 되었고 연구업적도 제법 남겼지만, 나는 그것으로 만족하지 않는다. 의학의 발달은 곧 인간생명에 이바지하는 것이므로 늘 연구하고 새로운 것을 개발하여 인류에 봉사하고자 노력을 기울여야 할 것이다.

재미 한인의학협회

1974년 11월 재미 한인의학협회가 창설되었다. 그 무렵 한국에서 의사들이 이민을 많이 왔다. 지금 미국에 사는 교포 의사들은 5천 명가량 되는데, 각 의과대학 동창회의 협조를 받아 각 지구의 의학협회(뉴욕지구, 워싱턴지구, 시카고지구, 필라델피아지구, 남가주지구)를 통합하여 재미 한인의학협회를 조직했다. 최제창 박사, 이광수 · 오창열 교수와 내가 중심이 되어 창설한 협회의 초대 회장은 최제창 박사가 맡았고, 나는 학술위원장이 되었다.

최제창 박사는 1935년 버지니아 주립대학을 졸업하고 해방 직후 보건부 차관을 지냈으며, 1950년 미국으로 이주해왔다. 워싱턴에서 개업한 그는 교포사회의 발전에 크게 기여했고, 워싱턴지구 한인의학협회를 창설하여 그 경험을 바탕으로 각지에 흩어진 의학협회를 통합하는 운동을 전개함으로써 마침내 재미 한인의학협회가 결성된 것이다. 초대 회장의 임기가 끝난 뒤에도 최제창 박사는 계속 고문으로서 협회의 발전을 위해 힘썼다.

제2대 회장은 이광수 교수였다. 1942년 서울대 의대를 졸업하고 필라델피아 토머스 제퍼슨 의대에서 양리학 교수로 일했으며, 1970년대 초 뉴욕 다운스테이트 의대 양리학 주임교수로 일할 당시에 전국적인 의사회 조직에 참여했다. 경북의대 출신인 고 오창열 교수는 뉴욕 근처에 위치한 마운트 사이나이(Mt. Sinai) 의대 외과 교수로, 경북대 의대 동창회의 주요 간부로서 의학협회 창설에 실질적으로 많은 협조를 했다.

학술위원장으로서 제일 먼저 구상한 일은 대한의학협회와 재미 한인의학협회의 공동 학술대회였다. 재미 의사 125명과 그 가족들을 모두 합쳐 180명이 참석한 이 학회는 1975년 10월 성공리에 끝났다.

재미 한인의학협회 창설식에서(1974. 11)
왼쪽부터 필자, 이광수, 최제창, 손춘호, 김기호, 이주걸

미국의학협회회장 리처드 팔머를 초청하여 한국에서 개최한 합동 학술대회를 마치고(1978. 8)

나는 1978년 3대 회장으로 선출되어 그해 서울에서 열린 공동 학술대회에 미국의학협회 회장과 병리학회 회장을 지낸 리처드 팔머 박사를 초대하여 의료정책에 관한 특강을 맡겼다. 당시 보사부 장관은 홍성철 씨였는데, 한국전쟁 때 해병대 대위였던 그와는 이전에 인연이 있었다. 또 보사부 차관은 세브란스 시절 북아현동에서 같이 하숙생활을 한 나도헌이었다. 충청도 출신인 그는 우리 어머니가 담근 명란젓과 식해를 퍽 좋아했다. 국립의료원장과 의료보험공단 이사장을 지낸 뒤 은퇴하여 서울에서 살고 있는 그는 대범하고 활달한 성격으로 자녀들도 훌륭하게 키운 좋은 친구다.

재미한인의학협회는 그동안 발전을 거듭하여 여전히 활발하게 활동하고 있다. 그러나 10여 년 전부터는 한국과 공동으로 여는 학회의 의의가 점점 줄어들고 있다. 한국의 의학이 크게 진보·발전한데다가 1980년대부터는 해외여행이 자유로워져 의사들이 쉽게 미국 여행을 할 수 있기 때문에 굳이 공동 학회를 한국으로 나가서 개최하는 것이 별 의미가 없어졌기 때문이다. 대신 미국으로 초청하여 합동 학술대회를 열어 성과를 거두고 있다.

1983년에는 나의 제언으로 재미 한인의학협회에서 공로상 제도를 마련했는데, 그 첫 수상자로는 우리나라에 처음으로 서양 의학을 도입·발전시킨 고 호레이스 알렌 박사와 정구충·최제창 박사를 선정하여 제7차 합동 학술대회 때 시상했다. 타계한 알렌 박사를 대신하여 노스캐롤라이나 주에 사는 그의 손부가 직접 시상식에 참여하여 상을 받았다. 나는 제7차 학술대회에서 학술위원장과 시상 위원장직을 맡아 오수영 회장을 도왔다. 그때 의학계의 대표적 인물인 전종휘 박사가 초청

연사로 와서 "한국 의학의 근대화"라는 주제로 강의했다.

한때 재미 한인의학협회는 친정부적이라는 오해를 받아 반정부 인사들로부터 비판을 받기도 했다. 1981년 뉴욕 한인교회 60주년 기념예배에 참석한 나에게 어느 장로가 "의협 간부로 있으면서 한국 정부에 아첨하는 것 아니냐?"고 말하여 무척 당혹했던 적이 있다. 순간 나는 그가 깊은 오해를 하고 있다는 사실을 알았으나 여러 사람 앞에서 구구하게 설명하기도 무엇해서 집으로 돌아와 편지를 썼다. 감리교회의 한 원로 장로는 평생을 민주운동에 몸 바친 분으로, 양주삼 박사와도 잘 아는 사이여서 나의 아내를 퍽이나 아껴주었다. 나는 그런 분들의 오해를 풀기 위해 진실하고 정성껏 편지를 썼다.

편지에서 나는 "협회의 목적은 정치와 학벌을 초월하여 재미 의사들의 친목과 모국의 의학교육에 공헌하는 애국적인 것이며, 또 재미 의사들, 특히 각 의과대학 동창회 간부들의 소원에 의해 창립된 단체이지 한국 정부의 지원으로 운영되는 단체가 아니므로 정부와는 아무런 관계가 없다"고 분명히 밝혔다. 덧붙여 협회에서는 양심의 가책을 받을 일은 추호도 하지 않았다고 강조했다.

1975년 한국 정부로부터 3만 달러를 지원받았다는 기사가 《동아일보》에 실린 적이 있었다. 물론 오보였다. 우리는 전혀 지원을 받은 적도 받을 생각도 없었는데 그런 기사가 실려 무척 마음이 아팠다. 물론 회원들 중에는 친정부 혹은 반정부의 색채를 띤 인사들이 있겠지만, 그것은 그 개인의 문제이지 조국의 의학교육과 발전에 이바지하겠다는 협회의 목적이나 내 소신과는 관련이 없었다. 의학도로서 나는 비민주적인 정부라 해도 최신 의학의 혜택을 받을 수 있는 국민의 권리를 박탈할 수는 없다고 믿으며, 조국의 청년의학도들의 학구열을 위해 열심히 일했을 뿐이다.

점차 의의를 잃어가고 있던 공동 학술대회는 1984년부터 완전히 취소되었고, 다만 겨울철에 휴양지에서 재미 한인의학협회 회원을 모시고 동계 학술대회를 개최하여 지금까지 열한 차례 대회를 열었다. 1993년 플로리다 주 올랜도에서 열린 동계 학술대회에는 가족까지 포함하여 300여 명이 참석하여 성황리에 마쳤다. 나는 협회의 간부로서 초창기부터 지금까지 활동했고, 1992~95년에는 상임 부회장으로 봉사했다. 그리고 1984년과 1991년에는 재미 한인의학협회상을 받았다.

재미 의학자로서 우리나라가 자랑할 수 있는 국제적인 인물로는 홍완기 박사가 있다. 1942년생인 홍 박사는 1967년 연세대 의대를 졸업하고 보스턴 상이군인병원에서 1973년 레지던트를 했다. 그는 내가 서울에 나가 강의했을 때 내 강의에 자극을 받아 훌륭한 학자가 되겠다는 결심을 굳혔다고 말하여 나를 감동시켰다. 뉴욕 메모리얼 슬론 케터링 암연구소(Slown Kettering Cancer Institute)에서 2년간 연구한 후 보스턴대학과 태프트 의대 교수가 되었으며, 상이군인병원 종양학 과장도 겸했다. 1984년에는 텍사스 휴스턴의 M. D. 앤더슨 암연구소에서 흉부와 두경부암 연구를 계속하면서 지금까지 250여 편의 연구논문을 발표했고, 의학잡지의 편집인으로서, 여러 종양학회의 간부로서 눈부신 활약을 보이고 있다. 그는 훌륭한 연구업적으로 의학연구 분야에서 세계 최고의 상을 받은 젊은 학자다.

그의 형 홍석기 교수는 48년 세브란스 졸업생으로 미국에서 생리학 박사학위를 받아 모교로 돌아가 제주도 해녀들의 호흡생리에 대해

홍완기(1942-)
미국 텍사스대 MD 앤더슨 암센터
종양내과 교수

홍석기(1928-1999)
버팔로 의대 생리학 교수,
연세의대 생리학 교수

연구하여 세계적인 석학이 되었다. 그는 20년 전 도미하여 지금은 버팔로 의대 생리학 명예교수로 있다. 홍완기 박사는 형으로부터 학업의 자극과 영향을 받아 훌륭한 의학자가 되었다고 믿는다.

1980년도 미국 한인의학협회 회장은 43년 세브란스 졸업생 이규택 박사였다. 나와는 대구 피난시절의 각별한 인연으로 가까운 사이였다. 그는 면역의학의 세계적 권위자인 김윤범 학술위원장과 같이 대한의학협회 회원들을 미국으로 초대해 뉴욕에서 학술대회를 개최하여 성공리에 마쳤다.

이규택은 내가 두 번째 미국 유학을 떠나온 직후에 대구 동산병원(지금의 계명대 의대 병원)의 내과과장을 사직하고 워싱턴대학에서 병리학을 전공하여 1956년 박사학위를 받았다. 귀국해서는 고병간 총장의 초청으로 경북대 의대 내과 주임교수로 일했다. 1960년 주임교수 자리를 내놓고 부인과 세계여행을 하던 중 미국에 들렀다가 뉴욕 올바니대학 병리 주임교수로 있던 병리학자의 간청으로 그곳의 병리학 교수로 머무르게 되었다. 그의 부인 이숙경 여사는 1960년 필라델피아 여자의과대학 내과 레지던트를 하고 있었는데, 틈나는 대로 우리 집에 들러 즐거운 시간을 가졌다. 그러나 우리가 버지니아로 이사를 간 후 그 부인도 남편이 있는 올바니로 떠났다.

이규택 박사는 올바니대학에서 동맥경화증 분야의 연구를 계속하여 세계적인 석학이 되어 훌륭한 업적을 남겼다. 그는 올바니에서 대학원 부학장으로 있으면서 러시아와 중국 의학과학원의 초청을 받았다. 또 도쿄대학 초빙교수와 부산 고신대 의대 대학원장으로도 일했으며, 미국 국립보건연구소 위원회의 주요 멤버로도 활동했는데, 2년 전 암으로 갑자기 작고하여 주위 사람들의 마음을 아프게 했다. 그는 학벌을 초월해 많은 경북대학 졸업생들을 도와준 훌륭한 사람이었다.

1980년부터 1994년까지 재미 한인의학협회는 계속적으로 발전해왔으나, 1995년에는 비약적인 발전을 보았다. 서울대 의대 출신의 이만택 회장과 여러 간부의 희생적인 노력으로 12월 27일부터 31일까지 캘리포니아의 라퀸타리조트(La Quinta Resort)에서 열린 해방 50주년 기념 동계 학술대회는 훌륭한 성과를 거뒀다. 대한의학협회 유성희 회장을 위시하여 수십 명의 회원들과 중국 연변의학원의 최수환·배봉옥 교수의 참석으로 뜻 깊은 학회를 이룰 수 있었다. 그동안 한국 의료계는 눈부신 발전을 했고, 재미동포 의학계 지도자들과의 학술교류는 더욱 바람직하다는 것이 이 학회의 결론이었다. 그러므로 금년 4월에 열리는 대한의학협회 종합학술대회에도 더 많은 재미 의학자들의 적극적인 참여가

기대되었다.

　오늘날은 한국 의사들이 미국에 이민하는 것이 거의 불가능하다. 그러므로 재미 의학협회 활동에 적극적으로 참여하는 것을 진지하게 고려해볼 일이다. 이런 활동이 활발하게 이루어지면 우리 의학회도 계속적인 발전을 이룰 수 있으리라 믿는다. 5천여 명의 우리 회원들은 의사로서, 교육가로서 미국 주류사회에서 활동하고 있다. 우리는 그날그날의 활동과 생활을 통해 미국사회에 크게 공헌하고 있을 뿐만 아니라 조국의 국위선양에도 꾸준히 기여하고 있음을 자랑스럽게 생각한다.

5장

내 삶의 귀한 조각들

1986년 5월, 아내와 함께

스승의 발자취를 따라

장기려 박사

한국에 가면 꼭 잊을 수 없는 큰 스승 장기려 박사님을 뵈러 부산에 간다. 그분은 인술과 사랑의 전교로 많은 생명을 건졌고, 그의 위대한 사랑으로 사람들의 존경을 받았다. 그의 인생 이야기가 담긴 《할아버지 손은 약손》이 출판되어 널리 읽히고 있다. 1.4후퇴 때 아들 하나 데리고 남하하여 평생을 부인과 다른 자녀들을 그리워하며 혼자서 그 아들을 키우고 사신 훌륭한 스승은 "내가 이웃에게 베푼 만큼 북에 두고 온 가족들도 누군가의 도움을 받게 되리라 믿는다"고 하셨다. 서울대학 교수라는 명예를 버리고 피난민과 극빈환자들을 위해 부산에서 복음병원을 열어 가난하고 병들고 외로운 이웃의 친구로 살아가셨다. 감동적인 그분의 인생을 생각하면 나는 멀리서도 따뜻함을 느낀다.

지난 1991년 평양에서 보건부 부장 이종률과의 만남은 참 뜻깊었다. 시간가는 줄 모르고 이야기를 나눴다. 만찬회에서 나는 축사를 맡아

3분 정도 이야기를 했고 장철 부총리와도 인사를 나눴다. 그날 밤 9시 평양과학의학원 연구원인 장성용 여사를 만났는데, 그분이 바로 장기려 박사의 따님이었다. 오십이 넘은 그분과 반갑게 인사를 하고 장 박사님에 대한 글도 전했다. 어머니는 마침 강계에 사는 동생 집에 가 계신다고 하여 무척 서운했다. 아쉬웠지만 어쩔 수 없었다. 서울대 의대 교수인 오빠 장가용 씨가 전해준 편지를 전하고 아버지의 소식도 알렸다. 그 만남은 퍽이나 인상적이었다. 그분과 만나는 동안 내내 가슴 한구석이 아프고 써늘했다. 이 가족이 떨어져 살아온 시간이 너무나도 가혹한 고통의 시간으로 여겨졌기 때문이다. 그들의 삶은 생이별의 아픔을 감당하며 남과 북에서 각기 십자가를 지고 가시밭길을 가는 발자취나 다름없었다.

서울에서 장가용 교수를 만나 안부와 함께 평양에서 찍은 사진을 전해주었다. 부산에 계시는 장기려 박사님께는 전화로만 보고를 드렸다. 그리고 내가 북한 정부 측에 건의한 것도 말씀드렸다. 만약 한국 정부에서 장기려 박사의 북한 방문을 허용한다면 북한에서도 그분을 환영하겠느냐고 물으니 자기들로서는 그런 훌륭한 학자는 과거를 묻지 않고 환영한다고 응답했다. 내 말을 전해들은 장 박사님은 조금 생각한 후, "다른 사람들이 모두 다 가지 못하는데 내가 어찌 특별대우를 받아 가겠느냐? 모두 갈 수 있을 때 나도 가야지……." 그 대답에 나는 눈시울이 뜨거워졌다. 이렇게 훌륭한 분이 세상에 다시 또 있을까.

1991년 6월 9일 평양의 김만유 병원 개원 5주년 학술대회 때 나는 평양의전의 교수로 있던 일흔다섯 살가량의 채응석이라는 분과 이야기를 나눌 기회가 있었다. 장기려 박사에 대해 물으니 물론 알고 있다고 했다. 내가 그분 아래서 인턴을 했다는 것과 김윤범 박사가 평양의전에서 공부했다고 말하자 그는 자청하여 장기려 박사에 대한 감동적인 일화를 들려주었다.

해방 직후 장기려 박사가 김일성대학의 외과교수로 부임해왔을 때 그를 사회주의자로 전환시키기 위해 여러 차례의 권유가 있었다. 한번은 공산주의의 우월성에 대해 열심히 설명하고는 그의 생각을 묻자, "공산주의는 인류 전체를 위한 참으로 좋은 사상인데……"라며 잠시 말을 멈추고는 "공산주의는 평면적인 것으로 거기에 어느 정도 진리는 있으나 나는 평면적이면서도 입체적인 것, 즉 아래와 위가 직결되는 기독교를 믿습니다"라고 대답했다고 한다. 그뿐만 아니라 수술 집도 전에는 반드시 환자를 위한 기도를 잊지 않았다고 전해주었다.

나는 공산당 앞에서 당당하게 자신의 신앙을 밝힐 수 있었던 장기려 박사님의 진정한 용기에 깊은 감명을 받았고, 더욱 존경하게 되었다. 그 엄했던 공산주의 체제 아래서 자신의 신앙과 소신을 용감하게 말한 장 박사님은 역시 대단한 분이었다. 기독교가 핍박받던 그 시대에 그가 취한 행동은 두고두고 기독교인의 귀감이 될 것이다.

장 박사께서 건강이 좋지 않아 부산 복음병원(지금의 고신의료원) 병실에 입원해 계시다는 이야기를 듣고, 1995년 8월 17일 김윤범 박사, 장 박사의 아들 장가용 교수와 함께 부산으로 찾아가 문안을 드렸다. 그리고 12월 초 서울에서 장가용 교수를 다시 만나 장 박사께서는 병환이 악화되어 서울 백병원으로 옮겨와 치료 중인데, 며칠 남지 않으신 것 같다고 들었다. 그 후 장 박사께서는 크리스마스 새벽 조용히 하늘나라로 가셨다는 소식을 들었다. 그의 고귀한 믿음의 생활, 이웃사랑, 부귀·권세·재

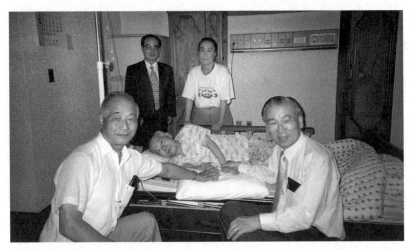
부산 복음병원 장기려 박사의 병상에서 장가용, 김윤범과 함께(1995. 8)

력을 완전히 탈피한 일생을 되새기며 그분을 가까이하고 귀감으로 모실 수 있는 기회를 주신 하나님께 감사의 묵도를 올렸다.

문익환 목사

1994년 1월 18일 오후, 한국의 민주주의를 지키기 위해 한평생을 바친 늦봄 문익환 목사가 별세했다. 그 소식을 접하고 나는 한동안 아연했다. 고생스럽고 험난한 민주투쟁의 길로 일관하며 고결하게 사신, 그래서 세상에서는 초라한 삶을 누리셨던, 그러나 양심으로 살았던 그분의 일생에 나는 무한한 존경과 신뢰를 보내며 명복을 빌었다.

해방이 되자 나는 젊은 청년으로서 우리나라에 진정한 민주주의가 서리라 믿었다. 내가 서재필 박사를 그토록 존경한 것은 100년 전 그 어

4.19혁명에 참가한 세브란스 의대 학생들

려운 봉건시대에 우리나라 사람들의 가슴에 민주주의의 씨를 뿌려 배
재학당, 독립협회, 독립신문을 통해 우리 앞길은 민주주의를 토대로 한
정부로 나아가야 한다고 가르쳤다는 데 있었다. 나는 그것이 옳다는 굳
은 신념을 가지고 그분의 사상을 내 생활신조의 하나로 삼아왔다. 1948
년 대한민국 정부가 수립되었을 때 나는 기쁨을 느꼈지만, 이승만이 진
정한 민주주의의 신봉자라고는 생각되지 않아 마음 한구석이 불안했
다. 여러 정치인들이 암살되었을 때 배후에서 야심 많은 그가 조종했으
리라 여겨지기도 했다. 내가 서재필재단을 맡게 된 것은 미국 내에서만
이라도 민주주의의 귀감이 될 만한 분을 모시고 그분의 정신을 따르는
것이 뜻깊은 일이라 믿었기 때문이다.

　이승만 독재정권이 학생운동으로 물러난 다음, 윤보선 정권이 들어서자 나는 우리나라에 민주국가가 재건되리라는 희망을 가졌다. 그러나 곧 군사독재정권이 들어서자 실망과 낙담이 매우 컸다. 당시 한국의 정치상황이 매우 좋지 않았지만, 군사독재라는 그 자체가 더 마음에 상처를 주었다. 그런 정황에서 소수의 훌륭한 기독교 지도자, 정치지도자들이 어려움 속에서 민주화운동을 하고 있음을 알았을 때, 나는 그것으로 서재필 박사가 뿌린 민주주의의 싹이 트고 있다는 희망을 가지게 되었다.

나라의 앞길을 밝혀준 문익환, 김재준, 함석헌, 백기완, 김관석 선생 등 많은 종교계 인사들이 반정부세력으로 등장하여 투쟁을 계속 했을 때 그들의 어려움과 애로, 고충을 마치 내가 당하는 것처럼 절실히 느꼈고 그분들이 미국에 올 때면 환영하는 모임에 꼭 참석하여 작은 힘이나마 격려를 보냈다. 그리고 전두환 정권이 물러난 후 1987년 대통령 선거에서 김대중, 김영삼 씨가 갈라져서 서로 경쟁했을 때는 미국에서도 민주주의를 신봉하는 동포들과 같이 참으로 마음 아프게 생각했다. 동시에 정권이 바뀔 때마다 새 독재자들을 축복해주고 조찬기도회를 열어 권력자에게 아첨하는 기독교계의 지도자들에게 실망을 느끼고 원망을 던지고 싶었다. 아직도 그들은 회개는커녕 국가사회와 종교계의 원로지도자로 군림하면서 부끄러운 줄도 모르고 날뛰고 있다. 그들의 영화로운 지상생활이 하늘나라에서 얼마나 환영을 받을까 의심스럽다.

문익환 목사가 현지에서 투쟁하고 있는 것을 볼 때마다, 또 그가 투옥되었다는 소식을 들을 때마다 무척 마음이 아팠지만 그로 인해 나는 희망과 자극을 받게 되었고 멀리서나마 고락을 함께 나눴다. 당시 이화여대 교수로 있던 영학 형도 조용히 정의와 민주주의가 무엇인가를

문익환 목사와의 마지막 만남(1993. 6)
왼쪽부터 조희정, 필자, 박창해, 문영환, 문익환 목사

대학에서나 YMCA, 기독교교수협의회, 기독교학생회 등에서 학자의
태도로 주장했다는 것을 알고 자랑스럽게 여겼다. 형은 결국 모든 현직
을 박탈당했고 해직교수로 여러 해 고생했다. 그래서 나는 비록 미국에
서 편하게 살고 있었지만 국내 지식인들의 어려웠던 상황을 조금이나
마 이해할 수 있었다.

　문 목사의 부친 문재린 목사와 모친 김신묵 권사는 우리 어머니와
도 잘 아는 사이로 서로 가까이 지내셨다. 김신묵 할머니를 친언니처럼
모셨던 어머니는 우리에게 문재린 목사의 훌륭함을 자주 말씀하셨다.
1955년 프린스턴신학대에서 공부한 문익환 목사는 국내로 돌아가 활동
하다가 다시 뉴욕의 유니온신학교에서 신학 연구를 했다. 10년 전 내가
두 번째로 연변에 가게 되었을 때 수유리에 있는 문재린 목사댁을 찾아

가 인사를 드릴 겸 용정에서 목회를 하셨기에 혹 심부름할 일이 있으면 말씀하시라고 했더니 아들 문익환 목사가 쓴 세 권짜리 책 두 질과 편지를 주며 연길과 용정의 친척에게 전하라고 했다. 그때만 해도 외국인이 그곳에 사는 사람을 만나는 데 제한이 있었고, 중국에서 사람을 찾는 일이 쉽지 않을 때였다. 나는 어렵사리 만나 책을 전했고, 서울로 돌아와 보고를 드렸다.

용정에서는 주일예배에 참석할 수 있었다. 그때 마침 용정으로 오셨던 연길교회의 김성하 목사는 설교를 마치고 나를 소개했다. 소개말 끝에 나는 옛날 용정교회에 계셨던 문재린 목사님이 여러분께 인사를 전하란다고 덧붙였다. 예배가 끝난 후 일흔 살가량의 노부부가 달려와 내 손을 꼭 잡고 "문 목사께서 50년 전 우리 부부의 결혼식 주례를 서주셨는데, 아직 살아계시다니!" 하면서 눈물을 글썽거렸다. 내가 그들과 같이 찍은 사진을 문재린 목사님께 보여드렸더니 감동하며 역시 눈물을 보이셨다. 하도 주례를 많이 서서 누군지는 잘 기억하지 못하셨지만 회고의 정을 더듬는 노목사의 얼굴에는 온갖 복잡한 표정이 서려 있었다.

내가 중국에 가기 위해 다시 서울에 들렀을 때 문익환 목사는 감옥에 들어가 있었는데, 그 어머니는 마음은 쓰라렸겠지만 아들이 의로운 일을 하고 있다는 확신을 가지고 꿋꿋한 모습을 보여주셨다. 1993년 그가 가석방되어 나왔을 때 내가 머물던 서울 힐튼호텔에서 6월과 8월 두 차례 만나 뵐 수 있었다. 마지막으로 만났을 때는 동생 영환 씨와 박창해 선생도 자리를 같이했는데, 문 목사가 통일에 대한 자기 소견을 말하자 박창해 선생은 "저 양반은 너무 고지식해서 곤란하다"고 농담을 했다. 우리 민족의 지상과제는 통일이라고 주장하던 그의 마지막 모습이 눈에 선하다.

1993년 국회의원선거가 막 끝났을 무렵 나는 뉴저지에 사는 문 목사의 동생 문동환 목사댁에서 미국 내의 한인교회와 동포사회에 대해 여러 가지 걱정을 서로 나눴다. 그때 토론토에 오래 살았던 영환 씨가 연변 과학기술대학에 영어 교사로 가기로 했는데, 연변에 YMCA를 재건할 생각이라고 했다. 그 후 그의 중요한 사업을 돕기 위해 미·중 한인우호협회에서는 그에게 중국 체재비를 지원했다. 그는 신학공부는 하지 않았지만 재능이 많고 특히 연극, 음악에 소질이 뛰어나서 우리는 그를 적임자로 여기고 기대하고 있다.

그리고 1994년 1월에 날아온 문익환 목사의 부음은 참으로 나의 마음을 아프게 했다. 그를 알고 있는 미국의 뜻있는 사람들도 마음 깊이 그를 애도했다. 나는 당시 문 목사를 보내며 그에 대한 추도의 글을 썼는데, 내용은 대충 이러했다.

조국의 평화통일과 민주실현의 기수
문익환 목사를 기리며

1월 22일 토요일 저녁, 나는 뉴저지 집에서 문익환 목사의 별세 소식을 신문에서 만났다. 활자로 새겨진 문 목사의 이름자를 몇 번이나 확인해도 믿을 수 없는 기사였다. 그동안 여러 차례 서울에서 뵙던 그의 모습이 사라지지 않는다. 파란만장했던 문 목사의 삶, 오로지 민주주의의 구현과 통일이라는 외길 인생을 힘겹고 고달프게 걸어간 한 사람의 외로운 선구자, 자기 몫의 일을 다하고 세상을 떠난 사람……

그의 뒤를 이어 비록 고독한 외침이라도 열매를 거두어야 할 뒷사람들에게 할 일을 남기고서 문 목사는 영원한 생명의 나라로, 돌아올 수 없는 먼 길로 떠나셨다. 그날 신문에는 문 목사와 용정 광명중학 동기인 한 정치인의 부고 소식이 한 면에 나란히 실려 있었다. 현실과 타협하여 권력과 재력으로 화려하게 살았던 그의 장례식 준비에는 역시 한 시대의 권력자들이 모였고 화려하고 요란스러웠다. 그러나 개인의 영예와 영화를 버리고 진실과 신앙으로 일관한 보잘것없는 문 목사의 빈소는 결코 초라하지 않았고 많은 사람들의 애도와 존경이 넘치는 빛나는 자리였다.

지난해 6월과 8월 나는 서울에서 두 차례 문 목사를 뵈었다. 내가 묵고 있던 힐튼호텔로 찾아오셔서 통일에 대한 자신의 소견을 밝히던 고집스런 모습이 생생하다. 그러했던 분이 우리 곁을 영영 떠나버렸다. 현재가 아니라 이미 지난 과거로 이야기해야 한다는 사실이 믿어지지 않는다.

문 목사는 기독교정신을 그대로 현실사회에서 실천하신 분이었다. 그가 1989년 월북하여 북한의 지도자나 동포들을 포옹할 수 있었던 것도 "너의 이웃을 사랑하라" 하신 예수님의 말씀을 그대로 실천할 수 있는 깊은 신앙이 있었고, 통일은 우리 겨레의 지상 사명이라는 신념이 있었기 때문이다. 개인의 영예와 재력을 노리며 권력에 탐욕을 내고 부정부패를 정당화시켜온 군사독재정권의 주역들, 또 그 권력에 아부하여 비리와 부조리를 묵인했던 그 시대의 광야 같은 현실 속에서 사랑과 정의, 민주주의와 통일을 홀로 외쳐온 고독한 문 목사의 모습이 가엾고 처량하기만 했다.

역대 권력자들은 그를 친공 인사, 반국가사범, 이적행위자, 정치목사 등으로 낙인을 찍어 10여 년 동안 투옥시켰으나, 그는 조금도 자신의 신앙과 신념을 버리지 않고 고통의 멍에를 감수함으로써 승리의 깃발을 휘날릴 수 있었다. 그의 기독교인으로서의 일생은 '아멘'을 연발하며 높은 목소리로 찬송가를 부르고 교회 활동에 충성하면서도 정치적·사회적 비리와 부정을 묵인함으로써 극심한 사회 부조리를 불러오게 한 일부 기독교인에게 큰 교훈이 되고 귀감이 된다고 믿는다.

깊은 신앙의 기독교 지도자, 겨레를 진정으로 사랑한 애국자, 감옥을 들락거리면서도 자신의 소리를 올바르게 외쳤던 보통사람, 정의사회 구현을 위한 민주투사로서 핍박을 달갑게 받는 그의 이야기를 멀리서 들을 때마다 나는 미래 우리나라의 희망을 보는 듯하여 그에게 박수를 보냈고 또 그의 고통에 정신적으로나마 동참했다. 이 어려운 시대에 그렇게 살아가는 그가 한없이 든든하고 자랑스러웠다.

그는 북간도 용정 명동촌에서 문재린 목사와 김신묵 여사의 장남으로 북간도의 바람소리를 들으며 독립을 꿈꾸었고 3.1운동 때는 어린 소년으로 대한민국 독립을 외쳤다. 같은 교실에서 공부했던 애국시인 윤동주와 같이 북간도의 맑은 가을하늘을 우러러보며 반짝이는 별을 하나 둘 세면서 자랐던 동심, 그들의 마음과 심장을 울렁이게 했던 자주독립의 포부……. 부모에게서 물려받은 기독교신앙과 애국심은 그들의 정신과 행동의 원천이었다.

문재린 목사 부부는 나의 어머니와 각별한 사이였다. 나는 서울 방문 시에 여러 번 수유리로 노목사 부부를 방문했다. 그때마다 큰아들은 수감 중이었다. 그분들은 아들이 하는 일을 긍정적으로 생각하고 당신들이 바랐던 대로 나약하지 않은 굳은 신념과 믿음으로 진실하게 양심적으로 살아가는 아들을 위해 기도하셨다. "네 십자가를 지고 흔들림 없이 가라"고 아들을 위로한 김신묵 할머니. 그러한 가정 속에서 자랐기에 문 목사는 통일과 민주화 투쟁을 위한 고난의 길을 택할 수 있었고 정의와 믿음의 길을 포기하지 않을 수 있었을 것이다.

박용길 장로의 남편에 대한 믿음과 기대는 참으로 훌륭했다. 그는 남편의 심적·육체적 고통을 함께 겪으면서 의연하게 깊은 신앙으로 남편의 정의사회 구현과 평화통일을 위한 투쟁을 뒷받침해주었다. 문 목사는 21세기를 지향하는 우리 민족의 가장 중요한 과제인 평화적 통일의 길을 열어주었다. 그가 앞서 걸어간 통일의 길은 비록 아득하고 험난한 길일지라도 우리는 따라가야 하

서재필 박사

미국에 와서 1960년대 중반까지는 나 자신의 실력 배양에 전력을 기울
여 1970년대로 들어서면서는 미국의 주류사회로 진출하여 살 수 있었
다. 그러나 더 넓고 다양한 그리고 뜻있는 동포사회 활동으로 눈을 돌리
고자 방향전환을 모색하던 중인 1975년 필라델피아에서 7, 8명의 의사
들이 중심이 되어 서재필기념재단을 설립했다. 그리고 그 얼마 후 재단
의 이사장직을 맡아달라는 부탁을 받았다. 몇 달 동안 숙고한 끝에 나는
수락하기로 결정했다.

1950년대 중반 필라델피아에서 처음 연구생활을 시작하던 당시부
터 서 박사를 기릴 만한 사업이 그분이 사셨던 이곳에서 이루어지기를
염원했고, 1960년에는 당시 유엔대사였던 임창영 박사에게 서재필기
념 장학재단 설립을 건의하기도 했다. 그러나 바로 그즈음 나는 펜실베
이니아 주에서 의사면허시험 자격을 주지 않아 할 수 없이 면허를 얻어
둔 버지니아 주립의대로 조교수직을 얻어 그곳을 떠났다. 그 후 1962년
에 뉴저지 주의 의사면허시험에 합격하여 프레인필드로 이사 왔다. 서
재필기념재단 설립이라는 막연하고 오랜 소원이 드디어 이루어지게 되

었을 때 나는 무척 기뻤다.

개혁주의자이며 민족주의자로 또 민주주의의 선구자로, 독립운동
가로, 의사로서, 어려운 시대의 민족지도자로서, 언론인으로서의 서재
필 박사를 영원히 기릴 기념재단 설립은 필라델피아 교민사회, 나아가
미국 내의 동포사회뿐만 아니라 우리 민족 모두에게 중요한 의의가 되
기에 재단 책임을 맡은 나는 사명감으로 임했다.

재단에서는 동포와 미국시민에게 의료혜택을 베푸는 일로 저렴
한 HMO의료보험을 만들어 의료봉사를 전개했다. 또 학술연구 단행
본 발간 등 출판물 발행으로 이민의 역사와 한국의 사상과 가치, 그리
고 서재필 박사의 삶에 대해 널리 알렸다. 특별히 장학 · 교육 사업은 내
가 적극적으로 추진하여 해외동포, 특히 중국동포들을 미국에 유학시
켜 선진교육을 받을 기회를 부여했고, 사회사업부를 운영하여 처음 이
민 온 교포를 돕거나 편리를 도모해주고 어려운 사람을 도왔다. 한편
이민사회가 안고 있는 문제와 나아가 통일문제 등을 다루는 학술회를
개최하는 등 활발한 활동을 했다. 1980년대 초반 서 박사의 둘째딸 뮤
리엘(Muriel)과 서 박사의 비서로 오랫동안 수고하신 고 임창영 박사(Dr.
Charming Liem, 뉴욕 주립대 정치학 교수, 전 유엔대사)를 명예이사장으로 모실 수 있어
서 재단 운영에 큰 정신적 도움을 받을 수 있었다.

지금 서재필기념재단은 동포사회에서 절대적으로 필요한 사업체
로 부상했고 사업이 순조롭게 진행되고 있다. 그런데 1985년에 문제
가 발생했다. 서 박사의 둘째딸 뮤리엘이 죽은 뒤 서 박사가 살던 집안
의 유품이 관리은행의 부탁을 받아 당시 재단의 모씨 주도로 미국 시장
에서 경매에 부쳐진 것이다. 그 몇 달 전 이사회에서 모씨는 유서에 따

서재필(1864-1951)　　　　　　뮤리엘(1898-1987)
독립운동가, 정치인, 언론인　　　　서재필의 둘째 딸

라 자기가 유품 책임자가 되었으니 재단은 이 일에 관여하지 말라고 말한 일이 있었다. 이사장인 나와 다른 이사들은 경매가 진행되는 것을 전혀 모르고 있었다. 이 일은 당시 이민사회에서 큰 문제가 되었고 매국행위라는 논란이 일었다. 이사장인 나로서는 상상도 할 수 없던 일이다. 거기에 대한 추궁이 있자 모씨는 서 박사가 쓰던 물건은 팔리지 않았고 가족이 사용하던 것들만 팔렸다고 주장했다. 가족이 쓰던 물건이면 서 박사의 유품과 마찬가지일 터인데 그런 궤변을 늘어놓은 것이다.

　　이미 재단의 이름이 인쇄된 공문으로 유품 판매에 관한 정보가 동포사회에 들어간 후라 재단에서 결의한 일로 오해를 받을 수밖에 없었다. 이사장인 내게 직접적인 공격이 가해졌고 문제가 크게 번졌다. 재단에서는 이 어려운 문제를 공평하고도 개인의 명예에 손상이 가지 않도록 동포사회에 알려줄 필요성을 인식하여 그 임무를 신태민, 이정식과 나에게 위임했다. 여러 달 동안 토의하고 직접 관계된 사람들과의 접촉을 거쳐 성명서를 작성해서 동포사회에 발표하여 일단 문제를 마무리 지었다. 모씨의 재단에 대한 소송도 있었으나 재단에서도 항소하여 그 문제는 해결되었다.

그러던 와중에 모씨가 재단에 등록된 보험환자를 자기 개인 환자로 돌려서 재단이 재정적 위협을 받고 있다는 제보가 들어왔다. 그리하여 나중에는 재단이 무너질 위기에 처했다. 재단의 총책임자인 나는 도의적인 책임을 느끼고 이사장과 이사직을 사임하기로 결정했다.

서재필기념재단의 사회적인 지위는 땅에 떨어졌고 그동안 했던 좋은 일들도 동포사회에서는 잘못된 것으로 평가되었다. 이사회에서 회의를 거듭한 끝에 마지막으로 내린 결정은 모씨를 물러나게 했고, 이사장은 직접적인 책임은 없지만 도의적 책임이 있으니 이사장직은 그만두되 재단에 대한 그동안의 공헌으로 이사로는 남아달라는 내용이었다. 무엇보다 동포사회의 혹평을 무마하고 잘못된 일을 수습하기 위해 펜실베이니아대학 이정식 교수가 이사장으로, 정형외과 의사 이봉식 박사가 회장직을 맡아 다행히 여러 가지 어려운 역경 속에서도 재단은 재건되었다. 현재 재단은 이들과 후임자들 특히 오성규, 이만택 회장, 정학량 의료원장, 또 이우영 현 이사장의 훌륭한 정신과 눈부신 노력으로 더욱 발전되었으니 무척 다행스러운 일이다.

그 후 서 박사의 유품은 천안 독립기념관에 대부분 영구대여로 보존되고 있다. 서 박사는 가난하게 살았고 독립운동에 사재를 다 바쳐 만년에는 생활이 무척 어려웠다. 1951년 1월 5일 돌아가신 후 그 집은 둘째딸 뮤리엘이 물려받았다. 그녀도 어렵게 생활했기에 집을 거의 돌보지 않아 집은 형편없는 모습이었다. 천장에서 물이 새고 수도꼭지가 고장 나고 벽의 페인트는 낡아 벗겨져서 집은 헐 대로 헐어 있었다. 그녀가 죽은 후 재단 측은 거의 20만 달러를 들여 대거 수리하여 서재필기념관으로 쓰고 있다. 기념관은 필라델피아 시 중심지에서 서쪽으로 15마일 떨어진 미디아(Media)에 위치해 있어 방문하기가 쉽지 않다. 그러나 이 기념관은 당연히 동포사회에서 영구히 소유하여 오래오래 남아 있어야 한다. 독립운동의 산실인 역사적인 기념관 샌프란시스코의 감리교회 건물이 팔린다는 소식을 들었을 때도 참으로 어이없고 마음이 아팠다. 건물과 주차장이 좁아 발전할 수 없다 하여 중국인에게 팔렸다는데, 다행히 서재필기념관은 우리 손에 보존되고 영원히 남게 되었다.

서재필재단의 장학사업은 1982년 내가 중국 연변 지역을 처음 방문했을 때 그곳 의학도들에게 미국에서 교육받을 기회를 구상한 데서 비롯되었다. 나는 이 사업을 위해 오랫동안 꾸준히 노력한 결과 1984년에 첫 결실을 보게 되었는데, 서재필기념재단이 필라델피아에 있는 스미스 클라인 프렌치(Smith, Kline and French)의 방계회사인 지오메트릭 데이터(Geometric Data)로부터 중국 유학생 교육비로 1만 달러를 기증받은 것이다. 나는 뮬런버그 병원 측에서 매년 중국 유학생 두 명을 초청하고 병원의 도움으로 기숙사비와 식비를 면제받도록 조치했다. 이들 장학생은 대부분 중국으로 돌아가 크게 이바지하고 있다. 이일용, 구지, 송경욱, 이위, 박철, 양화, 황유복, 정문옥, 박운봉이 그들이다.

1985년 재단의 첫 유학생으로 온 이일용은 1960년대 초반 연변의 학원을 나와 강사로 학생교육과 병리학을 연구하다가 미국으로 와서 1년 동안 뮬런버그 병원에서 혈액병리를 전공했다. 그는 한동안 영어가 서툴러 고전했으나 워낙 노력가여서 원하는 것을 최대한 배워 연변의

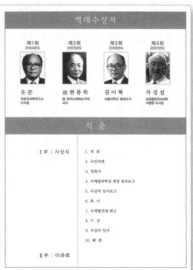

제2회 서재필 의학상을 수상한 현봉학 박사

서재필기념관 앞에서 이봉식 박사(1964년 연세의대 졸업, 펜실베이니아 대학병원 교수)와 함께

학원으로 돌아가 병리학 교육에 크게 이바지하고 있다. 또 미국 유학을 했기에 중국 병리학회에서도 활발하게 학술 발표를 하고, 기타 일에도 참여할 기회를 얻어 개인적인 성장도 했다. 그는 몇 해 동안 우수한 성적을 의학원에 남겨 그 공로로 1991년 재도미하여 필라델피아 템플대학 의대에서 6개월간 위암 연구를 하고 다시 모교에 돌아가 병리학 주임교수로 있다.

이일용이 처음 미국에 왔을 때 나는 동포사회의 여러 사람을 만나게 해주었다. 뉴욕에 사는 서울대 출신의 방사선과 전문의 이효빈은 그에게 북한에 살고 있는 가족을 찾아봐달라고 부탁했다. 그는 연변으로 돌아가서 이 박사의 고향 함흥으로 연락하여 그의 어머니와 세 동생의 소식을 전해주었다. 편지 왕래도 직접 할 수 있었는데, 어머니는 돌아가시고 동생들만 남아 있었다. 부친과 단둘이 남하한 그는 한국에 전화를 걸어 어머니의 소식을 알렸다. 부친은 아내의 죽음을 듣고 한동안 말문이 막혔다고 한다. 그는 언젠가는 동생을 찾아가 어머니 산소에 성묘하겠다고 말했다.

재단 장학생 구지는 1985년에 미국에 온 중국인 여의사다. 1960년대 초반 하얼빈 의대를 나와 흑룡강성 병원에서 혈액학 내과의사로 있던 중 뮬런버그 병원에서 1년간 공부했다. 혈액병리를 전공했는데 영어 실력도 괜찮았고 성적이 좋았으며 학습이 빨랐다. 그는 지금 흑룡강성 병원 혈액학 주치의로 활동하며 내가 하얼빈에 들를 때마다 무척 반갑게 맞아준다.

송경욱은 1980년대 초반 연변의학원을 졸업하고 강사로 있다가 학교의 추천을 받아 1986년 미국으로 왔다. 그는 의사로서도 괜찮았지만 가정교육을 잘 받아 예의가 아주 발랐다. 그의 장인 박규찬은 전 연변대학 교장으로, 내가 처음 학교를 방문했을 때 환영해주었던 분이다. 송경욱은 영어도 어느 정도 되어서 공부하는 데 큰 지장이 없었다. 병리학을 1년간 공부하고 로버트 존슨 의대에서 6개월간 연구생활을 더 한 뒤에 귀국하여 연변의학원 병리학 조교수로 활동하고 있다. 그는 가까운 장래에 한국이나 미국에서 더 공부하여 박사학위를 받을 계획이라고 한다.

1986년 장학생 이위는 천진 인민병원 김현택 박사가 추천한 사람으로, 학술적인 면뿐만 아니라 영어도 뛰어나 성적이 우수했다. 천진 인민병원 병리과원으로 일하다가 지금은 다시 미국에서 연구생활을 하고 있다.

박철은 나이가 제일 어렸지만 씩씩하고 배짱이 든든했다. 1987년 1년간 혈액공부를 마치고 돌아가서 연변의학원 병리학교실에서 열심히 일한 후, 지금은 연세의료원 병리과에서 박사과정을 밟고 있다.

장춘 백구은 의대 병리학 강사였던 여의사 양화는 1987년 미국에 들어와 내 밑에서 혈액병리를 공부했는데, 영어 때문에 무척 힘들어했다. 그러나 열성적이고 착실하고 믿음직하여 나중에는 영어도 늘고 병리학에 대해서도 많이 배워갔다. 현재 백구은대학 병리학 부교수로 일하고 있다.

재단의 장학사업은 순조로웠던 것만은 아니었다. 역시 재정이 문제였다. 1988년 나의 정년퇴임으로 잠시 중단되었다가 서울 종근당의 이종근 회장의 도움으로 계속 이어져나갔다. 1980년대 후반 이종근 회장과 정진영 이사의 중국 방문에 협조했는데, 이종근 회장은 그 일을 고마워하며 원하는 일이 있다면 적극 도와주시겠다고 약속했다. 당시는 내가 뉴저지에서 필라델피아로 직장을 옮길 때였고, 마침 서재필장학금이 고갈되어 있던 터였다. 이 회장은 뜻있는 일이 계속되기를 바란다는 나의 의견을 들어주어서 고촌(高村: 이 회장의 호)-서재필장학제도가 생기게 되었다. 처음에는 1년에 두 명에게 각각 1만 달러를 지급했는데, 1995년부터는 1년에 세 명에게 각각 1만 2천 달러를 지급하고 있다.

고촌 이종근(1919-1993)
종근당 창립자

　　1988년 고촌-서재필장학금으로 유학 온 황유복에게는 하버드대학에서 한국이민사를 연구하도록 주선했는데, 영어를 잘 못해서 무척 고생했다. 그러나 그는 동포사회의 여러 곳을 찾아다니며 실사회를 배웠고 한인단체나 교회 등에 초대받아 가서 중국의 형편을 많이 알렸다. 그를 통해 상당한 문화교류가 이루어졌다. 특히 그는 미국의 한글학교를 시찰한 후 크게 감동받아 북경에서 한글학교를 열었다. 연변과 달리 북경의 동족 아이들은 한글을 배울 기회가 거의 없었는데, 그가 연 한글학교는 점점 발전하여 이제는 그 규모가 상당한 수준에 이르러 좋은 사업으로 알려져 있다. 그는 중점(일류)대학인 북경 중앙민족학원 교수로 활동한다.

　　천철은 1990년 북경에서 온 장학생으로 한국말을 못했다. 1987년 북경의대를 졸업한 그는 지수이탄 병원에서 일하다가 미국으로 왔는데, 영어를 잘했다. 그는 천연필 장군의 조카였는데, 아버지 천인기는 신화통신사 고급기자로 86아시안게임 때 중국 대표단과 서울을 방문했던 사람이다. 그는 정형외과를 전공하여 그래듀에이트 병원에서 연구 생활을 하게 주선했는데, 생활비가 힘들다고 해서 내 아파트에서 반년 간 같이 살다가 어느 날 사라져버렸다. 그는 미국에 영주하고 싶어 했는데 나와 함께 있으면서 그 뜻을 이룰 수 없게 되자 마이애미 대학병원에 일자리를 얻어 떠난 것을 한참 후에야 알았다.

개인의 장래만 생각하여 영주권을 얻으려는 그의 행동은 내 입장을 퍽 난처하게 만들었다. 재단의 혜택은 조금도 생각하지 않은 그의 행위로 재단과 종근당에 대해서는 면목이 없었지만 속수무책이었다. 재단장학사업의 첫 실패였다. 그 일로 나는 한동안 몹시 우울했다.

박철사는 하얼빈 의대에 있었는데, 1981년 그를 처음 만났다. 내가 그 학교를 방문하여 한국 사람을 만나고 싶다고 말했을 때 그는 모택동 복장을 하고 나타났다. 그 당시 외국인은 민간인의 집을 방문할 수 없던 때였는데, 그는 나를 자기 집으로 초대했다. 나는 호텔을 살짝 빠져나가 그 집에 가서 가족들과 만나 푸짐한 저녁 대접을 받았다. 1990년 그는 유학을 오게 되었고, 나는 디트로이트 헨리 포드 병원에 있는 내 일본인 제자에게 부탁하여 그를 보냈다. 그는 거기서 1년간 유전학 공부를 하더니 1년 더 연장하고 싶다고 하여 장학금을 연장시켜주었다. 그런데 그동안 그는 가족까지 데리고 와서 영주권을 신청하여 돌아가지 않았다. 나는 사람에 대해 불신감이 생겨 말할 수 없이 허탈했다. 그의 장학금을 중단하면서도 마음이 무척 괴로웠다.

연변의학원 출신인 정문옥은 1991년 1년 동안 연구생활을 하고 북경에 돌아가 병리학자로 일하고 있다.

1992년 3월에는 박운봉 박사가 1년간의 연구생활을 위해 미국에 왔다. 나와는 특별한 인연이 있는 사람이었다. 1982년 내가 장춘에 처음 가서 백구은 의대에서 강의를 마치고 한국계 의학도를 만나고 싶다고 했을 때 그가 나를 찾아왔다. 나중에 한국 사람끼리 따로 자리하게 되었을 때 그는 눈에 띄게 자기의사를 분명하고 솔직하게 표현하여 인상에 남았다. 나는 속으로 성격이 서글서글하고 무척 유쾌하고 거침없이 씩씩하게 발언하는 젊은 청년이 괜찮구나 생각했다.

외국인이어서 당시에는 여순에 갈 수 없었기 때문에 나는 그에게 특별히 부탁하여 여순감옥 사진을 찍어달라며 카메라를 맡겼다. 여순 감옥은 안중근 의사가 이토 히로부미를 죽이고 러시아군에 잡혀 돌아가신 형무소였다. 형무소 외곽과 가능하면 감방 내부도 찍어달라고 부탁했더니 그는 직접 여순으로 가서 형무소 외부 사진을 몇 장 찍고 안에는 들어갈 수 없었다며 감옥 내부를 소개하는 사진 중 감방 사진을 구하여 미국으로 부쳐주었다. 나는 그의 정성에 무척 감사했다. 안 의사의 유업과 유적을 좀 더 찾고 싶었으나 생각대로 되지 않았다. 안 의사는 여러 사람과 함께 처형되어 수십 명이 같이 묻히는 바람에 유해와 묘지를 끝내 찾을 수 없었다.

나는 외국인이 방문할 수 없었던 1980년대 초 여순감옥 사진들을 소중히 간직해두었다가 여기저기 다니며 강의할 때 그것을 내보이며 여기가 안 의사가 돌아가신 형무소이며 이런 감방에 갇혀 있었노라며 열정적인 강의를 할 수 있었다.

다음 해 내가 장춘에 갔을 때는 그에게 더욱 믿음이 갔다. 일본어에 능숙한 그는 일본 유학을 소망하고 있어서 그의 능력과 인품을 보고,

또 장래를 기대할 수 있어서 유학을 주선해보겠다고 약속했다. 중국에서 돌아오던 길에 일본에 들러 도쿄에서 심장학연구소를 열어 활동하는 연세의대 1년 선배 박응수 박사를 만나 그 이야기를 했더니 내 부탁이라면 좋다고 쾌히 승낙했다. 도쿄대학 내과와 교섭한 박 원장 덕분에 그는 일본 유학을 하게 되었다.

4년간의 공부를 마치고 도쿄대학에서 의학박사학위를 받은 그는 우수한 성적으로 인정받는 학자가 되었다. 일본에 남아달라는 요청을 물리치고 1991년 모교로 돌아가 부교수가 되었고, 우수 출국일꾼, 모범 당원으로서 당 창건 70돌에 표창을 받았다.

나는 그가 장차 국제적 활동을 할 인물로 기대되어 1993년 고촌-서재필재단 장학생으로 추천했다. 국제적인 활동을 하기 위해서는 무엇보다 영어를 알아야 하고 미국 의학계의 흐름과 서구 문화도 이해해야 하므로 추천했던 것이다. 그는 제퍼슨에서 연구생활을 했다. 귀국 후 그는 정교수로 승진하여 훌륭한 연구와 의료사업을 계속하고 있으며, 자랑스러운 중국동포로서 살아가고 있다.

문금화는 1993년 미국에 온 장학생으로, 1991년 심양시 중국의과대를 나와 2년간 심양 제7의원 피부과에 근무했다. 영어도 좀 하고 똑똑하여 재단 장학생으로 추천하여 제퍼슨 피부과 고영재 교수 아래서 연구생활을 하게 했는데, 그 역시 공부가 끝난 후 중국으로 돌아가지 않고 미국에 영주함으로써 또 나를 괴롭혔다.

이미숙(李美淑)은 중국조선족자치주 연길시의 길림신문 이선근(李善根) 기자의 딸이다. 심양의 우수한 중국의학원을 졸업하고 북경 강철회사병원 소아과 의사로 있었는데, 펜실베이니아대학 소아병원의 김혜원 교수 밑에서 혈액학을 공부하고 있다. 성적이 우수하여 중국으로 돌아간 후 좋은 연구기관에 취직되기를 기대한다.

라리사 김은 모스크바청년학원 교수이자 모스크바 한인회 부회장인 한막스 교수의 딸로, 1984년 모스크바 제2 의대를 우수한 성적으로 졸업하고 1987년까지 아동정신학을 연구했다. 청소년 정신병원 의사로 있던 라리사는 재단 장학생은 아니었지만, 나의 주선으로 제퍼슨 의대 정신과에서 연구하고 돌아갔다. 나는 제퍼슨대학 부총장 조지프 고넬라에게 특별히 부탁하여 3개월간 매달 1천 달러의 학비를 보조받게끔 도와주었다. 그리고 공부하는 동안 라리사를 시카고에서 열린 제6차 재미 한인대학생총회(KASCON)에 연사로 보냈다. 세계 각지에 흩어져 사는 동포 학생이 자신이 사는 곳의 인종차별에 대한 심포지엄을 주선했는데, 거기에 참석시켰던 것이다. 또 미국 정신병학회에도 참석하게 했는데, 그는 거기서 수많은 재미 정신과 학자들을 만나 러시아 정신병학에 대해 이야기를 나눴고, 그 인연으로 1994년 10월에는 서울에서 열린 대한정신과학회에 초청되어 러시아에 사는 동포들의 정신학에 대해 특강을 했다. 나는 라리사 김이 미국에서 공부하는 동안 학문과 인간적 교류를 넓힌 것이 참으로 기뻤다.

그동안 나는 서재필기념재단의 이사를 너무 오래 했기에 몇 번이나 그만두려고 했지만, 이사진의 간곡한 부탁으로 아직까지 남아 있다. 근래에는 뜻있는 동포 지도자들이 이사진으로 많이 들어와서 몇 년 전에 겪었던 어려움을 완전히 극복했고, 특히 나의 후임으로 이사장을 맡았던 이정식 이사장과 이봉식 회장, 그리고 이사진의 협조로 재단이 재건·발전되어 침체되었던 의료사업이 확장되고 사회봉사사업도 많은

필라델피아의 서재필기념관　　　　　　서재필기념관 앞에서 이사들과 함께

성과를 거두고 교육사업도 발전되어 참으로 흐뭇하다.

　새 이사장 이우영 박사, 전 회장 오성규 박사, 또 신임회장 이만택 박사의 계속적인 노력으로 재단은 필라델피아 동포사회에서 뛰어난 사회봉사단체로 부상했다. 앞으로 재단이 해야 할 과제는 지금까지 재단의 지도자는 1세였고 또 사업도 한국 사람 1세를 상대로 해왔지만, 차차 1.5세 또는 2세 한인들을 적극 영입하여 재단의 영구적인 발전을 도모하고, 후세들을 위한 재단으로 발전해가야 할 것이다. 또 그간 발행했던 서재필 장서도 계속 출판하여 현재 교포사회가 안고 있는 문제점, 나아가 조국통일에 이바지할 수 있는 분위기 조성 등 긍정적인 일을 해야 할 것이다. 특히 완벽한 이민사회의 정착을 위해 미주이민사 100년을 연구하여 미래지향적이며 창조적인 이민사를 만들어나가야 할 것이다.

필라델피아 웨스트 로렐 힐 묘지에 한 줌 재로 보관되어 있던 서 박사의 유해는 1994년 4월 4일 조국으로 봉송되어 4월 8일 서울 국립 묘지에 안장되었다. 이 일은 재단과 동포사회의 지도자, 그 유가족과 장 익태 씨, 한국 정부가 중심이 되어 추진했다. 나는 수개월 전부터 이정 식 교수, 니문주 한인회장과 같이 유해봉송공동위원장을 맡아 한국 정 부 보훈처의 김시복 차관과 같이 많은 시간과 노력을 다했다.

4월 2일 필라델피아의 웨스트 로렐 힐 묘지에서 시작된 추도봉송 행사는 유해를 모시고 시경찰의 호위를 받으며 1919년 4월 14일부터 16일까지 리틀 시어터(Little Theatre, 1914 Delaney) 가에 있는, 서 박사가 주관 했던 제1회 한국인회의 장소를 둘러본 후 미국 독립기념관에 가서 묵 념하고, 로즈 트리 파크(Rose Tree Park)의 서 박사 기념비를 둘러보고 난 뒤 1926년부터 1951년 1월 5일 돌아가시기 전까지 살았던 집(현재 서재필기념 관)에도 잠시 들렀다. 이 행사가 성공리에 끝났을 때의 기쁨은 형용할 수 없었다.

4월 2일 웨스트 로렐 힐 묘소에서 거행된 추도식에서 나는 다음과 같이 추도사를 올렸다.

서재필 박사 유해 봉송 추도사

미국 땅에서 파란만장한 일생을 마감하고 돌아가신 지 어느덧 43년이라는 긴 세월이 흘렀습니다. 1884년 갑신정변에 당당히 주 도 역할을 하셨고, 미국 망명 후에는 온갖 고생 끝에 서양 의학을 익히셨으며, 1896년 1월에는 10년 만에 '마음에 깊이 그리던 자유와 독립의 이상을 실천할 꿈'을 꾸며 귀국하셨습니다.

당신은 독립협회를 조직하고 독립문을 세우고 독립신문을 발간하여 독립정신 함양과 민주주의 교육가, 언론인으로서 역할을 맡으신 탁월한 민주투사였습니다. 당신은 개화사상과 자주독립정신을 일반에게 깨우쳐주는 과정에서 신랄하게 비판받고 규탄의 대상이 되어 1898년 다시 미국 망명의 길에 오르셨습니다.

미국에 돌아와서는 인쇄업을 겸한 문방구점을 성공적으로 경영했으며 신뢰받는 실업인으로 필라델피아 경제인협회 부회장직도 맡으셨습니다. 기미년 만세운동 직후 필라델피아에서 '제1차 한국인회의'를 소집·주재했으며, 한국 홍보국을 설립하여 월간지 《한국 평론》을 발간했고, '한국친우동맹'을 조직해서 독립을 위한 홍보와 외교 로비활동을 벌이다가 사재를 탕진하셨습니다.

1927년 이후에는 병리학자로 학술논문도 여러 편 발표하셨습니다.

박사님은 해방된 후 1947년에 미 군정청 최고의정관으로 다시 귀국하셨습니다. 그때 당신께서는 "고국을 떠난 지 49년 동안 말과 글은 잊어버렸어도 나는 하루도 고국을 잊은 날이 없다"고 토로하셨습니다. 1948년 대한민국 정부가 수립되어 당신이 맡으신 일을 성실히 끝마치시자 모든 정치적·사회적 유혹과 권유를 물리치고 필라델피아로 돌아오셨습니다. 오직 나라사랑의 마음을 고이 간직하고 활달하게 그 뜻을 실천으로 옮길 방법을 제시하고 가르치고 몸소 시범을 보인 민족의 선각자이며 역사에 길이길이 남을 비운의 애국자였습니다.

　이제 한 줌 재가 되어 오늘 다시 네 번째 고국을 향해 떠납니다. 이제 고국은 당신이 염원하던 민주주의의 나라가 수립되어 문민시대가 활짝 열렸습니다. 바로 당신이 평생 동안 외쳐댄 개혁의 바람이 일고 있습니다. 당신께서 뿌려놓은 민주와 자유와 개혁의 씨앗이 풍성하게 싹트고 있는 조국 땅 보금자리로 돌아가시게 되었습니다. 조국의 부르심 받고 정든 필라델피아를 한 줌 잿가루되어 가시는 님이시여, 부디 안녕히 가십시오. 그리고 마지막으로 당신께서 남기신 유언처럼 하루빨리 통일국가를 수립하여 잘살게 되는 조국의 모습을 지켜봐주시기를 바랍니다.

　서 박사님! 영원히 조국의 품안에서 고이 잠드십시오. 이 자리에 모인 우리 모두 또 자유와 민주의 땅, 미국에서 사는 우리 100여만 동포들은 고개 숙여 고국 가는 길의 장도를 하느님께 빕니다. 안녕히 가십시오.

서재필박사유해봉송공동위원장 현봉학

1994년 4월 2일, 필라델피아 웨스트 로렐 힐 묘소에서 나는 서 박사에 대해 연구하는 데 많은 시간을 보냈고, 글도 여러 편 썼다. 그중 《서재필과 한국민주주의》(현종민 편)*에 실린 〈의사로서의 서재필〉의 마지막 부분을 여기에 소개한다.

"서재필은 국세가 기울어져가는 조선 말기의 조국의 운명을 구하려 했고, 일본 제국주의 치하에서는 핍박과 악정에서 나라의 독립과 민족의 자유를 되찾으려고 애썼다. 그리고 남북으로 분단된 조국이 통일된 민주주의 새 나라로 건설될 것을 꿈꾸며, 자기의 일생을 희생한 위대한 애국자였다. 만일, 그가 조국을 위해 나라를 구해보겠다는 사명감이 없었더라면 아마도 그의 천재적 재능, 총명한 두뇌, 또 강한 정신력과 근면성이 발휘되어 세계적인 의학도로서 세균학, 면역학, 병리학 중 어느 분야에서 탁월한 공적을 남길 수 있었을 것이다. 그러나 그는 개인의 영예보다는 조국의 생명과 건강을 보호하고 살리기 위해 평생을 진맥과 처방을 통해 조국의 최근대사를 민주 개화로 이끈 위대한 의사였다."

1994년 4월 4일부터 6일까지는 서 박사 유해를 모시고 서울과 그분의 생가가 있는 전남 보성군 가내마을에서 봉환식을 마쳤으나, 나는 제일 중요한 행사인 4월 8일의 '서 박사 유해 국립묘지 안장'에는 참석

---

* 1989년 6월 2일, 서울 프레스센터에서 한국민주문화연구소(소장 현종민, 경희대 정치학 교수) 주최로 열린 국제학술세미나의 내용을 중심으로 엮은 역사적 자료(대한교과서주식회사, 1990)

치 못했다. 하필이면 같은 날 필라델피아에서 재미대학생 제8차 총회가 개최되어 개회식 때 서재필 박사에 대한 강연을 하게 되었기 때문이다.

서 박사의 유해는 유가족의 뜻에 따라 국립묘지에 안장되었다. 나는 처음부터 유해는 그의 생가가 있는 보성군에 안장되어야 한다고 주장했고 아직도 그렇게 생각하고 있다. 보성군에서는 박사의 유해를 모시려고 2년 동안 만반의 준비를 해왔고 산천도 아름다워 그분이 편히 쉴 수 있는 곳이며, 많은 사람들이 찾아와 그의 정신을 배우고 위업을 기릴 수 있는 곳이다. 내가 예견하며 염려했듯이 국립묘지에 유해를 안장한 후 그를 찾아가는 사람은 거의 없었다.

유해가 안장되고 한 달 후인 5월 15일 일요일 오후, 나는 연세의대 후배 남동기 군의 안내로 서 박사 묘지를 찾아갔다. 어느 대통령보다 훌륭했던 그는 장관직조차 하지 못했으므로 묘소는 겨우 8평의 좁은 자리를 잡고 있어 쓸쓸해 보였다. 그러나 묘소 앞에 하얀 장미꽃 한 송이가 놓여 있어 누군가 와서 그의 명복을 빌고 갔음을 보고 조금은 위안이 되었다. 참으로 갸륵한 아름다운 장미꽃 한 송이였다.

서울 조선호텔 1층 식당에 서재필을 기념하는 방이 새로 생겼다는 이야기를 듣고, 5월 19일 아침에는 그 방에서 이장한 고촌재단(종근당 고 이종근 회장을 기념하는) 이사장, 최일단 선생, 현종민 교수와 아침식사를 했다. 식사 후 호텔지배인 로버트 피츠너 씨를 만나 기념방을 확장할 계획이라는 이야기를 듣고 감사의 뜻을 표하는 동시에 사업에 도움이 될 만한 역사적 사진 등 자료를 보내주기로 약속했는데, 1년 후인 1995년 6월 그 약속이 실행되었다.

그리고 오랫동안 생각했던 〈민족의 선각자 서재필〉이라는 비디오도 제작되어 흐뭇함을 금할 수 없었다. 서 박사 유해 봉송이 있기 전 3월 30일 로스앤젤레스에 있는 한진프로덕션 이정우 사장의 호의로 비디오 제작팀 이연호 제작상무와 권영철 부장이 필라델피아에 도착했다. 한진프로덕션은 〈유카탄의 한인 후예들〉, 〈도산 안창호 학술회의〉 등의 훌륭한 비디오를 제작했고, 〈4.29 폭동〉 비디오 제작으로 우수상을 받은 회사다. 나는 이틀 동안 두 사람에게 서 박사와 기념재단에 관계되는 사람들과의 만남을 주선하고 역사적인 유적지를 안내했을 뿐 아니라, 필요하다고 생각되는 서류 사진 등의 자료를 제공했다. 그들은 4월 2일 거행된 서 박사 유해봉송회에도 참석하여 훌륭한 비디오를 제작했다. 이 비디오가 서재필기념재단의 여러 가지 뜻있는 사업에 큰 도움을 줄 것으로 믿는다.

1995년 12월 나는 전 서재필기념관 관리인이었고 현재 서울의 서재필기념사업회 총무이사인 백학순 박사의 안내로 다시 서 박사의 묘소를 찾아갔다. 내가 걱정했듯이 오랫동안 아무도 이곳을 찾아오는 사람이 없음을 느끼고 그의 유해는 언젠가 생가가 있는 전남 보성군에 이양되어야 한다고 다시 확신하게 되었다. 그러나 나는 이때의 방문에서 세 가지 기쁜 소식을 들었다. 하나는 수원에 있는 아주대학을 방문했을 때 이성낙 부총장 겸 의료원장이 의과대학 본관을 '송재 서재필관'이라고 명명하기로 하고, 금년 4월 명명식과 함께 "의사로서의 서재필"이라는 강연을 개최하기로 했다는 것이다. 다른 하나는 서 박

백학순(1954-)
세종연구소 수석 연구위원

서울 프레스센터에서 열린 독립신문 창간 100주년 기념행사에서(1996. 4)
필자의 왼쪽은 박권상 조선일보 논설위원

사가 '4월의 문화인물'로 결정되었다는 소식이었고, 또 다른 하나는 서울의 서재필기념사업회가 서울 프레스센터와 광주 서재필박사기념사업회의 공동주최로 금년 4월 7일 신문의 날에 서재필 박사의 업적을 재조명하는 전시회와 강연을 갖는데, 내가 "의사로서의 서재필"이라는 제목의 강연 초청 연사로 결정되었다는 것이다.

독립신문 창간 100주년을 기념하는 전시회와 강연회는 예정대로 4월 4일 서울 프레스센터에서 열렸다. 이 행사에 연사로 초대받은 나는 마음속 깊이 우러나오는 기쁨을 누를 수 없었다. 2년 전부터 시작한 서울에서의 서재필기념사업이 열매를 거두기 시작한 것이다. 개막식에는

서재필 기념회 정기이사회(1998. 4. 10)

독립신문 창간 100주년 기념강연회에서 강연하는 필자

이수성 국무총리, 권오기 부총리, 서영훈 선생, 박권상 사업회 이사장,
이상하 프레스센터 소장, 신예용 박사, 안병훈 조선일보사 전무, 이강훈
전 광복회장, 손주환 서울신문사 사장, 이장한 종근당 회장, 연만연 유
한양행 회장 등이 참석했고 서재필기념사업회를 조직하는 데 숨은 공
로가 컸던 전세일 연세대 교수, 김영덕 서울대 교수, 백학순 박사 등의
모습도 보였다. 또 전시회에는 미국의 서재필기념재단에서 몇 해 전 독
립기념관에 영구 대여한 서 박사 유품들이 진열되었고 비디오도 볼 수
있었을 뿐 아니라 내가 직접 가지고 온 서 박사의 1949년 귀국 시의 강
연을 녹음한 테이프(손금성 박사 기증)로 그의 육성을 들을 수 있었다. 강연회

전세일(1936-)
연세의대 차의대 교수,
현봉학 박사 추모모임 초대회장

이성낙(1938-)
가천대학교 명예총장

에서는 유영익 연세대 교수, 정진석 교수와 나의 (의사 서재필에 관한) 강연이
있은 후 진지한 토론이 벌어져 서 박사의 위업과 정신을 재조명하는 데
큰 도움이 되었다고 믿는다.

한편 광주에서는 5월 3~4일 송재 서재필박사기념사업회와 프레
스센터 공동주최로 정진석 교수와 나를 연사로 한 대학생들을 위한 강
연회를 가지기로 결정했다.

나는 또 재단의 부탁으로 서재필기념관 안에 진열된 20매의 사진
을 두 벌 복사하여 광주의 사업회와 아주대 의대 로비에 영구 진열할
수 있도록 했다.

필라델피아에서는 재단에서 나의 추천을 받아들여 4월 13일 동포
들과 미국인 150명을 모시고 새크라멘토의 원로 언론인 이경원 씨와
필라델피아 시 텔레비전 방송국의 사회자 시아니 리 여사에게 제1차 서

서재필 기념 강연회를 마치고(1996. 4)

송재 서재필관(아주의대 의학관)

재필기념 언론인상을 수여했다. 이 얼마나 뜻깊은 일인가? 이 일을 성공리에 끝낼 수 있었던 것은 행사준비위원장 최정수 씨와 재단 간부들, 특히 초창기부터 총무직을 맡아 헌신적으로 봉사하고 있는 이지영 씨의 노력 결과였다.

100년 전에《독립신문》과《더 인디펜던트》(The Independent)를 창간한 서재필 박사를 기념할 목적으로 우리 재단에서 금년에 언론인상을 제정한 것은 참으로 뜻깊는 일이다. 우리 이민사회에는 미국 주류사회에서 오랫동안 두각을 나타내며 활동하고 있는 자랑스러운 언론인들이 있다. 《로스앤젤레스 타임스》지의 카니 강(강견실, *Home was the Land of Morning Calm*의 저자), 안 아버 뉴스의 변종화, 뉴욕의 피터 현(현웅: 필자의 동생, 저널리스트이자 칼럼니스트)이 그런 인물들인데, 미국 언론을 통한 그들의 국위선양은 참으로 자랑스럽다.

나는 서재필기념재단에 대한 사람들의 관심을 기대한다. 그리고 우리 후세들이 미국 이민사회에서 올바르게 살아갈 수 있는 정신적 지주로서 재단이 의미 있는 역할을 하고 발전되기를 기대한다.

뜻을 같이하는 서영훈 선생

1982년 서울에서 흥사단 이사장 서영훈 선생을 연건동 대학가 근처로 찾아간 일이 있었다. 현규환 선생의 저서 《한국유이민사》 상·하권을 입수하기 위해서였다. 군사독재자 전두환 정권 시기여서 민주주의를 신봉하는 많은 지식인과 학생들이 끌려가는 삼엄한 때였는데, 우리는 대학가를 걸으면서 흥사단 정신으로 민주투쟁을 계속하고 있는 분들에 대한 정신적 호응을 아끼지 않았다.

그 후 여러 해가 지나 서영훈 선생은 KBS 사장으로 임명되어 민주정신에 입각하여 KBS의 행정관리를 하심으로써 훌륭한 사회지도자로서의 입지를 확고히 세우셨다. 1993년에는 도산기념사업회 상임 부회장으로 임명되어 다음 해 2월 로스앤젤레스에서 도산 안창호 기념 학술대회를 훌륭하게 치렀다. 그때 나도 초대받아 축사를 드리는 영광을 누렸고, 도산 선생의 정신과 업적에 대해 많은 것을 배웠다. 지난해 12월 초 서울에서 열린 윤경로 · 윤병석 교수의 공저《도산 안창호 일대기》출판기념회에서 나는 다시 축사를 드리는 기쁨을 가졌다. 1994년 4월 초 필라델피아에서 열린 재미 한인대학생총회에 도산의 외손자 필립 커디(Philip Cuddy)를 초청해서 그의 외할아버지의 인생관과 업적을 차세대에 전해줄 수 있도록 했다. 우리 민족의 선각자요 애국자인 도산 선생의 고귀한 정신과 일생은 우리 이민사회에 귀감이 되었다.

이러한 여러 가지 뜻있는 일에 나를 소개해주신 신사회 지도자 서영훈 선생을 나는 진심으로 존경한다. 1953년 대한적십자사에 입사한 후 오랫동안 사무총장직을 맡아온 그는 흥사단 이사장, 한모음회 회장, 한국방송협회 회장, 세계선린회 이사장, 시민의 신문사 대표이사, 신사회공동선운동연합 공동대표 등의 단체를 통해 국가와 민족의 앞날을 걱정하면서 끊임없이 노력을 아끼지 않는 분이다. 21세기 국제화시대를 지향하는 국내외 우리 한민족이 화합하고 단결해야 하는 이때 서영훈 선생을 만나 도산 안창호 선생 기념사업, 재미한인유적보존위원회 사업, SAT(한국어진흥재단) 등의 뜻있는 일을 같이할 수 있게 되었음을 행운으로 생각한다.

죽의 장막을 헤치고

1993년 8월, 뉴저지 실업인협회 간부 다섯 명을 중심으로 한 열 명의 방문단을 인솔하고 미·중 한인우호협회의 제9차 중국 방문길에 올랐다. 200만이나 되는 우리 동포가 살고 있는 중국 방문은 이미 1981년 아직 죽의 장막이 채 틈을 보이지 않을 때부터 시작하여 그동안 열여덟 차례나 이어졌다. 중국은 이제 나에겐 먼 나라가 아니라 친숙한 나라가 되었다. 1982년에 같이 갔던 딸 에스더가 11년이 지난 뒤에 다시 함께 가게 되었고, 다른 사람들은 모두 중국이 초행이었다.

8월 11일 오전, 대한항공 여객기는 상해에 도착했다. 여행사에서 중국인 안내원이 나와 우리를 바로 임시정부 청사로 안내했다. 6년 전 동생 피터와 같이 왔을 때는 밖에서만 볼 수 있었던 청사를 이제는 안에까지 들어가 볼 수 있어서 기대되었다. 정문은 깨끗하게 단장되어 있었다. 입장권을 끊고 안으로 들어가니 1층 주방이 나왔다. 수십 명이 식사를 할 수 있는 방에는 큰 솥 두 개와 그릇장이 있었고, 그 옆방은 작은 의자가 20여 개 놓인 좁은 회의실로 벽에는 김구 선생 사진과 태극기가 걸려 있었다. 2층에는 침실인 듯한 여러 개의 초라한 방이 있었다. 상해 임시정부는 일제강점기 우리 민족의 희망이었고 나라의 상징적인 존재였는데, 그 청사는 너무나 초라했다. 독립운동을 하며 어렵게 살았던 지사들의 생활이 짐작되어 가슴에 뜨거운 것이 치밀어 올랐다.

청사 안에는 쇼핑 가게가 들어서 있어 인쇄 상태가 좋지 않은 청사 사진 한 장을 2달러에 팔았다. 물건들은 대부분 조잡했고 값이 비쌌다. 임정 요인들이 그토록 애쓰며 독립운동에 몸 바친 역사적인 귀중한 장소가 상업화되어 안타까웠다.

임시정부 청사를 나온 우리 일행은 시내 호텔 식당에서 점심을 먹었다. 2층 중국 식당에서 내려다보니 호텔 아래층의 맥도날드 가게에는 점심시간이라 사람들로 꽉 차 있었고 밖에서도 줄을 길게 늘어서서 차례를 기다리고 있었다. 미국의 맥도날드 문화가 중국에도 상륙하여 인기인 것을 보니 왠지 씁쓸해졌다.

상해에 가면 나는 꼭 고병무 씨 집에 찾아간다. 피터와 처음 방문했던 1982년 당시 70대 후반이던 그의 어머니 황준영 집사는 진실한 기독교인이었다. 나는 교인이 얼마나 되느냐고 물었다. 상해 1,200만 인구 중 우리 동포는 500명인데 기독교에 대한 탄압이 심하던 때라 신자는 서너 집에 지나지 않는다고 하며, 일요일이면 자기 집에서 7, 8명이 모여 가정예배를 드린다고 했다. 부엌과 안방이 붙어 있는 좁은 2층집에서 몇 명 되지 않는 성도가 모여 예배를 본다는 사실이 감격스러웠다.

고병무 씨는 서울의 친척과 연락이 되어 한국에 가고 싶어 했으나

상해 조선족 고병무 씨 집에서 가족예배를 마치고(1982. 8)

중국에 살면서 북한 여권을 가지고 있어 갈 수 없다며 안타까워했다. 진실하고 선량한 그들은 1984년에 다시 만났을 때 손으로 쓴 두꺼운 한글 성경책을 내게 선물로 주었다. 우리말 성경책이 귀하던 때에 만주 통화에 살고 있는 이응수 할머니가 남의 성경책을 빌려다가 여섯 달 동안 손수 베껴 만들어 보던 것이었다. 1982년에는 심양 서탑교회의 오애은 목사가 한글 성경책 1만 부를 출판하여 한 권에 1원씩 받고 나눠주었다.

　　나는 친필 성경책과 오애은 목사가 만든 성경책 열 권을 한국으로 가져가 연세대와 이화여대, 한신대, 기독교장로회 총회 등에 기증했다. 친필 성경은 역사적인 가치가 있는 것이어서 영학 형에게 맡겨 박물관에 기증토록 했다.

상해의 오후는 무더웠다. 고병무 씨와 헤어진 후 유명한 상해 제1
의학원에 갔는데, '한의과'라는 명패가 붙은 곳으로 안내를 받아 들어가
권하는 대로 자리에 앉았다. 우리는 단지 내부 구경을 하러 가는 줄 알
았는데, 장사하는 곳이었다. 중국 의학에 대한 설명이 끝난 후 옆방으로
들어가자 무료로 안마를 해주고 약을 비싸게 팔았다. 비싼 정제약을 파
는 그들의 장삿속이 무척 불쾌했다. 간판은 근사하게 달아놓고 협잡하
듯이 장사를 하는 그들에게 항의할 수 없어서 안내원에게 따졌더니 전
혀 반응이 없었다. 관광문화가 제대로 자리 잡지 못하고 엉뚱한 곳으로
흘러가는 것이 한심했다. 이런 꼴은 10년 전에는 전혀 볼 수 없었으니
중국 개방정책의 부산물이다.

그다음으로 간 곳은 중국 근대문학의 선구자였던 노신(魯迅)의 무덤
이 있는 홍구(虹口)공원이었다. 그전에도 몇 번 찾은 이곳은 바로 윤봉길
의사가 의거한 곳인데도 그에 대한 표시가 전혀 없어 서운했다. 거사를
치르기 전날, 윤봉길 의사는 자신의 손목시계를 김구 선생의 헌 시계와
바꿨다고 한다. 그는 살아 돌아올 생각을 하지 않았던 것이다. 김구 선
생은 그가 남긴 시계를 볼 때마다 얼마나 마음이 아프셨을까. 윤봉길 의
사가 남긴 것이 어찌 손목시계만이었을까. 언젠가 나는 장준하 선생과
김준엽 총장의 글에서 비장한 결심으로 홍구공원으로 향한 윤봉길 의
사의 이야기를 읽고는 큰 감동을 받은 적이 있다. 그리고 학도병으로 끌
려간 젊은이들이 일본군을 탈출하여 6천 리 긴 장정 끝에 마침내 임시
정부 청사 앞에 서서 푸른 하늘에 펄럭이는 태극기를 보며 감격하여 온
정성을 다하여 경례하는 장면에서는 나도 모르게 눈물을 줄줄 흘렸다.
그러한 굳센 젊은이들이 바로 오늘 한국 민족정신의 계승과 민주운동

연길 기독교회 교민들의 환송 모습

의 원동력이 된 것이다.

나는 상해의 홍구공원을 걸으며 진정한 민족주의자요 애국자였던 윤봉길 의사, 광복 후 귀국하여 독재자의 흉계에 타살당한 김구 선생, 장준하 선생, 그리고 다른 수많은 지사들을 생각했다.

그날 저녁 바로 비행기를 타고 심양으로 갔다. 밤 9시에 심양 호텔에 도착하여 저녁을 먹은 후, 늦었지만 미리 연락해둔 서탑교회를 찾아가니 10시가 넘어 있었다. 우리 일행 중에 교회 집사가 몇 분 있어 같이 교회로 가서 오애은 목사를 만났다. 그의 조카인 젊은 여전도사 오명봉이 우리를 반가이 맞아주었다. 오 전도사는 남경 금릉신학교를 나와 오 목사를 도우며 교회 발전에 애쓰고 있다고 했다. 심양 서탑교회는 화평구 시부대로 33호에 위치해 있으며, 예순다섯 살의 오애은 목사는 중국

중국 심양 서탑교회에서(1996. 5)
왼쪽 두 번째부터 발해대학 천문갑 학장, 필자, 오애은 목사, 종근당 이장한 회장

기독교협회 부회장, 동북기독교협회 부회장, 요녕성기독교협희 부회장
을 맡아 많은 활동을 하고 있는 믿음직한 목자다.

봉황호텔에서 하룻밤을 묵은 후 다음 날 아침, 서울 힐튼호텔의 공
효순 선생이 기증한 워드프로세서를 들고 서탑교회에 다시 갔다. 새 성
전을 지어 교세가 팽창하고 발전하여 조선족 기독교 본부처럼 되어 있
는 이곳에 선교사업을 위해 기증했다. 그리고 5월에 다시 출판된 어머
니의 자서전《호랑이 할머니》한 권도 기증했다. 둘러보니 새로 지은 교
회는 규모가 굉장했다. 1천 명이 한꺼번에 예배를 볼 수 있는 장소로,
서울에서 기부금을 보내와 성전이 완성되었다고 한다. 내가 1982년 이
곳을 처음 방문한 후 매년 찾아오는 곳인데, 당시는 교인 수도 적고 어
려움이 많았지만, 그동안 발전된 모습을 보니 무척 흐뭇했다.

오애은 목사는 신학공부가 허용된 1957년 북경 연경대학(지금의 북경

대학) 신학부를 나와 심양에서 교회 일을 시작했다. 그녀는 1960년대 후반 문화혁명 때 무척 고생을 했는데, 10년 후인 1970년대 후반에 돌아와 보니 교회는 창고로 사용되고 있었고 신도들도 다 흩어져 여남은 명의 할머니가 신도의 전부였다. 그녀는 다시 교회를 세우기 위해 피나는 노력을 했고, 지금은 1천 명이 모이는 큰 교회로 발전한 것이다. 전에도 여러 번 만난 적이 있는 손숙희 전도사도 만나서 반갑게 인사를 했다.

내가 교회를 방문하는 동안 우리 일행은 심양 고궁과 북릉을 관광했다. 청나라 도읍지인 심양은 병자호란 때 포로로 끌려온 우리 동포들과 왕자들이 회한의 세월을 보내던 곳이기도 했다. 지금은 공업지대로 발달한 심양은 도시 전체가 회색빛을 띠고 있었지만 활기에 차 있었다. 어디서나 자전거 탄 행렬을 만날 수 있었고 10년 전에는 상상도 못했던 선글라스를 쓴 여자들의 당당한 모습도 볼 수 있었다. 거리의 노점상에서는 온갖 물건을 늘어놓고 손님을 끌고 있었다. 10년 전에는 볼 수 없었던 북적거리는 심양의 자유로운 풍경들이다.

심양에서 오후 4시 반에 출발하는 기차를 타고 장춘으로 향했다. 연길비행장이 확장공사 중이어서 연길로 가려면 장춘을 거쳐 기차로 가야 했다. 심양을 떠난 기차는 넓은 만주벌판을 달렸다. 옥수수밭과 벼가 자라는 들판은 참으로 넉넉해 보였다. 산 하나 보이지 않는 끝없는 만주벌판, 그 광야를 가꾸던 우리 선조들, 지금은 남의 땅이지만 고구려인의 기상이 뻗어나갔던 곳. 전혀 낯설지 않고 고국을 찾은 느낌을 주는 우리 조선족이 살아가는 정겨운 땅을 바라보며, 나는 그동안의 중국 방문길을 회상해보았다.

국제적인 암 연구가 김현택 박사

1981년 3월, 중국 위생부의 초대로 미국 내 병리학자 열 명 중의 한 사람으로 북경을 거쳐 천진에 도착한 것이 나의 중국행의 시작이었다. 천진에서 국제적인 암 연구로 유명한 김현택 박사를 찾아 천진 인민병원을 방문했다.

당시 일흔일곱 살의 김 박사는 무척 정정했다. 세브란스 16년 졸업생인 형 김현국을 따라 열다섯 살에 중국으로 건너와 오랫동안 생활한 그는 내게 이렇게 말했다. "연변에는 우리 동포들이 많이 살고 있는데, 그들은 어려운 생활 속에서도 여러 개의 대학을 설립하여 큰 활약을 하고 있으니 현 교수께서 그분들을 도와주시는 것이 좋겠소." 물론 나도 당장 연변으로 달려가 동포들을 만나고 싶었으나 당시 연변은 외국인이 들어갈 수 없는 비공개 지역이었다.

중국 의학계의 거성인 김현택 박사는 1904년 서울에서 태어나 중국에서 북경 협화대학과 뉴욕 암연구센터인 메모리얼 병원, 시카고대학 암연구소에서 연구활동을 하고, 천진의대 외과 교수를 거쳐 천진시 인민병원장으로서 중국 최초로 종양과를 창설했다. 그리고 암연구소를 대대적으로 확충하여 연구소장으로 임명되었다. 그는 중국 암예방협회 명예회장과 중국 의학계의 지도자로서, 또 중국 종양학의 창시자로서 중국 현대의학에 크게 기여하여 많은 인재를 길러냈다. 나를 만난 김현택 박사는 옛 친구인 이용설·고명우 박사와 손원일 제독 형제들, 주요한과 주요섭의 안부를 물으며 향수에 잠겼다. 그는 무척 한국을 방문하고 싶어 했다.

그로부터 8년 뒤 내 동생 피터가 대한항공 조중훈 회장의 고문으

뉴저지에 찾아온 이용설 박사와 천진 인민병원장 김현택 박사의 40년 만의 해후(1989)

로 있을 때 김현택 박사 내외분을 서울로 초대했다. 고국을 떠난 지 62년 만에 한국을 방문한 그는 무척 감격스러워했다. 대한항공에서는 두 분을 위해 헬리콥터를 내주어 서울과 제주도 관광을 시켜주었다. 그리고 고국의 친척과 친구들을 만나 즐거운 시간을 보냈다.

10년 전 김현택 박사가 학회에 참석하기 위해 미국에 왔을 때 마침 이용설 박사가 뉴저지의 아들 집에 묵고 계신 터라 두 분의 만남을 주선하여 50년 만에 회포를 풀었다. 여든이 넘은 두 분은 마주잡은 손을 놓을 줄 몰랐다. 두 분이 회포를 푸는 광경을 보면서 나는 뜨거운 감동을 받았다.

김현택 박사의 부친은 남대문교회 장로였고 그의 형 현국은 장가구 시에서 개업을 했는데, 형을 따라 중국에 들어간 김 박사는 이후

62년 동안 이국땅에서 살았다. 어린 시절 두 사람은 남대문교회에 같이 다녔는데, 1930년대에 이용설 박사가 중국 협화대학에서 1년 반 동안 공부할 때 두 사람은 다시 만나 더욱 친밀해졌다고 한다. 김현택 박사는 점잖고 온화한 성품으로 중국어, 일본어, 영어, 한국어가 능통했고, 러시아어와 불어, 독일어까지 구사할 수 있었다. 부인 에바 여사는 중국 대갑부 은행가의 딸로 영어가 유창했다. 김 박사가 북경에 살았을 때 그 바로 앞집에는 내 아내의 외조부 김득수 평양광성학교 교장이 재혼한 미국 부인과 살고 있었다. 두 집안은 친하게 지내 아이들도 서로 어울려 놀았으며, 여름휴가 때는 김 교장의 별장이 있는 베다 호 해변에서 같이 즐겼다고 했다.

1982년 3월, 나는 흑룡강성 위생국장 하오 삐 칭(郝必靖) 박사의 초청으로 하얼빈에 갔다. 그곳으로 연변의학원 정병진 부학장과 최성락 병리주임, 최주혁 비서실장, 영어 통역을 맡은 이광영 씨가 찾아와서 외국인 비개방지구인 연변을 방문할 수 있도록 특별 허가를 얻을 방법을 함께 모색했다. 그리고 그해 9월 나는 김현택 박사와 연변의학원의 도움으로 9.3행사(9월 3일 조선족자치주 창립 30주년 기념행사)의 하나로 열리는 의학학술대회에 특별강사로 초청받아 다시 중국을 방문했다.

그 당시는 식당에서 중국 동포와 같은 식탁에서 밥을 먹는 것도, 개인 가정을 방문하는 것도 금지되어 있었다. 실제로 우리 외국인은 9.3행사에도 참가할 수 없다는 상부의 명령으로 결국 그 행사를 보지 못하여 무척 실망했다. 같이 동행했던 김현택 박사와 방관혁 교수가 다음에 기회가 있을 거라며 위로해주었다.

김현택 박사는 1990년 9월 4일 천진에서 여든여섯 살의 나이로 세상을 떠났다. 1993년 4월 16일 천진 인민병원 내에 김현택 박사의 위업을 기념하는 기념비 제막식 겸 학술대회가 열려 중앙정부에서도 진민장(陳敏章) 위생부 부장 외 여러 귀빈이 참석했다.

장춘과 연변 조선족자치주

장춘으로 가는 열차 안에서 나는 지난 중국 여행을 더듬다가 어느새 잠이 들어 열차가 장춘에 도착할 무렵에야 눈을 떴다. 캄캄한 밤중이었다. 1982년 처음 장춘에 왔을 때는 북경에서부터 기차를 타고 가다가 만주벌판의 해 뜨는 광경을 보았다. 그 장면이 하도 장엄하여 감탄사가 절로나왔다. 남호 호수에서 만난 조선족 청년들도 인상적이었다. 한복을 입은 그들과 함께 어울려 〈노들강변〉을 합창하며 너울너울 춤도 추었던 기억을 잊을 수 없다. 특히 젊은이들의 천진난만한 소박하고도 진지한 태도에 큰 매력을 느껴 중국 동포들과 적극적인 교류를 해야겠다는 결심을 했던 때가 다시 생각났다.

장춘 역에 마중 나온 안내원을 따라 화교호텔로 가서 그날 밤을 쉬고 다음 날 일행은 관광을 하러 시내로 보내고 나는 백구은 의과대학을 방문했다.

백구은 의과대학은 고 노먼 베쑨(Norman Bethune) 박사를 기념하기 위해 설립된 학교로, 중국에서 열 번째 안에 드는 큰 규모다. 1930년대 캐나다 의사인 베쑨 박사는 오랫동안 모택동의 친구로, 고문으로, 주치의로 중국공산군을 도왔으며 중국공산군의 입장을 서방세계에 이해시키려고 노력했다. 그는 1937년 전쟁 중에 부상당한 병사를 수술하던 중

수술 칼에 손가락을 다쳐 패혈증으로 사망했다. 항생제가 없던 시절이라 균이 상처에 들어간 탓이다. 그가 세상을 떠난 뒤 그를 기념하여 길림성 의대를 '백구은 의대'로 개명했고, 학교 앞에 베쑨 박사의 동상을 세웠다. 1982년 이 학교를 방문하여 영어로 강의하다가 조선족 의사가 없느냐고 물어보았고, 그때 만난 사람들이 김오규, 박상덕, 이성덕, 박운봉, 강희라 선생 등이다.

나의 친구인 진원요(陳遠曜) 교장을 만나 제퍼슨에서 연구 중인 박운봉 선생의 안부를 전하고 이런저런 이야기를 나눴다. 매년 학교를 방문하는 동안 진 교장, 또 그의 선임자 유수쟁(劉樹錚) 교장과 나는 절친한 친구가 되었다. 서재필기념재단의 장학생으로 미국에서 공부하고 간 양화 교수도 만났다. 영어 부교수 진춘전 선생이 나를 안내했는데, 그와도 해마다 여름이면 반갑게 만나는 사이가 되었다. 진 교장은 바쁜 일이 있어 같이 점심을 하지 못하고, 길림성 양길창 외사처장과 길림성 경제분야 책임자 몇 명과 우리 일행인 뉴저지 경제인협회 간부들의 모임을 가졌다. 3시간 동안 진지하게 경제교류에 대한 회의를 한 후 연길행 밤기차를 탔다.

연길 역에 내리니 다음 날 새벽 5시였다. 13년 동안 연길을 방문한 탓에 연길은 이제 나에게 낯익고 다정한 곳이 되었다. 그런데 막상 역에 마중 나온 안내원 미스 주가 우리가 예약한 백산호텔에는 방이 없다며 다른 삼류 호텔로 안내하여 매우 불쾌했다. 몇 해 전부터 손님들이 밀리면 예약도 소용이 없어지는, 돈에 팔린 그들의 상술이 시작되어 우리를 난처하게 만들곤 했다. 그러나 그들은 예약 취소쯤은 당연하게 생각하는 듯했다. 마침 일요일이어서 우리는 교회에 갔다. 천주교 신자가 한 명 있어서 성당에도 가보았다.

다음 날 아침에는 연길 공설운동장에서 열리는 노인절 기념행사(8.15경축일)에 참석하여 1시간가량 춤추고 노래하며 즐기는 모습을 구경했다. 그네뛰기도 하고 씨름도 하며 어울려 노는 흥겨운 모습을 보니 덩달아 즐거워졌다. 부인네들은 동네별로 색이 다른 한복을 입고 나와 목청껏 응원하고 있었다. 1천여 명 정도 모였는데, 그들은 전통적인 옛 풍습을 그대로 지키며 살아가고 있었다.

연변의 시골에 가보면 어디서나 초가집들을 볼 수 있었다. 흙마당 구석에는 상추와 수세미, 고추, 호박이 자라고, 화단에는 사루비아, 해바라기, 백일홍, 과꽃, 나팔꽃, 분꽃이나 봉숭아꽃이 피어 있어 마치 옛집을 찾아간 느낌이 들었다. 비가 온 뒤면 골목길이 진창이 되어 질퍽거리는 것도 지난날의 향수를 불러일으켰다.

오래전에 고국을 떠나온 그들은 고국의 옛 풍습을 잊지 않고 되살리며 살고 있었다. 1982년의 연변은 어디서나 감동을 만날 수 있었다. 사람들도 풍경도, 정신도, 거리의 한글 간판도, 언어도 내게는 큰 감동이었다. 물질문명의 발달로 잃어버린 예사롭게 여기는 것들이 고스란히 남아 있는 것을 보았을 때 감동과 아름다움이 느껴졌다. 그동안 나는 그 감동에 이끌려 해마다 연변을 방문했으나, 조금씩 현대화되어가고 사람들도 변해가는 모습이 못내 안타깝다.

나는 오랜 세월 동안 외국 땅에서 살면서 우리말과 우리글을 잊지 않고 민족의 전통을 지키며 살고 있는 연변 동포들에게 깊은 감명을 받았다. 그래서 연변 동포들과 교류하게 되면서 우의를 다지고 의료분야와 교육분야의 교류를 중점적으로 추진했다.

조선족 학문의 산실, 연변대학교

공설운동장을 나와서 연변대학으로 갔다. 정판룡 부교장이 학교를 안내했다. 1982년 처음 이곳을 찾았을 때는 예순다섯 살의 박규찬 교장이 교문까지 직접 마중을 나와 맞아주었다. 박 교장과 나는 정중히 인사를 나눈 후 학교에 대한 설명을 들었다. 나는 우리 민족의 우수성과 열성과 의지에 깊이 감동했고, 그들이 어려움 속에서도 한민족의 얼을 살리며 사는 것에 놀라움을 금치 못했다.

연변대학교는 1949년 4월 동북 3성에 있는 조선족의 대학으로 설립되었다. 조선족의 힘으로 학교가 시작되어 동포들이 교수로 부임해 왔고, 교수들의 월급은 수백 리 밖에서 달구지에 실어온 동포들의 쌀로 지급되었다. 그들은 교육의 중요성을 절감하고 현실이 비록 어렵더라도 장래를 내다보고 학교를 운영해왔던 것이다. 1959년 타민족의 입학이 허용되면서 조선어로 강의하던 것을 중국어로 하게 되었다.

특히 이 대학의 조선족 언어연구소와 역사연구소, 남북한문제연구소, 일본철학사연구소는 중국 내에서도 유명하다. 연변대학은 스톡홀름대학, 도쿄대학, 센다이대학, 뉴욕 스토니브룩대학, 그리고 한국의 여러 대학들과 자매결연을 하여 국제적인 교류를 하고 있다. 중국 56개 소수민족 중에서 조선족의 교육열이 가장 높다고 한다.

1982년 9.3행사 학술대회에 참가했을 때 나는 한국말로 강의를 했으며, 그들이 원하는 얘기들을 많이 들려주었다. 번역하기 어려운 영어 단어는 김현택 박사가 통역을 해주었다. 그때 당국의 특별허가를 받아 정병진 부학장 댁에 초대되어 푸짐한 대접과 즐거운 시간을 가졌는데, 마오타이주와 신선로가 무척 맛있었다. 알고 보니 그 신선로는 개고기

서재필기념재단 유학생으로 미국 유학을 마친 연변의학원 병리학 교수들
왼쪽부터 박철, 필자, 이일용, 송경욱

로 만든 것이었는데, 연변에서는 개고기를 많이 먹는다고 했다. 우리 동
포들은 어디서 살아도 식성은 변하지 않는 모양이라며 웃었다.

　나는 박규찬 교장에게 미국에서 가지고 온 한영대사전과 영한대사
전을 학교방문 기념으로 드려도 되느냐고 물었다. 그 책들은 한국에서
출판된 것이었기 때문이다. "우리 학교에서는 남북한 할 것 없이 좋은
책이라면 다 입수합니다. 홍콩의 국제서점을 통해 필요한 책이 있으면
남한에서 출판되는 것이라도 사들입니다."

　박 교장의 말을 들으며 나는 공산주의 국가의 대학 교장이 생각보
다 훨씬 개방적인 사람임을 깨닫고 편견을 버리기로 했다. 그 후 나는
이사로 있던 아시아 기독교고등교육재단(유나이티드 보드)을 통해 연변대학
에 장학금과 연구비를 지급하도록 주선하는 데 성공했다.

이유복(1927-)
연세의대 병리학 교수,
연세의대 학장,
연세의료원 원장

연변의학원은 연변의 유일한 의과대학이다. 나는 이 학교의 발전을 위해 도움을 아끼지 않았다. 미국에서 재미교포 의사들이 모은 의학서적(10만 달러 가치) 200여 상자를 보냈고, 매년 학술강의도 열었으며, 의학원생의 유학도 주선했고, 다른 나라 대학들과의 자매결연도 주선했다. 1991년에는 연세대학 이유복 부총장에게 건의하여 두 학교가 자매결연을 하도록 주선했는데, 연세대학에서는 의학원이 필요로 하는 허준의 《동의보감》 한 질을 선물로 보냈고 기타 여러 가지 지원을 했다.

이유복 부총장은 우리나라 병리학계에 훌륭한 공적을 남긴 분으로, 1953년 세브란스를 나와 시카고 의대에서 이스라엘 데이비슨 주임교수와 같이 조교수로 일하기도 했다. 그는 30년 전에 귀국하여 우석대학 병리학 교수로 있다가 연세대 의대로 자리를 옮겨 주임교수를 거쳐 부총장 및 의료원장을 지냈다. 한국병리학회와 학교 발전에 크게 공헌했고, 주임교수로 있던 시절에는 내가 윤일선 박사를 기념하여 제정한 동호상을 주관하며 애쓰기도 했다.

이렇게 하여 나는 연변대학을 도와주라는 김현택 박사와의 약속을 어느 정도 지킨 셈이었다.

연변의학원에서는 1988년 길림성 성장의 허락을 얻어 나에게 명예교수직을 주었다. 의학원에서 저녁을 먹고 이야기를 나누다가 호텔로 돌아왔다. 그날 저녁에는 제자인 송경욱과 용정중학의 잡지 《별》의 주간 한정길 선생과 중국 조선어문 잡지사 교육편집실 주임 최기자 선생이 찾아와 미국의 한글학교와 연결해주기를 부탁했고, 나는 뉴욕 한글학교에 그 뜻을 전했다.

다음 날 오후에는 연길 시내에 있는 박물관을 보러 갔다. 연변예술학교 김성개 원장과 정준갑 부원장을 만나 학교에 대한 설명을 들었다. 그날 저녁에 숙소로 무용가 최미선 씨가 남편과 같이 찾아왔다. 1994년 7월 미국 미시간 주립대학에서 국제고려학회와 공동 주최로 학회가 열렸을 때 초대한 인물인데, 우리 측의 행정착오로 오지 못하고 고생했다는 얘기를 들으니 미안하기 짝이 없었다. 16일 월요일 아침 8시, 우리는 용정으로 출발했다.

방관혁 교수

1982년 9월 초 조선족자치주 30주년 기념 의학학술대회에 초청받아 나와 딸 에스더, 샌프란시스코 스탠퍼드대학의 리처드 한 박사 내외와 딸 멜라니 등 다섯 명의 일행이 함께 연길에 갔을 때의 일이다. 김현택 박사 부부와 피아니스트인 딸 로레타와 서안의 방관혁 교수도 그때 연길에 왔다. 로레타는 지금 롱아일랜드에서 피아노 선생을 하며 살고 있다.

방관혁 교수는 나의 선배로 세브란스 35년 졸업생이다. 항일운동에 참여한 혐의로 고향인 평안남도 강서경찰서에 6개월간 갇혔던 애국자로, 1936년 7월 북경으로 가서 협화대학에서 미생물학을 전공하고 중국에서 널리 알려진 바이러스, 특히 출혈열 연구의 권위자였다. 그는 당시 서안의학원 부원장이었는데 나를 만났을 때 서울의 친척을 찾아달라는 부탁을 했다. 그의 형수는 상명여대 설립자 배상명 이사장이었

중국 보건부 장관 진민장(陣敏章)의 초대를 받은 만찬에서
앞줄 왼쪽부터 수페이마(화병퇴치기금 회장), 필자, 진 장관, 육도배(陸道培) 북경의대 주임교수,
주예(朱豫) 전 협화여대 병원장

다. 또 특별히 정구충 박사도 찾아달라고 하며 세브란스 동창생인 전 한
양대 총장 이병희 박사의 안부도 물었다. 나는 그에게 정구충 박사가 유
럽을 여행하고 귀국하던 길에 미국에 들렀을 때 뉴욕에서 필라델피아
우리 집으로 모셔간 적이 있었는데, 그때 내가 고속도로에서 속도를 너
무 내어 무척 조바심을 쳤다는 이야기 등을 들려주기도 했다.

중국 방문을 마치고 미국으로 돌아가기 전에 나는 잠시 서울에 들
러 밤늦은 시간이었지만 곧바로 배상명 이사장과 정구충 박사에게 전
화를 걸었다. 그 다음 날 아침에 두 분이 방관혁 교수의 조카 방정복 선
생(전 상명대학교 총장)과 함께 나를 찾아왔다. 근 50년 만에 안부를 전해들은
그들은 눈물을 글썽이며 몹시 기뻐했다. 《한국 의학계의 개척자》를 저

술한 정구충 박사는 방관혁 교수의 소식에 무척 감개무량해했다. 방관혁 교수는 친구의 동생으로 자신을 무척이나 따랐다며 40년이 지나서도 잊지 않고 중국에서 잘살고 있다는 사실에 고마워했다.

윤동주와 기념사업

윤동주와 용정

연길에서 용정으로 가다 보면 거의 다다를 무렵 오른쪽에 큰 과수농장이 있는데, 그 농장은 바로 우리 동포들이 만든 것이다. 광대한 규모로 거양배와 사과배 그리고 포도, 살구, 복숭아 등 많은 과수가 생산되는데, 특히 사과배가 유명하다. 그 생산물들은 중국 각지로 반출되며 잼과 과즙, 통조림으로 가공되기도 한다.

용정은 인구 8만의 규모인데, 그중 우리 동포는 66퍼센트 정도다. 해방 전까지 용정은 독립운동의 중심지이자 만주 동부의 기독교 선교의 중심지로서 조선 동포들과 항일운동을 하던 독립지사들도 많았으며, 캐나다 장로교회의 선교지로 널리 알려진 활기를 띤 곳이었다. 용정은 한국 문학작품의 배경으로도 수없이 등장하는데, 가곡 〈선구자〉에 나오는 일송정, 비암산, 용문교, 용두레 우물 등이 모두 이곳 용정에 있는 익숙한 이름들이다. 용정 사람들은 모임이나 행사를 시작할 때면 국

제5차 미 · 중 한인우호협회의 중국 방문길에 윤동주 묘소를 찾아(1989. 8)

가를 부르듯이 〈선구자〉를 합창한다.

용두레 우물가에 도착하니 전 용정중학 교장이며 용정 대외교류협회 부이사장 유기천 선생과 용정중학 한정길 선생, 연변대학 조선문학계 교수 권철 선생이 우리를 기다리고 있었다. 그들의 안내로 용정 시내를 둘러보았다. 수년 전 미 · 중 한인우호협회에서는 2천 달러의 경비를 들여 용정중학교에 생물학 교육을 위해 학생용 현미경 50대를 기증한 일이 있었다. 그 현미경들이 아직도 학생 교육에 큰 도움을 준다기에 기쁘기 짝이 없었다.

비암산 일송정에도 올라 해란강을 내려다보며 〈선구자〉도 부르고 산 아래 길가에서 개구리참외를 파는 동포 아주머니들도 만났다. 그들은 반가워하며 개구리참외를 권했는데, 그 참외의 단맛에서 나는 우리

민족의 훈훈하고 끈끈한 인정을 또 한 번 맛봤다.

　우리 일행은 명동촌에도 갔다. 명동촌은 김약연 목사가 세운 마을로, 시인 윤동주와 그의 고종사촌 송몽규가 태어난 곳이다. 윤동주의 생가는 터만 남고 송몽규의 생가는 아직 남아 있어 사진을 찍어두었다. 명동촌을 개척한 김약연 목사의 교회 앞에는 그의 묘비가 부서진 채 서 있다. 문화혁명 때 부서진 비석을 3년 전에 그의 손자 김재홍이 옛 교회 앞으로 옮겨놓은 것이라고 한다.

　윤동주의 외삼촌 김약연 목사는 문재린 목사와 함께 북간도 명동에서 교육을 주도했다. 항일사상가였던 그는 '동쪽을 밝힌다'는 뜻으로 명동이라는 이름을 지었는데, 그것은 곧 우리나라를 밝히는 곳이라는 뜻이었다. 명동촌에서 나오다가 윤동주 시인이 어릴 때 놀았다는 선바위가 보이는 곳에서 기념사진을 찍었다. 1984년에 나는 우연히 필라델피아의 신태민 선생 댁에서 빌린 윤동주의 시집을 읽고 깊은 감명을 받았다. 그해 중국을 방문하여 연변자치주 정부 외사처에 시인의 무덤을 찾아달라고 부탁했으나 미지근한 반응이었다. 그다음 해 윤동주 시인의 친동생 윤일주 교수가 도쿄의 와세다대학 오무라 마쓰오 교수에게 부탁해 연변대 권철 교수, 유기천 교장의 도움으로 시인의 묘소를 찾게 되었다.

　다시 용문교를 건너 용정 시내로 들어가 용정중학(옛 대성중학)에 있는 역사전시관을 둘러보았다. 한국에서 오는 많은 관광객도 이곳을 즐겨 찾는다. 학교의 역사에 대한 설

오무라 마쓰오 (1933-)

명, 독립투사들의 위업, 윤동주 시인의 사진 등이 전시되고 있다. 전시관 아래층에는 전에 없던 기념품 가게가 생겼는데, 옷과 그림엽서, 초라한 잡화들을 늘어놓고 팔고 있었다. 안내원이 우리를 그곳으로 데리고 갔다. 나는 상점을 둘러보며 심히 모욕감을 느꼈다. 사람들은 이곳이 윤동주 시인의 모교라는 역사적 의미가 깃든 곳이어서 찾아오는데, 그 시인을 등에 업고 장사를 하고 있다니! 더구나 용정중학은 160명의 항일투사를 배출한 학교가 아니던가.

윤동주 시인을 기리기 위해 나는 미·중 한인우호협회의 후원금으로 용정중학에 윤동주문학상을 제정했다. 해마다 백일장을 열도록 지원했고, 그것을 바탕으로 《별》이라는 잡지가 탄생했다. 잡지 이름을 《별》이라 한 데는 특별한 의미가 있는데, 윤동주가 용정중학을 다닐 때 출판한 잡지가 바로 《별》이었다는 것이다. 시인은 이제 모교 후배들의 숭앙의 대상이 되었다.

윤동주는 연희전문에 다닐 때 자기 손으로 시집 원고 두 벌을 만들어 하나는 이양하 교수에게, 하나는 친구 정병욱에게 주었는데, 시인이 일본 후쿠오카 감옥에서 죽은 뒤 해방이 되고, 그 원고는 유고집 《하늘과 바람과 별과 시》로 출판되었다. 이 책이 이렇게 출판될 수 있었던 것은 정병욱 교수의 어머니가 땅 속에 감춰두었던 한 벌의 원고가 남아 있었기 때문이다.

연길로 돌아오니 안내원이 시간이 남는다며 연변의학원 안에 있는 휴식처에 가겠느냐고 물었다. 마침 연변의학원 원장과 저녁 약속이 되어 있어서 그동안 거기 가서 쉬면 되겠다는 생각에 따라나섰다. '연변의학원 중의(中醫)한의원'이라는 간판이 붙어 있는 안으로 들어가니 그곳 역시 단순히 쉬는 곳이 아니라 상해와 같은 집이었다. 정제된 약을 병당 60달러씩 받는데 딸 에스더가 권해서 나도 한 병 샀다. 바가지를 쓰는 줄 알면서도 안마를 받은 후라 약을 산 것이다. 괘씸한 생각과 또 당했다는 생각에 기분이 영 께름칙했다.

저녁에 연변의학원장의 초대를 받은 우리 일행은 학교 안에 있는 식당에서 저녁을 먹었다. 나는 심철관 의학원장에게 중의의학원에서 비싼 약을 샀는데 어떤 약이냐고 넌지시 물었다. 원장은 60달러면 너무 비싸다고 했고, 또한 제자인 송경욱과 그 옆사람들도 비싸게 샀다고 했다. 나는 묘한 수법으로 장사를 하여 상당히 곤란했다고 말하며 "의학원 안에다 그런 것을 두는 게 잘못이 아니냐. 그 모든 것이 학교 간판을 내걸고 이루어지고 있으니 대학 책임이 아니냐"고 따져 물었다. 자기들은 집만 빌려주었을 뿐 사업은 그들이 하는 것이라 상관이 없다고 한다. 그래서 의학원의 체면에 관계되니 학교 안에 그런 걸 두는 것은 좋지 않다고 말하고, 내가 명예교수로 있는 학교에서 그런 일이 일어나지 않았으면 좋겠다고 강조했다.

중국조선족 중학생 윤동주문학상 제1회 시상식 기념촬영(2000. 2. 16, 연길시 우전호텔 회의실)
앞줄 오른쪽에서 다섯 번째 오형범, 여섯 번째 윤혜원, 일곱 번째 연변대학교 김호웅, 열 번째 허춘희

중국조선족 중학생 윤동주문학상 수상자 제1회 한국방문단 학생들을 카메라에 담고 있는 필자

연세대학교를 방문한 중국조선족 중학생 윤동주문학상 수상자 제1회 한국방문단

중국조선족 중학생 윤동주문학상 수상자 제1회 한국방문단
– 연세대학교 수상자방문기념 세미나실에서(2001)

필자(둘째 줄 왼쪽 세 번째), 채규철(둘째 줄 왼쪽 네 번째 – 방문단 학생에게 강의), 오형범(둘째
줄 왼쪽 다섯 번째), 오철주(셋째 줄 오른쪽 첫 번째 – 윤동주 외조카, 윤혜원 여사님 자제분),
윤인석(셋째 줄 왼쪽 다섯 번째 – 윤동주 장조카, 성균관대학교 교수)

중국조선족 중학생 윤동주문학상 수상자 한국방문단 – 연세대학교 윤동주 시비 앞에서(2005)
오형범(앞줄 오른쪽 세 번째), 허춘희(뒷줄 오른쪽 첫 번째)

중국조선족 중학생 윤동주문학상 수상자 제1회 한국방문단 인솔자들과 윤동주 선생 유족과 함께
앞줄 오른쪽부터 오형범, 채규철, 필자, 허춘희,
뒷줄 오른쪽 첫 번째 오철주, 뒷줄 왼쪽 첫 번째 윤인석

중국조선족 중학생 윤동주문학상 제2회 시상식에 참석한 필자(2001)

오른쪽부터 필자, 오형범, 윤혜원

필자의 연구실을 방문한 오형범(윤동주 시인의 매제)(2001)

중국조선족 중학생 윤동주문학상 제2회 시상식 기념촬영(2001. 7. 26, 연길시 개원 호텔 4층 회의실)

앞에서 둘째 줄 왼쪽으로 아홉 번째 필자, 열 번째 윤해연, 열한 번째 오형범.

뒷줄 왼쪽 세 번째 허춘희(중학생 잡지 주필, 윤동주문학상 운영위원회 주임)

민족의 정기 어린 백두산

8월 17일 아침에는 백두산을 향해 출발했다. 처음 가는 사람들은 천지를 볼 수 있었으면 하는 바람으로 나섰는데 하늘빛이 흐릿했다. 높은 산은 그렇지 않아도 날씨의 변덕이 심한데, 은근히 걱정되었다. 연길에서 백두산까지는 260킬로미터로 그 절반이 넘는 길은 포장되지 않은 흙길이다. 길가에는 노란 달맞이꽃과 해바라기가 펼쳐져 있고, 초가집이 옹기종기 모여있는 마을도 이따금씩 나타났다. 1982년 9.3절 행사에 초청되어 연길에 왔을 때 얼마나 백두산에 가보기를 바랐던가. 그러나 당시는 외국인이라는 이유로 백두산 방문 허가가 나지 않았고, 또 비가 와서 포기해야 했다. 그 이후 나는 올 때마다 백두산에 올랐는데 그때마다 새로운 감격을 안았다.

화룡현에서 백두산으로 가는 길을 벗어나 화룡현 청포리로 갔다. 청포촌 길가 언덕에는 무덤 셋이 초라하게 있는데, 가운데가 나철의 무덤이었고, 양쪽으로 대한독립군 총재였던 서일과 대종교 2대 교주 김교헌의 무덤이었다. 백두산 아래는 찾아오는 이도 드물고 돌보는 사람도 없어 무덤은 쓸쓸하기 그지없었다. 독립지사들을 이렇게 먼 이국땅에 쓸쓸히 내버려두고 잊어버린 사실이 송구스러웠다. 나철은 단군운동을 통해 민족지도 이념을 구현하려 했다.

1910년대 대종교 활동은 하나의 독립운동단체였고, 일제는 이를 탄압하기 위해 1915년 대종교를 불법화했다. 이에 교주 나철은 1916년 자결했고, 그 유서에는 일본의 학정을 규탄하고 조선의 독립을 끝까지 추진하라는 당부와 함께 자신을 단군의 활동무대였고 고구려 옛 땅인 북간도 청파호 옆에 묻어달라고 했다. 그 옛날 청파호는 지금은 들로 변했다. 국조를 받들어 민족정기를 세우고 민족독립을 지키기 위한 정신으로 살아야 한다고 외치며 단군교, 즉 대종교를 탄생시킨 주인공 나철이 먼 이국땅에서 두 동강 난 조국을 보면 얼마나 비통할까 하는 생각에 마음이 아팠다. 나철의 손자가 미국 켄터키 주 루이빌에 살고 있어 1993년 1월 초에 그를 만났을 때 아마 이번 여름에 청포리에 가게 될 것이라고 했더니 자신도 가보고 싶어 했다.

서일은 1910년대와 1920년대에 만주지역에서 대표적인 무장투쟁을 한 사람이었다. 중광단과 대한정의단, 북로군정서의 최고책임자로 활동했고 청산리전투의 실제 주역이기도 했다. 독립운동가로서 지속적인 무장투쟁을 하도록 민족의식을 심어준 그는 대종교 3종사의 한 사람이었다. 그는 단군을 중심으로 한 민족정신을 배양하여 일제를 물리치고 이상국가인 배달국을 재건하고자 했다. 백두산을 영지로 여겨 낙원을 건설하려 했고, 재만동포의 기지로 독립운동을 전개했으나 청산리전투 후 일제에 쫓겨 밀산으로 갔다가 토비들의 습격으로 동료들이 희생되자 그에 책임을 느껴 1921년 8월 26일 자결했다. 그는 가장 격렬하게 무장투쟁을 전개한 대한군정서의 총책임자였다. 한국 정부에서 세 분의 묘소를 새롭게 단장하고 성역화할 것이라는 소식을 들었다.

울창한 침엽수림을 지나서 백두산 기슭에 도착하니 오후 5시였다. 바람이 불고 구름이 끼어 천지를 볼 수 없을 것 같아 조바심 어린 마음으로 꼬불꼬불한 길을 따라 백두산 꼭대기에서 내렸다. 그러나 구름이 끼어 아무것도 보이지 않았다. 바람은 거세게 불고 구름이 잔뜩 끼어 여기가 정말 백두산 위인가 싶었다. 바람이 거세어 그냥 서 있기도 힘들고 한여름인데도 금방 추워져서 일행은 낙심하며 내려와 장백폭포 쪽으로 올라갔다. 백두산 천지를 본다는 큰 기대를 안고 가슴 설레며 먼 길을 찾아왔건만 구름에 가려 아무것도 볼 수 없어 실망감으로 모두 기운이 빠져 보였다.

다음 날 새벽 일행은 두 팀으로 나누어 천지를 보기 위해 다시 백두산에 올랐다. 천지는 아주 짧은 순간에 구름 사이로 잠깐 나타나 어떤 사람은 보고 어떤 사람은 보지 못했다. 지난해 여름 이곳에 왔을 때는 참으로 선명하게 천지를 만날 수 있었는데……. 그리고 그때는 한국에서 온 교사들을 만나 많은 이야기도 나눴다. 천지가 맑은 날 찾아온 사람들은 탄성을 지르고 애국가를 합창한다. 2, 3년 전까지는 볼 수 없었던 한국 여행단을 이제는 여기서 쉽게 만난다. 그들 중에는 북한 땅을 보면서 아쉬워하고 단군제를 지내는 이들도 있다. 그들이나 나나 백두산 천지에서의 염원은 오로지 통일이었다. 아쉬움을 안은 일행은 떨어지지 않는 발걸음으로 천지를 뒤로하고 산을 내려왔다. 용정으로 돌아오니 오후 3시였다.

도문을 거쳐 목단강으로

연길로 들어가는 입구에는 '곰 낙원'이라는 사육장이 있다. 그곳에는 웅담을 얻기 위해 곰 스무 마리를 가두어 기르는데, 곰의 눈빛이 슬퍼 보였던 것은 나 혼자만의 느낌이었을까.

저녁에 연길에 도착하니 연변과학기술대학 교수로 있는 문영환 선생이 찾아왔다. 문영환 선생은 문익환 목사의 동생으로 몇 달 전 연길에 와서 과학기술대학에서 영어를 가르치고 있다. 미·중 한인우호협회에

후쿠오카 감옥에 갇힌 윤동주의 모습을 그린 용정중학교 미술교사의 그림 앞에서(1996. 1. 12)

서 그의 생활비를 보조해주어 연길에서 YMCA를 재건하도록 지원하고 있다. 조선족자치주 고급경제사 최원근도 만났다. 나와는 구면인데 그는 우리 경제인 간부들과 이야기를 나눴다. 송경욱도 다시 찾아와 많은 이야기를 나누고 돌아갔다. 다음 날 아침 7시 반에 도문(圖們)으로 향했다.

　도문으로 가는 동안 우리 일행 중에는 지나간 한 맺힌 시대의 노래 〈두만강〉을 부르는 이도 있었다. 두만강이 흐르는 도문에서 강 건너 북한 땅을 보고 있자니 김현택 박사가 생각났다. 그는 처음 도문에 왔을 때 개울 건너에 있는 북한 땅을 얼른 뛰어넘었다가 다시 돌아오곤 했다고 어린아이처럼 내게 자랑하곤 했다. '중 · 조 국경'이라는 팻말이 서 있는 두만강 가에서 다리 하나 건너면 북한 땅인데, 우리에겐 그저 아득

중 · 조 국경에서(1996)

히 먼 나라만 같아 보인다. 다리를 건너 회령으로 달려가 함흥 가는 기차를 타고 싶은 충동이 불쑥 치밀어 올랐다.

　도문에서 기차를 타고 북쪽으로 5시간가량 달려가니 도쿄성이 있었다. 근처에는 발해 유적이 있다. 우리는 먼저 발해 궁터를 찾았으나, 큰 주춧돌만 남아 있을 뿐 그 옛날의 영화는 어디서도 찾을 수 없었다. 가까운 곳에 발해의 흥륭사가 있어 가보았다. 발해 시절의 절은 불타 없어지고 1861년에 중건되었는데, 석등은 발해의 것이 그대로 서 있다. 연변대학에서 이곳 발해 유적을 연구한다고 들었다.

　거기서 경박호를 보러 갔다. 경박호는 상경성이 있던 도쿄성 분지의 남쪽 끝에 있는데, 화산 폭발로 용암이 목단강(牧丹江) 줄기를 막아 만

들어진 호수로, 남북의 길이가 45킬로미터이고 너비는 6킬로미터나 되는 곳도 있다. 국내 관광객은 많이 찾지만 외국인에게는 거의 알려져 있지 않다. 경박호에는 발해 역사와 관련해 전해 내려오는 이야기가 있다.

발해의 마지막 왕이 주지육림에 빠져 정치를 돌보지 않다가 거란의 공격으로 도성이 함락되자 왕실의 보물을 챙겨 도망을 쳤다. 보물 중에는 보경이 있었는데, 이 호수에 이르러 길이 막히자 하늘을 우러러 탄식한 후 보경을 안고 물속으로 뛰어들었다. 이에 동행하던 신하들도 모두 뛰어들어 나중에 머리가 셋에 눈이 여섯 개 달린 물고기가 되었다고 한다. 그리고 거울이 빠진 호수라 하여 '경박호(鏡泊湖)'라는 이름이 붙여졌다고 하는 전설을 인근의 조선족 마을 사람들이 이야기해주었다.

경박폭포는 '동양의 나이아가라'라고 일컬어지는데, 지금은 가뭄으로 물도 줄어들고 폭포가 아예 없어져버려 크게 실망했다. 1986년 경박호를 찾았을 때는 물이 맑고 참으로 아름다웠다. 여름이면 전국에서 사람들이 많이 몰려오는 피서지인지라 여전히 인파로 북적거렸다.

우리 일행은 다음 날 아침 일찍 일어나 목단강 시로 향했다. 목단강까지는 350여 리 길로, 버스로는 4시간 정도가 걸린다. 우리 일행인 정수산나 할머니가 50년 전에 목단강 근처에서 전도사로 일했다며 그때의 교회를 찾고 싶다고 하여 여러 군데 찾아보고 사람들에게 물어보기도 했지만 찾을 수 없었다. 목단강 시에는 우리 동포가 20만 명 정도 살고 있다.

그곳에는 항일투쟁을 했던 이봉선과 안순복, 조선민 등 8위 여열사(女烈士) 기념비가 있는데, 그들은 일본군과 싸우다가 목단강 시가 포위당하자 강물에 몸을 던졌다고 한다.

낮에는 목단강 시내를 둘러보고 저녁에는 하얼빈으로 가는 기차를 탔다. 거기서 하얼빈까지는 6시간이 소요된다. 하얼빈에 도착하니 이른 새벽이었다. 안중근 의사가 일제 통감 이토 히로부미를 저격했던 역사적인 하얼빈 역에 내릴 때면 나는 사뭇 숙연해진다. 안중근 의사를 위한 기념사업을 하겠다고 계획한 지 10년이 되었으나, 그동안 현지의 정치적 문제로 아무 일도 할 수 없었다.

우선 곧장 호텔로 가서 짐을 풀었다. 오전에는 송화강에서 유람선도 타고 철교도 보았다. 일제강점기 일본군에게는 군사적인 요충지였던 이곳 송화강은 우리의 문학작품이나 노래에 수없이 등장한다. 송화강 뱃노래 가사를 떠올리며 흐르는 강물에 나의 감상을 띄워 보냈다. 점심식사 때는 이민 여사가 우리 일행 모두를 일류 중국 식당에 초대해주었다. 그녀의 남편인 전 흑룡강성 성장인 첸라이(陳雷)와 통역 역할을 한 흑룡강성 역사연구소장 김우종 교수가 같이 나와 즐거운 시간을 가졌다. 노래를 잘하는 이민 여사가 독창도 불러주어 우리 일행은 3시간 동안 매우 인상 깊고 흥겹게 점심식사를 마쳤다.

하얼빈의 이민 여사

이민(李敏) 여사는 내가 하얼빈에 갈 때면 꼭 만나보는 친구다. 나는 이 훌륭한 중국의 항일투사를 《뉴욕 중앙일보》(1993년 5월 26일 자)를 통해 미국 동포들에게 소개한 바 있다.

1981년 봄부터 지금까지 나는 열다섯 차례에 걸쳐 중국을 방문하면서 수많은 조선족 동포들을 만났다. 그중에서 가장 인상 깊은 분은 하얼빈의 이민 여사다. 하얼빈 시의 동포 백석형의 소개로 이민을 처음 만난 것은 1985년 8월 중순이었다. 이민은 바쁜 일정에도 나와 동생 피터를 하얼빈 시 국제호텔 응접실에서 반가이 만나주었다. 4,500만 인구를 다스리는 흑룡강성 성장 첸라이의 부인이자 성 정치협상회의(국회) 부주석이라는 높은 지위에 있는 이민 여사는 상상과는 달리 평범한 블라우스에 연한 갈색 바지를 입고 가벼운 미소를 띤 채 우리를 맞아주었다. 나는 그 검소하고 소박하면서도 위엄 있는 자세에 눌리면서도 마음 놓고 대화를 할 수 있겠다고 느꼈다.

"먼 길 찾아오시느라고 수고 많았습니다."

이민은 떠듬떠듬 한국말로 인사를 마친 다음 "조선말이 서툴러서……"라며 백 씨에게 통역을 요청했다. 우리의 대화는 주로 항일투쟁과 독립운동의 역사, 중국 내 조선족 동포들의 현황에 대한 것이었고, 중국과 미국뿐 아니라 세계 곳곳에 있는 한민족의 단결이 남북통일에 큰 역할을 할 수 있다는 결론으로 끝났다.

그다음 해 1986년 8월에는 유명한 사진작가 존 장 맥커디(John Chang McCurdy)를 동반하여 다시 2시간에 걸쳐 이민과 대화할 기회를 가졌는데, 이때 그녀의 위대한 생애와 값진 경험을 상세히 들을 수 있었다. 이민은 1924년 11월 5일 흑룡강성 탄원현 오동하촌에서 태어났다. 황해도가 고향인 부친은 어려운 생활 속에 만주 일대를 방황하다가 1천 호 정도 되는 오동하 부락에 정착하여 벼농사를 지었다. 그러나 그녀가 여덟 살 되던 1932년 불행히도 큰 장마로 송화강이 넘쳐 다시 북만주지역에서 방랑하던 중 50호 남짓 되는 난민의 부락인 안방하(安防河)에 정착했다. 여기서 그녀는 항일구국아동단 선전단에 들어가 그 지방의 항일

전선에 투신했다.

아홉 살에 어머니를 잃은 그녀는 조국독립의 뜻을 굳히고 1936년 겨울 열두 살의 어린 나이에 이운봉이 거느린 동북항일연군 제6군에 편입되어 삼강평원, 완달산맥, 소흥안령 등지에서 계속 침투해 들어오는 일본 침략군과 싸웠다. 1938년 11월 23일에는 보청현 와회산의 부상병이 가득 찬 후방병원이 300여 명의 일본군에 포위당하여 많은 전우를 잃었으나, 이민은 눈발이 쌓인 구렁에 빠져 구사일생으로 살아남았다. 항일연군은 관동군과 일제의 통솔하에 있던 만주국(국왕은 부의)의 군대가 점점 강해짐에 따라 농촌에서의 투쟁은 산으로 옮겨갔고 연군의 어려움은 더 심각해졌다.

1938년부터 1941년 대동아전쟁이 시작될 때까지 항일투쟁은 게릴라작전으로 계속되었으며, 연군 장병들은 여름에는 풀을 뜯어먹고 겨울에는 누룩나무, 벚나무 껍질을 벗겨 먹으면서 추위와 강한 적군에 맞서 싸웠다. 1941년 이민은 동북항일연군을 따라 연해안에 들어가 러시아 극동 홍군 88여단에 편입되었고, 그곳에서 정치교원, 방송원 등의 부서를 맡아 훌륭한 업적을 남겼다. 그는 이때 상등병에서 준위로 승진했고, 전투 용감 메달도 수여했다. 이런 와중에 1938년 장차 흑룡강성 성장이 될 항일연군의 중국인 장교 첸라이를 알게 되었고 1944년에 결혼했다.

1954년 첸라이 부부는 흑룡강성 수도 하얼빈에 와서 부군은 성 정부 건설부장을 거쳐 1958년에 부성장의 중직을 맡았으나, 1966년부터 5년간 문화혁명으로 부부가 같이 감옥살이를 하여 사경에 이르기도 했고, 가족도 박살이 났다. 그러나 1971년 12월 감옥에서 풀려나온 부부는 다시 단란한 가정을 이루고 정부 요인으로 일하게 되었다. 첸라이는 1977년 12월 부성장으로 진급했고 1981년부터 1985년 정년퇴임 때까지 성장의 요직을 맡아 중국의 개방과 현대화에 큰 업적을 남겼다. 또 이민은 성 정치협상회의 부주석, 성 민족사무위원회 주석 등의 요직을 맡으면서 신중국 건설을 위해 눈부신 활동을 하고 있다.

그들은 2남 1녀에 손자 손녀도 여럿 둔 단란한 가정을 이루고 혁명가로서 보람 있는 여생을 즐긴다. 또 이민은 1992년 동북항일연군의 가곡집을 편집·출판해서 항일전사들을 영원히 기념하기도 했다. 1994년 8월 20일, 나는 다시 하얼빈에 있는 이민을 찾아갔다. 나의 마음속에는 우리가 잘 몰랐던, 그러나 우리가 영원히 기념하고 찬양해야 할 이역의 항일투사, 독립운동가를 다시 만나 뵙고 흘러간, 아니 잃어버린 역사의 한순간을 붙잡아 기록에 남기고 싶은 소망이 있었다. 한국에서나 미국 이민사회에서는 보기 드문 건실하고 소박하고 외식이 없는 이역의 혁명가를 만나 진지하게 민족과 국가의 앞날을 걱정하고 의논할 수 있었던 것은 큰 기쁨이었다.

항일의 노전사 이민은 "혁명가는 영원한 청춘, 사철 푸른 소나무여라. 비바람 눈보라 맞받아 높은 산마루에 거연히 섰네"라는 노래를 즐겨 부른다.

내 동포가 사는 곳, 중국

오후에는 흑룡강성 박물관을 관람했고, 저녁식사는 '부산식당'이라는 간판을 내건 곳에서 한식을 푸짐하게 먹었다. 중국 여행에서는 음식이 늘 풍요롭고 다양했다. 저녁에는 이미란 목사 부부가 찾아와서 안부를 전하고 교회 일도 이야기했다. 그녀의 남편 여덕귀는 중국인 목사로서, 같은 건물에서 중국인 예배를 보고 이미란은 시간을 달리하여 한국인 예배를 본다고 한다.

하얼빈에서 새벽 일찍 일어나 북경으로 가는 비행기를 탔다. 북경에 도착하니 공항에서부터 사람이 들끓었다. 시내로 들어가면서 보니 차들이 무질서하게 얽혀 길이 막히고 그사이로 자전거 행렬까지 겹쳐 거리가 더욱 혼란스러웠다. 천단 구경을 하고 북해공원에서 점심을 먹고는 비를 맞으며 천안문광장에서 사진도 찍었다. 다른 일행이 모두 자금성을 구경하러 간 후 나는 버스 안에서 한가롭게 오수를 즐겼다.

숙소인 북경 아주호텔로 갔더니 김현택 박사의 부인 에바 여사가 손녀를 데리고 찾아와 있었다. 호텔 측이 제대로 연락해주지 않아 커피숍에서 2시간 넘게 기다렸다고 하여 참으로 미안했다. 저녁은 호텔 안에 있는 한식당에서 필라델피아 인콰이어지 주재원으로 와 있는 로레타 토파니(Loretta Tofani) 부부가 합석하여 같이 먹었는데, 음식이 엉망인 데다 값도 너무 비쌌다. 북경에 오니 확실히 비싼 물가가 실감이 났다. 저녁을 먹은 후 로레타의 아파트를 방문했다. 그날 밤에 중국에서 일류 화가로 이름 난 김일용 군(서울대 미대 대학원생)이 찾아왔다. 그는 내가 중국에 가면 여러 가지 편의를 보아준다.

8월 24일 아침 북경에 와 있던 동생 피터를 만났다. 피터는《박정희》를 써서 중국에서 출판했는데, 베스트셀러가 되어 있었다. 영어로 쓴 것을 중국어로 번역한 것인데, 경제개발을 하려는 중국에서 크게 호평을 받아 상부에서 당 간부들의 필독서로 지시하여 센세이션을 불러일으키고 있었다. 에바 여사와 에스더는 쇼핑 나갔고, 다른 사람들은 만리장성 구경을 갔고, 나는 할 일이 많아 그냥 시내에 남았다.

북경에서 6년간 병리학자로 일하고 있으며 고촌-서재필 장학생으로 미국 유학을 했던 정문옥이 찾아와서 같이 평양냉면을 먹었다. 북경에서 먹는 평양냉면은 별미였다. 1981년 북경역에서 기차를 탔을 때 워낙 북새통이라 무거운 짐을 들고 혼란을 겪었던 일들도 이제는 옛날 이야기가 되어버렸다. 북경으로 많은 사람이 몰려들어 교통시설은 부족하지만 그래도 활기를 가지고 살아가는 북경 사람들을 보면서 나는 중국의 밝은 미래를 예측할 수 있었다.

우리 일행은 중국 여행에 퍽 만족했고, 특히 이민 여사 가족과의 만남을 인상 깊게 여겼다. 그동안 나는 중국을 방문하면서 많은 사람을 만났고, 또 많은 것을 보았다. 한국 사람들의 중국 방문이 자유롭지 않았을 때는 한국에 중국을 소개했고, 연변 동포들에 대해 알렸으며, 이산가족들을 연결해주었다. 1981년 순천향대학에서 중국에 대한 강의를 했는데, 강의가 끝나자 영양학과 조선희 선생이 찾아와서 연변에 살고 있는 친척을 찾고 싶다고 했다. 다음번에 중국에 갔을 때는 그의 친척에게 연락하여 만나게 해준 적도 있다. 어떤 형태로든 혈육을 만나지 못하고 산다는 것은 가장 큰 비극이다.

1984년 서울 범양사 이성범 회장이 나와 동생 피터가 중국을 방문하며 기록한 여행기《중공의 한인들》을 출판해주었다. 출판기념회 때는 많은 사람이 와서 축하해주었고 그 자리에서 중국을 오가며 찍은 비디오를 보여주었는데, 참석한 사람들은 모두 놀라워하고 감동했다. 당시는 백두산과 천지, 장백폭포 사진이 국내에 거의 없을 때였다. 비디오를

중국 초대 주미대사 황화(黃華), 중국 대외우호협회 부회장 고량(高梁)과 함께(1988. 6. 17)
왼쪽부터 황화, 필자, 고량, 동생 피터

통해 백두산과 천지, 울창한 수림, 연변 동포들의 모습과 마을, 두만강, 용정의 여러 곳을 보고서 사람들은 모두 크게 감격했다. 중국에 대해 잘 모르던 때라 우리가 발간한 책은 중국을 이해하는 데 도움이 되었고, 실제로 반응도 괜찮았다. 당시로서는 공산 국가인 중국을 알리는 데 선구적 역할을 했다. 출판기념회에서는 한국방송공사 사장 송지영 선생이 축사를 했고, 많은 정치인과 대학교수, 지식인들이 참석하여 축하해주었다.

송지영 선생은 중국에서 남경대학 동창 박수덕 선생이 찾아달라고 부탁하여 만난 분이다. 남경에서 살고 있는 박수덕 선생은 송지영 선생과 연락이 되었고, 1986년 내가 남경에 갔을 때 아들과 딸을 데리고 나와 몇 번이고 고맙다고 인사했다. 나를 만나기 위해 불편한 몸을 이끌고 외출한 박 선생이 두 자녀를 데리고 울창한 남경의 아름다운 가로수길을 걸어가던 모습이 눈에 선하다.

나는 남경대학 의학원을 졸업하고 남경대학 부속병원과 비뇨기과 교수로 있던 박수덕 선생에게 정치계·문화계에서 활동하는 송지영 선생에 대한 이야기를 해주었다. 작은 키에 박식하고 달변인 온유한 품성의 송지영 선생은 남경대학 중국문학과를 나왔는데, 학교 때 박 선생과 절친한 사이였다고 한다. 옛 친구의 안부를 전해 들은 송지영 선생은 무척 좋아했는데, 안타깝게도 1989년에 돌아가셨다.

《삼국지》등 많은 역사 이야기가 남아 있는 남경에는 조선족 동포들이 몇 세대 살지 않는다. 나는 중국의 동쪽과 북쪽, 서남쪽 지방도 여행했으며, 학술대회에도 수없이 참석했다. 중국 땅에서 당당하고 비굴하지 않게 소수민족으로서 우수성을 발휘하며 살고 있는 조선족 동포들이 자랑스러웠다. 나는 그들에게 깊은 애착을 느꼈고 힘닿는 데까지 돕겠다고 마음을 먹었다.

서재필기념재단과 미·중 한인우호협회, 유나이티드 보드, 한국의 단체들을 통해 나는 연변의 동포들을 도왔고 그들에게 희망을 걸었다. 그중 가장 뜻깊었던 일은 종근당 제약회사의 고 이종근 회장의 도움으로 이루어진 고촌-서재필장학금 제정을 통해 중국 동포들의 교육을 돕는 일이었다. 조선족 동포들의 생활은 상당히 나아졌다. 다만 염려스러운 것은 한국에서 건너간 사람들이 순박하고 아름다운 정을 가진 그들을 조금씩 오염시켜 순수한 마음을 잃어가는 것이다. 진실한 생활과 역경 속에서도 한민족의 긍지를 잃지 않고 씩씩하게 살아가는 모습이 자랑스러워 적극적인 협조와 원조를 보내기로 결심했고, 경제와 교육, 문화교류를 도모하여 성과를 거뒀는데, 인정을 소중히 여기던 조선족 동포들이 이제 한국에서 건너간 향락과 물질에 젖어들고 있는 형편이다. 무엇보다 아름다운 자연환경을 자랑하는 윤동주의 고향 용정이 상업화되어감에 따라 시인의 고귀한 정신과 뜻도 어지럽혀져 참으로 안타깝다.

서울로 돌아가는 비행기 안에서 나는 눈을 감고 그동안의 중국 여행을 정리해보았다. 중국과 나의 인연은 우리 동포들로 인해 단단히 맺어졌고, 그 인연이 끝까지 아름다운 모습으로 남게 되기를 바란다. 그리고 우리 동포들이 예전처럼 맑고 순박하고 다정스러운 모습을 되찾기를 염원해본다.

미 · 중 한인우호협회

미 · 중 한인우호협회는 1985년 중국조선족 동포와의 유대, 친목도모, 앞으로 함께해야 할 과제 등 서로 도울 수 있는 기관을 만들자고 하여 연변 출신의 장윤철 장로와 박창해 교수, 신성국 · 한태경 목사, 서화숙 장로, 유재선 목사가 중심이 되어 탄생했다. 나는 연변 출신은 아니었지만 비교적 자유롭게 중국을 방문할 수 있어서 이 협회의 이사장 겸 회장을 맡게 되었다. 미 · 중 한인우호협회는 해외에 거주하는 한인 교포들 간의 우호관계를 증진시키기 위해 학술적 · 문화적 · 교육적 · 경제적 교류를 촉진하여 평화적 조국통일에 이바지함을 목적으로 설립되었고, 그 목적 달성을 위해 10여 년 동안 노력해오고 있다. 본부는 뉴욕에 있다.

협회가 창립된 1985년 5월, 도쿄 와세다대학 오무라 마쓰오 교수가 용정 중앙교회 동산묘지에 있는 애국시인 윤동주의 묘소를 찾았다는 소식을 전해 들은 우리는 8월에 실시하는 제1회 중국 방문길에 윤동주의 묘소를 참배하기로 계획했다. 오무라 교수는 중국과 한국문학 전공으로 1985년에 연변대학 초빙교수로 가 있었다. 그는 윤동주와 그의 시에도 관심이 많았는데, 당시 성균관대 건축학과 교수로 일본에 교환교수로 가 있던 시인의 동생 윤일주 교수가 형의 무덤을 찾아달라고 부탁하며 어릴 때의 기억을 살려 용정 동산 언덕에 있는 기독교인 묘지의 약도를 그려주자 무덤을 찾아 나선 것이다. 오무라 교수는 몇 번이나 시인의 묘소를 찾아 나선 끝에 연변대학 권철 교수와 용정중학교 교장 유기천 등의 도움으로 찾는 데 성공했다. 그는 공을 치하하자 매우 겸손해하며 자신이 한 일이 아니라고 사양했다.

나는 애국시인 윤동주에 대해서는 우연한 기회에 알게 되었는데, 맑고 아름답고 서정적인 그의 시세계에 감동되어 관심을 가지고 있던 중에 그러한 소식을 접하게 되어 더욱 가슴이 뛰었다. 그래서 미 · 중 한인우호협회의 중국 방문길에 꼭 묘지에 가보리라고 계획했다. 나는 생체실험을 당하여 비극적인 최후를 마친 시인의 짧은 생애와 굴욕적인 죽음, 기독교 정신으로 자신을 깊이 성찰하며 고뇌한 시인을 깊이 흠모하고 동경했다.

그래서 이번에는 더욱 큰 기대를 안고서 연변에 도착했다. 일행은 대부분 중국 방문이 처음이라 주변의 풍물에 흥미를 기울였으나 내 마음은 오로지 동산 언덕에 있는 시인의 무덤으로 가 있었다. 그러나 오랫동안 고향 사람들에게조차 잊힌 채 동산에 잠들어 있는 시인을 찾아가는 길은 쉽지 않았다. 비가 내린 뒤여서 길이 아주 나빴다. 급기야는

김동기 연변자치주 부주장, 김영만 대미우호협회장과 함께(1988. 8)

우리가 타고 가던 버스가 언덕길의 진창에 빠져 더 이상 앞으로 나아갈 수 없었다. 하는 수 없이 돌아설 때의 그 실망감이란 말로 표현할 수 없었다. 다른 일정이 이미 빽빽하게 잡혀 있어 도저히 다시 시간을 내기 어려웠다. 또 우리가 마음먹는다고 하여 모든 일이 쉽게 이루어지지도 않았다.

나는 일행에게 시인에 대해 내가 아는 대로 이야기를 해주면서 멀리서나마 그를 추모했다. 그의 시 한 줄 한 줄마다 배어 있는 맑은 시심과 순수를 나도 그대로 받아들이고 싶었다. 내 생활은 서정의 세계와는 거리가 먼 과학 세계와 주로 관계된 탓으로 시인의 시심에 더욱 이끌리게 되었는지도 모르겠다.

그리고 그 이듬해 나는 다시 협회 회원들과 같이 방문하여 드디어 '시인 윤동주지묘'라 적힌 묘비명 앞에 설 수 있었다. 참으로 감격적인 순간이었다. 무덤가에는 들꽃들이 피어 있었다. 시인은 들꽃처럼 맑게 그리고 사람들의 눈길이 먼 곳에서 살다가 갔다. 들꽃처럼 해맑은 마음으로, 들꽃잎처럼 여리디 여리게 살다 갔다. 나는 들꽃을 보다가 비석을 보다가 또 하염없이 하늘을 보다가 그랬다. 그의 젊은 죽음이 아깝고 안타까웠다. 그는 비극적인 역사의 희생양이었다. 무덤은 형편없이 초라했다. 협회에서는 최일단 선생의 부군 서태석 선생이 특별히 기증한 돈으로 묘지를 깨끗이 단장했고 묘판까지 깔았다. 시인을 기리기 위한 작은 정성의 표현이었다. 묘지 참배를 하는 동안 우리의 마음은 엄숙하고 경건했다. 묵도를 하고 〈선구자〉를 합창했다.

미·중 한인우호협회에서는 해마다 8월이면 열다섯 명 정도의 회원이 단체로 중국을 방문하여 1993년까지 아홉 차례 다녀왔다. 방문 지역은 중국 각지와 연변 조선족자치주로, 특히 용정과 백두산 등 역사적 장소를 둘러보고, 또 발해와 고구려의 유적지도 답사한다. 용정 사람들은 그 옛날 용정중학교를 다녔던 소수의 노인들을 제외하고는 기독교 시인인 윤동주를 알지 못했다. 우리 협회에서는 고향 사람들이 잊어버린 그를 고향에서 다시 찾을 수 있게 하려고 노력했다.

우리는 사명감을 가지고 윤동주 시인의 삶과 업적과 시를 연변 사람들에게 알렸다. 그리하여 시인은 이제 고향에서 사랑과 존경을 받게 되었다. 나는 중국 방문길에 윤동주 시집과 시인의 동생 윤일주 교수의 동시집인《민들레 피리》를 나누어주었다. 고 윤일주 교수가 40여 년 만에 형의 무덤을 찾아가 민들레 꽃씨를 날리며 형을 추모하는《민들레 피리》는 윤동주의 시처럼 맑고 곱다. 나는 그 시들이 우리 동포들의 가슴에 스며들어 꽁꽁 언 북간도의 겨울을 녹일 수 있는 새싹으로 자라주

미 · 중 한인우호협회의 중국방문단과 함께 백두산 꼭대기에서(1993)

기를 소망했다.

중국을 방문한 협회 회원들은 중국에 사는 동포들을 만나고 그들
이 사는 모습을 보면서 동포들에 대해 새롭게 인식하게 되었다. 중국 동
포들의 순수하고 진솔한 모습과 가난하지만 열심히 현실을 개척해나가
는 용기와 의지, 그리고 중국 사회에서 우수한 소수민족으로 억척같이
만주벌을 가꾸며 사는 동포들에게 크게 감동되어 동포들의 국제적 교
류가 올바른 바탕으로 이루어지는 계기가 되었다. 그 외에도 연변의학
원과의 학술교류와 인재양성의 길을 개척했고, 중국 각지에 있는 교포
교회를 도왔으며, 연변지구 맹아사업과 이산가족 찾아주기, 미국 교포
들의 투자에 가교 역할을 했다. 그리고 송몽규 기념사업과 3.13 순국
열사 기념사업도 도왔으며, 연변대학 교수를 미국과 서울로 초청하는

교육교류의 길도 마련했다.

1990년 재미한인 물리학자회(회장 강경식 교수)의 중국 방문을 도와 연변대학에서 열린 남·북한 일본, 러시아 대표가 참석하는 국제물리학회에 참석할 것을 주선했고, 서울 역사학자들의 항일투쟁 전적지 방문과 북미주 기독학자회의 중국 방문을 도왔다. 1992년에는 연변 정신과병원과 연변의학원 발전을 위해 기금을 전달했고, 재미 한인대학생 총회에 해외 동포학생(연변, 일본, 러시아, 한국)을 초청했으며, 윤동주, 송몽규, 3.13 순국열사 기념사업에도 지속적으로 협조하고 있다. 또 러시아 한인과의 교류사업도 꾸준히 전개하고 있다.

1994년 7월에는 뉴욕에 초대받아 온 이민 여사와 흑룡강성 당사연구소 소장 김우종(金字鐘) 교수 두 분을 모시고 필라델피아와 워싱턴에서 항일투쟁 시기의 88연대와 안중근 의사에 관한 강연회를 갖기도 했다. 우호협회는 또 연변과학기술대학 영어교수 문영환 선생과 김에리나 양의 생활비를 도와주기도 했고, 심양의 서탑교회와 용정중학교에 컴퓨터 워드프로세서도 기증했다.

10여 년 동안 미·중 한인우호협회가 주관한 개인과 단체의 중국 방문은 한·중·미 간의 문화교류에 큰 공헌을 했으며, 수십 개의 중국 관련 신문·잡지 기사가 서울과 미국에서 소개되었고, 특히 한·중 국교 체결 전의 중국의 실정을 모국 국민과 미국 동포사회에 널리 알리는 데 도움을 주었음은 다음의 일람표를 보더라도 쉽게 짐작할 수 있을 것이다.

중국 동포에 관한 저서

연도	저자	출품명	출판사 · 제작사	분량
1984	현웅(피터) · 현봉학	중공의 한인들	범양사	169쪽
1986	이계향	중공에 다녀왔읍니다	융성출판사	272쪽
1987	현웅(피터)	중공기행	시사영어사	221쪽
1988	황영애	백두산 가는 길	깊은샘	193쪽
1988	최일단	정 · 중 · 동(靜中動) – 최일단 발바닥 문화예술기행	융성출판사	1,182쪽
1988	김은국	중국의 조선족	KBS TV 상영	60분
1988	최일단 · 현봉학 (중국 내의 윤동주 유적을 비디오로 촬영함)	민족시인 윤동주 – 별 하나의 삶과 죽음 (3.1절 기념특집 TV 상영)	KBS 김성문 연출	60분
1994	이호영 · 신승철 · 이동근	연변조선족 사회의학 연구	토남	405쪽
1995	현봉학 명예주필, 한정길 주필	《별》 (중국룡정중학별모음 1)	고구려출판사 이보은	172쪽

나의 모교 연세대학교

1985년 연세대학교 개교 100주년 기념식은 성대했다. 100주년 기념사
업으로 알렌관이 준공되어 무엇보다 기뻤다. 이 행사를 주관한 이우주
총장은 내가 세브란스 학생이었을 때 양리학과 조교였다. 세브란스 41년
졸업생인 그는 탁월한 행정능력을 가지고 총장 재직 시 많은 일을 했다.
그리고 정년퇴임 후에는 의학사전을 출판하여 의
학교육에 공헌했다.

호레이스 알렌 박사는 개화기인 1884년 9월
우리나라에 들어와 서양의학 개발에 크게 공헌했
다. 1858년 4월 23일 미국 오하이오 주에서 태어
나 1881년 오하이오 웨슬리안대학을 졸업한 그는
미국 장로교 선교부 소속으로 그 후 한국 주재 미
국 공보관 공의로 갑신정변 때 민영익을 치료하여

이우주(1918-2007)
연세의대 교수,
연세대학교 총장

노스캐롤라이나 주 애슈빌에서 만난 알렌 박사(호레이스 박사 손자)의 차남 부부와 이주형 교수(1984)

정부의 신임을 얻게 되자, 비로소 의료선교사업을 시작했다. 1886년 4월 한국 최초로 세운 서양 병원인 광혜원을 '제중원'으로 이름을 바꾸고 20여 년 동안 한국을 위해 헌신 봉사한 후, 1906년 6월 한국을 떠났다. 그 후 제중원은 1893년 미국 장로교 선교사로 온 캐나다의 에비슨 박사가 맡게 되었다. 선교부의 에비슨 박사는 안식년 휴가로 귀국했을 때 뉴욕 앤드루 카네기 기념관에서 "의료선교 임무의 우의"라는 제목으로 강연을 했다.

그 강연을 들은 미국인 세브란스가 크게 감명을 받아 1900년에 1만 달러를 기증함으로써 서울역 앞에 의대 건물과 병원을 짓기 시작한 것이 세브란스 병원의 초석이 되었다.

내가 연세대학교 100주년 기념행사에서 특히 원했던 것은 알렌 박사의 손자가 보관하고 있던 유품을 기념행사 때 전시하는 일이었다. 당시 의과대학장은 3년 선배 소진탁 교수였다. 나는 학장과 의논하여 유족에게 알렌 박사의 유품을 빌려 기념행사에서 전시하기로 했다. 노스캐롤라이나 주 애슈빌(Asheville)에 살고 있는 알렌 박사의 손자에게 미리 연락하고 그의 집을 찾아갔다. 알렌 박사의 유품을 빌려주면 연세대학으로서는 매우 영광스러운 일이며, 의미가 클 것이라고 했다. 유품으로는 고종황제가 하사한 칼과 사진, 상 등 귀중한 것들이 많았다.

나는 유품 대여의 큰 뜻을 거듭 설명하고 그를 설득했다. 의사인 그는 무척 연로했고 몸도 불편했다. 그에게는 건강이 허락한다면 100주년 기념행사에 초대하고 싶다고도 했다. 그는 생각해본 후에 유품을 빌려줄 것인지를 결정하겠다고 말했다.

돌아와서 그의 연락을 기다렸는데 얼마 후 그는 세상을 떠났다. 나는 미망인과 연락하여 다시 그 집을 방문하여 유품 관계 일을 교섭했다. 미망인은 유품을 대여해주겠다고 했다. 옛날의 제중원과 똑같은 모양의 알렌관이 완공되고 알렌 박사의 유품은 그곳에 전시되었다. 유품은 돌려주기로 했지만 알렌 박사와 연세대학의 관계를 고려한다면 그것이 모교에 보관되는 것도 퍽 의미 있는 일이기에 나는 다시 미망인과 교섭하여 유품을 영구히 연세대에서 보관하게 되었다. 이 일의 성공은 나뿐만 아니라 학교에도 큰 가치가 있는 업적이라고 믿는다.

41년 세브란스 졸업생인 소진탁 학장은 연세대 재직 중에 우리나라 기생충 퇴치의 선봉자였다. 지난 30여 년간 연세대 기생충학교실 중심으로 매년 기생충학 국제대회를 개최하여 동남아의 기생충 학자들이 배우고 돌아갔다. 그는 국위를 선양했을 뿐 아니라 동남아시아 기생충

연세대학교 명예박사학위 수여식(1991. 5)
왼쪽부터 김찬국 부총장, 필자, 박영식 총장

퇴치에도 크게 공헌했다. 그는 진실한 기독교인이며 인간적으로 다정하고 소탈한 분으로, 나는 그를 친형처럼 따랐다.

1991년 5월 11일 연세대 개교 106주년 기념식에서 나는 30여 년간 의학 발전에 기여한 공로와 미국 동포사회에 공헌했다고 해서 명예이학박사학위를 받았다. 7월 16일 필라델피아에서는 펜대학 교수클럽에서 축하의 밤을 열어 100여 명이 참석하여 축하해주었다. 필라델피아 한글문화원장이며 한국에서 KBS방송의 재치박사로 많이 알려진 신태민 선생은 축사에서 세 개의 박사학위를 받은 나를 '박박박사'라 불러야 할 것이라 하여 장내에 폭소를 자아냈고, 지구를 상대로 동분서주하며 활동한다고 치하해주었다. 나는 답사를 통해 내가 걸어온 일생을 회고하며 새로운 각오로 동포사회와 해외 동포들을 위한 일을 계속 함으로써 조국의 발전과 평화통일에 기여하겠다고 다짐했다. 그리고 내 삶의 지표는 기독교를 통한 올바른 생활과 정의구현인데, 특히 연세대의 교시 "진리가 너희를 자유롭게 하리라"를 다시 명심하게 된다고 말했다.

1994년 5월 14~15일 양일간은 모교 졸업 50주년을 기념하는 재상봉 행사의 날이었다. 우리 동기들은 제2차 세계대전 중이라 학사일정을 6개월 단축하여 1944년 9월에 졸업했다. 동기 예순일곱 명 중 사망자 스물한 명, 미상 열두 명(대부분 이북 출신), 재일 일곱 명, 재미 다섯 명, 국내에 스물두 명이 있는데, 상봉회 행사에는 근 스무 명이 동부인하여 참석했다. 우리는 앞길이 막막했던 일제강점기 학창시절부터 서로 격려하며 장래를 개척해나갈 패기로 우리에게 주어진 의료사업을 통한 학술적·사회적 봉사에 전념하자고 다짐했다.

칠십 고개를 넘은 우리는 지금도 그 옛날의 패기를 잊지 않고 올바르고 씩씩하게 살아가고 있다. 그리고 일생의 동반자인 아내들의 정신적 격려와 육체적 희생이 우리가 올바르게 살 수 있었던 삶의 큰 원동력이 되었다고 믿으며 고맙게 생각한다. 일찍이 5남매를 두고 남편을 여읜 이난주 교수의 부인 최옥계 여사의 모범적인 일생이 그 산 증언이다.

일제강점기 말, 그 어려운 그 시기에 내가 다닌 세브란스 의학전문학교는 이제 훌륭한 의과대학으로 성장·발전했다. 국내 굴지의 사학으로서 확고한 자리를 차지하고 있으며 동문들은 사회 각 분야에서 주도적인 역할을 담당하고 있다.

1960년대 후반 무렵 뉴욕에서 최선학, 송성규 등이 중심이 되어 재

모교인 연세의대로부터 제1회 연세의학대상을 받은 후 이를 축하해주는 친지들과 함께(1996. 5. 11)

연세대 개교 111주년 기념일에 가진 세브란스 병원 건립 기공식장에서(1996. 5)
왼쪽부터 이경식 세브란스 병원장, 박인용 교수, 김병수 연세대 총장, 필자

미 연세의대 동창회를 결성했다. 나는 1978년부터 1992년까지 연세의대 동창회 부회장으로 봉사했으며 1983년부터 지금까지 미주 동창회장, 이사, 이사장 고문으로서 모교 발전에 조금이나마 도움이 되려고 애써왔다. 내게 있어서 연세는 어머니와 같이 믿음직하고 따뜻한 이름이 된 지 오래다. 연세의대 동창회장 간부로서 동창들의 우호를 증진시키고 모교 발전을 위해 시간을 아끼지 않았던 20여 년 동안의 노력에 보람과 긍지를 느낀다.

금년 3월 연세대학 의과대학에 '연세의학대상'이 제정되었다. 이 상은 의과대학 출신으로 뛰어난 연구업적을 낸 사람과 의료 및 사회봉사 부문에서 큰 기여를 한 사람에게 주어지는 것으로, 매년 5월 개교기념식 때 학술부문과 봉사부문으로 나누어 수여한다. 나는 의대 동창회 본부의 적극적인 추천으로 학술부문 대상 수상자로 결정되었다. 나보다 훨씬 더 훌륭한 학술 업적을 낸 분들이 많은데 내가 선정된 데 대해 부끄럽기도 하지만, 또 감사한 일이라고 생각한다.

국제고려학회

1990년 일본 오사카에서 세계 각국에 흩어져서 한국에 관한 모든 분야의 학문을 연구하는 1천여 명의 학자들이 참석한 가운데 국제고려학회가 탄생했다. 고려학회는 학술회를 통해 남과 북의 학자들이 서로 만나 통일 분위기를 조성하여 통일에 조금이라도 이바지하자는 데 그 목적이 있었다. 정치성을 배제하기 위해 한국과 북한 학자는 회원에서 제외했으며, 초대 회장에는 북경대학 조선문학연구소 최웅구 교수, 부회장에 오사카 법률경제대학 오청달 교수와 독일 훔볼트대학 헬가 피츠 교수, 모스크바대학 박미카엘 교수, 윤일선 박사의 장남인 미시간대학 고윤석구 교수가 선출되어 국제고려학회를 이끌어나가게 되었다.

나는 국제고려학회 의료분과 위원장을 맡아 1991년 7월 연변의학원과 국제고려학회와의 공동주최로 중국 연변에서 국제고려의학회를 개최했다. 행사는 세계 각국에서 300여 명의 의료인이 참석하여 성황리에 끝마쳤다. 중국, 한국, 일본, 미국, 유럽 등지에서 의료에 종사하는 많은 분들이 모였는데, 불행히도 러시아와 북한에서는 초청장을 보냈으나 참석하지 않아 서운했다. 1991년 6월, 북한 방문 시 김종기 의학협회장을 만나 연변의학회 참석을 권유했으나 그는 노골적으로 불만을 나타내며 초청장이 2주 전에 도착하여 아무 준비도 하지 못하여 참석할 수 없었다고 말했다. 연변의학원에서는 2월에 초청장을 보냈다고 내게 알렸는데, 초청장 발송에 사무적인 착오가 있었던 것이다. 그는 학술대회에 한국의 이호왕 교수가 초대 연사로 나온 것을 봤다며 북한에도 그정도 업적을 낸 학자가 있는데 왜 초대하지 않았느냐고 따져 물었다. 나는 북한 의료계의 사정을 잘 알 수 없어서 북한 의협 측에 다섯 명의 특강 연사를 선정해달라고 의뢰했다고 말하고, 또 이호왕 교수는 한국 대표로서가 아니라 세계적인 의학자로 국제보건기구(WHO)의 일원으로 초청되었다고 말했다. 그러나 결국 북한 대표들은 참석하지 않았다.

이호왕 교수는 나의 함흥고보 5년 후배로 참학문을 하는 겸손한 학자다. 학회나 학술연구에 대해 의논할 수 있는 좋은 친구이기도 하다. 의료계의 훌륭한 빛인 그는 지난 50년간 세계 의학계에서 고심했던 유행성출혈열 병원체인 한탄 바이러스를 최초로 발견하는 개가를 올렸다. 1975년 12월 말 그는 7년간의 피나는 연구 끝에 그 병원체를 찾아내어 이듬해 4월 29일 미생물학회에서 발표하고 미 육군성에 통보했다. 그 바이러스는 발견 장소의 이름을 붙여 '한탄 바이러스'라고 명명했다. 그 공로로 그는 1979년 미국시민 최고 공로훈장을 받았고, 1980년에는 한국학술원 저작상을 받았다. 1981년 그가 소장으로 있던 고려대학교 부설 바이러스병연구소는 세계보건기구로부터 신증후군출혈열 바이러스연구 협력센터로 지정받았다.

연변 학술대회는 우리 동포를 위해 처음 열린 국제적인 의료분야 학회였다. 연변학회에는 내가 특별히 노력하여 간호학자와 의료분야 전역의 종사자들과 미국, 일본, 서울에 있는 의료계의 일류 학자들, 그리고 세계적인 지도력을 가진 학자들이 대거 참석하여 회의의 뜻을 더했다. 서울에서 국제간호학회 행사를 주관한 연세대 김모임 간호대학장도 참석하여 여러 가지 좋은 말씀을 들려주었다. 연변의학원 심철관 원장과 내가 공동 계획하여 주관한 이 행사는 국제적인 학술행사로서 손색이 없었다.

1991년 북미주와 중남미에 걸쳐 고려학회 미주본부가 창설되어 회장직을 맡아 협회를 이끌게 되었다. 1993년 7월 7일부터 11일까지 닷새 동안 미시간 주립대학에서 국제고려학회 미주본부와 한양대학, 미시간대학이 공동주최로 학술대회를 개최했다. "21세기를 향한 한반도의 변환: 평화, 조화 그리고 진보"라는 제목 아래 26개국을 대표하는 600여 명의 학자들이 참석했다. 나는 국제고려학회 미주본부 회장으로서 인사말을 통해 훌륭하고도 성대한 학회를 갖게 되어 감사하다는 뜻을 표한 후, 본 학회의 주제가 담긴 정신이 학회 진행 중에 충분히 반영

뉴욕 센트럴파크호텔에서 열린 국제고려학회(1994. 7)

됨으로써 학술대회의 목적을 달성할 수 있다고 믿고, 또 이를 통해 우리의 소원인 평화적 남북통일에 조금이라도 기여할 수 있다면 그 이상 기쁜 일이 없겠다고 말했다. 세계 각지에 흩어져 있는 각 분야의 대표학자들이 한자리에 모여 학회를 열 수 있었던 것은 참으로 의미 있고 감동적인 일이었다.

　이어서 1994년 7월 23일부터 24일까지 뉴욕 시에서 국제고려학회 미주본부 주최로 한국 이민사회의 어려운 문제로 부상하고 있는 여성문제를 다룬 학회도 성공리에 마쳤다. 50명을 예정했던 소학회가 150명이 넘는 학자, 전문가들의 큰 모임으로 바뀌어 여러 가지 문제를 토의하고 해결책을 모색할 수 있었던 역사적인 학회로 끝맺게 된 것은 예상하지 못한 성과였다. 이 학회의 성공은 여러 가지 불리한 조건에서도 어려움을 참고 계속 애써준 학술위원장(여성문제 분과위원장) 김현숙 교수, 최일단 ·

조은희 · 최용열 위원의 헌신적인 노력 덕분이었다고 믿는다.

그런데 학회 준비의 중책을 맡은 김현숙 교수와 조은희 기획위원은 사무총장 모씨 부부의 권위주의와 불협조에 몇 달 동안 시달려야 했다. 어려운 가운데서도 애써 준비한 포스터에 '국제고려학회'라는 명칭이 있는 것을 보고 이 부부는 그 포스터를 떼어버리고 '국제고려학회' 명칭이 들어가지 않은 포스터를 곧 만들어 붙이라고 야단을 쳤다고 한다. 이유인즉 '고려'라는 용어가 정부나 언론계 사람들에게 좋지 않은 인상을 주고 오해를 받는다는 것이었다. 학회의 간부가 자기 학회의 명칭을 쓰지 못하게 야단치는 우스운 일은 생전 처음 당해보는 일이었다.

이 학회 개최 한 달 전에 나는 3년간 맡았던 미주본부 회장직을 내놓고 새로 선출된 강석원 교수에게 회장직을 넘겨주었다. 내가 회장직을 맡고 있을 때부터 야욕과 성격문제가 많았던 간부들과 강 회장 간에 불화가 생겼다. 사무총장 ○○ 씨와 부회장으로 선출된 김○○ 씨 등은 자기들이 강하게 추천한 강 회장을 피선된 지 한 달도 못되어 쫓아내고 자기들이 실권을 잡을 흉측한 계획을 세워 싸우기 시작했다.

1994년 8월 오사카에서 열린 국제고려학회 운영위원회 때는 그들이 새로 제출한 정관이 문제시되자 사무총장이 "우리 회에는 1991년 회 창설 시부터 회칙이 없어서" 새로 회칙을 작성하여 통과시킨 것을 제출했다고 거짓증언을 했다. 상상도 할 수 없는 유치한 일이었다. 1991년 7월 창립총회 때 그와 김 부회장이 참석한 자리에서 준비된 정관이 아무 반대 없이 통과되었을 뿐 아니라 1992년도 국제고려학회지에 통과된 정관이 정식으로 발표되었고, 그 후 3년 동안 그 정관을 토대로 학회를 운영한 간부들인데, 어떻게 그런 거짓말을 할 수 있는지 도무지 알 수 없었다. 그들은 사직도 하지 않은 강 회장의 사직서를 받아들였다고 주장했고, 김○○ 씨를 임시 회장으로 임명했다고 발표하는 동시에 변호사를 통해 강 회장에게 협박편지도 보냈다. 이러한 비리와 저질스런 언행을 보고 있던 전 회장단과 뜻있는 회원들은 문제수습위원회를 조직해서 강 회장 축출운동은 부당하며 양측의 화합이 불가능한 단계에 이르렀으므로 새 회장단 선출을 시도했다. 그러나 국제고려학회 오사카 본부에서는 미주지역의 문제에 대해 중립을 지킨다고 강조하면서도 애매모호한 정책과 행정능력 부재를 계속 보여주었다.

결국 정의감에 불타 학회를 학회답게 조직하고 운영해야 한다고 주장한 수습위원회 측은 더 이상 애쓸 가치가 없는 국제고려학회에서 발을 떼기로 결정을 보았다. 중립을 지키며 학문교류를 통해 남북관계를 평화적으로 이끌어 조국통일에 이바지하겠다는 '국제고려학회'를 믿고 심혈을 기울여 애써온 나로서는 이보다 더 큰 실망이 없었다.

학회라는 고귀한 단체가 재력과 권익을 추구하는 소수의 불순분자 때문에 막대한 피해를 입을 수도 있다는 것을 체험했고, 이것이 또한 불순한 이민사회의 한 단면임을 새삼스레 깨닫고 개탄했다.

그 후 내부문제로 탈퇴한 많은 학자들은 새로이 '국제한국학연구회(International Council for Korean Studies, ICKS)'를 조직하여 김일평 교수를 회장으로 모시고 새출발했다. 부정부패로 정신적 지도력을 상실한 국제고려학회 미주본부와 그 미래에 대해 걱정하지 않을 수 없었다.

아시아 기독교고등교육재단

미국생활 20년 동안 열심히 일하고 실력을 쌓은 나에게 미국 주류사회에서 활동할 기회가 왔다. 70년 전 미국의 장로교와 감리교, 침례교 등의 교단은 중국 고등교육을 통한 선교를 경쟁으로 할 것이 아니라 종합단체로 만들어 도와주자고 합의하고, 새 재단을 창설하여 그 본부를 뉴욕에 두었다. 그러나 1950년대부터 1970년대 말까지는 중국이 공산화된 후라 더 이상 중국에서 일할 수 없어서 다른 아시아 각국의 기독교 고등교육기관을 도와주는 단체로 바뀌게 되었다. 그러다가 1980년도부터는 중국이 개방정책을 펼침으로써 우리 재단이 다시 중국에서 일할 수 있게 되었다.

나는 1973년에 유나이티드 보드의 의학교육 분과위원이 되었고, 1974년 정식 이사로 발탁되어 3년 동안 의학교육위원장으로서 일했다. 이 재단에서는 아시아의 기독교계통 대학을 원조하여 각 대학의 교육을 개선하는 한편, 대학을 통해 그 나라의 사회적 요구를 돕고 또 아시아의 기독교 대학들과 구미 대학 및 세계 각 대학과의 교류를 촉진시키는 활동을 지원했다. 연간 400만 달러의 예산으로 한국, 일본, 동남아 여러 나라(홍콩, 대만, 필리핀, 인도네시아)를 20년간 돕다가 1980년대 초반부터 태국, 말레이시아, 인도까지 그 범위를 넓혔으며 근래에는 베트남, 라오스, 미얀마, 캄보디아도 지원하고 있다. 1980년부터는 중국 교육부와 협력하여 중국 내의 고등교육을 위해 연간 100만 달러를 협조하고 있다. 한국과 일본, 홍콩, 대만의 대학들은 경제부흥으로 어느 정도 자립하여 발전할 수 있으므로 1980년대부터는 재단의 중점활동 지역을 동남아와 중국으로 옮겼다. 나는 의료교육 분야 위원장으로서 한국 내의

대학들을 돕는 데 힘썼고, 연세, 이화, 계명, 서강, 숭실, 한남, 서울여대 등 여러 대학에 계속적인 지원을 하도록 했다.

한국에서 가장 먼저 혜택을 받은 학교는 연세대학으로 1950년대 말부터 지금까지 연간 15만 달러 이상을 지원받았고, 현재는 연간 10만 달러 정도의 혜택을 받고 있다. 이러한 지원으로 연세대학은 대학교육의 질적 향상에 성공했을 뿐 아니라 사회봉사활동 분야도 도모할 수 있었다. 농촌과 빈민을 위한 의료사업과 강화도에 설치한 보건소를 통해 사회사업은 크게 성과를 거두었다. 연세대 간호대학 교육도 도왔고, 한국에서 처음 가정의학과를 창설할 수 있도록 1977년부터 1982년까지 4년 동안 매년 3만 5천 달러씩 원조함으로써 국내 가정의학 발전의 기반을 닦았다. 이화여대에서는 한국여성연구소를 건립하여 사회에 이바지했으며, 한남대학에서 운영하는 농업실험연구소에 연간 4만 달러씩 5개년 계획으로 투자하여 성공했다.

또 우리나라의 정치상황이 어려웠을 때는 재단이 독재정권에 이용당하는 것을 막고 대학을 통해 올바른 민주교육제도를 정립하는 데 애씀으로써 사회적·정치적 영향을 주기도 했다. 나는 1984년까지 이사로 있다가 9년간의 임기가 끝나 이사직을 그만두었다. 그 후에도 재단 자문위원으로, 또 대학 교육 프로그램 위원으로 일했다. 유나이티드 보드에 처음 들어가서 일할 당시에는 동양인 이사로는 나와 미국 장로교회 이승만 박사뿐이었다. 1970년대 중반부터 아시아의 학계 지도자들을 이사로 받아들일 수 있도록 하여 다섯 명의 아시아 대학 교수가 영입되었다. 그중에는 뜻밖에도 이화여대 교수로 있던 영학 형이 포함되어 있었다. 물론 영학 형의 피선은 나와 아무 상관이 없었다. 나의 이사직이 끝난 그해에 형이 추천을 받고 이사로 들어오게 되었을 뿐이다.

내가 유나이티드 보드의 이사로 있는 동안에는 개인적으로 대만, 홍콩, 필리핀, 인도네시아를 여행하면서 그곳 고등교육기관의 책임자를 만나 의논한 결과가 재단의 정책에 반영되도록 노력했다. 나의 조사보고는 뉴욕에서의 정책방향과 대상학교를 선정하는 데 중요한 자료로 활용되었다. 그리고 1980년 중국이 문호 개방을 한 뒤, 중국 여행에서도 같은 방법으로 재단에 도움을 주었다. 1987년부터 3년간 나는 중국 연변대학 조선문학연구소에 한글 발전을 위해 3만 달러의 연구비를 지원하게 했고, 연변대학과 연변의학원의 교수들이 1년에 네 명씩 미국이나 일본에서 연구할 수 있는 제도를 제정하게 했다.

나와 같이 이사로 일했던 사람들은 전 하버드대학 총장 나단 푸시 박사, 전 프린스턴대학 총장 고히인 박사, 전 에모리대학 총장 제임스 레이니(현 주한 미국대사), 하와이대학 동서문제연구소장을 지낸 클라인 잔 박사, 백화점 실업가 부인 바버라 뱀버거 여사, 전 주한 미국대사 글라이스틴 씨, 전 인도대사 필리프 탤벗 박사, 국제교육기관의 스틸먼 박사, 영화배우 뷰라 쿠오(배우, 〈마지막 황제〉의 황후 역), 헨리 루스 3세, 엘리자베스 루스 모어 명예이사장, 국제학술교류협회 총무 메리 블록 등 기독교계와 학계에서 큰 공헌을 한 분들이었다. 그들을 만나게 되어 사회적인 활동무대가 더욱 넓어졌고, 내 인생의 폭도 넓히게 되었다.

하버드 옌칭 연구소

유나이티드 보드 이사를 맡으면 하버드 옌칭 연구소의 이사 자격이 자동으로 부여된다. 하버드 옌칭 연구소의 이사는 모두 아홉 명으로 구성되는데, 그중 세 명은 유나이티드 보드 이사 중에서 추천하여 뽑게 된다. 이에 희랍학의 대가이자 27년간 하버드대학 총장을 지낸 나단 푸시 박사와 유나이티드 보드 회장이던 폴 라우비 박사와 내가 서른 명의 이사 중에서 선발되어 하버드 옌칭 재단의 이사로 일하게 되었다. 하버드 옌칭 재단은 하버드대학 내에 있는 독립된 재단이나 이사진에는 그 대학 보직자들이 많았다. 나는 하버드 옌칭 연구소 이사로 선정되었을 때 퍽 영광스럽게 여김과 동시에 무거운 책임감을 느꼈다.

하버드 옌칭 연구소는 아시아학을 연구하고 아시아와의 학술교류를 도와주는 기관이다. 이 연구소의 도서관은 아시아 문제 연구에 필요한 세계적인 자료를 구비한 곳으로도 유명하다. 이 재단의 비중 있는 사업은 동양의 우수한 학자들을 1, 2년 초청하여 연구할 수 있도록 도와주는 일이다. 한국에서도 1년에 두세 명의 학자들이 추천되어 하버드 옌칭 학자(Harvard Yenching Scholar)로서 연구하고 돌아간다. 한국 분야는 한국역사와 한국이민사 등 다른 어느 대학의 도서관보다 우수한 자료가 많아 상당한 수준을 갖추고 있었다.

김성하 도서관장은 한국인으로서는 내가 처음으로 연구소의 이사로 들어가자 나를 위해 많은 자료를 제공해주는 등 적극적인 지원을 아끼지 않았다. 김성하 선생의 장인은 서두수 교수로 세브란스 동창인 서인수 교수의 형이었다. 서두수 교수는 40년 전에 쉰 살의 나이로 미국에 와서 시애틀 워싱턴대학에서 아시아학과를 설치하여 한국 학자로서 많은 공적을 남겼다. 오늘날 미국의 한국학 분야가 발달한 초석은 그가 30년 전에 워싱턴대학에서 마련한 것이다. 나는 일찍이 한양대 의대 학장을 지낸 서인수로부터 그의 명성을 듣고 있었다. 김성하 선생은 불행히도 일찍 돌아가셔서 그 후임은 백린(白麟) 선생이 이어받았다.

나는 하버드 옌칭 연구소에서 한국학에 대한 관심과 조국에 대해 더 많은 것을 배우게 되어 조국과 민족에 대한 애착 또한 커지는 계기가 되었다. 나는 한국학의 중요성을 절실히 깨닫고 이사로서 국내의 한국 학자를 뽑아 미국에서 연구할 수 있도록 최대한의 노력을 기울였다. 이 연구소의 활동을 통해 나는 세계적인 석학들을 알게 되었고, 또 아시아 각국의 훌륭한 학자들도 만날 수 있었다. 또 자연스럽게 아시아와 한국학에 대해 공부할 기회를 가지게 되어 참으로 중요하고 의미 있는 일을 할 수 있었다. 몇 해 전 그들 학자 중 고려대학교 원우현 교수와 그 부인 이방숙 교수를 만났다. 이 교수는 선친의 친구이신 이학봉 목사의 손녀이자 전 연세음대 고 이인범 학장의 딸이다.

이러한 사회활동은 내 일에 더욱 긍지와 보람을 심어주었고 정신적으로 윤택함을 주었을 뿐 아니라, 의학 분야 외에도 이 넓은 세상이 젊고 유능한 학도들을 얼마나 기다리고 있는지도 절실히 느끼게 해주었다.

또 이 연구소 이사로 있는 동안 나를 많이 도와주신 분은 에드워드 베이커(Edward Baker) 부소장이었다. 그는 한국말도 유창하게 하고 한국을 진심으로 좋아하는 전문가였다.

미주 한인대학생총회

캐스콘(KASCON, Korean American Students Conference, 미주 한인대학생총회)은 1987년 4월 프린스턴대학 1학년생인 백철 군이 교포 학생들의 단결과 그들의 정체성을 확립할 목적으로 회의를 열게 되면서 시작되었다. 프린스턴 대학에서 개최한 회의에는 주로 동부지역 400여 명의 한인 대학생들이 참가했다. 회의 내용도 충실했으며 여러 대학에 흩어져 있던 학생들이 서로 만나 하나로 뭉칠 수 있었다는 데 큰 의의가 있었다. 여기에 모인 학생들은 이러한 뜻있는 모임이 계속 이어져야 한다는 데 의견의 일치를 보았다.

프린스턴대학의 원조를 얻어 다음 해인 1988년 봄에는 700여 명이 참석한 가운데 제2차 캐스콘이 개최되었다. 전해에 비해 이민생활 문제 등 광범위한 문제들을 다루어 예상외의 성과를 거뒀다. 이러한 경험을 토대로 그 후 3년 동안 캐스콘은 워싱턴, 보스턴, 뉴욕에서 제3, 4, 5차 회의를 가지게 되었고, 규모도 1천여 명이 모이는 큰 회의로 발전했다. 나는 제2차 캐스콘에 초대 연사로 참석하여 강연을 한 후, 밝고 건실하고 활기찬 젊은이들이 모인 캐스콘에 많은 기대와 희망을 갖게 되었다고 말하고, 또 관심을 기울여 그들을 격려했다.

1992년 4월, 제6차 시카고 캐스콘에서는 연사로서, 고문으로서 그들을 도왔다. 캐스콘을 훌륭하게 조직하고 지도한 공동위원장 버나드 문과 알버트 정의 눈부신 노력은 격찬을 받을 만했다. 버나드의 어머니 문인순 여사는 나와 같이 서울에 나가 한국 내에서 후원회를 조직했는데, 김경아 선생(운보 김기창 화백의 자부)이 후원회장을 맡아서 캐스콘 기금 마련을 위한 파티를 열어 큰 성과를 거뒀다. 1천여 명이 참가한 시카고 회

재미 한인대학생총회를 위한 모금 파티를 마치고 한극 측 준비위원들과 함께

의는 북미주 80여 대학에서 모여 "도덕적 지도력: 한인사회의 발전"이라는 주제로 훌륭하게 회의를 마무리하여 수많은 학생들에게 뭉치면 큰일을 할 수 있다는 자신감을 심어주었다. 캐스콘은 제6차 대회 준비를 위해 목적에 호응하는 교포 1세 열두 명으로 자문위원회를 구성하여 도움을 요청했던 점도 크게 성공을 거둔 원인이라고 본다. 특히 이종희, 엘리어트 강, 김용화, 전신애, 임선빈 등의 적극적인 후원이 컸다.

제7차 캐스콘은 버클리대학의 새미 서 군을 중심으로 한 공동위원장인 스탠퍼드대학 리사 리와 데이빗, 남가주대학의 찰리 리 등 학생들의 노력으로, 처음으로 서부지역인 샌프란시스코에서 회의가 열렸다. 이로써 캐스콘은 동부에서 중서부를 거쳐 서부로 확대됨으로써 전 북미주 한국 대학생을 대표하는 대학생총회로 발전하게 되었다. "행동을

위한 징검다리: 우리가 할 일"이라는 주제로 열린 샌프란시스코 총회에서는 특히 버클리대학 출신인 대한항공 조중건 부회장과 LA폭동 후 미국 이민사회에 널리 알려진 LA 한인변호사회의 안젤라 오 회장, 하와이 주 하원 재키 양 부의장, LA 한인청소년센터 김봉환 사무총장과 버클리대학 아시아학과 일레인 김 교수 등 저명한 인사들이 연사로 나와 학생들의 심금을 울리는 감동적인 연설을 하여 갈채를 받았다. 제7차 캐스콘을 후원하기 위해 서울의 김경아 후원회장은 다시 기금 마련을 위한 후원회 파티를 열어 크게 도움을 주었다. 나는 자문위원회 단장으로 캐스콘의 발전을 보며 뿌듯함과 긍지를 느꼈다.

미국과 캐나다의 60여 개 대학에서 참가한 한인 학생들의 얼굴은 소수민족으로서 심한 차별대우와 갈등을 극복하고 성공과 행복의 앞날을 기약하는 꿈과 희망으로 넘치고 있어 그것을 지켜보는 우리는 후세들의 모습이 참으로 자랑스러웠고 든든했다.

제8차 캐스콘은 필라델피아에서 1994년 4월에 개최되었다. 교포들의 적극적인 미국정치 참여, 2세들의 진로 선정, 여성 이슈와 교포가정 문제에 대한 네 부문으로 나누어 각 부문과 직접적인 연관을 맺고 활동하는 인사들을 초청하여 강연회를 갖는 한편, 이 부문에서 초기 활동을 하는 학생들이 주도하는 패널 형식의 세미나도 개최하여 학생들이 직접 의견을 교환하고 토론하는 등 행사를 성공적으로 치러냈다. 필라델피아 총회는 브린마대학, 드렉셀대학, 스워스모어대학, 펜실베이니아대학, 템플대학 등의 대학생들이 중심이 되어 열심히 준비했고 행사 진행을 위해 노력을 아끼지 않았다. 캐스콘은 대학생들의 총회이기에 학생 지도자들이 주도해야 한다는 근본정신은 변할 수 없다. 그러나

텍사스 주 오스틴에서 열린 제10회 재미 한인대학생총회에 참석한 학생 간부들과 함께(1996. 3. 31)

10만 달러의 재정적 뒷받침과 연사 선정, 회의조직 등에서는 1세들의 도움이 필요했다.

캐스콘의 지속적인 발전은 미래 한국 이민사회의 훌륭한 지도자들을 많이 길러내며 그들이 미국 주류사회에 진출하여 활동할 수 있도록 하는 발판이 될 것이다. 캐스콘 제9차 회의는 1995년 봄 보스턴에서, 제10차 회의는 금년 3월 말 텍사스 주 오스틴에서 성공리에 이루어졌다.

그동안 일하면서 어려웠던 점은 무엇보다 캐스콘의 구심점이 되는 기관이 없고, 행사도 일정한 장소에서 열리는 것이 아니라 매년 여기저기 떠돌며 열리기 때문에 정식으로 법적 조직을 갖추지 못하고 있다는 점이다. 모체나 구심점이 없으므로 지난 시기의 정보를 알지 못하여 지속성이 없는 현실적인 문제와 연관성이 없어 전통을 이어가지 못하는

데서 발생하는 어려움이 있었다. 매년 자료들이 한 곳에 보관되어야 하는데 회의가 끝나거나 주최 학생들이 졸업하고 나면 자료는 흩어져버린다. 지금까지는 요행히 그나마 성과를 거뒀지만 장기적인 안목으로 볼 때 이대로는 곤란했다. 주최 측은 장소가 바뀌어 개최됨으로써 과거의 고생을 되풀이해야 했다. 지금은 제7차 대회와 필라델피아 대회 자료 이외에는 캐스콘에 대한 서류들이 전혀 남아 있지 않은 실정이다.

재정 면에서도 매년 모금운동이 비슷한 사람들을 대상으로 이루어지고 있으므로 어려움이 많다. 학생들은 행사를 치르고 나면 정신적 · 육체적으로 탈진되어 재정회계를 정확하게 처리하지 못하고 정식보고가 없어 의혹을 사기도 한다. 자문위원장인 나에게조차 재정 보고가 전혀 없었다.

재정문제의 운영이 제대로 되지 않는 점과 캐스콘의 주최자로 활동한 학생들이 자기가 맡았던 분야를 후배에게 물려줄 기회가 없다는 것, 그리고 흩어진 주최자들과 연락이 되지 않는 문제 등 캐스콘이 안고 있는 어려움을 해결하고 극복하기 위해서는 캐스콘의 모체기관을 정식으로 구성해야 했다. 그리고 그 모체기관은 미국 정부에 정식 등록되어 비영리 공공단체로 정부의 면세혜택을 받는 조직이어야 했다. 다행히 과거에 캐스콘을 지도했던 젊은 사회인들이 수년 전 미래재단을 창설하여 그 역할을 맡게 되었는데, 1995년 들어 미래재단이 더 적극적인 체제로 탈바꿈하고 자문위원회(위원장: 엘리어트 강, 위원: 현봉학, 임길진, 문인순)를 구성하여 활발히 일하게 되어 활동이 자못 기대된다.

뉴욕 한인테니스클럽

1974년 뉴욕 한인테니스클럽이 창립되었다. 초대 회장은 사진작가이자 전 대구신문사 사진기자였던 최기복 선생이 맡아 활동했다. 초창기에는 회장을 중심으로 20~30명 정도의 회원들이 매달 한 번 모여서 테니스대회를 즐겼다. 그러다가 뉴욕과 근교에 사는 한인들이 한두 명씩 늘어나면서 회원 수도 점차 증가하여 활발한 운동모임으로 발전했다.

나는 함흥고보 때 연식정구 선수였는데, 미국식 테니스는 연식정구와 스타일이 달라 도무지 늘지 않았다. 그러나 한인들과의 친목도모가 즐거워서 클럽의 정식회원으로 가입했다. 같이 어울리며 게임을 하다 보면 재미도 있었지만, 무엇보다 탁월한 스포츠정신으로 클럽을 운영해나가는 최 회장에게 관심과 존경의 마음을 갖게 되었다.

대회 장소는 주로 북쪽 뉴저지 실내 테니스장이었고, 한 달에 한 번씩 사람들과 모여 친목을 다지는 것도 큰 즐거움이고 보람이었다. 그렇게 몇 해를 지내다 보니 비록 오십대의 늦은 나이로 시작했지만 서서히 실력이 늘어 무척 기뻤다.

테니스클럽은 최 회장이 맡은 7년 동안 활기를 띠었는데, 그는 예순다섯 살이 되자 회장직을 사직했고 그 후 이효빈 선생이 맡아 3년 동안 수고했으며, 1984년에는 내가 맡게 되었다.

최 회장이 시작한 동부지구 한인테니스대회는 연례행사로 진행되었다. 뉴욕과 필라델피아, 워싱턴, 보스턴, 토론토 지구의 한인테니스회와 교섭하여 동부지구 테니스대회를 리그전으로 갖게 되어 지구 간의 교류를 통해 사람들도 알게 되고 친목도 다지고 스포츠정신으로 동포애도 발휘할 수 있었다. 대회 참석자들도 그것을 환영했고, 또 누구나

뉴욕 테니스클럽에서 동료들과 함께(1986. 8)

대회의 성공을 위해 열심히 참여했다.

3년간의 회장 임기 동안 나는 테니스를 보급하는 역할도 했다. 임기를 마친 후에는 회원으로서 테니스를 즐겼다. 그즈음 골프 인구가 차츰 늘어나 여러 사람이 골프를 권했지만 시간적인 여유가 없어서 테니스에만 시간을 할애했다.

뉴저지 중부에 사는 10여 명의 한인들은 화요일 저녁마다 8시부터 2시간 동안 머리 힐 테니스장에서 복식 테니스를 즐겼는데, 나는 6년 동안 화요일 저녁이면 테니스를 치러 갔고 한 주라도 빠지면 무척 섭섭했다. 그러나 1988년 필라델피아로 직장을 옮긴 후로 주중에는 도저히 참석할 수 없어 여간 서운하지 않았다. 처음에는 한동안 화요일 저녁만 되면 마음이 온통 머리 힐 클럽에 가 있곤 했다. 게임이 끝나면 회원들은 차나 맥주를 마시며 담소를 나눴다. 나는 그 상쾌한 화요일 저녁시간을 잊지 못하고 그리워한다. 지금도 가볍게 공이 튀는 소리와 회원들의 말소리, 웃음소리가 들리는 듯하다.

뉴욕 한인테니스클럽은 내가 물러난 뒤부터 김재만, 이운순, 신정택, 김은섭 등이 회장직을 맡아 수고했고, 초창기부터 200여 회에 걸쳐 월례 경기를 계속했으나, 골프에 흥미를 느낀 많은 사람들이 테니스를 외면하여 결국 없어지고 말았다. 약 20년 동안 뉴욕 시를 중심으로 테니스를 통한 건전한 스포츠정신을 배양해주며 동포들의 친목도모와 미국생활의 큰 문화적·정신적 활력소를 담당했던 뉴욕 한인테니스클럽을 결코 잊을 수 없을 것이다.

나의 가족과 가까운 친척들

이제 마지막으로 나의 가족과 가까운 친척들에 대한 이야기를 하겠다.

일생을 살아오면서 내가 항상 고맙게 생각하는 일은 근 50년이 되는 이민생활을 슬기롭게 이끌어준 나의 아내와 자녀들이 나에게 시간과 행동의 자유를 준 것이다. 내가 쌓은 작은 탑은 그들의 희생으로 이루어졌다고 해도 과언이 아니다. 아내는 칠십을 바라보는 나이지만 자녀들과 손자, 손녀들을 돌봐주는 일에 보람을 느끼고 있으며, 젊었을 때는 전통음악을 즐겼지만 요즈음에는 수영과 테니스로 건강을 유지하고 있다. 한편으로 미국 주류사회에서 성인교육위원회가 주관하는 크리스마스와 부활절 장식품과 달걀예술품 제작, 꽃꽂이 등을 가르치는 일도 열심히 하고 있으며 이런 일을 즐긴다.

장녀 메리안(卿姬, Marian Harrison, 1955년 필라델피아에서 출생)은 제이 피 모건 투자회사(J. P. Morgan)의 부사장인 남편 그레고리(Gregory)와의 사이에 1남(永柱, Joshua), 1녀(眞和, Alicia)를 두었다. 나의 아내를 길러주신 양매륜(Marian

뉴저지 의대와 뮬런버그 병원 정년은퇴 축하연에 모인 가족들(1988. 2)
왼쪽부터 장녀 메리안, 사위 브라이언 보울린, 3녀 헬렌, 필자와 아내 선숙, 그리고 장남 필립

Ryang) 할머니의 이름을 이어받은 메리안은 수필가로 활약하는 한편 사회과학대학으로 유명한 뉴욕의 뉴 스쿨 포 소셜 리서치(New School for Social Research)에서 영문학 강사로도 일하고 있다. 모델이자 영화배우로 활약하고 있는 차녀 에스더(卿善, 1958년 필라델피아에서 출생)는 뉴욕에서 활동하고 있었는데 2년 전 로스앤젤레스로 이사하여 머지않아 개봉할 예정인 영화 〈The Living Reed〉(살아있는 갈대)의 여주인공 역을 맡아 촬영을 끝냈다고 한다. 작년에는 서울과 안동 하회마을에서 촬영을 마치고 돌아왔다. 《살아있는 갈대》의 저자는 중국에 관한 역사소설 《대지》(The Good Earth)로 노벨문학상을 받은 펄 벅(Pearl S. Buck) 여사이며, 이 작품은 한국근대사, 특히 독립운동을 주제로 한 것으로 이미 널리 알려진 유명한 소설이다.

심리학을 전공한 3녀 헬렌(卿恩, Helen, 1961년 리치먼드에서 출생)은 뉴욕의 유명한 패션 인스티튜트 오브 테크놀로지(Fashion Institute of Technology)에서 공부를 마치고, 현재 뉴욕에 있는 패션디자인 전문회사인 워너(Warner)에 근무하고 있다. 회계사인 남편 브라이언 보울린(Brian Bowlin) 사이에 아들 카일(仁柱, Kyle)이 있다.

장남 필립(正柱, Philip, 1963년 뉴저지 주 플레인필드에서 출생)은 뉴욕의 플랫 인스티튜트(Platt Institute)에서 상업미술을 전공하고 뉴저지에 있는 규모가 큰 출판사에서 컴퓨터미술을 이용한 인쇄업 분야에 종사하고 있다. 필립은 1995년에 5개월간 서울의 성인문화사(사장 서준호)에서 새로운 경험을 얻고 돌아왔는데, 한국말을 배우고자 하는 그의 노력은 칭찬할 만하다.

나의 아버지(玄垣國, 1887~1937)는 동료들보다 10년 늦게 고학으로 함흥 영생고등보통학교를 졸업하고 캐나다 교회 전도사의 조사, 영생고등여학교의 교사 등으로 계시다가 다시 뜻을 세우고 일본으로 건너가 고베(神戶)의 관서학원대학 신학부에 진학하여 역시 고학으로 1931년 졸업했다. 돌아오신 후에는 영생고녀에서 6년간 교목과 교사로 근무하다가 1937년 1월 30일, 마흔여덟 살의 젊은 나이에 위암으로 돌아가셨다. 어린 6남매를 나약한 어머니에게 맡기고 이 세상을 떠나실 때 아버지의 마음은 어떠했을까. 깊은 신앙, 고귀한 기독교적 평등사상, 열정적인 설교, 쉬우면서 깊은 뜻이 담긴 강연은 많은 젊은이들의 심금을 울렸다. 종교계·교육계의 촉망의 표적이던 아버지의 죽음에 주변의 모든 분들이 안타까워했다고 한다. 아버지가 돌아가신 다음 해에 고 김춘배 목사, 김사익, 김상필 선생 등이 아버지의 설교와 강연문을 모아《생명의 종교》(대한기독교서회, 1938)라는 강연집을 출판했다. 이 책은 당대의 많은 젊은이들에게 읽혔고, 나에게는 일생을 이끌어준 삶의 지침서가 되었다.

나의 어머니(申愛均, 1899-1987)는 성진 보신여학교를 거쳐 함흥 영생고등여학교를 졸업하셨다(1917). 졸업한 그해부터 보신여학교 교사로 있으면서 YWCA와 대한애국부인회 함경북도 지부를 조직하고 지부장직을 맡아 독립운동을 위한 비밀 모금운동을 하다가 일본 경찰에 발각되어 체포 구류되기도 하셨다.

1920년에 결혼하여 5남 1녀를 둔 어려운 생활 속에서도 기독교 사업에 전력을 쏟았다. 함흥 영생고녀 교사로 일하면서 여전도회, YWCA, 절제회 등 기독교 사업에 적극적이어서 또다시 요시찰 인물로 일본 경찰의 주목을 받기도 했다. 어머니의 독립운동에 관한 활동은 《한국여성독립운동사》(3.1여성동지 편, 1980)에 상세히 기록되어 있다. 기독교여성평화연구원장 김옥윤은 이런 나의 어머니를 일러 '역사가 만든 진주'라고 불렀다(淡松, 〈신애균 선생 이야기〉, 《살림》 제66호, 1995. 5).

어머니는 1974년 로스앤젤레스에 사는 여동생 순이의 집에서 6개월 머무는 동안 당신의 일생을 정리한다는 생각으로 자서전을 쓰셨다. 아무 자료도 없이 기억만을 더듬어 쓴 글인데도 그 많은 사람들의 이름, 장소, 날짜 등이 너무나 정확해서 놀라지 않을 수 없었다. 이 자서전은 1974년 대한기독교서회에서 《할머니 이야기: 신애균 자서전》으로 출간했는데, 이미 절판된 지 오래되어 우리 형제들이 《호랑이 할머니》로 제목을 바꾸고 사진도 여러 장 새로 넣어 재판을 펴냈다(도서출판 아트스페이스, 1993). 어머니는 1987년 6월 8일 작고하셨다.

형 영학(永學, 1921. 1. 3. 성진 출생)은 아버지의 뒤를 이어 일본 고베의 관서학원대학 신학부를 졸업하고, 광복 후 이화여자대학교 조교수로 있다가 1947년 7월 도미했다. 1955년 뉴욕의 유니온신학교에서 석사과

현시학, 현순이, 신애균(1951)

앞줄 왼쪽부터 현영학, 신애균, 현봉학, 뒷줄 왼쪽부터 현웅, 현시학

정을 마치고 1956년 귀국하여 30여 년간 이화여자대학 교수로서 학무처장, 문리대 학장 등을 역임했다. 사회적으로는 기독교교수협의회 회장, 한국기독교학회 회장, 기독교학생연맹 이사, 미국아세아기독교고등교육재단 이사 등을 역임하여 기독교 민주교육을 위해 일생을 바쳤다. 형은 1982년부터 18개월간 신학자로서 가장 영예로운 뉴욕 헨리 루스(Henry Luce) 초빙교수에 임명된 학자이자 양심적인 교육가였으나 전두환 군사독재하에서 여러 해 동안 퇴직교수로서 고초를 겪기도 했다.

영학 형은 1979년 이화여대에서 명예문학박사, 1982년 미국 에덴(Eden) 신학대학에서 명예신학박사 학위 등을 받았고,《한국문화와 기독교윤리》(정년퇴임 논문집, 문학과 지성사, 1986) 외 많은 저서와 역서를 남기고, 1986년 은퇴했다.

형수 윤보희(尹寶姫, 1923년생, 윤치호 선생의 딸)는 이화여대 음악대학 출신으로 1947년부터 1956년까지 뉴욕 맨해턴음대(Manhattan School of Music)에서 피아노를 전공하고 귀국하여 이화여대 교수로서 1991년 정년퇴임하기까지 많은 제자를 길러냈다. 형님 댁에는 자녀가 없다.

해군사관학교 제1기생인 동생 시학(時學, 1924. 1. 6)은 한국전쟁 때 통영(忠武)탈환작전, 인천상륙작전, 원산상륙작전 등에서 기장·함장으로 공을 세웠고, 초대 주미 한국대사관 해군무관으로도 근무했으며, 해군사관학교 교장, 정전회담 수석대표, 함대사령관, 해군 참모차장 등을 역임했다. 해군 소장으로 예편한 후에는 영국 공사, 모로코·이란·멕시코 등의 대사를 지냈다. 특히 이란 대사로 있을 때 쌍용정유회사를 통해 이란의 기름을 10년 동안 저렴한 가격으로 수입하게 주선하여 세계 오일쇼크 때 국가경제에 큰 도움을 주었고, 서울시와 테헤란 시가 자매결

현시학 제독 흉상 제막식(2002)

연을 하여 테헤란에 '서울가', 서울에 '테헤란로'를 설정하는 외교적 역
할도 했다.

　전두환이 대통령직에 오르자 대사직에서 물러나 쌍용정유회사의
고문으로 있다가 1989년 위암으로 세상을 떠났다. 이화여대 출신인 제
수 김초열도 6남매를 남기고 1994년 대장암으로 운명했다.

　나의 여동생 순(筍, 1926년생)이는 해방 후 이화여대에 다녔으나 건강
이 좋지 않아 쉬고 있던 중 한국전쟁을 만나 혼자서 어머니를 모시느라
무척 고생했다. 당시 영학 형과 피터는 미국 유학 중이었고 시학은 해
군, 나는 해병대와 미 10군단에서 일하고 있었다.

　내가 흥남철수작전을 끝내고 1951년 초에 돌아와 보니 순이는 어
머니와 같이 거제도에 새로 설립한 일맥원(一麥園)과 대광학교 분교에서

함경도 피난민들을 돕고 있었다. 그 후 순이는 나의 주선으로 1955년 사우스캐롤라이나의 윈스롭(Winthrop)대학에 입학하여 졸업했고(1958), 그 해 필라델피아에서 오춘수(吳春洙)와 결혼하여 딸 넷을 두었다. 그녀는 지금 캘리포니아에서 살고 있다.

둘째 동생 피터(雄, 1927. 12. 27, 함흥 출생)는 국제적으로 알려진 언론인이다. 1948년 네브래스카 주 헤이스팅스(Hastings)대학, 뉴욕의 컬럼비아대학에서 잠깐 공부한 후 스페인의 마드리드대학, 파리의 소르본느대학에서 문학을 전공했다.

1950년대에는 런던, 파리에서 우수한 한국문학작품을 번역하여 신문·잡지에 게재하는 한편 책으로도 펴냈는데, 영국 BBC방송을 통해 소개되기도 했다.

그는 1961년 뉴욕으로 돌아온 후 오리온(Orion), 폴렛(Follett) 등 출판사의 편집인, 더블데이(Dubleday) 출판사의 아동서적 출판부장 등을 역임했다. 1975년 서울에 돌아와서는 국내외 신문에 수많은 영문수필을 냈고《북한기행》,《중국기행》,《한국입문》(Introducing Korea),《코리아나》(Koreana),《새벽이 올 때까지》(Darkness at Dawn) 등도 출판했다. 1984년에는 한국에서는 처음으로 중국에 관한 책《중공의 한인》(피터 현·현봉학 공저, 범양사)을 출판했다.

1987년부터 1993년까지 대한항공 고문 겸 대한항공지《모닝캄》(Morning Calm)의 편집장으로 있으면서 이 잡지의 질을 세계적 수준으로 끌어올리는 데 공헌했다.

정년퇴직한 후에도 뉴욕과 파리를 오가며 계속 글을 쓰고 있다. 1995년 11월부터《월간조선》에 회고록〈구름같이 세계를 떠도는 사나

이)가 연재되고 있다.

　그의 첫 부인 주디(Judy Douglas)는 1950년대 미국 주영대사 더글러스의 조카였는데 참으로 현모현처였다. 그녀의 저서 《한국음식요리법》(*The Korean Cook Book*, Follett, 1970, 재판 Hollym Corporation, 1984)은 그녀가 임파선암으로 서른 살의 젊은 나이에 세상을 떠나기 두 달 전에 출판되었다. 그녀에게서 난 딸 미아(Mia)와 아들 호기(Hogi, 虎起)는 우리의 대를 이어갈 훌륭한 2세들이다.

　피터는 1975년 서울에서 재혼했는데, 상대는 한양대학교 음대 성악과를 졸업한 송영인이다. 송영인은 시어머니(호랑이 할머니)의 만년을 훌륭하게 모신 착한 며느리이며, 아들 민기(Mingi, 民起)의 이상적인 현모이기도 하다.

　서울에 사는 숙부 고 신형균 회장의 부인인 외숙모 최경자 여사(1911. 7. 11, 안변)는 우리나라 패션계의 원로로서 앙드레 김, 홍미화 등 많은 문하생을 기른 분이다. 외숙모의 2남 2녀(현우, 혜순, 현장, 혜옥)는 모두 패션계에서 일하고 있다. 《날개를 만드는 사람들의 어머니》(명진출판, 1996)를 출간한 외숙모님의 국가와 민족을 위한 열정은 자타가 인정한다고 믿는다.

　혈육은 아니지만 우리 집안과 깊은 관계를 맺고 있는 두 가족이 있다. 한 가족은 작년과 재작년에 돌아가신 김득만 · 양정자 부부다. 이 부부는 아들 다섯을 훌륭하게 기르셨을 뿐 아니라, 나의 아내를 자식같이 기르신 양매륜 할머니를 아흔세 살의 고령으로 돌아가실 때까지 보살펴주신 은인이시다. 한국전쟁 때 남편 양주삼 박사(초대 감리교 총리사, 대한적십자사 총재)가 납북당한 후 할머니는 사직동 집을 김씨 부부에게 팔고 그 돈

전액을 감리교 신학교, 이화대학, 배화고녀와 종교교회 등에 기증하셨다. 그 후 김씨 부부는 할머니가 돌아가실 때까지 30여 년 동안 미국에 사는 우리 대신 모시고 계셨으니 얼마나 고마운 분들인가?

또 한 가족은 광복 직후 양할머니를 통해 알게 된 전 치안국 외사과장 김봉균 가족인데, 김봉균은 젊었을 때 내 아내를 '누님'이라 부르는 사이였다. 그는 우수한 행정가로 서울의 유나이티드(United) 항공회사 지사를 수십 년간 운영해 성공한 사업가다. 김 회장과 그 부인이 양할머니를 친어머니와 같이 오랫동안 돌보아주었다니 그 은혜는 일생을 두고 잊을 수 없을 것 같다.

책을 마치고

세월은 유수와 같다더니 정말 빨리도 흘렀다. 미국에 처음 유학 와서부터 근 50년의 긴 세월이 지났다. 젊었을 때는 어서 공부를 마치고 돌아가 조국을 위해 박애정신으로 봉사하겠다는 꿈과 열정을 가지고 있었는데, 막상 한국 정부로부터 박사학위 취득을 위한 여권 연장을 거부당하자 하는 수 없이 미국에 정착하게 되었다. 이것이 오히려 내 인생에 도움이 되었는지는 알 수 없다. 그러나 오랜 세월을 미국 땅에서 살며 거의 미국 사람이 다 되었음에도 불구하고 아직도 조국을 그리워하고 조국의 민주화와 변영, 조국의 통일과 민족의 단합을 염원하고 있는 것은 왜일까?

미국 시민권을 가지고는 있으나 나의 피는 역시 나를 낳은 한민족의 붉은 피임에 틀림없다. 그래서인지 처음 20여 년 동안은 피 땀 흘린 대가로 미국 주류사회에 뛰어들어 활동했으나 미국생활 후반기 20여 년 동안은 복잡다단한 동포사회 쪽으로 나의 활동방향이 바뀌었다. 태평양을 수십 번씩 넘나들면서 '조국과 겨레를 위해 할 수 있는 일이라면……' 하는 마음으로 뛰어다녔다. 그러나 너무도 정신없이 뛰어다니다 보니 일만 늘어놓았지 아름답게 매듭을 지어 성과를 거둔 일이라고는 별로 없는 것 같다. 이것이 정말 허송세월이었는가? 나로서는 평가할 자격이 없다. 그러나 후회는 하지 않는다. 부족한 재능과 전무한 재력으로 큰일을 할 생각은 염두에도 두지 않았기 때문이다. 평범한 한 인간으로서, 해외동포 500만 명, 그리고 한민족 700만 명 중의 한 사람으로서 무언가 남에게뿐만 아니라 겨레에게 도움이 되는 일을 하려고 나나름대로 애썼다는 것에 만족할 따름이다.

고희를 넘긴 지금에 와서는 학자로서 교육자로서 내가 해야 할 일에는 한도가 있고 역부족이어서 더 진전하기가 어렵다는 생각이 든다. 내가 전공한 의학 분야에서도 더 폭넓은 새 지식과 첨단기술을 습득한 젊은이들의 주도적 역할을 기다리고 있다. 그렇다고 해서 나의 인생이 끝난 것은 아니다. 해외동포로서 아직도 몇 가지 내가 힘닿는 데까지 하고 싶은 일도 있고, 해야 할 일들도 남아 있다. 한국전쟁 시 10만 명의 고향 피난민을 흥남에서 철수할 수 있도록 도왔지만 나는 적어도 100여만 명의 이산가족을 만든 장본인이나 다름없다. 따라서 이산가족 재상봉과 재결합은 나의 남은 생애를 두고 노력하고 이루어야 할 일이다.

이 일을 성취하는 데는 남북의 평화적 통일이 절대 필요하다. 조국통일은 정부만이 관여할 일이 아니다. 온 민족이 한마음으로 애써야 할 이 세대의 지상 과제다. 이러한 문제를 해결하는 데는 해외동포들의 역할이 매우 중요하다.

21세기를 지향하는 이민사회 1세들의 사명은 후세들에게 민족의 정체성을 확립시키고 이중문화, 이질문화 속에서 슬기롭게 우리 문화를 보존하고 승화시키도록 하는 데 있다. 이 목적을 달성하기 위해서는 몇 가지 분야에서 적극적인 노력이 요구된다.

첫째, 몇 해 전에 조직된 미래재단의 고문으로 그동안 계속 발전해 온 재미 한인대학생총회(KASCON)를 더 열심히 돕고자 한다.

둘째, 해외 한민족의 정체성 확립에는 이민 역사의 재정립과 유적보존 문제를 간과할 수 없다. 그러므로 새로 조직된 재미한인유적보존위원회의 사업이 얼마나 중요하다는 것을 인식하게 되었다.

셋째, 미주동포 지도자회의는 3년 전에 미국 내에서 정치적 직책에 피선된 소수 인사로 조직되었으나 1996년 1월 5~7일 하와이에서 열린 제3차 회의 때 범교포적 지도자회의로 발전하게 되었다. 상임위원으로 초대받은 나는 이 회의의 발전을 통해 미주동포들의 정치적 도약에 기여하고자 한다.

넷째, 한국어 교육과 한국학 보급운동이 얼마나 시급한지를 재삼 강조하고 싶다. 그런고로 한국어진흥재단(Committee for SAT II Korean)의 공동대표로 재단의 사업을 육성하는 일에 더욱 관심을 두어 지원하고자 한다.

다섯째, 해외에는 500만 우리 동포들이 세계 방방곡곡에 살고 있다. 해외동포들의 통합과 단결은 조국의 발전과 번영만이 아니라 남북통일에도 크게 이바지한다고 믿는다. 그러므로 해외 한민족 연대운동의 중요성을 재삼 느끼며 10여 년 전에 창설된 미 · 중 한인우호협회 같은 단체를 통해 더 광범한 활동을 전개하려 한다.

나의 부모님은 기독교 신앙과 평등사상으로 나를 길러주셨고, 젊었을 때의 나의 스승과 선배들은 나에게 기독교적 사회봉사 정신과 민족의 얼을 일깨워주었다. 청·장년 시기의 미국생활에서는 민주주의와 평등사상의 영향을 듬뿍 받았고, 특히 서재필 박사와 안창호 선생의 애국정신과 민주주의 사상에 많은 영향을 받았으므로 모든 형태의 독재와 권위주의는 단호히 거절한다고 나 자신에게 약속하기도 했다. 그래서 근 40년 동안 한국의 독재와 군사정권 시대에 나는 남달리 괴로웠고 슬펐다. 더구나 나라와 민족의 정신적 지표를 제시했어야 할 소위 기독교 지도자들의 정권에 대한 굴종과 아첨은 어려웠던 그 시대에 나의 삶을 더욱 우울하게 만들었다. 그러나 나라와 겨레를 진정으로 사랑하는 젊은 학도들의 희생과 노력으로, 또 민주주의를 신봉하는 많은 국민의 호응으로 우리에게도 끝끝내 문민시대가 찾아올 수 있었다. 이러한 시대의 창조를 염원할 수 있도록 나의 정신적·종교적 자세를 길러준 부모님, 선배님들, 그리고 정의구현과 민주화운동에 희생을 무릅쓰고 싸워온 모든 분께 이 글을 바치고자 한다.

나의 평범한, 그러나 정신없이 뛰어다닌 삶의 기록이 글로 남아야 한다고 격려해준 여러 동료와 후배들, 원고를 다듬어준 김중순 박사, 정리하고 타자해주신 노춘석·윤수경 선생님의 도움에 깊은 사의를 표한다. 이 글을 내면서 일생의 동반자로 모든 어려움과 괴로움을 이겨나가며 나에게 시간과 활동의 자유를 허락해준 아내와 자녀들의 아량과 이해에 감사한다.

영원한 청년 현봉학 선배

홍지헌

시인, 1983년 연세의대 졸업

흥남부두 실향민은
이 분을 은인(恩人)이라 부른다.

언론에서는
이 분을 '한국의 쉰들러'라 부른다.

나라에서는
이 분을 전쟁영웅(戰爭英雄)이라 부르지만

우리들은
이 분을 현봉학 선배라고 부른다.

저 멀리 모교를 바라보며
청동으로 우뚝 서 있는
영원한 청년 현봉학 선배

2부

현봉학, 그를 그리다

1장

전쟁영웅에 선정되다

현
추
모
의 탄
생
과

전
쟁
영
웅 선
정

2007년 11월 25일 현봉학 박사가 소천하신 뒤 현봉학 박사를 추모하는 사람들이 모여서 '현봉학 박사를 추모하는 모임'(현추모)을 결성하였다. 이듬해인 2008년 11월 25일, 연세의료원 은명대강당에서 제1회 현봉학 박사 추모기념 강연회를 개최하였다.

초대회장으로는 전세일 전 연세의대 교수가, 간사로는 양진혁 고대의대 교수가 수고해주었다. 2010년 제2대 현추모 회장으로 이성낙 가천대 명예총장이 선출되면서 한승경(당시 연세의대 동창회 부회장)이 간사로서 활동하기 시작하였고, 2011년 11월 30일에 제2회 현봉학 박사 추모기념 강연회를 연세의대 대강당에서 개최하였다. 그 후 현추모가 주도하는 현봉학 박사 기념 강연회는 계속되어 왔다.

국가보훈처는 2013년부터 6.25 전쟁영웅을 선정하는 데 군인 이외에 민간인을 포함시키는 사업을 시작하였다. 현봉학 박사는 2014년 12월의 한국전쟁영웅으로 선정되었는데, 이는 민간인으로서는 처음으로 한국전쟁영웅으로 선정되는 것이었다. 현봉학 박사가 12월의 전쟁영웅으로 선정된 것은 흥남철수작전, 일명 '크리스마스 작전'이 12월 24일에 완료되었기 때문이라고 한다.

현추모와 연세대학교는 2014년 12월 26일 연세대학교에서 제4회 현봉학 박사 추모기념 강연회와 전쟁영웅 선정기념 축하연을 동시에 열어서 연세가 배출한 한국전쟁영웅을 기념하였다.

그 자리에는 현봉학 박사의 딸인 에스터 현과 헬렌 현과 그의 가족 및 포니 대령의 증손자인 네드 포니의 가족들도 참석하였다. 그리고 마지막 피난선인 메르데스 빅토리아호에서 태어난 '김치5' 중 한 명인 이경태 원장도 참석하여 현봉학 박사 가족들에게 감사패를 전달하였다.

현봉학 박사의 가족은 현 박사가 소장한 흥남철수작전에 관한 귀중한 자료를 연세의대에 기증을 원하여 한승경 간사가 받아서 이병석 연세의대 학장에 전달하였다.

현봉학 박사
기념 강연회

제2회 기념 강연회 안내문

제2회 현봉학 교수 기념 강연회

- 강연제목 : 현봉학 교수를 다시 조명한다
- 연자 : 박형우 연세의대 교수
- 일시 : 2011.11.30 오후 5:00
- 장소 : 연세대학교 의과대학 대강당
- 주최 : 현봉학 박사를 추모하는 사람들의 모임(현추모)
- 주관 : 연세대학교 의료원, 연세의대 총동창회
- 후원 : (사)흥남철수기념사업회, 함경남도 중앙도민회,

  함경북도 중앙도민회

전쟁영웅에 선정되다

제3회 현봉학선생추모 기념강연회

■ 일시: 2012.11.28(수요일) 오후 5:00
■ 장소: 연세대학교 의과대학 대강당

	< 순 서 >	사회: 한승경 현추모 간사
17:00	국민의례	
	내빈소개	한승경 현추모 간사
	인사말	이성낙 현추모 회장
	축사	신의진 국회의원
		노환규 의사협회 회장
		정갑영 연세대학교 총장
		이 철 의료원장
		전굉필 연세의대 동창회장
17:30-17:50	"흥남대철수 작전" 다큐상영	이은택 Asia Channel 대표
17:50-18:20	"연세가 배출한 휴머니스트, 의사 현봉학"	김도형 연세대 역사학과 교수
18:20	폐회사	
18:30-19:20	다과회	

주 최: 현봉학선생을 추모하는 사람들의 모임(현추모)
주 관: 연세대학교, 연세의대 총동창회
후 원: 대한의사협회, 중국 연변대학, (사)흥남철수기념사업회

현봉학, 그를 그리다

❖순 서❖

6:00	다 과 회	
6:30	국 민 의 례	
	개 회 기 도	연세의료원 교무실장
	내 빈 소 개	한승경 현추모 간사
	인 사 말	이성낙 현추모 회장
		헬렌 현 가족대표
	축 사	정갑영 연세대학교 총장
		박승춘 국가보훈처장
		신의진 국회의원
		추무진 대한의사협회 회장
		정남식 의료원장
		홍영재 연세의대 총동창회장
7:00 - 7:40	식 사	
7:40 - 8:10	"흥남대철수 작전" 다큐 상영	이은택 Asia Channel 대표
8:10 - 8:20	"흥남철수작전의 의미"	황덕호 함경남도지사
8:20	"현봉학선생을 회고하며"	백학순 박사 세종연구소
		이호영 아주대총장(전)
		네드 포니 포니대령의 손자

현봉학 선생님의 한국전쟁 영웅 선정을 축하하며

갑오년 한 해가 저물어갑니다.

지금으로부터 64년 전, 1950년 12월 24일 '흥남철수작전'이라는 이름 아래 전쟁이 한창인 때, 마지막 연합군 함정단이 수많은 피란민을 태우고 북한의 흥남 항구를 떠나 한반도 남단 거제도로 왔습니다. 이때 후퇴하는 연합군 함정에 몸을 싣고 피란길에 오른 동포가 무려 10만 명에 이르렀다고 합니다. 인류 역사상 초유의 인간 이동 드라마가 펼쳐진 것입니다. 이 대서사극은 의사 현봉학(玄鳳學, 1922~2007, 세브란스 1944년 졸업) 선생이 있었기에 가능했습니다. 현봉학 선생은 당시 연합군 사령부를 끈질기게 설득한 끝에 사령부의 동의와 협조를 얻어내 그 많은 피란민을 연합군 함정으로 수송할 수 있었습니다. 이를 두고 사람들은 '전쟁터에 피어난 인간애'라고 부릅니다. 실로 국경과 국적을 뛰어넘은 휴머니즘이 바탕인 감동적인 드라마가 아닐 수 없습니다.

국가보훈처에서는 2014년 '12월의 전쟁 영웅'으로 故 현봉학 선생을 선정해 고인의 높은 뜻을 기리기로 했습니다.

고인은 연세대학교가 배출한 첫 '의사 출신 전쟁 영웅'이라는 사실을 넘어 한국의 자랑스러운 의사이면서 지구촌 전 세계인에게 인간애의 표상이 될 업적을 남긴 인물입니다.

이에 현추모(현봉학 선생을 추모하는 모임)에서는 연세대학교, 연세의과대학, 연세의대 총동문회와 함께 현봉학 선생의 '12월의 전쟁 영웅' 선정을 축하하는 축하연을 열어 선생의 고귀한 휴머니즘을 기리고자 오늘 이 자리를 마련하였습니다.

부디 많은 분들이 현추모가 추진하는 사업에 많은 관심과 큰 도움을 주시기를 간곡히 부탁드립니다.

현봉학 선생을 추모하는 사람들의모임(현추모) 회장 이 성 낙

전 쟁 영 웅 에 선 정 되 다

故 현봉학 교수 약력

故 현봉학선생님 학력

1941. 3.	함흥고보 졸업
1944. 9.	세브란스 의전(연세대 의과대학) 졸업
1959. 5.	펜실베이니아 대학원 박사
1991. 5.	연세대학교 명예박사
2001. 5.	세종대학교 명예문학박사

故 현봉학선생님 경력

1947-1949	버지니아 주립의대 임상병리학 수련의
1950. 3.-6.	세브란스 의과대학 임상병리 강사
1960-1961	버지니아 주립의대 부교수
1961-1988	뉴저지 뮬렌버그 병원 병리과장
1964-1970	컬럼비아 대학 의대 조교수
1966-1988	뉴저지 주립의대 부교수, 교수
1970-1996	연세의대 재미동창회장 이사, 이사장
1974-2007	재미 한인의학협회 회장, 상임부회장, 국제위원장, 학술위원장, 고문 등
1977-1988	뉴저지 병리학회 학술위원, 위원장
1984-1990	미국 병리학회지 편집위원
1987-2007	중국 연변 의대 명예교수
1988-2007	토마스 제퍼슨 의대 교수, 명예교수(1996.7.1.)
1991-1994	재미 한인병리학회장
1996-2002	아주대학교 의대 교수, 과장

故 현봉학선생님 의료 사회봉사

1970-2007	미국 기독교고등교육재단 이사, 고문(1988-2007)
1977-2007	미국 서재필기념재단 초대 이사장, 명예이사(1986-2007)
1982-1985	하버드 엔칭 재단 이사
1985-2007	미 · 중 한인우호협회 회장
1987-1996	재미 한인대학생총회 고문
1993-1996	국제고려학회 북미주회장
1996-2002	재단법인 서재필기념회 객원이사
1996-2007	미국 학술평가시험(SAT II)한국어위원회 공동위원장
1999-2001	우리민족서로돕기운동 보건의료협력본부 고문
1999-2007	해외 한민족진흥후원회 공동대표

한국의 쉰들러, 현봉학 박사

눈보라가 휘날리는 바람찬 흥남 부두에 목을 놓아 불러봤다 찾아를 봤다 금순아 어디를 가고 길을 잃고 헤메었던가 피눈물을 흘리면서 일사이후 나 홀로 왔다.

1953년 가수 현인이 불러 공전의 히트를 기록한 '굳세어라 금순아'의 1절이다. 이 가사의 주인공은 그의 누이(혹은 애인) 금순이와 함경남도 흥남 부두에서 헤어진다. 당시 부두에는 중공군의 남하를 피해 남으로 가려는 십만의 피난민들이 몰려 있었다. 기다림에 지친 피난민 중에는 바다에 빠져 죽는 사람도 있었다. 추위와 굶주림은 수많은 피난민의 생명을 앗아가고 있었다. 비록 피난민을 구하기 위해 배가 도착했지만, 주인공과 그의 누이는 피난민들이 만든 아수라장 속에서 서로 헤어지고 말았다. 아직까지 한국사회를 짓누르는 이산가족이 탄생되는 순간이었다. 1950년 크리스마스 전야였다.

1950년 12월 당시 북한을 점령하고 있던 미군과 한국군은 예상하지 못한 중공군의 개입으로 인해 철수를 서두르고 있었다. 군인들의 철수도 바쁜 마당에 함경남도에 거주하던 민간인들에 대한 철수는 생각도 할 수 없는 상황이었다. 수십만의 함흥과 흥남의 주민들이 다시 공산치하에서 고통을 받기 직전의 상황이었다. 이때 이들을 구하기 위해 한 명의 의사가 나섰다. 세브란스의학전문학교 1944년 졸업생이자 당시 미 10군단 고문관으로 근무하던 현봉학(玄鳳學, 1922~2007)이었다.

현봉학은 1922년 함경북도 성진 욱정에서 함흥

| 알몬드 소장

영생고녀 교목을 지낸 현원국(玄垣國) 목사와 한국 장로교 여전도회장을 역임한 신애균(申愛均) 여사 사이에서 태어났다.

독실한 기독교 신자였던 현봉학은 북한이 다시 공산당의 지배 아래 놓이게 된다면 기독교인을 포함한 주민들에 대한 박해는 불을 보듯 뻔하다고 생각했다. 그들의 고통을 충분히 예견하면서 모른 채 할 수는 없다. 그는 자서전에서 "나는 번민으로 밤을 지새웠고 할 수 있다면 무슨 일이라도 다하겠다고 결심했다."고 기록하고 있다. 그는 그 기록처럼 모든 일을 다 했다. 미 10군단 사령관인 알몬드 소장을 만나 민간인 철수를 도와달라고 간청했다. 사실 사령관 입장에서 보면 곤란한 문제가 많았다. 군단 병력의 철수가 우선인데 다 민간인 철수를 상부의 지시 없이 단독으로 결정할 수 없었다. 흥남 부두의 시설도 많은 수의 피난민을 철수시키기에는 열악했다. 혹시 피난민 중에 북한군이 섞여 있을지도 모를 일이었다. 하지만 현봉학의 거듭된 설득과 포니대령(Col. Forney), 민사부 모아국장, 제1군단장 김백일 장군의 도움으로 마침내 사령관을 움직였다. 알몬드 소장은 군

-5-

함을 이용한 민간인 철수를 결정하였다. 십만의 북한동포들은 흥남을 떠나 남한으로 향했다. '한국의 쉰들러, 현봉학'이 탄생하는 순간이었다. 이때 피난민들은 선박 구석구석뿐만 아니라, 차량 밑, 장갑차 위에서 '모세의 기적'처럼 홍해를 건너는 심정으로 거제도로 왔다. 포니대령은 흥남 철수작전의 실무 책임자였다.

Col. Forney was appointed by Gen Almond as control officer responsible for the continuous operation of the Hungnam port, for the withdrawal to staging areas of designated units, for the loading of these troops on assigned shipping, for the evacuation of Korean civilian refugees, and for the removal of equipment. Maj. Bernard B. Shutt took charge of an operation section composed of representatives of all the major units of X Corps, including the 1st MAW. The loading section was headed by Maj Charles P. Weiland, and the Navy liaison section by another Marine officer, Maj Jack R. Munday. Army officers ably directed the movement and rations sections

현봉학을 십만의 피난민을 철수시킨 흥남 철수 작전으로 기억하는 경우가 많지만, 그는 훌륭한 병리학자이기도 했다. 세브란스의학전문학교를 졸업하고 평양 기독병원에서 인턴을 마친 현봉학은 1945년 해방을 맞이하자 서울로 옮겨와 새로운 근무처를 찾았다. 그 과정에서 미 감리회 선교사 애리스 윌리엄스를 만나고 그녀의 주선으로 미국 유학을 떠난다. 1947년 9월이었다. 목적지는 윌리엄스 부인의 아들인 윌리엄스 박사가 근무하던 미 리치몬드의 버지니아 주립대학이었다. 윌리엄스 박사는 당시 임상병리학 분야에서는 미국 최고의 위자로 인정받고 있었다. 현봉학은 그의 지도 아래 한국에서는 생소한 임상병리학 연구에 몰두하였다.

1949년 귀국한 현봉학은 자신의 모교인 세브란스의과대학에 임상병리학이라는 학문을 이식하기 시작하였다. 혈액학, 혈청학, 세균학, 생화학, 혈액은행 개념이 합쳐진 새로운 학문이 한국에 정착하는 계기였다. 하지만 곧 발발한 한국전쟁으로 인해 그는 참전을 하게 되었고, 해병대사령관 고문, 미 10군단 사령관 고문으로 활동하면서 북한동포의 흥남 철수작전을 주도하게 된다. 1953년 종전 즈음에는 다시 미국으로 유학을 떠나 펜실베니아 의과대학에서 박사학위를 받고, 뮐렌버그 병원과 뉴저지 주립 의과대학 그리고 토마스제퍼슨의대에서 근무하였다.

병원과 대학에 근무하는 동안 그는 한국인을 포함한 수많은 제자를 육성하였다. 뮐렌버그 병원에서는 그의 업적을 평가하여 그가 정년퇴임을 한 1988년 새롭게 전산화된 임상병리학 연구실을 '현봉학 병리교실'이라고 명명하였다. 그 후, 귀국하여 아주대학교(1996~2002)에서도 임상병리학 과장으로 후학을 양성하였다. 서재필 기념재단 초대 이사장을 비롯해서 안창호, 안중근, 장기려 등을 기리는 사업과 우리민족서로돕기운동 보건의료협력본부 고문을 맡았으며, 1985년에는 수년간의 노력으로 연변에 있는 윤동주의 묘를 찾아 단장하고 '윤동주 문학상'을 제정하였다. 저서로는 수많은 의학서적 외에 '중공의 한인들'(1984), '한국의 쉰들러, 현봉학과 흥남대탈출'(1999) 등이 있다.

현봉학은 자신의 공을 자랑하는 사람이 아니었다. 그는 자신을 '한국의 쉰들러'라 부르는 사람들에게 "내가 한 일은 아무 것도 아니다."라며 손사래를 쳤다고 한다. 오히려 그는 자신이 혹시 실수를 한 것은 아닌지 반성을 하고 있었다. "한국전쟁시 십만 명의 고향 피난민을 흥남에서 철수할 수 있도록 도왔지만 나는 적어도 백여만 명의 이산가족을 만든 장본인이나 다름없다." 혹시 원하지 않는 이산가족을 만들어 그들의 삶을 망가트린 것은 아닌지 고민하고 있었던 것이다. 나아가 그는 다짐을 하였다. 앞으로 "이산가족 재상봉과 재결합은 나의 생애를 두고 노력하고 이루어야 할 일이다." 그가 1985년 설립된 미중 한인우호협회나 1991년 창설된 국제고려

| 시인 윤동주

학회에 주도적으로 참여한 이유도 위의 결심과 무관하지 않을 것이다. 하지만 그는 자신이 그토록 원했던 통일을 보지 못한 채 2007년 11월 25일 자신의 반생을 보냈던 미국 뮐렌버그병원에서 세상을 떠났다.

| 단장한 윤동주 묘

흥남철수작전의 역사적 배경과 개요

흥남철수작전은 세계전사상(世界戰史上) 가장 대규모의 성공한 해상철수작전이다.

이 작전은 1950년 6·25전쟁 당시 동북부 전선(함경남북도 일원)에서 작전 중이던 아군 주력부대가 흥남항을 통하여 대규모의 해상 철수를 단행한 군사작전이다. 1950년 10월 1일 동해안에서 38선을 돌파한 국군 제1군단은 북한 공산군에 대한 추격을 계속하여 한·만 국경선까지 북진하였다. 국군보다 한 걸음 뒤늦게 원산에 상륙한 미 제10군단도 그 예하의 해병 제1사단으로 하여금 장진호 쪽을 공격하게 하고 제3사단을 예비대로 확보하는 한편, 이원(利院)에 따로 상륙한 제7사단을 혜산진 쪽으로 투입하였다.

그러나 11월 말 불법 개입한 중공군이 전면 공세를 감행하고 나오자 국군과 유엔군의 각 부대들은 험준한 산간계곡에서 포위망을 가까스로 벗어나 후퇴하지 않을 수 없게 되었다. 국군 제3사단이 12월 10일 성진을 출항하여 부산으로 떠난 다음, 이 지역에 남은 미군 3개 사단과 국군 수도사단은 흥남에 집결하여 미 제10군단의 지휘 아래 철수를 하게 되었다. 12월 15일 미 해병 제1사단의 출항을 시작으로 하여 17일 국군 수도사단, 21일 미 제7사단이 차례로 흥남항을 벗어나고, 마지막 방어선을 지키던 미 제3사단이 12월 24일 마지막으로 흥남을 떠나자 철수는 성공적으로 마무리되었다.

세계전사상(世界戰史上) 가장 큰 규모로 민간인과 군인을 구출한 이 해상 철수작전에서 국군과 유엔군 10만 5,000명의 병력과 1만 7,000대의 차량을 비롯한 대부분의 장비와 물자를 옮겼을 뿐 아니라, 현봉학 선생의 노력으로 9만 1,000명에 이르는 북한 피난민들도 구출하였다.

흥남철수작전은 이차세계 대전당시 프랑스 북부에서 나찌 독일군에 포위되었던 35만명의 연합군이 모든 군수장비, 물자와 25,000여명의 부상병을 포기하고 1940년 5월 프랑스 됭케르크항구를 통해 성공적으로 영국으로 철수한 됭케르크 해상철수작전에 버금가는 성공한 해상철수작전으로 세계전쟁사에 길이 남을 것이다.

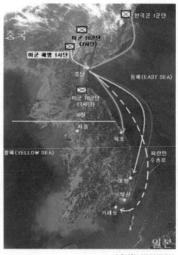

| 흥남철수작전 이동 경로

현 봉 학, 그 를 그 리 다

국가보훈처의 이달의 6.25전쟁영웅 선정

●선정의 목적

6.25 전투에 참가하여 혁혁한 공훈을 세운 국·내외 전쟁영웅들의 공적을 전후세대에게 알림으로써 이들의 올바른 국가관 확립에 기여하고자 함.

●그간의 추진 경과

· 2010년도 천안함 피격, 연평도 포격 도발 등으로 안보의 중요성 대두되어 국민의 안보의식 제고를 위한 6.25전쟁영웅 홍보 필요성 제기되었음. 2011년 6월부터 「이달의 6·25전쟁영웅」포스터 제작 배포 및 언론 등을 통한 홍보를 시작하여 2012년~2014년 매년 포스터 10,000부(매월), 달력 20,000부(연1회) 제작하여 지방보훈관서, 보훈단체, 교육청 및 각급 학교, 지하철역사 등 배포하고 있음.

· 2015년도에는 대통령지시사항 이행을 위하여 지방자치단체 등을 통하여 널리 홍보하고자 하고 있으며 기 선정한 호국영웅 47명에 대한 출신지, 학교, 격전지 등 파악 및 검증 후 지방보훈관서를 통하여 전쟁영웅과 인연이 있는 지역의 지명(공원 등 공공건물), 도로명 등으로 명명될 수 있도록 협조 추진중에 있음.

●전쟁영웅 선정 기준

· 낙동강 전투, 백마고지 전투 등 주요전투에서 공훈을 세운 전쟁영웅을 선정하여 6.25전쟁 전투시기·전투별 스토리텔링화하고 있으며 젊은이의 눈높이에 맞춘 교육적 측면과 홍보효과 거양하고 전투지역-전쟁영웅 선정·연계로 6.25전쟁의 교훈을 적극 알리는 계기로 활용 및 홍보하고 있음.

· UN참전국 참전용사의 역할과 중요성을 알리기 위해 21개 참전국 전쟁영웅도 선정하고 있음.

· 그 외 각군별·계급별, 훈격별 안배 및 민간인 등을 수상대상에 포함하여 선정위원회(위원장 차장, 위원 군사편찬연구소 연구원, 육군군사연구소 한국전쟁 관련전문가, 국가보훈처 자체평가위원, EBS 관계자 등 8~10인 참여)에서 선정하고 있음.

· 2011년 6월부터 매월 한분씩을 「이달의 6.25전쟁영웅」 선정하여 2014년까지 47명 선정(여성1명, 외국인10명 포함) 하였으며, 2014년도 전쟁영웅은 6.25전쟁 전투시기·전투별 스토리텔링화하여 선정하여 12월은 흥남철수작전을 주제로 현봉학 박사를 선정했음.

-9-

전쟁영웅에 선정되다

421

● 2014년 6·25전쟁영웅 선정 현황

1월	2월	3월	4월
유치곤 (공군 준장)	이천길 (육군 상사) 노승호 (육군 하사)	밴 플리트 부자 (육군 대장, 공군 대위)	안소니 파라호커리 (육군 대장)
5월	**6월**	**7월**	**8월**
메흐멧 고넨츠 (공군 중위)	노종해 (경찰 경감)	김용배 (육군 준장)	강희중 (육군 일등상사)
9월	**10월**	**11월**	**12월**
임병래 (해군 중위) 홍시욱 (해군 하사)	강승우 (육군 중위) 안영권 (육군 하사) 오규봉 (육군 하사)	강길영 (해병대 중위)	현봉학 (의학박사)

| 현봉학 교수님 가족사진 |

❶ Phil Hyun (Son) ❷ Dr. Hyun's student from Korea
❸ Brian Bowlin (Helen's husband) ❹ Greg Harris (1st daughter's Husband)
❺ Sun Hwa Duchet (Esther's daughter) ❻ Marian Hyun (1st daughter)
❼ Ali Harris (Marian's daugher) ❽ Josh Harris (Marian's son)
❾ Ester Hyun (2nd daughter) ❿ Kyle Bowlin (Helen's son)
⓫ Sun Sook (wife) ⓬ Bong Hak Hyun
⓭ Tyler Bowlin (Helen's son) ⓮ Helen Hyun (3rd daughter)

-10-

현봉학, 그를 그리다
422

故현봉학선생님을 추모하는 사람들

명예회장	장 상	명예회장
회 장	이성낙	가천대학교 명예총장
친족대표	피터현	언론인
	헬렌현	가족대표
이 사	김일순	연세의대 명예교수
	김한중	전 연세대학교 총장
	김현옥	연세의대 교수
	박명철	아주의대 교수
	박창일	건양의대 의료원장
	박형우	연세의대 교수
	백학순	세종연구소 수석연구위원
	양재모	연세의대 명예교수
	이병석	연세의대 학장
	이경률	SCL 대표
	이유복	연세의대 명예교수
	이은택	Asia channel 대표
	이호영	전 아주대학교 총장
	홍영재	연세의대 총동창회장
	전굉필	연세대 재단이사
	전세일	전임회장, 차의학전문대학원장
	정남식	연세대 의무부총장
	한승경	간사, 우태하·한승경피부과 원장
	황덕호	함경남도 지사

추모식 및 기념 강연회 모습들

제1회 故 현봉학 선생 추모식(2008. 11. 25)

제2회 현봉학 선생 추모기념 강연회(2011. 11. 30)

제3회 현봉학 선생 추모기념 강연회(2012. 11. 28)

제3회 현봉학 선생 추모기념 강연회에 참석한 귀빈들

국가보훈처의 '이달의 6.25전쟁영웅' 선정 과정*

선정의 목적

6.25 전투에 참가하여 혁혁한 공훈을 세운 국내외 전쟁영웅들의 공적을 전후세대에게 알림으로써 이들의 올바른 국가관 확립에 기여하고자 한다.

그간의 추진경과

● 2010년도 천안함 피격, 연평도 포격 도발 등으로 안보의 중요성 대두되어 국민의 안보의식 제고를 위한 6.25전쟁영웅 홍보 필요성이 제기되었다. 이에 따라 2011년 6월부터 '이달의 6.25전쟁영웅' 포스터 제작 배포 및 언론 등을 통한 홍보를 시작하여 2012~2014년 매년 포스터 10,000부(매월), 달력 20,000부(연 1회)를 제작하여 지방 보훈관서, 보훈단체, 교육청 및 각급 학교, 지하철 역사 등 배포하고 있다.

● 2015년도에는 대통령 지시사항 이행을 위하여 지방자치단체 등을 통해 널리 홍보하고자 하고 있으며, 기 선정한 호국영웅 47명에 대한 출신지, 학교, 격전지 등 파악 및 검증 후 지방보훈관서를 통해 전쟁영웅과 인연이 있는 지역의 지명(공원 등 공공건물), 도로명 등으로 명명될 수 있도록 협조 추진 중에 있다.

---

* 이 글은 현봉학 박사를 2014년 12월 '이달의 6.25전쟁영웅'으로 선정하기까지의 과정을 담은 국가보훈처 브로셔 자료를 옮긴 것입니다.

전쟁영웅 선정 기준

- 낙동강 전투, 백마고지 전투 등 주요전투에서 공훈을 세운 전쟁영 웅을 선정하여 6.25전쟁을 전투시기 · 전투별로 스토리텔링화하 고 있으며, 젊은이의 눈높이에 맞춘 교육적 측면과 홍보 효과를 거 양하고 전투지역-전쟁영웅 선정 · 연계로 6.25전쟁의 교훈을 적극 알리는 계기로 활용 및 홍보하고 있다.

- UN참전국 참전용사의 역할과 중요성을 알리기 위해 21개 참전국 전쟁영웅도 선정하고 있다.

- 그 외 각군별 · 계급별 · 훈격별 안배 및 민간인 등을 수상 대상에 포함하여 선정위원회(위원장 차장, 위원 군사편찬연구소 연구원, 육군군사연구소 한국 전쟁 관련 전문가, 국가보훈처 자체평가위원, EBS 관계장 등 8~10인 참여)에서 선정하고 있다.

- 2011년 6월부터 매월 한 분씩을 '이달의 6.25전쟁영웅'으로 선정 하여 2014년까지 47명 선정(여성 1명, 외국인 10명 포함)하였으며, 2014년 12월 전쟁영웅은 6.25전쟁을 전투시기 · 전투별로 스토리텔링화 하여 흥남철수작전을 주제로 현봉학 박사를 선정하였다.

"6.25 전쟁영웅"

국가보훈처 선정 2014년 12월

"이대로 철수하면 저 사람들은 다 죽습니다."

의학박사 현봉학 (1922-2007)

- 1944년, 세브란스 의학전문학교(현 연세대 의과대학) 졸업
- 해방 후, 미국 유학을 통해 '임상병리학' 국내 첫 도입
- 1950년 한국전쟁 시, 해병대 사령관 및 美 10군단 사령관 민사부 고문으로 참전
- 휴전 후 도미, 펜실베이니아 의학박사 및 콜롬비아, 토머스 제퍼슨 의대 교수 역임

현 실적으로 불가능한 일이 일어났을 때 우리는 기적이라고 말합니다.

봉 인된 기적의 상자는 1950년 12월, 공포와 절망만이 남아있던 전쟁 속 한반도, 누구도 희망을 꿈 꿀 수 없던 그때, 마침내 우리 눈앞에 펼쳐졌습니다.

학 문에 대한 열정과 기독교적 사명감을 가졌던 청년의사 현봉학. 사람을 향한 그의 사랑은 한국전쟁에서 10만여 명 민간인들의 생명을 구해내며 인류역사상 가장 인도주의적 작전으로 기록된 흥남철수의 기적을 만들어냈습니다.

흥남철수작전

1950년 12월, 흥남부두. 중공군의 개입으로 새로운 전쟁에 직면한 유엔군과 국군은 해상 철수를 결정하게 되고, 이 소식을 들은 10여 만 명의 피난민들도 흥남부두로 몰려들었다. 하지만 수만 명의 병력과 수십만 톤의 군수물자와 장비들을 운반해야 하는 상황에서 10만 여 명의 민간인들의 피난길을 도울 방법은 없었다.

당시 美 10군단 사령관 알몬드 소장의 통역 보좌로 파송되어 있던 청년의사 현봉학은 10만여 명의 피난민 모두를 남쪽으로 후송해줄 것을 알몬드 소장에게 간청한다. 살기 위해 절박한 마음으로 흥남부두에 모인 수많은 피난민을 포기할 수 없었기 때문이다. 현봉학은 끝까지 끈질기게 설득했고, 마침내 군함에 군수물자를 싣는 대신 피난민 전원을 승선시키게 된다.

10만 여명의 피난민 탈출을 도왔지만 결과적으론 100만 명의 이산가족을 만든 장본인이라며 "1950년 크리스마스의 기적"을 가져온 공로를 마다하던 현봉학 박사는 지난 2007년 향년 86세로 소천하기 전까지 민족통일과 이산가족을 위해 다양한 지원 활동을 펼친 연세의대와 세브란스가 배출한 큰 의사이자 이웃사랑을 실천한 기독신앙인이다.

세브란스
SEVERANCE

현봉학, 그를 그리다

전쟁영웅 선정기념식 모습들

연세의료원에서 개최된 현봉학 박사의 전쟁영웅 선정 공식기념식

연세의대에서 현봉학 박사의 서류 유품을
한승경 간사가 이병석 학장에게 전달하는 기념식

헬렌 현에게 기념품을 전달하는 이병석 학장

전쟁영웅에 선정되다

'김치5' 이경필 원장의 감사패 전달식

네드 포니, 헬렌 현, 에스터 현, '김치5' 이경필 원장

정남식 의료원장과 함께한 기념촬영

연세의료원 원장실에서 환담 중

전쟁영웅 선정 축하연에 참석한 귀빈들

축하연에서 귀빈들의 건배

2장

동상을 세우다

"장군, 부탁드립니다. 제발 우리 국민들을 도와주세요. 우리가 그
냥 떠나버리면 저기 있는 피란민들은 중공군에 몰살당하고 말 겁
니다."

영화 〈국제시장〉 초반부에 등장하는 '흥남철수작전'의 한 장면이
다. 1950년 12월, 중공군 참전으로 열세에 몰린 유엔군이 바닷가를 가
득 메운 피란민을 두고 철수하려 하자 젊은 한국인 통역관이 미군 장성
의 팔을 붙잡고 절박하게 호소하였다.

이 분의 이름은 현봉학(1922-2007). 당시 통역관이었던 그는 포니 대
령과 함께 에드워드 알몬드 미군 제10군단장에게 피란민들을 함께 데
려가 달라고 눈물겹게 설득했다. 그의 호소에 마음이 움직인 알몬드는
결국 군수물자를 버리고 피란민을 수송선에 태웠다.

1950년 '크리스마스의 기적'으로도 불리는 이 작전으로 10만여 명

장군, 부탁드립니다

영화〈국제시장〉도입부에 등장하는 흥남철수작전 모습

에 이르는 피란민이 흥남 항구를 통해 남한으로 탈출할 수 있었다.

　2016년 12월 19일, 대한민국 현대사의 구국의 영웅 현봉학 박사를 기리고자 박사가 졸업한 세브란스 의학전문학교(현 연세대 의과대학)의 옛 부지인 남대문 세브란스 빌딩 앞에 그의 동상이 세워졌다. 동상의 건립에는 여러 과정에서 현봉학 박사를 존경하는 사람들의 헌신과 연세대학교, 국가보훈처, 대한민국해병대, 연세의료원의 협조가 있었다.

　동상 건립의 시작은 2014년 국가보훈처가 현봉학 박사를 '12월의 6.25전쟁영웅'으로 선정한 일을 계기로 본격화되었다.

　2014년 12월 현추모(현봉학 박사를 추모하는 모임)는 연세대학교에서 현봉학 박사 6.25전쟁영웅 선정기념 축하연을 성대히 개최하였다. 이 자리에 박승훈 전 보훈처장, 황덕호 전 함경남도지사, 신의진 전 국회의원, 홍남철수 당시 마지막 수송선인 메르데스 빅토리호에서 태어난 5명의 아이 중 한 사람인 김치 파이브 이경태 원장과 현 박사 유족인 헬렌 현과 그의 가족들, 사회 저명인사, 연세대학교 동문들을 초청하여 기념행사를 성대히 치러 현봉학 박사의 추모 분위기가 다시 한 번 조성되었다.

이후 영화 〈국제시장〉이 큰 인기를 끌면서 6.25전쟁 당시 현 박사의 위대한 공로가 일반인들에게 재조명됐고, 국가보훈처가 현추모에게 동상 제작을 제안하기에 이르렀다.

현추모의 회장인 이성낙 가천대학교 명예총장은 현봉학 박사의 모교인 연세대학교가 동상 제작을 주관하게 하자고 보훈처에 제의했다. 보훈처는 이를 받아들여 연세대학교에 협조 공문을 보냈고, 연세대학교 정갑영 총장의 승인을 거친 후 이어 동상 건립안이 연세대 이사회 안건으로 올려져 2015년 11월 최종 의결됐다. 양측은 국가가 제작비 30%를 지원하고 나머지 건립 비용은 현추모와 연세대학교 동문, 일반 시민들이 부담하는 것으로 합의했다.

2015년 4월 17일, 연세대학교와 현추모(회장 이성낙, 간사 한승경)는 현봉학 박사 동상건립추진위원회를 구성하기로 하고 국가보훈처와 함께 홍남철수 66주년을 맞는 2016년 12월 동상 건립을 목표로 현 박사의 동상을 제작하는 작업을 본격적으로 시작하였다.

현봉학 박사 동상건립추진위원회의 위원장에는 당시 연세의료원 원장인 정남식 원장이 선임되었다. 2016년 2월 23일, 제1회 현봉학 박사 동상건립추진위원회가 연세의료원에서 열렸고, 그 후 한 달에 한번 회의를 열어 동상 제작과 건립 및 모금에 관한 일을 논의하였다. 그 후

2016년 7월 19일 새로 부임한 윤도흠 의료원장이 새로운 위원장이 되어 맡은 임무를 훌륭히 수행하면서 11월 29일까지 10번의 모임을 가진 후 2016년 12월 19일 동상 건립식이 성공리에 개최되었다.

동상의 제막식은 세브란스 빌딩 로비에서 열렸고 문재인 대통령(당시 민주당 상임고문) 및 리퍼트 전 미국 대사, 박승훈 전 보훈처장관, 이상훈 전 해병대사령관, 김석수 전 연세대학교 이사장, 김용학 연세대학교 총장, 김동길 연세대 명예교수, 현 박사의 가족, 알몬드 소장 및 포니 대령의 자손들 등 각계의 저명인사들과 연세대학교 동문과 실향민 등 100여 명이 참석하였다. 특히 해병대 의장대, 군악대의 퍼레이드는 '귀신잡는 해병'의 신화를 만든 김성은 장군의 진동리 전투 및 통영탈환 전투를 도운 현봉학 박사와 흥남철수 및 한국 해병의 창설을 도운 포니 대령에 대한 감사의 표시로 여겨졌다.

동상 건립 위치는 처음에는 서울 신촌에 있는 연세대 의대 교정이 검토되었다. 그러나 현추모 간사였던 한승경(현 연세의대 총동창회 회장)은 현 박사가 재학할 당시에는 남대문 인근 세브란스 빌딩 부지에 세브란스 의대가 있었다는 점을 들어 세브란스 빌딩 앞이 적당하다고 건의하여 동상의 건립 장소가 세브란스 빌딩 앞으로 결정되었다. 서울의 중심지인 서울역 앞 대로변에 연세대학교 특히 세브란스 출신의 동상이 세워지는 것은 연세대학교 개교 역사 이래 처음으로, 대단한 경사가 아닐 수 없었다. 현 박사의 동상은 연세대학교가 있는 신촌을 향하게 자리를 잡아서 서울역에서 신촌으로 옮겨간 세브란스의 역사를 상징하고 있다.

2억 원 이상 들 것으로 추산되는 제작비 가운데 민간 부담분은 연세대학교, 연세의대 동창회, 현추모와 일반 시민들이 모금활동을 벌여 국가보훈처 지원금을 포함해서 2억 5천만 원이 조성되었다. 동상은 청동으로 제작되었으며, 높이 2.5m에 무게는 250kg이며 제작에는 5~6개월가량 소요되었다. 동상 아래 좌대에는 홍남철수 당시 현 박사의 공적과 그의 이력이 영문, 국문으로 소개한 글이 새겨졌다.

동상의 건립은 수많은 피난민의 목숨을 구한 위대한 구국의 영웅이자 훌륭한 의학자인 현 박사의 모습이 후대에 널리 알려져서 현 박사의 휴머니즘을 일반 국민들이 보고 배우는 계기가 될 것이며, 이런 영웅을 배출한 연세대학교와 세브란스의 명예를 높이는 계기가 될 것이라고 생각된다.

현봉학 박사의 구국영웅으로서의 휴머니스트의 모습과 동포 사랑의 뜻을 후대에 기리고자 2017년 7월 (사)현봉학박사기념사업회의 창립회의가 개최되었으며, 50여 명의 뜻을 같이한 회원으로 기념사업회의 발족이 시작되었다. (사)현봉학박사기념사업회가 그동안 현추모가 해왔던 현봉학 박사의 훌륭한 정신을 추모하는 여러 가지 사업을 계승하여 더욱 발전시킬 것이라 믿는다.

2017년 10월
(사)현봉학박사기념사업회 회장
한승경

동상 제막식 모습들

문재인 대통령(당시 민주당 상임고문)의 축사

한승경(동상건립위원회 사무총장)의 경과보고

김용학(연세대학교 총장) 축사

이성낙(현추모 회장) 축사

동상을 세우다

박승춘(전 국가보훈처장) 축사

리퍼드(전 주한미국대사) 축사

왼쪽부터 리퍼드 대사, 문재인 대통령, 김용학 총장, 윤도흠 의료원장

에스더 현, 이상훈(전 해병대사령관)

헬렌 현, 이진규(흥남철수작전 기념사업회 회장)의 도서 봉정식

해병대 의장대 퍼레이드

현봉학 박사 동상 제막식

왼쪽부터 헬렌 현, 윤도흠 의료원장, 이성낙 현추모 회장, 김용학 총장, 문재인 대통령

동상을 세우다

동상 제막식을 끝내고 가진 내빈 기념촬영

동상 제막식을 끝내고 환담을 나누는 모습

왼쪽부터 네드 포니, 토머스 퍼거슨, 벤 포니, 존 포니

동상 제막식을 끝내고 가진 연세대학교 동문 기념촬영

현봉학 박사 동상

현봉학, 그를 그리다

현봉학 박사 동상(주간 촬영)

현봉학 박사 동상(야간 촬영)

동 상 을 세 우 다

현봉학 박사 동상 제막식

Dr. Hyun Bong-Hak Statue Unveiling Ceremony

일시 : 2016년 12월 19일(월) 오후 3시
Date & Time : Monday, December 19, 2016 at 3 p.m.

장소 : 연세대학교 세브란스빌딩 로비(1층)
Venue : Yonsei University Severance Building Lobby(1st Floor)

연세대학교 의료원
YONSEI UNIVERSITY HEALTH SYSTEM

- ■ 주관(Supervising Committee)
  현봉학 박사 동상건립추진위원회(Dr. Hyun Bong-Hak Statue Planning Committee)

- ■ 주최(Host Organization)
  연세대학교(연세대학교 의료원) Yonsei University (Yonsei University Health System)
  국가보훈처(Ministry of Patriots and Veterans Affairs)
  대한민국 해병대(Republic of Korea Marine Corps)

- ■ 후원(Sponsor Organization)
  현봉학 박사를 추모하는 모임(Dr. Hyun Bong-Hak Commemorative Group)
  연세대학교 의과대학 총동창회(Severance Alumni Association)
  대한의사협회(Korean Medical Association)
  흥남철수작전 기념사업회(Heungnam Evacuation Operation Commemoration Committee)
  함경남도 중앙도민회(Central Meeting of Hamgyeongnam-do Residents)
  연주 현씨 대종회(Youn Ju Hyun Group)

차 례

사회 : 손범수 아나운서

- 해병대 군악 · 의장대 축하공연
- 제막 - 세브란스빌딩 앞 현봉학 박사 동상
- 다과

현봉학, 그를 그리다

PROGRAM

Master of Ceremonies : Pum Soo Sohn, Announcer

Pledge of Allegiance ·· **Master of Ceremonies**

Prayer ··· **Chong-Hun Jeong**
Dean of Chaplaincy, Yonsei University Health System

Guest of Honor Introduction ··· **Master of Ceremonies**

Video Clip ································· Documentary on the Making of the Statue
[Hyun Bong-Hak, Moses of Korea]

Progress Report ·· **Seung-Kyung Hann**
Secretary General, Dr. Hyun Bong-Hak Statue Planning Committee

Welcome Speech ··· **Yong-Hak Kim**
President, Yonsei University

Sungnack Lee
President, Dr. Hyun Bong-Hak Commemorative Group

Congratulatory Speech ·· **Sungchoon Park**
Minister of Patriots and Veterans Affairs

Mark William Lippert
The United States Ambassador to the Republic of Korea

Sang Hoon Lee
Commandant of Republic of Korea Marine Corps

Presentation of Certificate of Person of ················· **Sungchoon Park**
Distinguished Service to the State
Minister of Patriots and Veterans Affairs

Presentation of Order of National Security ············· **Sang Hoon Lee**
Merit Tongil Medal
Commandant of Republic of Korea Marine Corps

Presentation of the ··· **Sang Hoon Lee**
Certificate Core Values of the ROKMC
Commandant of Republic of Korea Marine Corps

Presentation of the Book ··· **Jin Kyu Lee**
'Ah! Heungnam Evacuation'
Chairman, Heungnam Evacuation Operation Commemoration Committee

Family Speech ·· **Esther Hyun**
2nd Daughter of Dr. Hyun Bong-Hak

Congratulatory Music ·· **Con Spirito**
Yonsei University College of Music

Announcements ··· **Master of Ceremonies**

- Republic of Korea Marine Corps Band & Honor Guard Performance
- Unveiling – Dr. Hyun Bong-Hak Statue in front of Severance Building
- Refreshments

현봉학 박사
(1922~2007)

눈보라가 휘날리는 바람찬 흥남 부두에 목을 놓아 불러봤다 찾아를 봤다 금순아 어디를 가고 길을 잃고 헤메었던가 피눈물을 흘리면서 일사이후 나 홀로 왔다. 1953년 가수 현인이 불러 공전의 히트를 기록한 '굳세어라 금순아'의 1절이다. 이 가사의 주인공은 그의 누이(혹은 애인) 금순이와 함경남도 흥남 부두에서 헤어진다. 당시 부두에는 중공군의 남하를 피해 남한으로 가려는 십만의 피난민들이 몰려 있었다. 기다림에 지친 피난민 중에는 바다에 빠져 죽는 사람도 있었다. 추위와 굶주림은 수많은 피난민의 생명을 앗아가고 있었다. 비록 피난민을 구하기 위해 배가 도착했지만, 주인공과 그의 누이는 피난민들이 만든 아수라장 속에서 서로 헤어지고 말았다. 아직까지 한국 사회를 짓누르는 이산가족이 탄생되는 순간이었다. 1950년 크리스마스 전야였다.

1950년 12월 당시 북한을 점령하고 있던 미군과 한국군은 예상하지 못한 중공군의 개입으로 인해 철수를 서두르고 있었다. 군인들의 철수도 바쁜 마당에 함경남도에 거주하던 민간인들에 대한 철수는 생각도 할 수 없는 상황이었다. 수십만의 함흥과 흥남의 주민들이 다시 공산치하에서 고통을 받기 직전의 상황이었다. 이때 이들을 구하기 위해 한 명의 의사가 나섰다. 세브란스의학전문학교 1944년 졸업생이자 당시 미 10군단 고문으로 근무하던 현봉학(玄鳳學, 1922~2007)이었다.

현봉학은 1922년 함경북도 성진 욱정에서 함흥 영생고녀 교목을 지낸 현원국(玄垣國)목사와 한국 장로교 여전도회장을 역임한 신애균(申愛均) 여사 사이에서 태어났다. 독실한 기독교 신자였던 현봉학은 북한이 다시 공산당의 지배 아래 놓이게 된다면 기독교인을 포함한 주민들에 대한 박해는 불을 보듯 뻔하다고 생각했다. 그들의 고통을 충분히 예견하면서 모른 채 할 수는 없었다. 그는 자서전에서 "나는 번민으로 밤을 지새웠고 할 수 있다면 무슨 일이라도 다하겠다고 결심했다."고 기록하고 있다. 그는 그 기록처럼 모든 일을 다 했다. 미 10군단 사령관인 알몬드 소장을 만나 민간인 철수를 도와달라고 간청했다. 사실 사령관 입장에서 보면 곤란한 문제가 많았다. 군단 병력의 철수가 우선인데 다 민간인 철수를 상부의 지시 없이 단독으로 결정할 수 없었다. 흥남 부두의 시설도 많은 수의 피난민을 철수시키기에는 열악했다. 혹시 피난민 중에 북한군이 섞여 있을 지도 모를 일이었다. 하지만 현봉학의 거듭된 설득과 포니대령, 민사부 모아국장, 제1군단장 김백일 장군의 도움으로 마침내 사령관을 움직였다. 알몬드 소장은 군함을 이용한 민간인 철수를 결정하였다. 십만의 북한동포들은 흥남을 떠나 남한으로 향했다. '한국의 쉰들러, 현봉학'이 탄생하는 순간이었다. 이때 피난민들은 선박 구석구석뿐만 아니라, 차량 밑, 장갑차 위에 '모세의 기적'처럼 홍해를 건너는 심정으로 거제도로 왔다. 현봉학을 십만의 피난민을 철수시킨 흥남 철수 작전으로 기억하는 경우가 많지만, 그는 훌륭한 병리학자이기도 했다. 세브란스의학전문학교를 졸업하고 평양 기독병원에서 인턴을 마친 현봉학은 1945년 해방을 맞이하자 서울로 옮겨와 새로운 근무처를 찾았다. 그 과정에서 미 감리회 선교사 애리스 윌리엄스를 만나고 그녀의 주선으로 미국 유학을 떠난다. 1947년 9월이었다. 목적지는 윌리엄스 부인의 아들인 윌리엄스 박사가 근무하던 미 리치몬드의 버지니아 주립대학이었다. 윌리엄스 박사는 당시 임상병리학 분야에서는 미국 최고의 권위자로 인정받고 있었다. 현봉학은 그의 지도 아래 한국에서는 생소한 임상병리학 연구에 몰두하였다.

1949년 귀국한 현봉학은 자신의 모교인 세브란스의과대학에 임상병리학이라는 학문을 이식하기 시작하였다. 혈액학, 혈청학, 세균학, 생화학, 혈액은행 개념이 합쳐진 새로운 학문이 한국에 정착하는 계기였다. 하지만 곧 발발한 한국전쟁으로 인해 그는 참전을 하게 되었고, 해병대사령관 고문, 미 10군단 사령관 고문으로 활동하면서 북한동포의 흥남 철수작전을 주도하게 된다. 1953년 종전 즈음에는 다시 미국으로 유학을 떠나 펜실베니아 의과대학에서 박사학위를 받고, 뮐렌버그 병원과 뉴저지 주립 의과대학 그리고 토마스제퍼슨의대에서 근무하였다.

병원과 대학에 근무하는 동안 그는 한국인을 포함한 수많은 제자를 육성하였다. 뮐렌버그 병원에서는 그의 업적을 평가하여 그가 정년퇴임을 한 1988년 새롭게 전산화된 임상병리학 연구실을 '현봉학 병리교실'이라고 명명하였다. 그 후, 귀국하여 아주대학교(1996~2002)에서도 임상병리학 과장으로 후학을 양성하였다. 서재필 기념재단 초대 이사장을 비롯해서 안창호, 안중근, 장기려 등을 기리는 사업과 우리민족서로돕기운동 보건의료협력본부 고문을 맡았으며, 1985년에는 수년간의 노력으로 연변에 있는 윤동주의 묘를 찾아 단장하고 '윤동주 문학상'을 제정하였다. 저서로는 수많은 의학서적 외에 '중공의 한인들'(1984), '한국의 쉰들러, 현봉학과 흥남대탈출'(1999) 등이 있다.

현봉학은 자신의 공을 자랑하는 사람이 아니었다. 그는 자신을 '한국의 쉰들러'라 부르는 사람들에게 "내가 한 일은 아무 것도 아니다."

라며 손사래를 쳤다고 한다. 오히려 그는 자신이 혹시 실수를 한 것은 아닌지 반성을 하고 있었다. "한국전쟁시 십만 명의 고향 피난민을 흥남에서 철수할 수 있도록 도왔지만 나는 적어도 백여만 명의 이산가족을 만든 장본인이나 다름없다." 혹시 원하지 않는 이산가족을 만들어 그들의 삶을 망가트린 것은 아닌지 고민하고 있었던 것이다. 나아가 그는 다짐을 하였다. 앞으로 "이산가족 재상봉과 재결합은 나의 생애를 두고 노력하고 이루어야 할 일이다." 그가 1985년 설립된 미중 한인우호협회나 1991년 창설된 국제고려학회에 주도적으로 참여한 이유도 위의 결심과 무관하지 않을 것이다. 하지만 그는 자신이 그토록 원했던 통일을 보지 못한채 2007년 11월 25일 자신의 반생을 보냈던 미국 뮐렌버그병원에서 세상을 떠났다.

〈알몬드 소장〉　〈포니 대령〉

흥남철수작전의 역사적 배경과 개요

흥남철수작전은 세계전사상(世界戰史上) 가장 대규모의 성공한 해상철수작전이다.

이작전은 1950년 6 · 25전쟁 당시 동북부 전선(함경남북도 일원)에서 작전 중이던 아군주력 부대가 흥남항을 통하여 대규모의 해상 철수를 단행한 군사작전이다. 1950년 10월1일 동해안에서 38선을 돌파한 국군 제1군단은 북

한 공산군에 대한 추격을 계속하여 한 · 만 국경선까지 북진하였다. 국군보다 한 걸음 뒤늦게 원산에 상륙한 미 제10군단도 그 예하의 해병 제1사단으로 하여금 장진호 쪽을 공격하게 하고 제3사단을 예비대로 확보하는 한편, 이원(伊院)에 따로 상륙한 제7사단을 혜산진 쪽으로 투입하였다.

그러나 11월 말 불법 개입한 중공군이 전면 공세를 감행하고 나오자 국군과 유엔군의 각 부대들은 험준한 산간계곡에서 포위망을 가까스로 벗어나 후퇴하지 않을 수 없게 되었다. 국군 제3사단이 12월 10일 성진을 출항하여 부산으로 떠난 다음, 이 지역에 남은 미군 3개 사단과 국군 수도사단은 흥남에 집결하여 미 제10군단의 지휘 아래 철수를 하게 되었다 . 12월 15일 미 해병 제1사단의 출항을 시작으로 하여 17일 국군 수도사단, 21일 미 제7사단이 차례로 흥남항을 벗어나고, 마지막 방어선을 지키던 미 제3사단이 12월 24일 마지막으로 흥남을 떠나자 철수는 성공적으로 마무리되었다.

세계전사상(世界戰史上) 가장 큰 규모로 민간인과 군인을 구출한 이 해상 철수작전에서 국군과 유엔군 10만 5,000명의 병력과 1만 7,000대의 차량을 비롯한 대부분의 장비와 물자를 옮겼을 뿐 아니라, 9만 1,000명에 이르는 북한 피난민들도 구출하였다.

흥남철수작전은 이차세계 대전당시 프랑스 북부에서 나찌 독일군에 포위되었던 35만명 의 연합군이 모든 군수장비와 물자를 포기하고 1940년 5월 프랑스 된케르크항구를 통해 성공적으로 영국으로 철수한 된케르크 해상철수작전에 버금가는 성공한 해상철수작전으로 세계전쟁사에 길이 남을 것이다.

故 현봉학 박사 약력

학 력	1941. 3.	함흥고보 졸업
	1944. 9.	세브란스 의전(연세대 의과대학) 졸업
	1959. 5.	펜실베이니아 대학원 박사
	1991. 5.	연세대학교 명예박사
	2001. 5.	세종대학교 명예문학박사
경 력	1947~1949	버지니아 주립의대 임상병리학 수련의
	1950. 3.~6.	세브란스 의과대학 임상병리 강사
	1960~1961	버지니아 주립의대 부교수
	1961~1988	뉴저지 뮐렌버그 병원 병리과장
	1964~1970	컬럼비아 대학 의대 조교수
	1966~1988	뉴저지 주립의대 부교수, 교수
	1970~1996	연세의대 재미동창회장 이사, 이사장
	1974~2007	재미 한인의학협회 회장, 상임부회장, 국제위원장, 학술위원장, 고문 등
	1977~1988	뉴저지 병리학회 학술위원, 위원장
	1984~1990	미국 병리학회지 편집위원
	1987~2007	중국 연변 의대 명예교수
	1988~2007	토마스 제퍼슨 의대 교수, 명예교수(1996.7.1.)
	1991~1994	재미 한인병리학회장
	1996~2002	아주대학교 의대 임상병리학교실 교수
사회활동	1970~2007	미국 기독교고등교육재단 이사, 고문(1988~2007)
	1977~2007	미국 서재필기념재단 초대 이사장, 명예이사(1986~2007)
	1982~1985	하버드 옌칭 재단 이사
	1985~2007	미 · 중 한인우호협회 회장
	1987~1996	재미 한인대학생총회 고문
	1993~1996	국제고려학회 북미주회장
	1996~2002	재단법인 서재필기념회 객원이사
	1996~2007	미국 학술평가시험(SAT II)한국어위원회 공동위원장
	1999~2001	우리민족서로돕기운동 보건의료협력본부 고문
	1999~2007	해외 한민족진흥후원회 공동대표

Dr. Hyun Bong-Hak
(1922~2007)

At Heungnam port where a snowstorm raged on,
I shouted your name at the top of my lungs and
searched for you.
Where did you go, Geum-Soon?
Where are you wandering, lost and astray?
Crying anguished tears, I came alone after the
retreat of January 4.

This is the first verse of the mega hit song "Be
Strong, Guem-Soon" in 1953 by Hyun In. The
song is about a couple or a sibling who got
separated at Heungnam port in Hamgyeongnam-
do.

The Heungnam port was flooded with refugees
who were seeking to escape to the South from the
Chinese Communist forces. Tired or frustrated
waiting for relief, some of the refugees threw
themselves into the water at the water's edge. The
cold weather and hunger took away countless
poor lives of refugees. Even though a ship finally
arrived at the port to save them, the man and his
sister got separated in complete mayhem. It was
a tragic moment which engendered countless
separated families, which still disheartens Korean
society. It was Christmas Eve in 1950.

In December 1950, due to unexpected Chinese
intervention, the US and Korean troops hastened
to withdraw from the North which they had
temporarily occupied. Under such urgent
circumstances, they could spare no time to take
into account the evacuation of civilians residing
in Hamgyeongnam-do. The lives of hundreds of
thousands of civilians were at stake under the
Communists. A doctor came to their rescue. It
was Dr. Hyun Bong-Hak (1922~2007), a graduate
from Severance Union Medical College (today

8 |

Yonsei University College of Medicine) and the civil affairs Adviser to the U.S. X Corps.

Hyun was born in 1922 in Ukjung, Seongjin, Hamgyeongbuk-do into a Christian family. His father was a Presbyterian minister and teacher, Hyun, Won-Guk and his mother was Shin, Ae-Gyoon, the president of the Korean Presbyterian Women's Evangelism Association.

As a devout Christian, Hyun could see imminent danger facing Christians living in the North when they would become subject to communist rule again. He could not turn a blind eye to them when he could predict the impending suffering they were faced with. Hyun wrote, "I passed the sleepless night with agony and finally made up my mind to do everything I could to save the people." Indeed, he put his decision into action.

He pleaded for Major General Edward Almond, the commander of the U.S. X Corps, to include civilians in the evacuation plan. In fact, there were a number of obstacles from the perspective of General Almond. He could not make such decision on his own initiative for he had to prioritize the withdrawal of troops as a military leader. Also, the facilities at Heungnam Port were in a poor state. To make matters worse, there was a possibility that some North Korean soldiers might have infiltrated the refugees as spies. But Hyun's tireless efforts to advocate for a civilian evacuation along with the support

of Colonel Forney, Officer Moore in charge of Civil Affairs and Major General Kim Pac Il of the ROK I Corps managed to persuade General Almond to think otherwise. Finally, General Almond approved of the plan to transport civilians utilizing warships. Approximately, 100,000 North Korean refugees left Heungnam for Geoje-do, an island in South Korea. It was the moment for Korean Schindler to be born. The refugees were loaded and squeezed among UN troops and tanks, trucks, jeeps, and other equipment. The scene resembled the Israelites crossing the Red Sea led by Moses.

Most people remember Hyun as the hero of the Heungnam evacuation but he was also a great pathologist.

After the nation's liberation in 1945, having graduated from Severance Union Medical College and completing his internship at Pyongyang Christian Hospital, Hyun moved to Seoul to look for a job. While in Seoul, Hyun met an American Methodist missionary, Alice Williams, who helped him to go to the United States for further study. In September 1947, Hyun boarded a ship for the U.S. to attend the Medical College of Virginia (today Virginia Commonwealth University School of Medicine) in Richmond, Virginia, where Dr. Williams, the son of Mrs. Williams, was working. Dr. Williams was considered the foremost authority in the U.S. on clinical pathology. Under his guidance, Hyun channeled his energies into clinical pathology studies

| 9

which was still an alien concept to Korea.

Upon returning to Korea in 1949, Hyun introduced clinical pathology to his alma mater, Severance Union Medical College, which paved the way for a new field of study which combined hematology, serology, bacteriology, biochemistry and a blood bank to take root in Korea. But soon after the Korean War broke out, he served as an advisor to the commandant of the Marine Corps and a civil affairs Officer to the commander of the U.S. X Corps, championing the Heungnam evacuation for the North Korean refugees. After the Korean War ended in 1953, Hyun and his wife Sun Sook moved to Philadelphia to continue his medical studies at the University of Pennsylvania Graduate School of Medicine, receiving a Doctor of Science Degree in 1959. He also taught at Columbia University College of Physicians and Surgeons, UMDNJ-Robert Wood Johnson Medical School, and Thomas Jefferson University Hospital.

While working at the hospital and university, he trained many students, many of them were Korean students. Muhlenberg Regional Medical Center named its Pathology Department the Bong Hak Hyun, M.D. Clinical Laboratories in 1988, the year after he retired, in recognition of his leadership and achievements in pursuit of education excellence. After his return to Korea, he taught students at Ajou University (1996-2002) as Chairman of the Department of Clinical Pathology.

Hyun held offices of many civic and professional organizations, including the Philip Jaisohn Memorial Foundation and Medical Center and the Korean Sharing Movement to name just a few. Hyun was also actively involved in numerous projects commemorating important national figures such as Ahn Chang-ho, Ahn Jung-geun and Chang Kee-ryo. In 1985, after years of efforts, Dr. Hyun managed to decorate the grave of Yun Dong-ju and establish the Yun Dong-ju Poetry Prize. Hyun himself was a prolific writer publishing a number of medical as well as non-medical books including Koreans in China (1984), The Korean Schindler, Hyun Bong-Hak and the Heungnam Evacuation (1999).

Hyun would never give himself a credit for what he did. He waved his hand dismissively to those who praised him as the Korean Schindler saying "what I did was nothing." Rather, he felt regrettable that he might have done something wrong, and remorseful for the families that got separated. Later on he made up his mind to "devote the rest of his life to the reunion of separated families." He was always hopeful the many families separated by the war would one day be reunited. His dedication to the founding of U.S. China Korean Fellowship Association in 1985 and International Society for Korean Studies in 1991 was perhaps made in this regard. But Hyun didn't live to see Korea's reunification that he longed for. He passed away on November 25, 2007 at Muhlenberg Regional Medical Center in the USA, the very hospital where he served half of his professional life.

〈MG Edward M. Almond〉　　〈Colonel Edward H. Forney〉

Historical Background and Brief Introduction of the Heungnam Evacuation

The Heungnam Evacuation is the largest and most successful military and refugee evacuation in World War history. This operation, which took place during the Korean War in 1950, was a major withdrawal of the main body of the ROK and UN Forces fighting on the northeastern front (Hamgyeongbuk-do) from the Heungnam Port. On October 1, 1950, the ROK I Corps advanced further into the North and penetrated along the littoral within 38 miles of Manchuria. The U.S. X Corps which arrived in Wonsan shortly after the ROK Corps, sent 7th Infantry Division to Hyesanjin while ordering its 1st Marine Division to attack Changjin Lake and 3rd Infantry Division to provide security respectively.

Following a massive Chinese assault in late November, both the ROK and UN forces had no choice but to retreat breaking through the siege along the rough mountain terrain. After the withdrawal of the ROK 3rd Division from Seongjin toward Busan on December 10, three other U.S. Divisions and ROK Capital Division gathered at Heungnam to evacuate to the South under the command of U.S. X Corps. Beginning with the 1st Marine Division leaving the port on December 15, ROK Capital Division withdrew on 17, and the 7th Division on 21. Finally, the 3rd Division shoved off from the shore on December 24, which marked the complete withdrawal of the UN troops from North Korea.

In the greatest evacuation mission by sea in World War history, 105,000 troops and most of the equipment and supplies including 17,000 vehicles were transported. Most importantly, 91,000 refugees were safely evacuated.

The Heungnam Evacuation will go down in history as one of the most successful amphibious operations alongside the Dunkirk evacuation during World War II where the 350,000 Allied forces, cut off and surrounded by the Nazi Germany in northern France, surrendered facilities, military supplies and ammunition were successfully transported to England through the harbor of Dunkirk in France in May, 1940.

| 11

Profile of Dr. Hyun Bong-Hak

Education		
	1941. 3.	Graduated from Hamheung High School
	1944. 9.	Graduated from Severance Union Medical College (Yonsei University College of Medicine)
	1959. 5.	Ph.D. in Doctor of Science Degree at the University of Pennsylvania Graduate School of Medicine
	1991. 5.	Honorary Doctorate Degrees, Yonsei University
	2001. 5.	Honorary Doctor of Letters (D.Litt), Sejong University

Professional Accomplishments		
	1947~1949	Resident of Clinical Pathology, Medical College of Virginia
	1950. 3.~6.	Instructor of Clinical Pathology, Severance Union Medical College
	1960~1961	Associate Professor of the Medical College of Virginia
	1961~1988	Director of Laboratories of Muhlenberg Regional Medical Center
	1964~1970	Assistant Professor at Columbia University College of Physicians and Surgeons
	1966~1988	Associate Professor and Professor of UMDNJ-Robert Wood Johnson Medical School
	1970~1996	Chairman and Trustee of Severance Alumni Association (USA)
	1974~2007	Advisor and Scientific Committee Chairman of the Korean American Medical Association (KAMA)
	1977~1988	Chairman of the New Jersey Society of Pathologists
	1984~1990	Member of Editorial Board of the American Society of Clinical Pathologists
	1987~2007	Professor Emeritus of Yanbian University College of Medicine
	1988~2007	Professor of Thomas Jefferson University Hospital, Professor Emeritus (1996.7.1.)
	1991~1994	President of the Korean Pathologists Association of North America
	1996~2002	Professor and Chairman of the Department of Clinical Pathology at Ajou University School of Medicine

Social Activities		
	1970~2007	Trustee of the United Board for Christian Higher Education in Asia , Advisor (1988~2007)
	1977~2007	1st Chairman of the Philip Jaisohn Memorial Foundation, Honorary Trustee (1986~2007)
	1982~1985	Trustee of the Yenching Institute of Harvard University
	1985~2007	President of the U.S. China Korean Fellowship Association
	1987~1996	Advisor to the Korean American Students Conference (KASCON)
	1991~1994	President of the International Society for Korean Studies in the Americas
	1996~2002	Honorary Member of the Philip Jaisohn Commemorative Society
	1996~2007	Co-Chairman of the SAT II Korea Committee
	1999~2001	Advisor to the Health and Medical Cooperation Department of the Korean Sharing Movement
	1999~2007	Co-Chairman of the Korean Promotion Association

경과보고

한승경 현봉학 박사 동상건립추진위원회 사무총장

- 2014.12 현봉학 박사가 12월의 6.25 전쟁영웅으로 국가보훈처로부터 선정됨.

- 2015.01.28 국가보훈처 산하 서울지방보훈청에서 "연세대 출신 호국영웅 조형물 설립" 추진관련 협조 요청을 연세대학교 총장 및 학교법인에 보냄

- 2015.03.02 서울지방보훈청, 현추모(현봉학 박사 추모 모임), 연세의료원의 관계자들 현봉학 박사 조형물 건립 계획 수립
  - 사업비 : 1억 5천만원
  - 설계 및 용역(구조 안전진단 포함) : 5,000만원
    ▷ 설계비 : 1,000만원
    ▷ 구조 안전진단 : 1,000만원
    ▷ 기초시설 구축비 : 3,000만원
  - 제작비 : 1억원
    ▷ 동상 제작 : 1억원(제원 : 가로 170cm, 세로 45cm, 높이 250cm, 무게 250kg)

- 2015.04.17 현추모 모임에서 현봉학 박사 동상건립추진위원회를 조직하기로 결의하고 조직위원장은 정남식 연세의료원 의료원장이 선임됨.

- 2015.10.15 연세대학교 기념물 건립심의위원회에서 현봉학 박사 전신상 건립(안) 승인함.

- 2015.10.29 연세대학교 법인(추경) 이사회에서 현봉학 박사 전신상(동상)건립을 승인함

- 2016.02.23 제1회 현봉학 박사 동상건립추진위원회가 정남식 추진위원장 주최로 개최되어 사무총장에 한승경 현추모 간사가 선임됨. 동상 제막식은 흥남철수작전이 완료된 1950.12.25을 기념하여 12월 19일로 하기로 함.

- 2016.06.15 제5회 현봉학 박사 동상건립추진위원회가 개최되어 명예위원장에 김동길 연세대 명예교수, 김용학 연세대 총장, 박삼구 연세대 동문회장 세분을 추대하고 이상훈 해병대 사령관을 추진위원으로 추대하기로 함.

- 2016.07.19 제6회 현봉학 박사 동상건립추진위원회가 개최되어 추진위원장에 윤도흠 신임 연세의료원장이 새로 선임됨.

- 2016.10.27 연세대학교 재단이사회에서 현봉학 박사 동상건립위치를 세브란스빌딩 표지석 자리로 최종 결정함.

- 2016.11.29 제10회 마지막 현봉학 박사 동상건립추진위원회가 개최되어 동상제막 기념식 및 제막식에 관한 제반 사항 논의.

| 13

문재인 대통령 축사 *

반갑습니다.

저는 현봉학 박사님을 깊게 알지는 못하지만 특별한 인연이 있고, 또 오늘 동상 제막에 대해서 특별한 관계가 있어서 이 자리에 참석했습니다.

첫째는 저희 집안은 원래 함경남도 흥남이 고향입니다. 현봉학 박사님도 함경도 분이고 또 저희 아버님하고 연배가 같으셔서 비슷한 시기에 같이 함흥에서, 현봉학 박사님은 함흥고보를 다니시고, 저희 아버지는 함흥공업을 다니셨는데, 이 함흥고보와 함흥공업이 그 당시 함경도 전체를 통틀어서 양대 명문이었기 때문에, 저는 저희 아버지와 현봉학 박사님이 서로 알지 않았을까, 만났을 수도 있겠다, 그런 감회를 가집니다.

또 하나는 아까 여러 번 소개된 그때 흥남부두에 모여든 10만 명의 피난민 가운데 저의 부모님과, 제 누님도 그때 계셨습니다. 그때 현봉학 박사님의 활약이 없었더라면 북한 공산치하를 탈출하고 싶어했던 그 10만 명의 피난민들이 우리 대한민국으로 내려올 수 없었을 겁니다. 저희 부모님도 내려오지 못하셨겠지요. 저는 피난 이후 거제에서 태어났습니다만 아마 저도 태어나지 않았을 겁니다. 그래서 현봉학 박사님은 그때 흥남부두를 통해서 피난했던 10만 명의 피난민들, 그리고 또 피난 후에 태어난 2세들에게는 거의 뭐 생명의 은인과 같습니다.

정말 그런 면에서 저는 우리 박사님의 동상 제막이 오히려 때늦은 감이 있다라는 안타까움을 가지기도 합니다. 그때 흥남철수 때 가장 감동 깊었던 장면이 〈국제시장〉이라는 영화에서 보셨겠지만 빅토리 메르디스호. 현봉학 박사님은 그 빅토리 메르디스호의 선장, 라루 선장을 설득해서 무기들을 다 돌리고 거기에 피

---

* 이 글은 동상 제막식에 참석해 직접 낭독하신 문재인 대통령님(당시 민주당 상임고문)의 축하 연설을 녹음해 기술한 것으로서, 제막식 당일의 식순에 맞춰 안내책자 내용 중간에 함께 실습니다.

난민들이 다 탈 수 있을 만큼 태우게 하는데, 무려 14,000명의 피난민이 그 배에 탑승했습니다.

그리고 거제까지 내려오는 2박3일의 기간 동안 그 배에서 5명의 아이가 태어났습니다. 그래서 14,005명의 피난민이 무사히 거제에 도착할 수 있었습니다.

라루 선장은 그 전쟁 이후에 그 빅토리 메르디스호가 했던 14,005명의 피난민 수송, 그것도 흥남 앞바다에 가득한 지뢰와 폭뢰를 헤치고 아무 사고 없이 도착한 것에 대해서 이것은 하나님의 특별한 은총이 없었다면 일어날 수 없었던 기적이다, 그렇게 생각해서 전후에 추도사가 되셔서 추도원에서 평생을 마쳤습니다. 그 수도원이 운영난에 처해져서 우리 그 왜관에 있는 베네딕트 수도원이 그 수도원의 운영을 인수하게 되는데, 그때 수도원을 인수하러 간 신부님들이 그 수도원에 갔을 때, 라루 선장님이 추도사가 되셔서 마지막 말년을 보내고 계셨습니다. 그때 신부님들이 라루 선장님에게서 메르디스호의 이야기, 또 그때 있었던 현봉학 박사님의 활약, 그것을 자세히 알려주셨기 때문에 이런 메르디스호의 스토리가 전 세계에 알려질 수 있었습니다.

현봉학 박사님을 '한국의 쉰들러'라고 합니다만, 저는 쉰들러 이야기보다 훨씬 규모도 크고 훨씬 감동도 있고 아마 세계 전쟁 사상 가장 아름다운 그런 이야기가 아닐까 싶습니다. 그런 의미에서도 현봉학 박사님의 동상 제막, 좀 때늦은 거다, 이런 생각과 함께 정말 진심으로 축하드립니다.

현 박사님은 참여정부 시대까지만 해도 우리민족서로돕기운동본부 고문을 하시면서 남북 화해 협력을 위해서 많은 노력을 하셨습니다. 그 이후 남북 관계가 많이 후퇴한 이 현실에 대해서 저는 안타까움을 갖고 있습니다.

그래서 오늘 이 동상 제막이 현봉학 박사님이 가졌던 인류애, 우리 대한민국에 대한 조국 사랑, 또 우리 민족에 대한 사랑, 그리고 또 남북 화해와 협력을 추구했던 그 정신까지도 함께 조금 개선하고 또 가르침을 받는 귀한 자리가 되길 바랍니다.

축하드립니다. 감사합니다.

인사말씀

김석수 학교법인 연세대학교 이사장

오늘 故 현봉학 박사님의 동상 제막식에 참석해주신 모든 내외 귀빈께 큰 감사의 인사를 드립니다. 현봉학 박사님은 연세가 배출한 6.25전쟁 영웅이자 수많은 민족의 삶을 구한 민족주의자 이십니다.

일찍이 박사님은 부친께서 난치병으로 돌아가시자 이를 치료하는 의사로서의 꿈을 정하고 연세의대의 전신인 세브란스의전에 진학하셨습니다.
독실한 기독신앙인으로서 선교사의 추천을 받고 미국 유학 후, 복귀한 모교에서 후학 양성과 신생 병리학분야의 연구 성과를 일구려 하던 중 민족의 비극인 6.25전쟁을 맞이하게 되었습니다.

해병대 통역관으로서 참전하신 현봉학 박사님에게 1950년 12월 함흥부두에 모인 10만여 명의 피난민은 고향사람이자 박해와 죽음으로부터 벗어나고자 하는 불쌍한 동포였습니다.

지휘부의 명령이 최우선이자 지켜야 할 엄명임을 누구보다 잘 알고 있음에도 불구하고 현 박사님은 주변의 '포니' 대령과 함께 지휘관인 '알몬드' 장군께 피난민의 전원 후송을 간절히 간청했습니다.
군수품을 버리는 대신 피난민의 전원 승선을 결정한 알몬드 장군의 마음을 이끌어 낸 현봉학 박사님으로 인해 역사상 최대의 피난민 후송 작전이 이루어졌습니다.

"10만여 명을 구했지만 결과적으로 100만 이산가족을 만들었다."며 현봉학 박사님은 자신의 이러한 큰 공헌을 주변에 알리지 않았습니다.
그리고 수년전 한 영화를 통해 박사님의 흥남철수의 기여가 비로소 널리 알려지고, 국가보훈처의 노력으로 2014년 12월 민간인으로서 처음 전쟁영웅으로 선양되어 인정받게 됨을 무척 기쁘게 여깁니다.

14 |

휴전 63년을 맞이하며 점차 희미해지는 전쟁의 참화와 민족분단의 아픔 그리고 수많은 이산가족의
슬픔을 오늘의 우리와 후손이 다시금 기억하는데 현봉학 박사님 동상 제막식이 큰 계기를 마련하기를
바라는 마음 매우 큽니다.
다시 한 번, 현봉학 박사님 동상제막식에 참석하신 내외귀빈과 오늘의 제막식을 준비하여 주신 "
현봉학 박사님을 추모하는 모임"의 '이성낙' 회장님과 회원 여러분 그리고 국가보훈처와 해병대사령부,
연세의료원 관계자분께 깊은 감사를 드립니다. 고맙습니다.

2016. 12. 19.

연세대학교 이사장
김 석 수

동 상 을 세 우 다
467

인사말씀

김용학 연세대학교 총장

오늘 우리 모두는 추운 날씨에도 불구하고 뜨거운 동포애 나아가 인류애를 보여준 한 의사의 삶과 행적을 기리기 위해 모였습니다.

현봉학 박사님의 업적과 동상제막을 기리기 위해 참석하여 주신 모든 내외 귀빈께 연세대학교를 대표하여 깊은 감사를 드립니다. 특히 축하의 말씀을 해주시기 위해 자리하신 '마크 리퍼트' 주한미국 대사님, '박승춘' 국가보훈처장님, '이상훈' 해병대 사령관님 그리고 현봉학 박사님의 장녀이신 'Ms. 에스더 현'님께 큰 환영과 감사의 인사를 드립니다.

1950년!
성탄을 앞둔 흥남부두를 떠올려봅니다. 수킬로미터 앞까지 포위망을 좁혀오는 중공군의 공세 속에서 10만여 명에 달하는 피난민들이 오직 남으로 향하는 유엔군 수송선단 승선에 실낱같은 희망을 걸고 모여 드는 풍경이 선연하게 보이는 듯합니다. 철수하는 군 병력과 군수의 수송이 지상명령이었지만 미군 제10군단장 '알몬드' (Edward M. Almond) 장군은 피난민 전원 승선명령을 내렸습니다. 피난민 후송이 UN군의 자유 수호 의지를 실천하는 것이라는 국군 제1군단장 김백일 장군과 통역관인 현봉학 박사님의 거듭된 간절한 설득에 군수물자를 버리고, 피난민 전원의 승선을 결정한 것이었습니다. 역사상 유례가 없는 10만 여명의 민간인 철수작전이 이루어진 것입니다.

2차 세계대전 당시 천여 명의 유대인을 구한 '쉰들러' 와 비견되며 한국의 쉰들러로 불리는 현봉학 박사님의 흥남부두 피난민 철수를 위한 노력은 많은 생명 뿐과 아니라 자유의 가치를 지켜낸 것이었습니다. 이는 의사이자 기독교인으로서의 사명감과 조국에 대한 깊은 사랑과 애국심에서 비롯된 것이었다고 생각합니다. 이는 전쟁 후 미국으로 건너가신 현봉학 박사님이 저명한 병리의학자로서의 편안한 삶 대신 조국의 통일과, 자신과 같은 처지인 이산가족의 상봉을 위해 다양한 지원활동을 펼치신 것을 통해서도 알 수 있습니다. 또한 중국 연변대 초빙교수로서 활동 시 모교인 연세의 선배인 윤동주 시인의 묘소를 수년간의 노력 끝에 정확한 위치를 찾아서 방치된 묘소를 정비하고, 현지 단체와 협력하여 윤동주 문학상을 제정하여 윤동주 시인의 정신과 글이 오늘까지 전해지는데 큰 기여를 하셨습니다. 박사님이 윤동주 시인의 업적을 기리는데 앞장 선 것은 학창시절 겪은 일제 식민지 치하의 설움을 잊지 않으시고 다시는 국권을 잃지 말자는 의지의 발로였습니다. 이 굳은 의지는 "미국 서재필기념재단"의 초대 이사장과 명예이사직을 30여 년간 맡아 서재필박사님의 독립정신을 선양하는데 앞장 선 사실에서도 엿 볼 수 있습니다.

뜨거운 동포애와 민족정신, 모교에 대한 사랑이 컸던 현봉학 박사님이 걸어오신 길에 대해서 애석하게도 아직까지 널리 알려져 있지 않습니다. 뒤늦게나마 현봉학 박사님이 학창시절을 보냈고 젊은 의사로서 꿈을 키웠던 옛 학교터에 동상을 제막하여, 그 뜻과 정신을 널리 알릴 수 있어 매우 기쁘게 생각합니다. 또한 한국해군의 기틀을 놓으시고 6.25전쟁 시 혁혁한 무공을 세운 친동생 '현시학' 제독과 함께 나라와 민족을 구한 형제로서 널리 추앙되기를 바라는 마음이 간절합니다.

오늘 현봉학 박사님의 동상 제막을 위해 오랫동안 준비하고 수고로움을 아끼지 않으신 '현봉학 선생님을 추모하는 모임'의 '이성낙' 회장님을 비롯한 모든 회원님, 국가보훈처, 해병대사령부 관계자분들께 감사드립니다. 그리고 오늘 행사 준비를 위해 수고해준 우리 연세의료원 교직원들께 감사드립니다.

다시 한 번 현봉학 박사님의 동상 제막식에 참석하여주신 모든 내외귀빈께 감사드리며, 하나님의 무한하신 은총과 축복이 늘 함께하시기를 기원합니다. 감사합니다.

2016. 12. 19.

연세대학교 총장
김 용 학

| 17

동 상 을 세 우 다

인 사 말 씀

이성낙 현봉학 박사를 추모하는 모임 회장

현봉학 박사 동상 제막식에 즈음하여 현봉학 박사의 업적을 기리며 추모하는 모임인 '현추모'를 대표해 제가 여기, 여러분 앞에 서게 되어 벅찬 가슴을 가누기가 힘듭니다. 저희 현추모가 오랫동안 꿈꾸어오던 큰 꿈을 드디어 실현하는 이 순간에 이렇게 여러분 앞에 서게 되었기 때문입니다.

오늘 현봉학 박사의 업적을 기리는 이 자리에서 저는 그동안 같은 목적을 위해 도움을 주신 수많은 분과 관련 기관에 감사의 말씀을 드리지 않을 수 없습니다.

국가보훈처에서는 2014년 12월에 그해 '12월의 전쟁 영웅'으로 현봉학 박사를 추대했습니다. 군인이 아닌, 현봉학 박사를 전쟁 영웅으로 추대한 것은 국가보훈처 사상 처음 있는 역사적 일이었습니다. 이 쾌거는 오늘 동상 제막식으로 이어지는 첫걸음이 되기도 했습니다. 또 국가보훈처에서는 동상 제작에도 큰 비용을 부담해주었습니다. 그래서 저는 현추모를 대표해 이 자리에 계신 박승춘 국가보훈처 장관님께 진심으로 감사의 인사를 드리고자 합니다.

다음으로 연세대학교라는 큰 울타리 안에 있는 많은 분이 이번 동상 제작 취지에 뜻을 같이하며 건립에 필요한 큰 기금을 마련해주었습니다. 그뿐만 아니라 뜻을 같이하는 많은 분들이 함께 힘을 모아주었고, 현봉학 박사와 포니대령의 후손들도 힘을 보태주었습니다. 이 자리를 빌려 모든 분께 그 고귀한 '동참의 의미'를 되새기면서 심심한 감사의 말씀을 올립니다.

끝으로 동상 제작에 예술혼을 다하여 주신 오광섭 조각가와 더불어 현봉학 박사와 관련한 모든 영상 자료를 오래전부터 오늘날에 이르기까지 끈질기게 제작해주신 이은택 감독님의 아름다운 프로 정신에 경의와 감사의 뜻을 전합니다.

실로 벅찬 가슴으로 감사의 인사를 마칩니다.

2016. 12. 19.
현봉학 박사를 추모하는 모임 회장
이 성 낙

인사 말씀

윤도흠 연세대학교 의무부총장 겸 의료원장

1885년 제중원으로 시작한 세브란스는 올해로 132년의 역사를 가진 명실상부한 최고 의료기관입니다. 서울역 앞 이곳은 1904년 현대식 세브란스병원이 봉헌된 뜻 깊은 장소입니다.

저는 오늘 이 자리에서 열리는 현봉학 박사님의 동상 제막식을 준비하면서참된 의사의 길을 간 선배에 대해 깊이 생각해보았습니다.

연세대 의대에서 공부한 사람이라면 누구나 모든 환자를 진심으로 대하고 아픔과 고통을 공감하고 최선을 다해 치료하라고 배웁니다. 또한 병을 고치는데 그치지 말고 세상을 고치는 대의(大醫)가 되도록 힘쓰라는 가르침도 받습니다.

연세대 의대를 졸업한 1만 명 이상의 의사 중에서 그 표상이 되는 분이 바로 현봉학 박사님입니다. 박사님은 당대 최고의 병리학자로 의학 발전에 큰 발자취를 남기셨습니다. 그 뿐 아니라 이 자리에 계신 여러분들이 잘 아시듯이 한국 전쟁 때 피난민 10만여 명의 목숨을 살린 주인공이십니다.

의사 한 명이 아무리 유능하다고 해도 평생 목숨을 구할 수 있는 환자는 그리 많지 않습니다. 그런데 현봉학 박사님의 노력으로 10만 명이 사선을 넘어 자유의 품으로 오게 했으니 대의(大醫)라는 단어가 바로 박사님을 위해 준비된 말이라는 생각이 듭니다.

2년 전인 지난 2014년 12월 세브란스병원에서 열린 현봉학 박사님의 한국 전쟁영웅 선정 기념식이 떠오릅니다.

오늘 이 자리에도 함께 해주신 '에스터 현'님과 '헬렌 현'님, 피난민 후송 작전을 지휘했던 에드워드 포니 대령님의 손자 '네드 포니'님 그리고 피난민 후송선 메리디스 빅토리호에서 태어난 '김치 5(파이브) 이경필'님이 당시 한자리에서 만나게 된 것이었습니다.

조부모님과 부모님 세대가 겪은 1950년 '크리스마스 기적'이 인연이 돼 64년 만에 만난 네 분의 모습은 오랫동안 떨어져 있던 가족들의 상봉과 같아 주변 사람들에게 커다란 감동을 주었습니다.

| 19

그날 네 분을 지켜보던 모든 사람들은 지금 우리가 누리는 자유와 평화를 지키려고 헌신했던 수많은 분의 고귀한 희생과 인류애에 고개를 숙였습니다.

현봉학 박사님은 한국 전쟁이 끝난 뒤 미국에서 병리학자로 근무하면서 의사로서도 큰 업적을 남기셨습니다. 박사님은 그 공로로 미국 임상병리학회(ASCP)가 주는 권위 있는 '이스라엘 데이비슨상'을 수상하였습니다. 또한, 박사님이 오래 몸담았던 뉴저지 뮐렌버그병원은 병원 병리학연구실을 '현봉학 임상병리교실'로 명명해 업적을 기리고 있습니다.

현봉학 박사님을 기리는 동상을 옛 세브란스병원 부지에 세울 수 있어 기쁘기 그지 없습니다. 동상은 현봉학 박사님뿐 아니라 자유와 평화를 지키기 위해 피 흘린 수많은 사람들의 헌신과 희생을 기억하는 상징물이 될 것이라 믿습니다.

오늘 자랑스럽고 명예로운 현봉학 박사님의 동상이 세워지기까지 물심양면으로 노력하여 온 '현추모'와 기금모금운동에 참여한 모든 분들의 뜻을 마음 속 깊이 새깁니다. 자랑스런 선배이신 현봉학 박사님의 숭고한 뜻이 널리 전해질 수 있도록 모든 노력을 다하겠다는 말씀을 드립니다.
현봉학 박사님 동상 제막식에 참석하여 주신 모든 분들께 거듭 감사의 말씀을 드립니다.

2016. 12. 19.

연세대학교 의무부총장 겸 의료원장
윤 도 흠

축 사

박승춘 국가보훈처장

존경하는 내빈 여러분!

오늘 현봉학 박사님의 동상 제막식이 개최된 것을 매우 뜻 깊게 생각합니다.
현봉학 박사님이 2014년 12월 전쟁영웅으로 선정되고 2년이 지난 오늘에서야 동상이 건립된 것은
조금 늦은 감이 있지만, 한편으로는 동상이 건립되어 박사님의 공적을 영원히 기릴 수 있게 된 것
을 다행스럽게 생각합니다.

지난 2년여 동안 동상 건립을 위해 많은 노력을 기울이신 김석수 이사장님을 비롯한 연세대학교
관계자 여러분과 이성낙회장님을 비롯한 현추모 회원 여러분, 그리고 동상건립 성금을 내주신 국
민 여러분께 진심으로 감사드립니다.
또한 바쁘신 가운데서도 뜻 깊은 행사에 참석해주신 마크 리퍼트 주한미대사님과 이상훈 해병대사
령관님께 감사드리며, 멀리 미국에서 오늘 행사를 위해 참석해주신 현봉학 박사님의 유가족과 알
몬드 소장 유가족, 포니대령 유가족 여러분에게 특별히 감사드립니다.

1950년 12월, 중공군의 6 · 25전쟁 참전으로 UN군의 흥남철수 작전이 개시되었고, 많은 북한 주
민들이 자유를 찾아 흥남항으로 모여들었습니다. 그러나 10만여 명의 미 제10군단 병력 철수도 어
려운 상황이어서 민간인 철수는 생각할 수 없는 상황이었습니다.
이때 한국 해병대 문관으로 참전해 미군 통역을 담당하던 현봉학 박사님은 '이대로 철수하면 저 사
람들은 중공군의 공격에 다 죽는다.'며 작전을 책임진 알몬드 소장을 여러 번 찾아가 설득하였고,
마침내 피란민 9만 8천여 명이 거제도로 향하는 빅토리호 등의 수송선에 올라 생명을 구할 수 있었
습니다.

중공군의 공격으로부터 10만여 명의 피란민의 목숨을 구한 '한국판 쉰들러' 현봉학 박사님의 헌신
적인 노력과 인류애에 경의와 감사를 표합니다.

| 21

흥남 철수 작전은 6 · 25전쟁에서 우리나라를 지키기 위해 얼마나 많은 사람들이 노력했는지를 보여주고 있습니다.

50만톤에 달하는 장비와 물자를 포기하고 피란민을 구하겠다는 위대한 결정을 한 알몬드 소장님과 그 결정이 있기까지 현봉학 박사님과 함께 설득했던 포니 대령님이 있었기에 전쟁의 참화 속에서 수많은 주민을 구할 수 있었습니다.

또한 흥남 철수 작전은 미해병 1사단이 장진호에서 중공군을 봉쇄하여 주었기에 가능했습니다. 미 해병 1사단은 혹한의 추위와 중공군의 공세로 7,500여 명의 병력 손실을 입으면서도 중공군의 진 격을 저지함으로써 흥남철수 작전을 성공시켰습니다. 장진호전투가 실패했더라면 흥남철수 작전 도 불가능했을 것입니다.

이와 같이 우리나라는 우리만이 지킨 나라가 아닙니다. 6 · 25전쟁에서 UN참전 21개국과 195만 참전용사가 지켜주었으며, 특히 이 중 179만 명이 미국 참전용사였습니다.

또한 6 · 25전쟁 이후에는 지난 60년 동안 한 · 미동맹으로 정전협정이 안정적으로 유지되어 기적 의 경제발전과 민주화를 동시에 이룩할 수 있었습니다.

오늘 제막식을 통해 6 · 25전쟁과 흥남철수작전을 기억하고 한 · 미동맹과 정전협정의 중요성을 되 새기면서, 우리가 누리는 자유와 평화를 있게 한 현봉학 박사님과 국내외 참전용사에게 다시 한 번 감사하는 계기가 되기를 바랍니다.

마지막으로 뜻 깊은 자리를 마련해주신 연세대학교 관계자 여러분께 다시 한 번 감사의 말씀을 드 리며, 함께 하신 모든 분들의 건강과 행복을 기원 드립니다.

감사합니다.

2016. 12. 19.

국가보훈처장
박 승 춘

축 사

이상훈 해병대 사령관

존경하는 故 현봉학 박사님 가족 여러분!
이 자리를 마련해주신 연세대학교 김용학 총장님과 현추모 여러분!
그리고 리퍼트 주한 미국 대사님과 박승춘 국가보훈처장님을 비롯한 내・외 귀빈 여러분!

저는 먼저, 격랑의 대한민국 역사 속에서 '한국의 모세'로 길이 기억되고 있고 특별히 해병대의 큰
은인이신 故 현봉학 박사님을 현양하는 이 자리에 참석하게 된 것을 매우 영광스럽게 생각합니다.

박사님께서는 6・25전쟁 당시 통역을 담당하는 해병대 군무원으로서 해병대와 깊이 인연을 맺었
습니다.
'흥남철수작전'을 통해 수많은 피난민들을 구출한 이후에도 파주 금촌에 있던 해병대 1사단이 현재
의 포항으로 이전하는데 헌신적으로 기여하셨습니다.

박사님께서는 당시 한국 해병대사령부 수석고문이었던 포니대령과 함께 미 해병 제3비행사단이 주
둔해 있던 포항기지를 한국 해병대가 인수하도록 미 해병대와 우리 정부를 설득해주셨습니다.
박사님의 적극적인 도움으로 마침내 포항기지에 닻을 내린 사단은 항구와 철도, 공항이 인접한 곳
에서 대한민국 유일의 상륙작전 전담부대로서, 다목적 신속기동부대로서의 그 임무와 역할을 확
대, 수행하고 있습니다.
이처럼 박사님은 국가와 국민에 대한 충성은 물론 해병대에 대한 애정이 가득한 분이셨고 빛나는
책임감과 사명감으로 인해 한미의 여러 군사지휘관으로부터도 신뢰를 넘어 존경을 받으신 분으로
기록되어 있습니다.

내・외 귀빈 여러분!

우리 군은 반세기 넘는 기간 동안 이 나라의 자유와 민주주의라는 신성한 가치를 위해 싸워왔습니다.

| 23

동 상 을 세 우 다

국가와 국민, 정의와 자유, 그것이 우리의 존재 이유이자 목적이었고 목숨을 내놓고 지킬 만큼의 대체 불가한 가치였기 때문입니다.

이러한 견지에서 박사님께서 공헌하신 '흥남철수작전'은 우리가 총과 칼로 행하는 것 이상으로 자유와 인간의 존엄성을 지켜낸 의로운 헌신이라 하겠습니다.

우리 해병대는 故 현봉학 박사님의 애국애민 정신을 큰 교훈으로 삼아 국가의 부름에 가장 앞장서고 국민을 위해서는 험한 길도 마다하지 않는 국민의 군대, 국민을 위한 군대가 되겠습니다.

또한 해병대는 故 현봉학 박사님을 해병대의 영웅으로 영원히 기억할 것입니다.

다시 한 번 해병대 전 장병과 함께 수훈자 가족분들께 축하의 말씀을 드리며, 연세대학교의 무궁한 발전과 여기 계신 모든 분들의 건강과 행복을 기원합니다.

감사합니다.

2016. 12. 19.

해병대 사령관
해병 중장 이 상 훈

Esther Hyun's speech

Esteemed Guests, Family, and Friends,

Tonight we gather to honor the legacy of my father, the late Dr. Hyun, Bong-hak. Dad would be deeply moved by this extraordinary tribute, and I speak for my entire family in expressing gratitude for this great privilege.

Born in Hamheung in 1922, my father believed from an early age that "anything is possible." A devout Christian like his father, he also had faith that "Only with a spirit of service, by living your life for another, will you grow and your character deepen."

My father lived these credos all of his life.

He and his family struggled through the 35-year Japanese Occupation of Korea from 1910 to 1945. In addition to Japan-imposed hardships, Dad contracted polio at age three, regained his ability to walk at age 5, lost a stepbrother, and lost his father, Pastor Hyun Won-Guk.

These tragedies impacted him deeply, and inspired him to become a doctor, so he could cure disease and help people in times of need.

During the Korean War, my father deftly escaped through the 38th parallel with his sister, my Aunt Soonie. Russian soldiers were randomly gunning down civilians trying to cross the border. Knowing that it was impossible to escape undetected, my father, who still believed that "anything is possible," started singing a Russian folk song very loudly. As the soldiers approached, he greeted them in Russian and shook their hands. My Aunt was terrified – her hands were visibly shaking. A soldier asked why her hands were shaking, and my father quickly quipped, "Oh. She's just imitating us shaking hands." He smiled, waved goodbye, and together they escaped to safety.

Dad made his way to the US to study medicine, but returned to Korea shortly before war broke out. He assisted at the Kamakura Orphanage, and frequently visited the US military base to gather food and clothing.

He was the first to introduce clinical pathology to Korea, but the War prevented him from establishing a blood bank at the time.

My father's greatest achievement was the role he played in the Heungnam Evacuation – the Miracle of Christmas that took place from December 15 to 24, 1950. Dad engineered the civilian portion of the evacuation, after being asked to advocate on behalf of civic and religious leaders in Hamheung. Together with Col. Forney, amphibious expert with the US Marine Corps., and General Almond, Commanding General of the X Corps, U.S. Army, they executed the now-famous rescue mission which saved the lives of 100,000 civilian refugees.

I have fond memories of Dad taking us on annual trips to Washington, DC during spring vacation to see the cherry blossoms. Decades later, I realized that Dad's true motive behind these trips was to pay his respects to General Forney at Arlington National Cemetery.

One of my father's greatest hopes was that future generations would remember the Heungnam Evacuation and the Korean War. His wishes have been largely fulfilled. The Heungnam Evacuation was depicted in the film "Ode to My Father" (국제시장).

And now, with this breathtaking statue, my father, Dr. Hyun, Bong-Hak, is eternally immortalized for his heroism. On his behalf, I extend gratitude to the following notables for preserving his legacy:

- Mr. Kim, Suk Soo, Chairman, Educational Foundation of Yonsei University

- Mr. Kim, Yong-Hak, President of Yonsei University

- Dr. Yoon, Do-Heum, Chairman of the Dr. Hyun Bong-Hak Statue Planning Committee, President & CEO of Yonsei University Health System; Vice President for Health Sciences, Yonsei University

- Mr. Park, Sungchoon, Minister of Patriots and Veterans Affairs

- Mr. Lee, Sang Hoon, Commandant of the Korea Marine Corps

- Mr. Lee, Jin-Kyu, Chairman, Heungnam Evacuation Operation Commemoration Committee

- Ambassador Mark Lippert, the United States Ambassador to the Republic of Korea

- Dr. Hann, Seung-Kyung, Secretary General of the Dr. Hyun Bong-Hak Statue Planning Committee

- Dr. Lee, Sungnack, President of the Dr. Hyun Bong-Hak Commemorative Group

- Mr. Oh, Kwang-Seop, Sculptor of the statue

My family and I are profoundly grateful for this amazing honor.
대단히 감사합니다. 정말 수고하셨습니다.

December 19, 2016
Esther Hyun
2nd Daughter of Dr. Hyun Bong-Hak

동상을 세우다

Helen Hyun's speech

Bong Hak Hyun, M.D., D.Sc. was born in Hamhung, Korea in 1922. Like so many Koreans of his generation, Dr. Hyun experienced adversity at a young age. He contracted Polio at the age of three, and wasn't able to walk again until two years later. His family was poor, and struggled throughout the Japanese Occupation. Dr. Hyun decided on a medical career at age 13 when his father, a Presbyterian minister, died of stomach cancer. Dr. Hyun was a devout Christian who embraced his own father's belief that "Only with a spirit of service, by living your life for another, will you grow and your character deepen." He spent his entire life working hard and helping others in need.

In 1944, Dr. Hyun graduated from Severance Union Medical College. With the help of American missionaries, Dr.Hyun traveled to the United States for two years of graduate training at the Medical College of Virginia in 1949, then returned to Seoul three months before the Korean War began.

During the war, he served as Civil Affairs Advisor to Maj. Gen. Edward M. Almond, Commanding General of the X Corp, and for a brief time, he was able to help rebuild his hometown of Hamhung, North Korea until Chinese Communist forces crossed the border. As the U.N Forces were preparing to evacuate to South Korea, Dr. Hyun campaigned with then Col. Forney, the foremost amphibious expert with the US Marine Corps, to persuade Gen. Almond to include civilians, especially those who had cooperated with the U.N. Forces. His efforts were rewarded on Christmas Eve, 1950, when 100,000 refugees were squeezed among U.N. troops and equipment onto cargo ships leaving Heungnam Port. After the Korean War ended, Dr. Hyun and his wife Sun Sook, moved to the Philadelphia, where he continued his medical studies at the University of Pennsylvania Graduate School of Medicine, receiving a Doctor of Science Degree in 1959.

A pathologist and an authority on diseases of the blood, Dr. Hyun was Director of Laboratories at Muhlenberg Regional Medical Center from 1961-1987. In 1988, Muhlenberg named its Pathology Department the Bong Hak Hyun, M.D. Clinical Laboratories, in recognition of his 25 years of departmental leadership, the pursuit of educational excellence, and the achievement of high quality laboratory services. He held many offices for many civic and professional organizations, including the United Board for Christian Higher Education in Asia, the Philip Jaisohn Memorial Foundation and Medical Center, the Korean American Medical Association and the American Society of Clinical Pathologists. He received numerous awards for outstanding leadership in community affairs and for excellence in continuing medical education, both in the U.S. and abroad.

Known also as a dedicated teacher, Dr. Hyun influenced two generations of medical students. Until his retirement in 2002, he was a Professor, and later Chairman of the Department of Clinical Pathology at Ajou University Hospital in Suwon, Korea from 1996-2002. He also taught at Columbia University College of Physicians and Surgeons, UMDNJ-Robert Wood Johnson Medical School, Yonsei University College of Medicine, and Thomas Jefferson University Hospital. He authored six books, 100 articles, and more than 60 abstracts and editorials in the field of Hematology/Hematopathology.

Yet, with all of his accomplishments, the one he was most proud of was the Heungnam Evacuation. Dr. Hyun was forever grateful to Col. Forney (who was later promoted to General) and General Almond for the "Christmas Miracle" of transporting 100,000 civilians to safety. Dr. Hyun's family is profoundly grateful to Yonsei University, Yonsei University Health System, and the Ministry of Patriots and Veteran Affairs for commissioning this statue and presenting it at the inauguration to honor and preserve the legacy of Dr. Bong Hak Hyun.

December 19, 2016
Helen Hyun-Bowlin
3rd Daughter of Dr. Hyun Bong-Hak

Colonel Thomas G. Fergusson's speech

Dr. Hyun, Bong-hak was a great man, most deserving of the splendid statue unveiled today in front of the Severance Building in a prominent place in Seoul where he will be honored for generations to come. I am very fortunate to have had the opportunity to know Dr. Hyun and learn much from this extraordinary human being because of his relationship with my grandfather, Lieutenant General Edward M. Almond, which began in North Korea in the fall of 1950 shortly before the Chinese Communist intervention in November. The initial meeting between the two men was coincidental, but it was also most fortunate. From that first meeting grew a special relationship which I believe had much to do with the success of the Heungnam Evacuation of December 1950, especially the vital humanitarian aspect of the operation resulting in the rescue of about 100,000 refugees in the most difficult conditions imaginable and a lifelong friendship between the two men which continued until General Almond's death in 1979.

In mid-September 1950, several months before General Almond and Dr. Hyun met in North Korea, X (10th) Corps, commanded by General Almond, had landed at Incheon, taking the North Korean occupiers by surprise and swiftly defeating them. After a rapid advance on Seoul and the crossing of the Han River, X Corps units engaged in bitter street fighting with North Korean forces in Seoul before liberating the capital near the end of September. After inflicting heavy casualties on North Koreans units in Seoul and driving them out of the city, X Corps elements linked up with leading units of General Walton Walker's 8th Army south of Seoul near Osan following the latter's breakout from the Busan Perimeter. At about the same time, General Douglas MacArthur ordered General Almond's X Corps to embark on U.S. Navy ships and move around the Korean Peninsula to the east coast of North Korea, landing at Wonsan and Iwon, before advancing west, northwest and north through the eastern portion of North Korea to defeat remaining enemy units and establish conditions for the possible reunification of Korea.

30 |

General Almond and his Deputy Chief of Staff, U.S. Marine Colonel Edward Forney, met Dr. Hyun for the first time in mid-October while visiting the ROK Marine Regiment at Kosong, a small town on the east coast of North Korea. General Almond was so impressed with the young doctor, who assisted the Regiment's Commanding General by serving as interpreter during his briefing for General Almond, that he requested Dr. Hyun's transfer to the X Corps staff where he served as Civil Affairs advisor to General Almond. On the X Corps staff, Dr. Hyun worked closely with Colonel Forney, who was also X Corps' senior amphibious planner. Fortunately, these two men got along well and their professional partnership and personal friendship were vital to the successful evacuation of civilian refugees from the port of Hungnam. Significantly, they enjoyed the confidence of General Almond and were often able to gain direct access to him at the most critical moments. The fact that Dr. Hyun had grown up in Hamhung, North Korea before his parents had moved their family to Seoul in1945 was an additional advantage.

In closing, I want to express my deep gratitude to Mr. Kim Yong-Hak, President of Yonsei University, Mr. Yoon Do-Heum, Vice President for Health Sciences at Yonsei University, and Mr. Kim Suk Soo, Chairman of the Educational Foundation of Yonsei University, for inviting me to come to Seoul and attend today's statue unveiling ceremony honoring Dr. Hyun Bong-Hak, my grandfather's dear friend and trusted advisor during the Korean War and a special friend of my family until Dr. Hyun's death in 2007. And it is wonderful to share this experience with members of the Hyun and Forney families who I have been privileged to know for many years.

December 19, 2016
Colonel Thomas G. Fergusson
Grandson of Lieutenant General Edward M. Almond

Ned Forney's Speech

크리스마스는 매년 다가오지만, 나에게는 늘 특별하다. 내가 태어나기 훨씬 전인 1950년 크리스마스 이브(12월24일) 저녁.

한 번도 가본 적 없는 흥남 부두를 마치 눈으로 보듯 생생하게 그릴 수 있다. 섭씨 영하 20도를 오르내리는 맹추위 속에서 공산군의 공세에 밀려 퇴각하던 유엔군은 배를 이용해 남쪽으로 철수할 준비를 서두르고 있었다. 하지만 오갈 데 없던 수만 명의 피난민들은 다가오는 죽음을 기다리는 것 외에는 달리 할 수 있는 게 없었다.

미군 제10군단의 민사부 고문으로 근무 중이던 28세 청년 현봉학. 함경도 함흥 출신인 현봉학은 세브란스의대를 졸업한 뒤 미국에 유학해 임상병리학 학위를 받은 의사였다. 그에게 피난민들은 남이 아니었다. 친구이자, 친척이었고, 형님이자 동생이고, 조카들이었다.

그는 미군을 설득하기 시작했다. "피난민을 놔두고 철수하면, 저들은 적군의 총칼에 목숨을 잃는다. 제발 그들을 구해 달라." 그의 요청은 너무나도 간절했다.
전쟁에도 매뉴얼이 있다. 군인들을 싸울 때와 퇴각할 때 그 규정에 따른다. 군인들을 싣는 배에 피난민을 태울 수 없다. 현봉학은 그 규정을 어기는 한이 있더라도 피난민들을 배에 태워달라고 간청했다. 그의 노력은 2주 이상 계속됐다. 지성(至誠)이면 감천(感天)이라는 말은 이럴 때를 위해 만들어졌을 것이다.

미 해군 제임스 도일 중장, 미 해병대 제10군단 사령관 네드 아몬드 장군, 미 해병대의 대피 후송을 담당했던 에드워드 H. 포니 대령은 현봉학의 요청을 받아들여 피난민을 태우기로 결정한다. 배에 실려 있던 무기와 트럭, 탱크를 바다에 버리고 그 자리에 피난민을 태우기도 했다.

1950년 12월24일 크리스마스 이브, 군인과 피난민 수천 명을 태운 마지막 배가 흥남 부두를 떠나 남쪽으로 출항했다. 그것은 생명을 향한 길이었고, 사람답게 사는 세상으로 가는 길이었다. 혹독한 전쟁, 추위와 굶주림에 시달리며, 오로지 절망밖에 없던 피난민들에게 그 뱃길은 한 줄기 희망이었다.

현봉학의 헌신으로 생명을 구한 피난민이 모두 9만2000여 명에 이른다. 이들은 대부분 한국에서 정착했지만 일부는 미국이나 캐나다 등 전 세계로 퍼져나가 살고 있다. 66년이 지난 지금, 그들의 후손은 줄잡아 100만 명에 이를 것으로 추정된다.

20대 젊은 청년 현봉학의 수고와 헌신, 그의 정성에 공감한 유엔군 지휘관들의 결단이 이 땅에 100만 명의 새 생명 탄생이란 축복으로 결실을 맺은 것이다.

현봉학의 이야기는 '한국의 쉰들러, 현봉학'이란 다큐멘타리로 제작돼 많은 사람들에게 감동을 주었고, 최근 '국제시장'이란 영화 앞 부분에도 나와 관람객들의 심금을 울렸다.

현봉학의 업적을 기리는 동상 제막식이 오는 12월19일 오후 3시 서울역 세브란스빌딩에서 열린다.

이 동상은 피난민의 생명을 구하는데 헌신한 현봉학의 숭고한 뜻을 기리는 기념비이자, 동시에 억압과 인간성 말살을 피해 탈출했던 피난민 9만2000여 명에게 바치는 헌사다. 이 동상은 한 사람의 노력이 얼마나 큰 업적을 낳는 지 보여주는 뜻깊은 상징물이 될 것이다.

미군의 흥남 철수작전 책임자였던 에드워드 H. 포니 대령은 나의 할아버지다.

내 몸속에는 피난민의 생명을 한 사람이라도 더 구하려고 의기투합했던 현봉학과 할아버지의 정신이 흐르고 있다는 생각을 종종 한다. 크리스마스가 다가올 때마다 위대한 인물들이 떠올라 가슴이 두근거린다. 올해는 특별한 크리스마스를 맞을 것같다.

2016. 12. 19.

네드 포니

축 사

홍영재 연세대학교 의과대학 총동창회장

모든 세브란스 후배를 대표하여 故현봉학 박사님의 동상 제막식을 축하드립니다.

지난 시절 우리 세브란스 선배님들은 엄혹한 일제치하에서 조국의 독립을 위해 몸과 마음을 바치셨습니다. 또한 민족 동란의 시기를 맞아 자유와 생명을 지키기 위해 전선에 나아가셨습니다. 그 가운데 현봉학 박사님은 수많은 동포의 생명을 전쟁의 소용돌이에서 구한 분입니다.

임상병리 의학자로서 후학양성과 연구의 꽃을 피우고자 했던 현봉학 박사님에게 불현 듯 찾아 온 6.25사변은 너무나 큰 시련을 안겨다 주었습니다.
불과 4개월 전 미국 유학길에서 돌아와 우리나라 최초의 임상병리학 강좌와 검사실을 모교에 개설하고 후학양성과 연구 활성화에 전력투구를 하던 차였습니다.

월남실향민으로서 누구보다 공산치하의 불의에 맞서고 자유의 소중함을 지녔던 현봉학 박사님은 곧 우리 해병대와 미 제10군단의 통역관과 민사부 고문으로 큰 활약을 하셨습니다.
미군과의 고단한 협상을 통해 막대한 군수품을 지원받아 이를 우리 해병대에 전해주므로써 6.25전사에서 빛나는 진동리전투, 통영상륙작전을 승리로 이끈 공헌은 잘 알려져 있지 않습니다. 또한 보건부 보좌관으로 국제연합(UN)의 구호품과 의약품 지원을 교섭하여 수많은 동포의 생명과 건강을 지켜내신 점도 잊어서는 안 될 것입니다.

그리고 흥남과 함흥에서 이루어진 10만여 명의 북한 동포의 구출은 우리 민족사의 커다란 기적이자, 지금의 모든 후손이 기리고 선양해야 할 공헌이라 믿습니다.

이제 옛 모교의 터에 당신의 기리는 동상 건립을 통해 당신께서 지키고자 했던 후손들의 밝은 모습 그리고 조국의 발전상을 보시면 기뻐하시기를 기원합니다.

아울러 당신께서 그렇게 그리던 통일조국의 꿈도 이루어져 모든 이산가족의 해후하는 모습을 지켜 보시기를 기원합니다.

세브란스의 선배로서 오늘 날 모든 후배들이 이웃과 민족의 생명을 지키는 큰 의사로서의 모습을 보여준 현봉학 박사님께 다시금 크나큰 존경심을 올리며, 그 길을 따르고자 다짐합니다.

다시 한 번, 세브란스의 큰 의사 현봉학 박사님의 동상 제막식을 축하드리며, 오늘의 제막식을 위해 많은 수고로움을 다해주신 모든 분과 행사에 참여해주신 내외귀빈께 큰 감사를 드립니다. 고맙습니다.

2016. 12. 19.

연세대학교 의과대학 총동회장
홍 영 재

축 사

추무진 대한의사협회 회장

1950년 한국전쟁 당시 흥남철수작전에서 10만 명의 민간인을 살려내어 진정한 인류애를 보여주신 현봉학 박사님의 동상 제막을 진심으로 축하드립니다.

아울러 오늘의 동상 제막식이 있기까지 노고를 아끼지 않으신 현봉학 박사 동상건립추진위원회와 '현추모(현봉학 박사를 추모하는 모임)' 관계자 여러분에게 존경과 감사의 인사를 전합니다. 또 동상 건립을 도와주시고, 제막식을 축하하기 위에 참석해 주신 박승춘 국가보훈처장님, 마크 윌리엄 리퍼트 주한미국 대사님, 이상훈 대한민국 해병대 사령관님, 김용학 연세대학교 총장님, 이성낙 현추모 회장님에게도 감사드립니다.

1950년 12월 당시 북한을 점령하고 있던 한국군과 미군은 예상하지 못한 중공군의 개입으로 함흥에서 해상으로 철수를 서두르고 있었습니다. 군인들의 철수도 시간이 촉박한 마당에 함경남도에 거주하던 민간인들의 철수는 생각도 할 수 없는 상황이어서, 수십만의 주민들이 다시 공산치하에 들어갈 위기를 맞았는데 이 때 나선 한 명의 의사가 바로 현봉학 박사님이었습니다.

현봉학 박사님은 1944년 연세의대의 전신인 세브란스의학전문학교를 졸업하고 미 10군단 고문으로 근무하던 당시 10군단 사령관 알몬드 소장에게 민간인 수송을 건의했으나 군인들과 장비를 철수하는 것이 중요한 때였으므로 쉽지 않았습니다. 그렇지만 현봉학 박사님은 포기하지 않고 끊임없는 간청과 설득으로 결국 알몬드 소장의 마음을 움직였고, 군수물자를 포기함으로써 10만여명의 민간인을 메러디스 빅토리호 등의 수송선에 태워 공산치하에서 벗어나게 한 숭고한 인류애를 실천하셨습니다.

현봉학 박사님은 이러한 인류애로 2014년 국가보훈처로부터 '12월의 전쟁영웅'으로 선정되기도 하였습니다. 현봉학 박사님은 또 전쟁영웅이기 전에 홀륭한 의사이자 병리학자였습니다. 세브란스의학전문학교를 졸업하고 평양 기독병원에서 인턴을 마친 현봉학 박사님은 1945년 해방을 맞자 서울로 오셨고 1947년 9월 미국 버지니아 주립대학에 유학을 가 당시 한국에서는 생소한 임상병리학 연구에 몰두하셨습니다. 1949년 귀국한 현봉학 박사님은 모교인 연세의대에 임상병리학이라는 학문을 전파하며, 혈액학, 혈청학, 세균학, 생화학, 혈액은행 개념이 합쳐진 새로운 학문이 한국에 정착하는 계기를 만드신 분입니다.

이러한 현봉학 박사님의 인류애와 학문적 업적을 기리기 위하여 모교인 연세의대가 자리했던 세브란스빌딩에 동상이 건립되는 것은 참으로 뜻 깊다고 생각합니다. 오늘 제막되는 현봉학 박사님의 동상을 통해 박사님의 인류애와 업적이 후세에 길이길이 기억되기를 기원합니다.

감사합니다.

2016. 12. 19.

대한의사협회 회장
추 무 진

축 사

김덕순 함경남도 지사

고(故) 현봉학 박사님 동상 제막식에 축사를 하게 되어 함경남도 지사로서 무한한 영광으로 생각합니다. 고(故) 현봉학 박사님 동상건립 추진위원회와 연세대학교 및 관계자 여러분들의 노고에 경의를 표하는 바입니다.

저의 고향은 흥남 내호 바닷가입니다. 흥남은 6.25동란 전까지는 우리나라 제일의 공업도시로 남쪽으로는 동해바다가 펼쳐져 있고 북쪽으로는 함경산맥이 위치하고 있는 지형이라 같은 위도상의 타 지역보다 온화한 살기 좋은 고장이었습니다.

하지만 1950년 12월 중순부터 흥남부두는 전쟁을 피해 남으로 가는 배에 타기 위한 사람들의 절규만이 가득한 아비규환의 현장이었습니다.
흥남철수 작전에서 수많은 피난민들을 살리는데 있어 가장 중요한 역할을 했던 인물이 고(故) 현봉학 박사님입니다.

박사님께서는 흥남철수 당시 군인들과 무기만 싣고 철수하려 했던 미군 장군에게 피난민을 수송해 줄 것을 호소해 약 9만 8,000여 명의 피난민들을 살려내 '한국판 쉰들러'로 이름이 난 인물입니다.

고(故) 현봉학 박사님은 자신을 '한국판 쉰들러'라고 부르는 사람들에게 자기가 한 일은 아무것도 아니라며 손사래를 쳤다고 합니다.

좀 더 상세하게 설명하면, 피난민들로 인산인해를 이룬 흥남 부둣가에서 고(故) 현봉학 박사님은 미군의 통역관으로서 알몬드 장군에게 피난민 수송을 건의한 바, 군인들과 장비를 철수하는 것이 우선이라며 거절당했으나 끈질긴 설득과 간청으로 이에 감동한 10군단장 알몬드(Edward Almond) 장군이 결국 결심을 바꾸어 배에 실은 군수물자를 모두 버리고 피난민을 승선시켰다고 합니다.

1950년 12월 23일 12시경 피난민을 태운 마지막 배가 흥남 항구를 출발하면서 총 9만 8,000여 명의 피난민이 12월 25일 13시경 거제도 장승포로 철수하는데 성공했습니다.

오늘 고(故) 현봉학 박사님의 동상제막식은 특히 저에게는 소중한 감회를 불러옵니다. 제가 1950년 12월 23일 피난 당시 메러디스 빅토리(Meredith Victory)호 상갑판에 마지막 팀으로 가족과

38 |

함께 승선한 사람이기 때문입니다.

그 당시 가장 마지막으로 1만 4,000여명의 피난민을 태우고 철수에 성공한 화물선 메러디스 빅토리 호는 12월 25일 크리스마스에 단 한 명의 사망자도 없이 거제도에 도착했습니다. 이틀 간의 항해 도중 5명의 새로운 생명이 이 배에서 태어났고, 메러디스 빅토리호는 인류역사상 '가장 많은 인명을 구조한 배'로서 기네스북(Guinness World Records)에 등재되기도 했습니다.

이는 고(故) 현봉학 박사님께서 함경남도 도민을 살려야 한다는 뜨거운 열정과 헌신이 있었기 때문에 가능했던 것입니다.

후일에 알몬드 장군은 고(故) 현봉학 박사님에 대해서 이렇게 회고했습니다.

"이 사람 현봉학은 어쩌면 98,000 여명의 사람을 구하라는 특명을 받고 이 세상에 온 사람일거라고"

벌써 세월이 흘러 66년 전의 일이지만 아직도 갑판 꼭대기에서 부모님이 덮어주신 이불 하나로 차디찬 겨울 바닷바람과 싸우며 남으로 향하던 기억이 너무나도 생생합니다. 당시 어린 시절에는 내가 어떻게 이 배에 타게 되었는지, 지금 어디로 왜 가는 것인지 몰랐지만 고(故) 현봉학 박사님이 아니었다면 저를 포함한 9만 8천여 명의 피난민들과 그의 자손들은 아마도 대한민국에는 존재하지 않는 사람이 되었을 것입니다.

이미 월남 1세대 어르신들 중 많은 분들은 이미 작고하셨고 이제는 그 후손들이 대를 이어 그 숭고한 인도주의 정신을 기리며 대한민국 통일의 그날을 위해 노력하고 있습니다.

오늘 고(故) 현봉학 박사님의 동상 제막식을 계기로 국민들에게 전쟁의 참상을 알리고 평화통일의 필요성을 일깨우며 현실감 있는 통일비전을 제시한다면 우리의 미래에 새로운 한반도 시대가 펼쳐질 것이라고 생각합니다.
앞으로 펼쳐질 새로운 한반도 시대를 위한 촉매제가 될 고(故) 현봉학 박사님의 동상제막식에 제가 참가하게 된 것은 저의 생에 더 없는 영광으로 기억될 것이며, 남북통일의 그날이 조속히 도래하여 제가 고향 내호 바닷가 백사장을 걸어보기를 소원합니다.

2016. 12.

**함경남도지사
김 덕 순**

동 상 을 세 우 다

축 사

이진규 흥남철수 기념사업회 회장

흥남철수작전이라는 역사적 사건에서 故 현봉학 박사의 존재감은 몹시 돋보인다. 현박사의 역사적 업적은 흥남철수작전에서 10만 민간인을 군과 함께 철수시켜 인류역사상 가장 극적인 휴먼드라마를 가능하게 한 것이다. 전시 작전에서 군 장비를 포기하는 대신 민간 피난민을 위험으로부터 탈출시켜 자유를 찾게 한 경우는 동서고금의 전쟁사에서 전무후무한 일이다. 이 작전에서 현봉학 박사의 간절한 설득은 당시의 전쟁을 수행하던 미군 고위직을 감복시켜 본 드라마를 가능케 하였다.

1950년 한국전쟁 당시 현봉학 박사는 미 10군단 알몬드 장군의 통역관으로 일하며 중공군 침입 후 10만 미군을 흥남으로부터 철수시킬 때 미군을 따라 함께 공산지역을 탈출하려는 전쟁피난민 10만 명을 승선시켜 탈출을 실현시켰다. 민·군 동시 탈출작전을 성공적으로 수행한 미군, 국군, UN군 용사들의 박애정신 또한 높이 받들어져야 한다. 이러한 총합적인 인도주의 탈출드라마에 현봉학 박사의 끈질긴 설득이 밑바탕이 되었다는 건 현 박사의 가장 위대한 업적이다.

흥남철수 기념사업회는 1990년 설립 이래 흥남철수작전이 갖고 있는 역사적 의의(인도주의, 자유주의, 평화주의 정신)를 기리며 공산주의의 비열함을 고발하고 대한민국의 민주주의 수호를 한층 드높이는데 기여해 왔다. 우리 사업회는 현봉학 박사를 위시한 여러 흥남철수 영웅들을 기리며 관련 기념사업을 수행해왔다. 현봉학 박사의 업적을 기리고 이를 기념하는 행사는 매년 5월 거제도에서 지난 10여 년간 수행되어왔다. 거제도 기념공원에는 현봉학 박사의 부조와 그의 숭고한 업적들이 새겨져 있으며 흥남철수 관련인들 뿐만 아니라 일반시민에게도 공개되어 매년 많은 방문객이 찾아와 그 역사적 공적을 기리고 있다.

흥남철수가 끝난 지 66년 오늘 이렇게 현박사의 후배 제자들이 성원을 모아 그분의 동상을 모교 세브란스 옛터 앞에 설립하게 됨은 매우 감격스럽다. 복숭아 정원이었던 옛 제중원 자리 세브란스의 정신이 어우러져 현봉학 박사의 의사로서, 교육자로서 인간주의적 정신이 흥남철수 당시 10만 민간인의 탈출을 가능케 했던 인도, 평화, 자유주의와 일맥상통하고 있다. 부디 그의 정신, 그의 모습이 역사적으로 면면히 흘러 미래 대한민국의 자유민주주의의 발전에 크게 기여하기를 기대해본다. 흥남철수 기념사업회는 세브란스 전 동문들과 함께 현봉학 박사의 뜻과 정신에 동참하여 이를 기념하는 바이다.

2016. 12. 19.

흥남철수 기념사업회 회장
이 진 규

현 봉 학 , 그 를 그 리 다

축 사

박태극 함경남도 중앙도민회장

연세 의대가 배출한 훌륭한 의사, 교수이신 현봉학 선생은 특별히 우리 함경남도 도민들에게는 십만에 달하는 피난민을 철수시킨 흥남철수작전을 이끌어낸 영원한 은인으로 기억됩니다.

1950년 11월과 12월, 중공군이 인해전술로 전면 공세에 나오자, 유엔군은 새로운 전쟁국면을 맞게 됩니다. 아군의 철수명령이 떨어진 것을 알게 된 북한주민들은 남쪽으로의 피난길에 올랐고, 유엔군의 퇴로를 따라 이동한 피난민으로 흥남항은 인산인해를 이루었습니다.

당시 미 제 10군단 사령부 고문관이셨던 선생께서는 죽음의 공포에 짓눌려 있는, 이 피난민들을 구출하려고 알몬드 사령관을 백방으로 설득하였으나 뜻을 이루지 못하였습니다.

동북부 전선의 10만 5천명에 달하는 유엔군병력, 그리고 전투장비와 군수물자의 긴급후송을 총 지휘하는 사령관으로서는 민간인 철수란 것은 엄두도 낼 수 없었습니다. 전투 중에 민간인을 군 함정에 탑승시킬 수 없다는 전쟁 원칙도 지켜야 했고 혹시 적 병력이나 불순분자들이 피난민으로 가장하여 침투할 위험도 있었습니다. 그러나 선생의 끈질긴 노력에 감동한 군단 참모부장 포니 대령을 위시한 군단 참모들의 지원과 국군 제1군단장 김백일 소장의 동포애의 결의에 찬 도움을 받아, 알몬드 사령관을 설득하는데 성공하여 드디어 해군함정으로 민간인을 철수 시키는 일대 영웅적 결단을 내리게 하였습니다. 마침내 십만에 달하는 함경도민들이 흥남부두를 떠나 안전하게 항해를 마치고 자유의 땅을 밟게 되는 기적을 일으켰습니다.

그 이후 이 피난민들이 흘린 피와 땀으로 국가재건을 이룩함으로써 자유 · 평화 · 인류애에 뿌리를 둔 선생의 업적이 그 어떤 것과도 바꿀 수 없이 귀중한 것이었음을 역설해줍니다.

오늘 서울 한복판에 우뚝 선, 현봉학선생의 동상을 통하여 선생의 애국 애족 정신과 인류애를 후세에 기리고 평화와 자유를 애호하는 한국인의 영원한 상징물이 될 것을 기원합니다.

다시 한 번, 큰 은혜를 입은 함경남도 도민을 대표하여 감사의 말씀을 드립니다.

감사합니다.

2016. 12. 19.

함경남도 중앙도민회장
박 태 극

| 41

동 상 을 세 우 다

Colonel Erica R. Clarkson's speech

As the Commander of the Brian Allgood Army Community Hospital, it is my pleasure to join you and have the opportunity to share a few words in remembering and honoring Dr. Hyun Bong-Hak on this special occasion of the statue unveiling ceremony.

We are here to honor Dr. Hyun Bong-Hak and the many attributes of his exemplary life. He showed moral courage and perseverance at the Heungnam Evacuation during the Korean War by continually seeking arrangement of transportation for his fellow countrymen.

Dr. Hyun showed bravery by being steadfast, evacuating the civilian population while the enemy was approaching. He showed passion for helping others by continuing with his humanitarian work even after the Korean War. During the course of his life he helped establish an educational scholarship for deserving students here at Yonsei University and continued to volunteer his time with numerous philanthropy projects throughout his life.

I would like to extend my deep appreciation for his heroism and I cannot think of a more fitting tribute for Dr. Hyun's legacy than to have this statue as a reminder for future generations of what he has done for so many.

With sincere appreciation,

Colonel Erica R. Clarkson

Commander, Brian Allgood Army

Community Hospital/121 Combat Support Hospital

" 무한한 너머의 세계를 꿈꾸며 "

[동상 제작]

오 광 섭 조각가

조각가 오광섭은 홍익미대 조소과와 이탈리아 까라라 미술아카데미 조소과를 졸업하였다. 늘 새로운 재료와 양식을 찾던 그는 이탈리아 유학시절 매우 정교한 표현이 가능한 밀랍이라는 재료를 알게 되었고, 이를 주재료로 하는 주조방법 또한 체득한 후 귀국하여 국내 최초로 밀랍으로 조각하여 이를 직접 청동으로 주조한 작품전을 개최하여 호평을 받았다. 현재까지도 그는 창작 열의를 다지고자 교직을 택하지 않고 밀랍을 주재료로 하는 주물 작업에 매진하고 있다. 이러한 예술가로서의 자질과 정신을 '장인의 탄생'(연세대학교 교육학과 장원섭 교수 저)이라는 책속에도 가감 없이 소개되고 있다.

[다큐멘터리 제작]

이 은 택
㈜아시아채널 대표

[대표작품]
- KBS 특집다큐 '한국의 쉰들러, 현봉학과 흥남대탈출'
- KBS 수요기획 '55년의 망향곡, 거제도'
- KBS 6.25전쟁 60년 특집다큐 '우리는 기억합니다'
- KBS 특집다큐 '문화유산의 보고, 휴전선을 가다'
- KBS 특집다큐 '중국 대륙 속의 고구려 왕국'
- KBS 특집다큐 '숭례문, 1911일의 기록'

[수상경력]
에미상 다큐멘터리 부문 파이널리스트
EIDF 아시아를 대표하는 다큐멘터리스트 선정
한국 방송 프로듀서상
프로듀서 연합회 방송대상 공동1위
대통령 표창
KBS 우수 프로그램상
한국보리방송문화상 외 다수

| 43

동 상 을 세 우 다
495

현봉학 동상건립 기부자 명단

4,500만원	
국가보훈처	

1,000만원 이상	
오승일	오림건설 대표이사
정봉	연세대학교 의과대학 총동창회(미주)
최규식	혜정의료재단 회장 (前 학교법인 연세대학교 법인이사)

500만원 이상	
성기학	영원무역 대표
이웅범, 최일선	연세대학교 의과대학 총동창회(미주)
최진섭	연세대학교 의료원 사무처장 (외과학교실)
홍경주	연세대학교 의과대학 총동창회(미주)

100만원 이상	
금기창	연세암병원 부원장 (방사선종양학교실)
김문규	연세대학교 의과대학 소아과학교실
김세규	연세대학교 의과대학 내과학교실
김세종	연세대학교 의과대학 명예교수(미생물학)
김영구	연세스타피부과 (연세의대 91년卒)
김영명	前 강남세브란스병원장
김용학	연세대학교 총장
김일순	학교법인 연세대학교 감사 (前 연세의료원장)
김일영	순천향대천안병원 방사선과 (연세의대 76년卒)
김택제	연세대학교 의과대학 총동창회(미주)
김현진	연세진내과 (연세의대 98년卒)
김희수	건양대 총장 (연세의대 50년卒)
남송혜	연세대학교 의과대학 총동창회(미주)
노재윤	연세대학교 의과대학 총동창회(미주)
박용준	SEI빌딩 타워팰리스크리닉 (연세의대 80년卒)
박창일	학교법인 연세대학교 이사 (前 연세의료원장)
박태극	함경남도 중앙도민회 회장
배광식	연세이비인후과 (연세의대 76년卒)
배정현	연세대학교 의과대학 총동창회(미주)
변겸식	연세대학교 의과대학 총동창회(미주)
서세모	연세대학교 의과대학 총동창회(미주)
서창옥	연세대학교 의과대학 방사선종양학교실
손범수	아나운서(현봉학 동상 건립 제막식 진행자)
송시영	연세대학교 의과대학장 (내과학교실)

신동아	연세대학교 의과대학 신경외과학교실	장준	연세대학교 의과대학 내과학교실
신의진	연세대학교 의과대학 정신과학교실	전굉필	前 연세대학교 의과대학 총동창회장
양우익	연세대학교 의과대학 병리학교실	정남식	前 연세의료원장 (내과학교실)
연주 현씨 제주 친족회	연주 현씨 대종회	정만길	연세대학교 의과대학 총동창회(미주)
연주 현씨 대종회	연주 현씨 대종회	정윤섭	연세대학교 의과대학 명예교수(진단검사의학)
오상호	연세대학교 의과대학 피부과학교실	정인국	연세대학교 의과대학 총동창회(미주)
윤도흠	연세대학교 의무부총장 겸 의료원장(신경외과학교실)	조성란	아주대 교수 (연세의대 92년卒)
윤홍철	강남베스트덴치과 (연세치대 92년卒)	차인호	연세의료원 감사실장 (구강악안면외과학교실)
윤흔영	연세대학교 의과대학 총동창회(미주)	최무길	연세대학교 의과대학 총동창회(미주)
이병석	세브란스병원장 (산부인과학교실)	추성이	추방사선과 (연세의대 82년卒)
이봉식	연세대학교 의과대학 총동창회(미주)	한광협	연세대학교 의과대학 내과학교실 주임교수
이성낙	가천의과학대학교 명예총장 (연세의대 66년卒)	한예식	서현 제생병원 성형외과 (연세의대 76년卒)
이은소	아주대 피부과학교실 (연세의대 84년卒)	허양옥	연세대학교 의과대학 총동창회(미주)
이재범	분당연세플러스안과 (연세의대 88년卒)	현만영	환자 보호자
이주희	연세대학교 의과대학 피부과학교실	현수환	현씨 종친회 (부회장 겸 동원약품 회장)
		현순복	연주 현씨 대종회
이회영,조은숙	연세대학교 의과대학 총동창회(미주)	홍영재	의과대학 동창회장 (연세의대 68년卒)
장양수	연세대학교 의과대학 내과학교실	홍천수	연세대학교 의과대학 명예교수(내과학교실)

일반후원자	
Dr. John Forney	포니대령 손자
Esther Kyongsun Hyun	현봉학 박사 차녀
Helen Hyun–Bowlin	현봉학 박사 삼녀
Brian Bowlin	현봉학 박사 삼녀 남편
Kyle Bowlin	현봉학 박사 손자
Tyler Bowlin	현봉학 박사 손자
김대철	실향민
김민희	실향민
박소정	일반후원자
백학순	민족화해협력범국민협의회 정책위원장
안기헌	일반후원자
안태현	前 세브란스병원 사무국장
윤영배	충남보령시청 사회복지사
정기남할머니	일반후원자
지훈상	차의과대학교 교학부총장 (前 연세의료원장)
직원일동(50명)	우태하 한승경 피부과
최성일	일반후원자
허갑범	연세대학교 의과대학 명예교수(내과학)
현진규	현씨 종친회 (대종회 상임고문)
현진호	현씨 종친회(대종회 사무처장, 선일섬유대표)
현창기	연주 현씨 대종회
현태호(연섭)	현씨 종친회(대종회 부회장)
황춘서	일반후원자
황해령	일반후원자
연세대학교 의료원	
강진석	의료선교센터
고배근	연세의생명연구원 행정지원팀
고상미	발전기금사무국
공재철	세브란스병원 원목

구진서	안·이비인후과병원 경영지원팀
김건우	아카데미팀
김규현	영상의학과 2팀
김도영	피부과학교실
김동수	소아과학교실
김민정	영상의학교실
김범석	내과학교실
김성수	총무팀
김세주	정신과학교실
김순일	외과학교실
김승민	제중원글로벌보건개발원장 (신경과학교실)
김어수	정신과학교실
김영광	인사팀
김원호	내과학교실
김유선	외과학교실
김은순	강남산부인과 외래간호사
김이숙	피부과학교실 직원
김정연	특수간호팀
김정호	진단검사의학교실
김종렬	감사팀
김종민	총무팀
김중선	내과학교실
김태일	내과학교실
김현옥	진단검사의학과
김희진	보건대학원
남상열	약무팀
남진정	발전기금사무팀
노성훈	연세암병원장(외과학교실)
노주환	예방의학교실
미상	모금함
박국인	소아과학교실
박금보래	진단검사의학교실
박은철	예방의학교실

현봉학, 그를 그리다

498

박재훈	건축팀	지혁	발전기금사무팀
박전한	미생물학교실	채종환	구매팀
박진용	의료선교센터소장	최승희	의과대학 동창회
박진하	마취통증의학교실	최종락	진단검사의학교실
박창욱	피부과학교실	최형철	세브란스병원 원목
박한기	흉부외과학교실	추상희	간호대학 교무부학장
박형동	검진팀	황의선	영상의학과 2팀
부기원	치과병원 경영지원팀	**연세대학교 의과대학 총동창회**	
신전수	미생물학교실	의과대학총동창회	의과대학
용태순	환경의생물학교실	의과대학 강서구 동문회	의과대학 강서구 동문회
유상길	구강악안면방사선과	강행자	미주동창회
윤경봉	마취통증의학교실	고영재	미주동창회
윤영섭	의생명과학부	김규환	미주동창회
윤홍인	방사선종양학교실	김덕진	미주동창회
이민걸	피부과학교실	김명호	미주동창회
이배환	생리학교실	김민배	미주동창회
이상규	보건대학원 교학부원장	김인국	미주동창회
이상길	대외협력처장(내과학교실)	김천수	미주동창회
이상화	기획예산팀	서재만	미주동창회
이유미	발전기금사무국장 (내과학교실)	안상선	미주동창회
		오상백	미주동창회
이은직	연세의생명연구원 부원장 (내과학교실)	이동규, 최선옥	미주동창회
이종은	의과대학 학생부학장 (해부학교실)	이영빈	미주동창회
		이영환	미주동창회
이진우	세브란스병원 연구부원장 (정형외과학교실)	이원규	미주동창회
		이원재	미주동창회
이혜연	해부학교실	이은자	미주동창회
이호준	영상의학교실	전경수	미주동창회
이환모	정형외과학교실	지금호	미주동창회
임한상	핵의학과	차용범	미주동창회
장병철	흉부외과학교실	최만영	미주동창회
정기양	피부과학교실	허일무	미주동창회
정종훈	원목실장 겸 교목실장		
조서연	외과부		

동 상 을 세 우 다
499

고영혜	삼성서울병원 병리학과 (연세의대 80년卒)	천상배	천내과의원(연세의대 86년卒)
고창조	분당우태하피부과 (연세의대 71년卒)	홍지헌	연세이비인후과 (연세의대 83년卒)
김규언	소화아동병원 (연세의대 77년卒)	홍창의	연세피부과의원 (연세의대 91년卒)
김성흡	서울치과의원 (연세치대 91년卒)	최승희	의과대학 동창회

연세대학교	
김기준	대외협력처 대외협력팀
김동노	기획실장
김동하	연기획실 평가팀
김영석	행정·대외부총장
김용호	신문방송편집인
김응빈	입학처장
김준기	국제처장
김효성	총무처장
민예홍	대외협력처 대외협력팀
성정숙	대외협력처 대외협력팀
안강현	대외협력처장
안동욱	총장실 미래전략팀
유연숙	총장실 미래전략팀
육동원	학생복지처장
이경애	시설처장
이경태	국제캠퍼스부총장
이상학	대외협력처 대외협력팀
이재용	교학부총장
이정우	학술정보원장
이현주	총장실 미래전략팀
이호근	교무처장
임효진	대외협력처 대외협력팀
조영선	총장실 미래전략팀
조형희	연구처장/산학협력단장
최문근	연구본부장/대학원장
한인철	교목실장

김시욱	김시욱안과의원 (연세의대 79년卒)
김영건	연세키즈소아청소년과 (연세의대 76년卒)
김종수	연세대학교 의과대학 66년卒
김홍석	우태하피부과의원 (연세의대 97년卒)
문혜원	국내동창(연세의대 83년卒)
박명철	아주대 교수(연세의대 79년卒)
박상건	구로 우태하피부과 (연세의대 00년卒)
백태우	백태우소아청소년과 (연세의대 66년卒)
선우일남	신경과 명예교수님 (연세의대 71년卒)
안형진	수유 우태하피부과
윤영수	연세대학교 의과대학 81년卒
이혜정	잠실우태하피부과 (연세의대 99년卒)
임성빈	강남우태하피부과 (연세의대 87년卒)
정예리	잠실우태하피부과 (연세의대 97년卒)
조경희	일산병원 가정의학과 (연세의대 84년卒)
조세행	연세중앙내과의원 (연세의대 92년卒)
조정현	강남차병원산부인과 (연세의대 80년卒)

현 봉 학 , 그 를 그 리 다

현봉학 박사 동상건립추진위원회

명예위원장	김동길(연세대학교 명예교수)
	김용학(연세대학교 총장)
	박삼구(연세대학교 총동문회장)
위원장	윤도흠(연세대학교 의무부총장 겸 의료원장)
사무총장	한승경(연세대학교 의과대학 총동창회 부회장)
위원	이성낙(현추모 회장)
	이상훈(해병대 사령관)
	이경근(서울지방보훈청장)
	김일순(학교법인 연세대학교 감사)
	박창일(학교법인 연세대학교 이사)
	이은택(아시아채널 대표)
	Ned Forney(포니대령 손자)
	오광섭(동상작가)
	전광필(前 연세대학교 의과대학 총동창회장)
	홍영재(연세대학교 의과대학 총동창회장)
	오승일(오림건설 대표)
	Peter Underwood(학교법인 연세대학교 이사)
	최규식(연세대학교 의과대학 명예총동창회장)
	전세일(前 현추모 회장)
	송시영(연세대학교 의과대학장)
	피터 현(언론인)
	황덕호(前 황경남도 지사)
	김동명(前 함경북도 지사)
	백학순(세종연구소 수석연구위원)
	Mark Canning(주한미국대사관)

3장

현
봉
학
을
회
고
하
며

현봉학 씨의 전공(戰功)[*]

현봉학 씨는 1950년 8월 5일, 본인이 해병대 김성은부대장(인천상륙작전 후 해병대 제5대대로 통칭함)으로서 미 육군 제25사단의 작전지휘하에 배치되어 마산 서남방에 있는 진동리 지구에서 적과 치열한 공방전을 전개하고 있을 때, 신성모 국방장관에 의하여 미국 통역관으로 임명되어 마산 전선을 방어하던 미군 25사단장 케인(Kean) 소장의 통역관으로 부임하게 되었습니다.

그는 대구로부터 부산으로 가서 제1부두에 위치했던 해군본부에서 손원일 해군을 예방(禮訪)하고 마산으로 가는 교통편을 마련해줄 것을 부탁했는데, 때마침 해군 헌병감으로 있다가 헌병대로 전과(轉科)하여 본인의 부대대장으로서 진동리 전선으로 가던 백남표 소령의 지프차에

---

[*] 이 글은 2008년 출간된 《한국의 쉰들러 현봉학과 흥남 대탈출》의 부록에 실린 내용을 재수록한 것입니다.

편승하게 되어 임지인 마산으로 가던 중, 차 안에서 백 소령의 끈질긴 설득과 반강제적인 납치로 결국 케인 소장의 통역이 되기를 포기하고 진동리까지 와서 본인의 통역관으로 전투에 참가하게 되었습니다.

그 당시, 미 제25사단에 작전배치되어 전투에 종사하던 본인은 무기, 탄약, 식량의 보급, 인원 충원, 환자 이송, 화력지원, 통신연결 등 헤아릴 수 없을 만큼 많은 일을 처리해야 했으나 우리를 지원해야 할 상급부대인 해병대 사령부는 제주도에, 해군본부는 부산에 위치하여 교통이 불편하여 도저히 우리를 지원할 수가 없었고, 미군의 지원도 의사소통이 되지 않아 작전수행에 큰 곤란을 겪어야 했습니다. 이때 우리 부대에 영어를 할 수 있는 사람은 단 한 사람도 없었습니다. 제25사단에서 연락장교로 소령 1명이 파견되어 있었어도 대화에 큰 어려움이 있었고, 무용지물과 같았습니다.

이때 현봉학 씨가 우리의 통역관으로 오게 되어 미군과의 의사소통이 아주 원활하게 되었고 작전수행에 큰 도움을 받게 되었습니다. 한번은 그분이 본인의 지시로 제25사단을 방문하여 우리에게 절실히 필요했던 무기, 탄약, 통신장비 등 귀중한 물자를 트럭 두 대분이나 획득하여 전투력 회복에 크게 공헌했습니다.

이와 같은 그분의 눈부신 활약은 우리에게는 참으로 값진 것이었습니다.

그분은 민간인 신분으로서 위험하고 어려운 야전생활을 하지 않아도 될 사람이었으나, 조국방어를 위해 자진하여 갖은 곤란과 괴로움을 참으면서 항상 부대장인 본인의 측근에서 기거를 같이 하면서 통영상륙작전, 인천상륙작전, 수도탈환작전에 참가하여 많은 공훈을 세운 바 있습니다.

1950년 10월 5일부터 11월 25일까지 해병대 사령부와 제1부대가 강원도 고성읍에 지휘소를 두고 금강산 일대에 숨어서 아군의 후방교란을 획책하던 적의 패잔군에 대한 소탕섬멸전을 개시하고 있을 때, 우리 해병대를 작전지휘하던 제10군단장 알몬드 소장이 참모부장이었던 미 해군 포니 대령, 전속부관 알렉산더 헤이그(후에 육군대장, 닉슨 대통령 시절에 미 국무장관)를 대동하고 비행기로 우리 해병대 사령부를 시찰한 바 있습니다. 이때 신현준 해병대 사령관의 통역을 맡았던 현봉학 씨는 유창한 영어로 알몬드 장군을 경탄케 했습니다. 알몬드 장군이 어떻게 해서 그렇게 영어를 잘하느냐고 물은즉, 자기는 미국 버지니아 리치몬드 의과대학에서 의학공부를 했고 최근에 귀국했노라고 대답했습니다.

버지니아 리치몬드는 바로 알몬드 장군의 고향땅이었습니다. 낯선 이국땅에서 자기 고향의 악센트로 유창한 영어를 구사하는 현봉학 씨를 만나 알게 된 알몬드 장군은 크게 기뻐하며 바로 그 자리에서 신현준 해병대 사령관에게 그를 자신의 통역관 겸 민사부 고문으로 사용할 터이니 내어달라고 졸랐습니다.

신 사령관은 군단장의 간곡한 부탁을 흔쾌히 받아들였고 현봉학 씨도 제10군단 사령부가 위치한 함흥이 바로 자기 자신의 고향땅이라 치지들과 지인들과 중고교 동창들과 기독교계 인사들이 많이 살고 있었고 그 지방 사정에 누구보다도 정통했으며 또 해방 후 처음으로 공산 치하에서 고생하다가 민주 해방된 고향땅에 금의환향하는 일이라 무엇보다도 기뻐하면서 수일 후, 신 사령관이 손원일 해군참모총장과 같이 함흥에 있던 제10군단 사령부에서 Legion of merit 훈장을 받을 때 신

사령관을 수행하여 함흥으로 가서 그때부터 제10군단장의 통역관 겸 민사고문으로 일하게 되었습니다.

1950년 11월 중순경부터 중공군이 대거 참전하여 한국전쟁은 새로운 국면에 직면하게 되었고 황해도를 거쳐 평안남북도를 북진하던 제8군과 함경남북도를 북진하던 제10군단 모두 전면적인 후퇴를 하지 않으면 안 되었고, 특히 제10군단은 중공군에 의해 원산을 점령당하여 부득이 흥남항을 통해 해상철수를 할 수밖에 없었습니다.

해상철수는 전쟁행위 중 가장 위험도가 높은 작전이었습니다. 당시 미 제10군단 휘하에는 미군과 한국군(우리 해병대도 포함)을 합한 10먼 명이 있었고, 철수할 장비와 군수물자도 50만에 달했습니다. 그 밖에도 미군들과 함께 철수하지 않으면 적군에 의해 무참히 처형될 수밖에 없는 그 지방 피난민 10만 명이 영하 25℃의 혹한 속에서 구조를 기다리고 있었습니다.

임표(林彪, 후에 국방장관, 중공부주석)가 지휘한 중공 제5군은 7개 사단의 병력으로 우군을 압박하여 흥남 지구에서 완전 포위섬멸 또는 수장(水葬)할 목적으로 인해전술을 구사하면서 시시각각으로 포위망을 좁혀오고 있었습니다.

이와 같은 긴박한 상황하에서 협소한 흥남항에서 그 많은 인원과 군수물자를 철수시킨다는 것은 참으로 어려운 일이었습니다. 그리고 선박수도 부족했습니다.

10군단장 알몬드 장군은 처음에는 피난민 철수는 안 된다고 거절했지만 현봉학 씨는 끝내 굴하지 않고 상륙작의 권위자였던 미 해병 포니 대령의 적극적인 조언과 도움을 받아 결국 군단장을 설득하는 데 성공했습니다. 즉 미 10군단은 군수물자 철수를 포기하고 그 대신 피난민 10만 명을 구출하기로 했습니다. 이와 같은 군단장의 결정은 물자보다 인명을 더 중시하는 인도주의의 산물이었습니다.

그 당시, 함흥에 주둔했던 우리 해병대 사령부서도 부산에 있던 해군본부에 피난민 철수를 위해 보다 많은 L.S.T.를 시급히 보내주도록 요청했고, 또 미 10군단도 일본에 있는 UN군 사령부에 선박을 요청했는데 12월 15일경, 우리 해군 소속 L.S.T. 3척과 이어서 일본으로부터 수송선 7척이 도착했습니다.

포니 대령은 부둣가 건물에 제10군단 철수작전통제소를 설치운용 지휘하였고, 현봉학 씨는 언어가 통하지 않는 미군과 피난민 사이를 동분서주하면서 철수작전을 도왔고, 예하 전 장병은 각자 부여된 임무를 충실히 수행하였습니다. 수백 명을 승선시키는 L.S.T. 한 척에 1만 명 이상이 탑승하여 성공적 탈출을 감행한 사실은 세계에서 처음 있는 일이었습니다. 그리하여 1950년 12월 24일까지 미군과 한국군, 그리고 부둣가에 운집했던 피난민 10만 명의 귀중한 생명을 구출하는 데 성공했습니다.

현봉학 씨는 민간인의 신분으로 일신의 생명의 위험을 무릅쓰고 우리 해병대 전투에 참가하여 많은 전공(戰功)을 세웠고, 또 미 10군단 민사고문으로 있으면서 어려웠던 흥남철수작전에서 군단장을 설득하여 10만 명의 피난민을 이남으로 철수시켜 수많은 귀중한 생명을 구출하는 데 결정적 공훈을 세웠습니다. 그리하여 당시의 피난민들로부터 '한국의 모세'라고 칭송받은 바 있습니다.

현봉학 씨의 이와 같은 영웅적 활동과 숨은 공훈은 한국전쟁에서 이승만 전 대통령에 의한 반공포로 석방과 함께 우리 역사에 길이 빛날 것이며, 또한 늦었지만 우리 정부에 의해 마땅히 포상되어야 할 것입니다.

제4차 해병대 사령관,
당시 해병대 김성은부대장
김성은

현봉학 선생님을 회고하며 *

시대를 30년 앞서 사신 진보적 기독교 자유주의자로, 당시 자유로운 사상을 이유로 한때 이단으로 몰리기도 한, 함흥 영생고보 교목 현원국 목사님은, 설교집《생명의 종교》에서 인간 중심이 되어야 하는 기독교를 강조하셨고, '아무리 기도를 많이 하고 아멘을 부르짖어도 현실에서 선한 일을 하지 않으면 천국에 가지 못 한다'고 강조하셨습니다. 이 선친의 신앙을 본받고 고인의 설교집을 가슴에 품고 사신 분이 오늘 우리가 추모하는 현봉학 선생님입니다.

"기성 교단에 대한 바른 말로, 총알처럼 비판적으로 청중의 가슴을 찔렀다. 학생들은 그 설교에 취하였다. 청년, 지식층은 그를 성

---

* 이 글은 2014년 12월 '현봉학 박사 6.25전쟁영웅 선정 축하연'에서 발표한 축사를 옮긴 것입니다.

자인양 우러러 보았다."

당시 영생고녀의 김상필 교무주임의 현원국 목사님에 대한 회고의 일부입니다. 바로, 현봉학 선생님의 형님 되시는 고 현영학 교수님이 아버님의 뒤를 이어 신학자가 되셨고, 아버님 못지않게 예리하게 오늘의 한국 교회를 비판하셨습니다. 한국 민중들의 가슴에 맺힌 한(恨)을, 힘이나 무력으로 풀지 않고, 놀이와 춤과 해학으로 풀어 제치는 '한국의 얼'을 담은 조선신학, 일명 탈춤신학을 제창하신 분입니다.

기생이 되면 성공한다는 점쟁이의 말을 물리치고 신교육과 신문화를 찾아 학교에 다니시고, 현원국 목사를 만나 결혼하시고 6남매를 두셨지만, 일찍이 남편을 잃은 후 교편도 잡으시고 밥 장사, 문방구점, 여관업 등으로 생계를 유지하며 자식들을 스파르타식으로 강하게 키우신 신애균 여사님. 뜨거운 모국 사랑으로 민족의 해방을 위해 비밀결사대를 조직하여 지하 운동을 하시면서 독립 자금을 모아 독립운동을 뒷받침한 애국자시고, 독실한 기독교 신자로 사랑의 봉사활동과 한국 여전도회 회장으로 전도와 계몽운동에 앞장서신 '호랑이 할머니' 신애균 여사가, 바로 현봉학 선생님의 어머님이십니다.

4형제분 중 이 자리에 참석하신 피터 현(Peter Hyun) 선생 역시 현씨 가문의 탁월한 두뇌와 애국과 기독교의 사랑을 실천하시는 분이고, 특히 진실과 선(善)과 미(美)에 대한 독특한 감각과, 일본어를 뺀 3개 국어를 모국어보다 유창하고 우아하게 구사하는 국제적 문필가이십니다.

그러나 현봉학 선생님은 이 가문의 형제분들과 다르게, 달변가이자 얼굴에 항상 웃음을 띤 특출한 사교가였습니다. 게다가 철저한 문서 기록관리, 그리고 받은 이의 마음을 휘어잡는 편지 쓰기는 금강첨화가 아닐 수 없습니다. 어머님의 정신을 이어받은 정열적인 봉사활동을 곳곳에서 펼치셔서 여러 학술적·사회적 진흥사업 공동체를 구축하신 리더이십니다. 현영학, 현봉학 그리고 현웅 이 세 형제분들을 가까이서 따를 수 있던 기회는 저에게는 큰 축복이었습니다. 특히 저는 1971년 선생님이 사시던 뉴저지의 플레인필드(Plainfield) 바로 옆 동네인 웨스트필드(Westfield)에 살게 되었고, 박사님이 봉직하시던 뮬런버그 병원에서 일하면서부터 다년간 현 박사님의 사업을 보조해드리고 모셨던 관계로 귀중한 기억들은 많이 있습니다. 오늘은 그중 한 토막만 소개하겠습니다.

1971년이면 당시 중국은 마우쩌둥이 공산당 주석으로 전권을 장악하던 개방 이전 새빨간 공산주의 나라였습니다. 유명한 저서《중국의 붉은 별》로, 그래서 마오쩌둥의 친구가 된 서방 언론인 에드거 스노(Edgar Snow)와의 연계로 피터 현 선생은 꼭 닫혀있던 중국의 문을 열고 들어가, 중국의 중요 인사들과 친분을 쌓으셨습니다. 1980년대에는 이어서 현봉학 선생님이 중국의 개방과 학술문화 교류에 몰입하셨습니다. 꾸준한 서신 교류로 충분한 준비를 하시고, 1984년 8월 12일 재미교포 의사방문단을 조직하시고 최초로 동북부, 즉 연변 지역 조선족 자치구역을 방문할 수 있는 공안 허가를 받고 입국했습니다.

베이징 공항에서는 안내원와 같이 우리의 대선배이신 방량(方亮) 선생이 마중 나오셨습니다. 방량 선생은 은사의 아들이 왔다고 저를 반기셨습니다. 방량 선생은 세브란스 의전을 1935년에 졸업하신 방관혁 선배님이시고 재학 시 항일운동으로 옥고도 치루시고 늘 감시받던 애국투사였습니다. 졸업 후 저의 선친이 북경 협화대학에 연수의 길을 주선해주셔서 중국으로 도피하시고 중국에 귀화하신 후 중국의 공산당 혁명운동에 가담하셨습니다. 당시 당의 간부로 최고인민회의에 참석하신다고 들었습니다. 공안이 철저한 공항 내를 자유롭게 왕내하시는 것을 보고 보통 분이 아니라고 직감했습니다. 상명여자대학교 창설자이신 배상명 선생의 시동생이 되시고, 현봉학 선생님과 친분을 맺게 되어 이번 방문 일정을 많이 도와주셨습니다.

현봉학 선생님은 관광에 나선 우리 일행에서 자주 빠지시고 방량 선생의 알선으로 그곳의 조선족 지도자들을 만나셨습니다. 첫날 저희가 만리장성을 보고 온 저녁, 북경 조선인 소수민족문학회 대표 김만선(金萬善) 씨와 부인 안옥동(安玉唐) 씨가 찾아오셨습니다. 북경 거리에서 본 모든 남자들이 다 마오쩌둥 복을 입고 있었지만 이분은 평복 차림이었고, 부인과 함께 자가용을 몰고 오셨는데 이때는 거리에서 좀처럼 자동차를 볼 수 없었던 시절입니다. 연변조선족자치주 성립 30주년 기념출판의 문학평론집, 시집, 단편소설집, 희곡집 그리고 월간《조선화보》(朝鮮畵報)를 저희에게 보여주시는데, 공산국가에서 조선의 문화를 이렇게 권장하고 있다는 사실에 놀랐습니다. 안옥동 씨는 중국에 인종차별이 없다는 말씀을 힘 있게 주장하시며, 그 근거로 중국 정부의 다문화 권장 정책을 들었습니다. 그러고는 선뜻 한반도에 통일이 와야 한다고 강조하면서 미군의 철수가 우선되어야 한다고 강조하는데 이 부부의 정치적 배경을 짐작할 수 있었습니다.

그날 또 한 번의 귀한 방문이 있었는데, 당시 중국을 대표하고 특히 조선 장구춤으로 유명한 무용가 김미선(金美善) 여사와 그 따님이었습니다. 그분은 북조선에서 전설의 무용가 최승희 씨의 제자로 춤을 배웠습니다. 여러 잡지에 실린 자신의 무대 활동의 사진들을 보여주고 중국 내 조선 무용의 발달사를 설명하면서 앞으로 본인의 춤의 발전을 위해서는 반드시 남조선의 예술을 배워야 한다고 강조했습니다. 남조선을 동경하고 있었고, 후에 남한을 방문하셨는데 역시 현봉학 선생님의 도움으로 가능했고, 따님이 후에 미국에 유학 간 것도 현 선생님 도움으로 알고 있습니다.

드디어 목적지인 연길에 도착하고 연변의과대학을 방문했습니다. 연변의과대학에서 우리는 대단한 환영을 받았고 동족끼리 만남의 감격, 오랜 세월에 지켜지고 발전한 조선 고유의 문화에 접했을 때는 감격의 절정이었습니다. 저도 이 방문을 계기로 연변의대 정신과와 같이 중국조선족과 한국의 정신장애 유병률 비교 역학연구가 가능했고, 연길의과대학 정신과의 젊은 교수들을 연세대학교에 그리고 후에는 아주대학교에 초빙할 수 있었습니다.

백두산 탐방길에 떠나기 전에 우리 일행은 감시하며 따라다니던 권영달 인민정부외사계장이 저와 피터 현 선생이 서울에서 왔다는 사실을 공산당 정치 보유책임 김응수에게 보고해서 감시 대상이 되었다는 소식을 들었습니다. 이때 우리를 도와주신 분이 연길의대 정(鄭) 부학장이었습니다. 현봉학 선생님과 두터운 친분이 있던 정 부학장은 현 선생님을 통해 우리에게 조심하라고 귀띔해주시고 우리 둘이 묵는 객실에 도청장치가 있다고 알려주셨습니다. 호텔 방에 들어와 구석구석 찾다가 결국 도청장치가 숨겨져 있는 곳을 찾았습니다. 피터 현 선생이 그 장치 앞에 다가가 "안녕하십니까? 피터 현입니다." 하고 자기소개를 하시는데 저의 간은 콩알만 해졌습니다.

백두산 정상과 천지의 감격을 안고 돌아오는 길에 잠시 용정에 들렀습니다. 현 선생님은 이곳에서 시인 윤동주 선생의 묘를 찾아야 한다는 말씀을 하셨고 묘지가 있을 법한 공동묘지만 보고 돌아왔지만, 현 선생님은 윤동주 묘 찾기를 추진하여 결국 묘를 찾으시고 이를 복원하시고 그곳에 묘비까지 세우셨습니다. 3년 후 제가 다시 방문했을 때는 윤동주 선생 생가도 복원되어 지금은 그 고장의 자랑거리로 많은 관광객들이 찾아옵니다. 모두가 현봉학 선생님께서 노력하신 결과입니다.

연길을 떠나 창춘, 선양, 톈진, 시안 등에 갔을 때도 현 선생님은 예외 없이 그곳 의과대학들을 방문하셨는데, 제가 놀란 것은 가는 곳마다 현 선생님과 두터운 친분이 있는 마중나오는 누군가가 있다는 점이었습니다. 그들은 직접 우리를 안내해주고 교수들과의 모임도 마련해주었습니다. 현 선생님은 시안(西安)에서도 관광은 마다하시고 시안대학 병리학 교수들을 만나 간담회를 가지셨습니다. 선양을 방문했을 때는 현 선생님이 제게 함께 가자고 하셔서 그곳에 있는 조선족 기독교회인 서탑(西塔)교회를 방문했습니다. 선양에는 3만 명의 조선족이 살고 있었는데, 이 서탑교회는 공산 치하에서, 그리고 문화혁명의 박해에도 불구하고 교인들이 지켜낸 곳이었습니다. 김애은 목사가 이 교회를 지킨 교역자입니다. 작은 벽돌 교회지만 잘 보존되어있었고 안내해주신 집사님이 전하시는 그동안의 고난의 역사는 저의 가슴을 뜨겁게 했습니다. 마침 제가 지참한 한국말 성경과 찬송가가 있어 그 집사님에게 전해드렸습니다. 현봉학 선생님이 나누어주신 귀중한 경험입니다.

톈진시에서는 톈진인민병원을 방문하여 당시 연세가 81세이신 김현택(金顯宅) 원장님을 만나 뵈었습니다. 김현택 원장님은 국제적으로 '유방암과 에스트로겐(estrogen)의 관계에 대한 연구'로 알려진 분이고, 베이징 협화대학을 졸업하시고 1938년 뉴욕의 슬론 케이터링 암센터(Sloan-Kettering Cancer Institute)에서 수련받으시고 현재 톈진인민병원 원장으로 계십니다. 생전에 저의 선친과도 친분이 있으셨고 현봉학, 피터 현 선생과는 김 원장님 가족과 전부터 두터운 친분으로 왕래가 있으셨습니다. 예외적으로 자유롭게 외국에 나가실 수 있는 특권을 정부에서 허락했다고 들었습니다. 유창한 영어를 구사하시고 국제정세나 남한에 관한 이야기는 아끼셨는데, 중국을 움직이는 고위급 인사들의 동향, 그리고 정부 내 정치의 다이내믹하고 흥미진진한 이야기에 시간 가는지 몰랐습니다. 그 분 역시 우리 한민족의 자랑입니다.

베이징으로 돌아와서는 방량 교수님의 소개로 조선민족학 권위인 황유복(黃有福) 교수를 만났습니다. 많은 연구저서가 있고 한국말 성경도 발간하신 분입니다. 겸손한 학자로 당시 350명의 학생을 슬하에 제자로 두고 계셨습니다. 자신은 학문에만 관심이 있지 이념 특히 공산주의 사상은 자신의 소신이 아님을 밝히셨습니다. 이분은 후에 서울에 오셔서 여러 번 만나 뵙고 도와드린 인연이 되었습니다. 모두가 현봉학 선생이 맺어주신 인연입니다.

베이징에서는 현봉학 선생님과 방량 선생과 같이 최성준(崔成俊)이라는 기발한 교포를 만났고 당시에 상상하기 힘든 구름 같은 이야기를 들었습니다. 방량 선생이 귓속말로 중국 정부의 고위층으로 특히 경제 분야에 능통한 분이라고 소개해주셨습니다. 이분은 우선 미국에 사는 한국 교포들에 대한 정보를 자세히 물어보았습니다. 어떤 조직이 있고 교포들이 몇 명이나 되며 어떤 배경의 사람들이 어떤 단체로 무슨 활동을 하며, 특히 어떤 나라와 가깝게 교류하는지를 묻고, 그런 단체와 같이 일할 수 있는 방법 등을 현 선생님께 물었습니다. 그리고 난 후 자신의 소신과 계획을 소개했습니다.

그는 조선족자치주인 길림성에 있는 풍부한 자원을 일일이 설명하고 백두산을 중심으로 한 관광사업 개발의 그림을 그렸습니다. 스키장 개설과 이를 위한 교통 및 관광 인프라를 구축하는 데 외부의 도움이 필요하다는 이야기, 만주평야에서 자라는 옥수수가 너무 많아 사료로 쓰고도 남아나는데 이것을 해외로 수출하는 길, 그리고 남한에서 제작하는 트랙터(tracter)를 수입해서 농민들이 농업을 개혁하는 구상도 있었습니다. 남한하고의 직접 교역이 불가하니 미국에 있는 교포들이 중간 역할을 하는 것을 검토하고 싶다는 것입니다. 무진장의 지하 탄산수를 상품화하는 이야기, 그리고 제일 놀라웠던 것은 장백산에 무한 매장되어있는 흰 대리석을 캐서 한국에 수출하는 계획이었습니다. 물건을 직접 실어 나르는 방법으로 다롄(大連)이나 이북의 청진항을 이용하는데, 지난 10년 동안 자기가 그 길을 이미 개척했기 때문에 운반 준비는 다 되어있다고 하면서, 일단 미국 시민의 명의로 무역출하 허락을 받고 우선 화폐가 아니라 물물교환식 무역을 시작하는 방법을 설명했습니다. 그리고 이것은 미국 시민이 거래하는 것이라야 가능하다는 것을 강조했습니다.

현봉학 선생님은 자세하게 그리고 이해가 잘 안 되는 부분을 캐물어 보시면서 모든 것을 기록하셨습니다. 후에 방량 선생을 서울에서 만났을 때 이 사업의 차후 경과를 제가 물었습니다. 주저하시면서 이 최성준이란 사람은 없어졌다는 말씀을 하시고 모든 사업계획은 없는 것으로 알라는 좀 애매한 대답을 하신 것이 저에게는 납득이 되지 않았습니다. 짐작컨대 이분이 자세한 내막은 모르지만 요직에서 숙청된 것이 아닌가 하는 의심이 들었습니다.

끝으로 상하이에 들렀습니다. 그리고 또 한 번 잊지 못할 감동의 만남이 있었습니다. 현봉학 선생님이 저를 데리고 현지 조선족 '지하교회'를 찾아갔습니다. 어느 초라한 주택의 지하실입니다. 교인 여섯 분이 모여 현 선생과 저와 함께 기도드렸습니다. 종교 억압의 공산 치하에서 특히 문화혁명의 광풍에도 그들은 신앙을 버리지 않고 지하에서 예배드리고 말씀을 나누었습니다. 현봉학 선배님이 어떻게 이 지하조직을 알고 연락하고 계셨는지 저에게는 미스테리였습니다. 아마 피터 현 선생이 찾아내시고 형님에게 연결시켜주셨다는 것이 저의 짐작입니다. 어쨌든 상하이 지하교회에서 그분들을 만나 함께 예배드릴 수 있었다는 사실은 저에게는 큰 영광이고 값진 경험이었습니다.

이 지하교회에서 피터 현 선생은 기독교 역사에 남을 귀한 유산을 얻으셨습니다. 기독교가 한참 억압당하던 시절 연변 지역에는 한국말로 된 성경이 없었습니다. 지하에서 예배드리는데 성경이 없어 말씀을 나누지 못하는 실정이었는데, 한국말 성경을 가진 분이 있어 그분을 찾아가 그 성경을 빌려서 성경 전체를 펜으로 베끼신 분이 있습니다. 후에 한국말 성경이 인쇄되어 보급되자 그 성경을 쓰신 분이 자기 자신은 자유로운 세상에 가지 못하나 자기가 쓴 성경은 이제 자유를 찾아가라고 상하이의 지하교회로 보낸 것을, 피터 현 선생이 자유의 나라 한국에 가지고 오셨습니다. 피터 현 선생이 이 책을 일간지에 이미 소개하셨고 제가 그것을 빌려 복사해서 한국 여러 교회에 나누어 드렸습니다. 이 귀한

책을 제가 빌려 복사하고 나누는 도중 저의 불찰로 이 원본이 행방불명
이 되었습니다. 온 집안을 몇 번 수색했습니다만 찾지 못하다가 최근에
저희 집사람의 기억으로 있을 법한 곳의 단서를 잡았습니다. 제가 딸아
이에게 보여주려고 미국에 가지고 갔던 기억이었습니다. 이후에 미국
에 가서 저의 짐을 뒤져서 꼭 찾아 피터 현 선생에게 돌려드릴 생각입
니다. 꼭 찾을 수 있기를 기도하고 있습니다.

일생 잊지 못할 주옥같은 추억들을 갖게 해주신 고 현봉학 선생님
은 사람을 죽이는 것이 목적인 전쟁에서 사경에 처한 우리 동포 10만
명의 생명을 살리신 영웅이시고, 저명한 병리학자이실 뿐만 아니라 한
국을 사랑하신 애국자시고 평생 선한 사업과 사회봉사에 헌신하신 분
이십니다. 세계를 무대로 어두운 곳에 자유와 개방의 희망을 선사하신
무명의 외교관이십니다. 그분의 인간성, 정의감, 선한 사업에 대한 집념
은 잊을 수 없고 선생님은 저의 영원한 멘토이십니다.

감사합니다.

2014년 12월
전 아주대학교 총장
이호영

현봉학 선생님과의
아름다운 추억

내가 현 선생님을 처음 뵌 것은 1965년 뉴저지에서 인턴 생활을 하고 있을 때였다. 현 선생님께서는 자동차로 한 시간쯤 떨어진 곳에서 임상 병리 과장으로 계셨는데, 하루는 저녁 초대를 해주셔서 댁으로 찾아갔다. 그때 선생님께서는 돌이 채 못 된 막내아들을 등에 업고 우리를 문간에서 반가이 맞아주셨는데, 세 딸을 낳은 뒤 마지막으로 낳은 아들이라고 좋아하시면서 저녁 내내 그 아들을 업고 다니셨다.

그 후 현 선생님의 등에 업혀있던 필립(Phillip)이 장년이 되어 현 선생님과 함께 다시 만나게 되었을 때는 감개무량하기까지 하였다. 선생님은 뉴저지에서 주일이면 한 시간 반이 넘는 필라델피아의 한인교회를 가실 때마다 나를 데리고 다니셨는데, 왕복 길에 미국 생활에 도움이 될 만한 상식이나 병원에서 해야 하는 일들에 관해 자상하게 일러주시기도 했다.

그 후 선생님과 한동안 접촉할 기회가 없다가 1984년 내가 필라델피아에서 정형외과 의사로 일하고 있을 당시 서재필 기념재단 초대 이사장으로 계실 때에 나를 재단이사로 초청해주셨으며, 그 후로부터 선생님께서 타계하실 때까지 서재필 기념재단을 통해 선생님을 가까이 모시게 되었다. 선생님께서는 초창기에 재단의 어려움과 또한 회장과의 불화로 마음 고생을 많이 하셨다. 1985년부터 내가 재단의 회장과 이사장직으로 12년간 책임을 맡고 있을 때에 선생님의 후원과 격려가 없었더라면 재단은 유지되지 못했을 것이라 생각한다.

선생님께서는 책임감이 철저한 분이셨으며, 시카고학회에 가셨다가도 저녁이면 재단 이사회에 참석하기 위해 비행기로 필라델피아에 왔다가 밤 11시까지 회의를 하고 한 시간 이상을 운전해서 뉴저지 댁으로 돌아가는 정력가이시기도 했다. 나는 늘 선생님은 다른 사람들의 두 배의 삶을 사시는 분이라며 농담 겸 치하를 드렸다.

그리고 선생님께서는 뮬런버그 병원 병리과장으로 계시면서 중국 조선족이 많이 모여 사는 연변을 한인으로는 초기에 정기적으로 1년에 한두 차례를 방문하시면서 연변의과대학의 젊은 교수를 1년간 미국에 초청해서 새로운 지식을 연마할 수 있도록 주선하시는 등 동포 사랑에 열정적이셨다.

2017년 10월
펜실베이니아 대학병원 교수
이봉식

사랑의 화신, 평화의 사절*
현봉학 선생을 그리며

현봉학 선생의 탄신 90주년에 즈음해 현봉학 선생을 추모하는 사람들에 의해 유서깊은 연세대학교에서 '현추모' 행사를 가진다는 소식을 전해 들었습니다. 참으로 뜻깊은 행사라고 생각합니다. 이 기회를 빌어 저는 연변대학교 전체 교직원과 학생들을 대표하여 몇 가지 추모의 말씀을 드리고자 합니다.

현봉학 선생은 전쟁 시절에는 수만 명의 민간인을 살린 사랑의 화신이었고 6.25전쟁 후에는 중한, 중미 교류를 위해 동분서주, 맹활약을 하신 평화의 사절입니다. 특히 선생은 중국에 살고 있는 200만 동포와 저희 연변대학교의 성장과 발전을 위해 수십 년을 하루같이 노심초사, 동분서주하신 분이며 외국인으로는 가장 일찍 박애와 봉사, 희망과 나눔의 정신을 갖고 저희 연변대학교를 찾아주신 고마운 어르신입니다.

---

* 이 글은 제3회 현봉학 박사 추모기념 강연회에 보내온 축사입니다.

중국 대지에 개혁개방의 물결이 일기 시작했을 때 저희 연변대학교 의과대학 교수들은 행운스럽게 현봉학 선생을 알게 되었고 그분의 따뜻한 소개와 주선을 받아 미국의 16군데의 대학교를 견학할 수 있었고 20여 명의 유명한 학자, 교수들을 만나뵐 수 있었습니다.

현봉학 선생은 저희 연변대학교 의과대학의 성장과 발전을 위해 미국을 비롯한 세계 선진국에 있는 학자들과 널리 교류할 수 있는 물고를 열어주셨습니다. 뿐만 아니라 외국의 첨단기술과 설비를 인입할 수 있는 다리를 만들어주셨습니다. 특히 선생께서는 1987년 4월 2일 연변대학교 의과대학의 초빙교수 위임을 흔쾌히 수락하고 서재필기념재단, 고천재단 등을 통해 장학금 마련하셔서 젊고 유능한 학자들을 선발해 미국에 데려다가 유학을 시켰으며, 선진적인 연구설비와 귀중한 의학도서들을 전폭적으로 지원해주심으로써 저희 연변대학교 의과대학의 발전에 중요한 기여를 하셨습니다. 현봉학 교수의 사랑과 관심 속에서 미국에 가서 연수했던 리일용, 송경욱 등 교수들은 성공적으로 연수과정을 마치고 귀국해 저희 연변대학교와 의과대학의 중견교수로 열심히 일하고 있습니다.

1991년 현봉학 선생은 '국제고려학회'를 창립하고 여러 차례 국제학술대회를 개최하였는데 매번 연변대학교 교수들을 각별히 초청해 발표하게 함으로써 우리 대학교 학술연구의 세계화에도 큰 도움을 주셨습니다.

현봉학 선생은 연변뿐만 아니라 지난 세기 80년대 중국의 창춘, 난징, 톈진, 하얼빈 등 지역을 여러 차례 찾아 현지 의학기관과 대학을 방문함으로써 중국 의학사업의 발전과 중미, 중한 관계의 발전에 커다란 기여를 하셨습니다.

현봉학 선생은 하늘나라에 가셨으나 그분의 높은 덕성과 불같은 민족애, 아름다운 평화정신과 탁월한 리더십은 오늘도 우리의 가슴을 뜨겁게 합니다. 우리는 영원히 현봉학 선생의 정신과 사랑을 기리면서 저희 연변대학교를 더 아름답게 꾸려나갈 것입니다.

이 기회를 빌어 현봉학 선생 유가족분들께 따뜻한 위로의 말씀을 올림과 아울러 이번 행사를 주최하신 '현추모' 관계자 여러분과 모처럼 이번 행사에 참가하신 여러분께 깊은 감사를 드립니다.

2012년 11월 28일
중국 연변대학교 총장
박영호

존경하는 현봉학 선생님 추모모임 주관 귀하 여러분, 안녕하십니까? 우선 현봉학 선생님 추모기념 강연회의 원만한 개최를 축하드립니다.

현봉학 선생님 탄신 90주년을 맞이하여 추모기념 강연회를 개최하신다는 소식을 접하고 저는 지난 동안 현봉학 선생님에 대한 추모의 마음을 전해드릴 길이 없어 안타까웠던 마음에 커다란 위로를 받게 되어 고마웠습니다. 현봉학 선생님을 추모하는 여러분의 귀하신 모임에 저 개인의 이름으로, 그리고 '중국조선족 《중학생》 잡지 편집부'와 '중국 조선족 중학생 운동주문학상 운영위원회'와 중국 전 지역의 7만여 명 조선족 중학생들을 대표하여, 지금까지 운동주문학상을 수상해온 모든

---

* 이 글은 현봉학 박사의 탄신 90주년에 즈음한 제3회 현봉학 박사 추모기념 강연회에 허춘희 선생이 보내온 글로서, 현봉학 박사의 중국동포를 위해서 행하신 활동을 자세히 알려주고 있습니다.

수상자 학생들을 대표하여 현봉학 선생님에 대한 깊은 경의와 추모의 마음을 꼭 전해드리고자 합니다.

현봉학 선생님께서는 중국조선족 후세들로 하여금 대를 이어 윤동주 시인을 알도록 하고 윤동주 시인의 넋을 전해가도록 하고자, 그리고 우리글과 우리 민족을 사랑하며 윤동주 식의 민족인재로 자라나도록 하는 데 도움을 주시고자 중국에서 유일한 우리글 중학생 잡지를 만들고 있는 연변인민출판사《중학생》잡지 편집부의 윤동주문학상 설립에 미·중 한인우호협회의 이름으로 뜨거운 후원을 주신 분이십니다.

현봉학 선생님의 후원으로 1999년 말에 설립된 중국조선족 중학생 윤동주문학상은 올해로 13회를 맞이하며 600여 명의 수상자를 배출했습니다. 또 수상자 한국 방문, 금상 이상 수상자 무시험으로, 윤동주 장학생으로 연세대학교에 추천 입학되는 등 여러 가지 뜻깊은 행사를 폭넓게 포괄한 큰 문학상으로 발전을 거듭해왔습니다.

윤동주문학상을 통해 많은 조선족 중학생들이 윤동주 시인을 알게 되었으며 우리글 글짓기에 대한 열성을 불러일으키고 글재간을 키우게 되었습니다. 동시에 하늘을 우러러 한점 부끄럼 없는 삶을 원하며 별을 노래했던 시인의 맑은 심성과 넋을 기리며 우리글과 우리 얼을 지켜가고자 노력하는 마음을 지니게 되었으며, 티없이 맑고 바른 삶을 지향하는 마음의 빛을 얻게 되었습니다.

현봉학 선생님께서 중국조선족 후세들을 위해 고심하셨던 뜨거운 마음과 이루어놓으신 공덕은 자라나는 중학생들과 함께 길이 전해져갈 것이며, 현봉학 선생님의 후원에 힘입어 설립된 윤동주문학상은 현봉학 선생님과 같이 깊은 뜻과 따뜻한 마음을 지니시고 소중한 후원을 이어가시는 고마우신 분들에 의해 계속 잘 운영되고 길이 전해져갈 것이라 믿어 의심치 않습니다.

두 손 모아 현봉학 선생님의 명복을 빕니다.

현봉학 박사의 윤동주문학상 설립과정에 대한 회고

현봉학 회장님께서는 1984년부터 중국 연변으로 다니시며 조선족들을 위해 많은 일을 하신 분으로 알고 있습니다. 그중 현봉학 회장님께서 중국조선족 중학생(중국에서는 중학생과 고등학생들을 망라해 모두 중학생이라고 일컬음)들을 위해 '중국조선족 중학생 윤동주문학상' 설립에 도움을 주신 일은 지금도 중국조선족 중학생들에게 커다란 혜택을 안겨주며 지속적으로 운영되고 있습니다.

제가 현봉학 회장님을 만나 뵙게 된 건 1999년 하반기 늦가을 무렵이라고 기억됩니다. 그때 저는 중국에서 유일한 우리글 잡지《중학생》(1996년 창간)의 주필로 일하고 있었습니다. 그러다 보니 각지 조선족 중학교로 많이 다니게 되었는데 물론 룡정중학교도 많이 다녔습니다. 자연히 윤동주 시인을 알게 되었고 시인의 시 작품에, 특히 서시에 매료되였으며 창간된 지 3년밖에 안 되는《중학생》잡지에 윤동주 시인의 이름으로 조선족 중학생들을 위한 문학상을 만들고 싶었습니다. 그런데 후원자를 찾지 못해 고민하고 있던 중 마침 현봉학 회장님께서 윤동주 시인을 조선족 후세들에게 알리기 위한 일에 정성을 다하신다는 미담을 듣게 되었고 그리하여 꼭 현봉학 회장님을 만나 뵙고 싶었습니다. 결국 1999년 초겨울쯤에 현봉학 회장님께서 연길에 오셔서 대우호텔에 묵게 되신다는 소식을 듣게 되었습니다. 제가《중학생》잡지 한 권과 명함한 장을 들고 무작정 회장님을 찾아 대우호텔로 갔을 때 회장님께서는 대우호텔 로비 커피숍에서 저를 만나주셨습니다. 그러나 초면인데다 사전에 아무런 소개도 들어보지 못한 생면부지의 저를 믿기 어려우신 듯 여러 가지를 상세히 물으셨습니다. "윤동주 시인을 어떻게 알게 되었습니까? 윤동주 시인을 어떻게 생각합니까? 왜 윤동주 이름으로 문학상을 만들려고 합니까? 취지는 무엇이고 수상 대상은 어느 범위의 학생들이고 시상은 어떻게 합니까? 《중학생》 잡지는 어떤 잡지입니까?" 등등. 저의 답변을 상세히 들으시고 나서 회장님께서는 잘 알았다고 하시면서도 선뜻 응낙을 주지 않으시고 아주 짤막하게 이렇게 말씀하셨습니다.

"내가 좀 생각을 해보고 다음번에 연길로 올 때 후원 여부에 대한 답복을 주도록 하겠습니다."

그리고 1999년 말에 다시 연길로 오셨을 때 저를 대우호텔로 불러주셨습니다. 제가 대우호텔에 이르렀을 때 연변대학교 문학박사이자 조선한국학연구소 주임이신 김호웅 교수님도 부인과 더불어 회장님의 부름을 받고 오셨습니다. 우리는 회장님을 모시고 연길시 어느 조용한 커피숍에서 회장님의 말씀을 듣게 되었습니다. 회장님께서는 이렇게 말씀하셨습니다.

"내가 오늘 허춘희 여사를 만나는 자리에 김호웅 교수님을 함께 부르게 된 것은 다름이 아닙니다. 전번에 연길에 와서 허춘희 여사로부터 중국조선족 중학생 윤동주문학상 설립에 후훤해줄 것을 바라는 요청을 들은 후 일본 와세다대학 오무라 마쓰오 교수님과 어떻게 하면 좋을지 의논해보았습니다. 허춘희 여사는 내가 이전부터 아는 사람도 아니고 초면인지라 믿어도 되는지 모르겠고 해서, 사실 지난 동안 룡정중학교에 윤동주를 기리며 글짓기 경연을 하도록 후원해왔는데 내 생각처럼 운영이 잘 되는 것 같지 않아 고민하던 중이었습니다. 마쓰오 교수님께서는 연변대학교 김호웅 교수님은 믿을 만한 분이니 그분께 물어보고 결정하면 틀림없을 것이라고 하셨습니다. 그러니 우선 김호웅 교수님의 생각을 들어봐야겠기에 이렇게 한자리에 불렀습니다."

김호웅 교수님(일본 유학 시절 오무라 마쓰오 교수님의 제자로 계신 분)께서는 그 자리에서 "참 좋은 파트너를 만나셨습니다.《중학생》잡지는 중국 전 지역의 모든 조선족 중학생들을 위해 만드는 유일한 우리글 잡지로서, 우리 민족 후세들에게 윤동주 시인을 알리고 그의 정신을 전해감에 있어서 가장 이상적인 원지가 될 것입니다. 허춘희 여사는《중학생》잡지를 창간한 사람으로서 윤동주문학상을 잘 운영해갈 수 있는 믿을 만한 사람입니다. 시름 놓고 후원하셔도 될 것입니다."라고 조언을 주셨습니다. 그러자 현봉학 회장님께서는 그 자리에서 '중국조선족 중학생 윤동주문학상' 설립에 미·중 한인우호협회의 이름으로 후원하시기로 결정하시고 해마다 인민폐 2만 원을 후원금으로 주시기로 하셨으며, 꼭 후원금을 잘 사용하고 문학상을 잘 운영할 데 대해 부탁하시고 해마다 윤동주 시인의 타계 기념일인 2월 16일에 시상식을 치르기로 의논하셨습니다.

그리하여 이듬해인 2000년 2월 16일, 연길시 우전호텔 대회의실에서 중국조선족 중학생 윤동주문학상 제1회 시상식을 성황리에 거행하게 되었습니다. 제1회 시상식에 현봉학 회장님께서는 사업이 다망하시어 참석하지 못하셨습니다. 그러나 대신 윤동주 시인의 누이동생인 윤혜원 여사와 매제 분이신 오형범 선생님께서 참석하실 것이라고 소식을 전해주셨습니다. 하여 저희들은 1회 시상식에서 처음으로 윤혜원 여사님과 오형범 선생님을 만나뵈었고 두 분께서는 그후부터 해마다 멀리 호주로부터 연길에 오시어 꼭꼭 시상식에 참석해주시며 윤동주문학상 운영을 지켜봐주시고 걱정해주시고 문학상의 발전을 위해 구체적인 가르침을 주시며 수고를 아끼지 않으셨습니다.

이렇게 시작된 윤동주문학상은 올해로 제13회 시상식을 맞이했으며 윤동주 유족분들과 지성인들의 수고와 관심에 받들려 단순한 문학상 시상으로부터 수상자 한국 방문, 금상 이상 수상자 무시험으로 연세대학교 윤동주 장학생으로 추천입학(2007년 제8회 수상자부터 본 방안 향수, 2008년 3월부터 첫 윤동주 장학생 입학 가능) 되는 등 어마어마한 혜택과 영광을 누리는 큰 행사로 발전했으며, 중국 땅에서 조선족 중학생들을 위한 문학상 중 권위성·공정성·영향력 등 면에서 가장 큰 상으로 자리매김했습니다.

현봉학 회장님께서는 제4회까지 해마다 미·중 한인우호협회 이름으로 어김없이 후원해주시고 미·중 한인우호협회 회장직에서 퇴임하시면서부터 후원을 더 이어가지 못하셨습니다. 그러나 현봉학 회장님에 이어 연세대학교, 한국민족문화교육원(이사장 박종오, 학술위원 윤영균), 국제라이온스협회 355-H지구 서포항 라이온스클럽(초대회장 김순견)에서 공동으로 후원을 이어주시어 윤동주문학상이 해마다 발전을 거듭해왔습니다.

윤동주문학상은 2012년 올해까지 13년간 운영되어왔는데 지금까지 문학상에 응모한 중학생은 약 1만 3천여 명, 수상작은 약 600여 편, 한국 방문을 다녀온 수상자는 약 180여 명, 윤동주 장학생으로 연세대학교에 입학한 수상자는 3명에 달합니다(2008년 3월 제8회 대상수상자 한국화 학생 윤동주 장학생으로 연세대학교입학을 시작으로, 한국화 학생 이미 졸업하고 한국에서 취직).

　　윤동주문학상을 통해 이처럼 많은 일들이 이루어지기에 조선족중학생들과 선생님들 그리고 학부모님들께서는 윤동주문학상 백일장에 참가하러 간다면 과거 보러 간다고들 할 만큼 윤동주문학상은 소문 높은 문학상이 되었으며, 이를 통해 윤동주 시인의 이름은 더 널리 전해지고 있습니다. 그만큼 윤동주문학상은 우리 민족의 정체성을 고양함에 있어서도 일정한 역할을 하고 있습니다.

　　수상자 한국 방문은 처음에는 서울 지역 방문, 경주 · 포항 · 울산 · 부산 지역까지의 9박10일 방문으로 이어오다가 지금은 서울 지역과 경주 · 포항 방문 8박9일로 이루어집니다. 한국 방문은 수상자들로 하여금 고국 땅을 밟아보고 민족의 뿌리를 더듬어보며 한국의 발전한 모습을 보며 우리 민족에 대한 자부심을 키우는 동시에 시야를 넓히고 웅심을 키우도록 하는 데 큰 역할을 해오고 있습니다. 특히 연세대학교에서 윤동주 시비를 돌아보고 윤동주기념관을 돌아보고 시인의 발자취를 더듬어보며 시인의 숨결을 가슴으로 느끼고 그의 넋을 기리는 일은 방문단 학생들에게 더없이 소중한 인성 교육, 민족문화 교육이 아닐 수 없습니다.

　　조선족 중학생들은 윤동주문학상을 통해 윤동주 시인을 알게 되었으며 우리글 글짓기에 대한 열성을 불러일으키고 글재간을 키우는 동시에 하늘을 우러러 한 점 부끄럼 없는 삶을 원하며 별을 노래했던 시인의 맑은 심성과 넋을 기리며 우리글과 우리 얼을 지켜가고저 노력하는 마음을 지니게 되었으며 티 없이 맑고 바른 삶을 지향하는 마음의 빛을 얻게 되었습니다.

이 모든 것은 1999년 말, 현봉학 회장님께서 조선족 후세들에게 윤동주 시인을 알리고 그의 넋을 길이 전해가도록 하시고자 반복적으로 고심하시고 후원을 결정해주심으로써 윤동주문학상이 설립되도록 도와주신 덕분입니다. 하여 해마다 윤동주문학상 시상식을 성황리에 치를 때마다 주최자 측과 수상자 학생들은 현봉학 회장님의 은덕을 기리며 고마운 마음을 전하는 걸 잊지 않습니다.

현봉학 회장님께서는 1회부터 4회까지 후원하셨지만 다망하신 관계로 제2회 시상식에밖에 참석하지 못하셨고 또 중국 현지의 실정에 의해 저희들이 회장님을 주석대에도 모시지 못하고 주석대 아래의 맨 앞줄에 윤혜원 여사님, 오형범 선생님과 함께 모셨습니다. 그때 주최측에서는 보다 많은 사람들이 참석하신 가운데 시상식을 치름으로써 보다 많은 사람들에게 윤동주를 알릴 수 있을 것이라는 효과를 고려하여《중학생》잡지 창간 5주년 기념대회와 함께 제2회 시상식을 치르게 되었는데 윤동주문학상을 단독으로 치르지 않은 것에 대하여 회장님께서 조금 노여워하셨습니다. 윤동주문학상을 아끼는 회장님의 마음이셨습니다. 그만큼 현봉학 회장님께서는 윤동주문학상의 바른 운영에 대하여 마음을 쓰셨고 깊은 관심을 가지셨습니다.

중국조선족 중학생 윤동주문학상 수상자 제1회 한국방문단(제2회수상자 학생들)이 처음으로 연세대학교에 이르렀을 때, 현봉학 회장님께서는 몸소 연세대학교에 오시어 수상자 학생들과 인솔자 선생님들을 따뜻이 맞아주시며 윤동주문학상의 발전을 기뻐하셨습니다.

시상식은 제2회부터 해마다 따스한 봄철인 5월 말일에 치르기로 일자를 고쳤습니다. 중국 동북지역의 겨울 날씨가 너무 추워서 멀리 혹룡강성, 요녕성 학생들이 추운 날씨에 기차 타고 버스 타고 시상식에 참가하려고 연길로 오는 것이 불편한 점을 감안해서였습니다.

중국조선족 중학생 윤동주문학상의 취지는 조선족 중학생들의 우리글 글짓기 열성을 크게 불러일으킴으로써 우리글 글짓기 재능을 잘 키워 우리글을 잘 지키고 빛내가도록 고무하는 동시에 중학생들에게 우리글을 사랑하고 고향을 사랑하고 민족을 사랑하며 순결한 삶을 지향한 윤동주 시인을 널리 알림으로써 민족의 미래를 맡아갈 그들로 하여금 윤동주를 기리고 윤동주의 넋을 전해가며 윤동주 식의 민족인재로 자라나도록 도움을 주려는 데 있었습니다.

윤동주문학상은 앞으로도 설립 초의 취지를 잊지 않고 현봉학 회장님과 같은 뜻을 지니신 보다 많은 귀하신 분들의 따뜻한 마음에 받들려 길이길이 잘 운영되어갈 것이라 믿습니다.

이상 어떤 내용은 현봉학 회장님과 직접적인 관련이 없는 것일지라도 그분이 시작하신 일로 인해 이루어져온 것이기에 구구히 적어넣었습니다. 기념 강연에 참고가 되실지 모르겠습니다. 그냥 그때의 과정을 상세히 적을수록 더 참고가 될 것 같은 마음으로 길게 적었습니다.

2012년 11월 15일
중국 연변인민출판사《중학생》잡지 주필
현재 중국조선족중학생 윤동주문학상 운영위원회 고문
중국 연변인민출판사《중학생》잡지 집행고문
허춘희

현
봉
학 선
  생
  을

그
리
워
하
며

현봉학 선생을 생각하면, 그리움이 앞선다. 내가 현봉학 선생을 처음 만난 것은 미국 필라델피아에 있는 펜실베니아대학교에 유학 중이던 1990년, 필라델피아 서쪽 미디어(Media)시에 소재한 서재필기념관(The Philip Jaisohn House)이 개관되자 그곳의 관장 겸 관리인으로 일하게 되면서 였다. 현봉학 선생은 필라델피아에 거주하던 한인과 미국인 유지들이 모여 1974년에 설립한 서재필기념재단(Philip Jaisohn Memorial Foundation)의 초대 이사장을 지내셨는데, 내가 서재필기념관의 관리인으로 일하게 된 당시에는 재단 이사 중의 한 분이셨다. 현봉학 선생은 에너지가 넘치는 힘 있는 목소리를 가진 분이셨는데, 나와 우리 가족에게는 항상 부드러운 목소리로 따뜻한 말씀을 하셨으며, '서재필 정신'을 이야기하곤 하셨다.

참고로, 서재필기념관은 서재필 선생이 1920년대에 신축하여 1951년 돌아가실 때까지 사셨던 집이었는데, 아버지가 돌아가신 후 그곳에 살고 있던 서재필 선생의 둘째 따님인 뮤리엘(Muriel Jaisohn)이 1984년 세상을 떠나자, 서재필기념재단은 1987년에 이 집을 구입하여 서재필기념관으로 개축했고, 1990년에 서재필기념관으로 정식 개관했던 것이다. 미국에서 독립운동을 했던 우리 조상들이 살았던 집 중에서 유일하게 지금까지 보존되어 있는 곳이 바로 서재필기념관이다.

나와 현봉학 선생과의 관계는 유학을 마치고 한국으로 돌아온 후 더욱 돈독해지고 깊어졌다. 현봉학 선생은 서울에 오실 때마다 항상 나의 아내와 아이들에게 줄 초콜릿을 사 오셨던 기억이 새롭다. 특히, 현봉학 선생이 1990대 후반에 아주대학교 의과대학에 와 계실 때에는 자주 만나 뵐 기회가 있었다.

현봉학 선생은 아주대학교로부터 의과대학 의료원장으로 모시겠다는 초빙을 받고 남은 인생을 우리나라 후학의 교육을 위해 봉사하겠다는 뜻을 세우고 수원에 있는 아주의대에 오셨으나, 학교 내의 사정은 복잡했다. 결국 현봉학 선생은 아주의대 임상병리학과 과장으로 후학들을 가르치게 됐는데, 학교 측은 현봉학 선생에게 학교 부근의 다세대주택 내 작은 주거공간을 얻어주었고, 현봉학 선생은 그곳에서 기거하셨다. 그곳은 현봉학 선생이 이룩하신 평생의 공헌과 명성으로 볼 때 참으로 누추했지만, 당신은 크게 내색을 하지 않으셨던 기억이 난다. 단지 현봉학 선생을 만나 뵈러 그곳을 갈 때마다 나의 마음이 아팠다. 현봉학 선생은 아주의대에 초빙 받아 올 때의 약속이 지켜지지 않았음에도 항상 씩씩하게 말씀하시고 행동하셨다. 역시 '영원한 청년 현봉학'이라는 이름이 어울리는 분이셨다.

아주의대에 와 계시는 동안 현봉학 선생은 서울에서 창립된 '서재필기념회'에 객원이사로 참여하셨고, 나는 당시 서재필기념회의 총무이사를 맡고 있었다. 현봉학 선생은 2005년에 재단법인 서재필기념회가 제정한 제2회 '서재필의학상'을 수상하셨다.

현봉학 선생을 생각하면, 나는 현봉학 선생이 누구보다도 서재필 선생의 뜻과 사상을 이어받아 실천하신 분이라는 생각을 떨칠 수 없다. 현봉학 선생은 서재필 선생처럼 의사로서 인간의 생명에 대한 존중과 인류애를 중시하고 실천하신 분이셨다. 현봉학 선생은 중국의 손문, 한국의 서재필, 쿠바와 남미의 체 게바라처럼 의사로서 우리가 사는 공동체에 관심을 돌려 우리 사회와 인류가 겪고 있는 수많은 다른 종류의 병을 치료하기 위해 노력한 분이셨다.

주지하다시피, 현봉학 선생은 6.25전쟁에 참여하여 1950년 12월 흥남철수작전을 책임지고 있던 알몬드 장군(Maj. Gen. Edward M. Almond)을 설득하여 미군 함정을 이용하여 북한 피난민 10만 명을 거제도로 실어옴으로써 그들의 목숨을 살려낸 '한국의 쉰들러'가 되었다. 바로 현봉학 선생이 실천해낸 인간 생명에 대한 존중과 인류애의 발로였다.

현봉학 선생을 생각할 때, 흥남철수작전을 통해 북한 피난민 10만 명을 살려낸 공적이 생각나고 우리가 그것을 기리는 것은 자연스럽고 당연한 일이다. 그러나 그것과 더불어 마찬가지로 중요한 사실은 현봉학 선생이 당신의 생의 후반기를 이산가족 상봉, 민족의 화해와 통일을 위해 온통 헌신하셨다는 점이다. 현봉학 선생은 자신이 10만 북한 피난민을 공산주의 치하로부터 구해냈으나, 다른 한편 10만의 구출이 의도하지 않은 50만, 100만 이산가족을 만들어냈음을 안타까워하셨다. 그래서 현봉학 선생은 생전에 어떻게 이산가족을 상봉시키고 또 분단을 극복하여 민족 화해와 통일을 이룰 것인지 고민하셨던 것이다.

　현봉학 선생은 개인이나 단체로서 당장 북한 주민에게 어떤 직접적인 도움의 손길을 내미는 것이 가능하지 않았던 1980년대에 '미·중 한인우호협회' 회장을 맡아 중국 동북지방 연변 지역의 동포들을 집중적으로 도왔다.《중국조선어문》잡지 발행을 돕고, 윤동주 묘소를 복원하고, 연변 조선족 학생들을 위해《별》지를 발행했으며, 3.13 반일의사릉(1919년 서울에서 3.1운동이 일어나자 연변 지방에서 3.13일 운동이 일어났고, 그때 희생된 열사들을 모신 릉) 복구사업과 윤동주 등 수많은 독립운동가를 배출한 대성중학교(현 룡정중학)를 지원했다. 그리고 연변대학교 의학원에 206상자나 되는 많은 도서를 기증하고, 종근당의 재정적인 지원을 받아 연변대 의대 교수들을 미국에 초청하여 미국 의대와 병원에 유학시켰으며, 하얼빈 안중근 의사 기념사업을 돕기도 했다. 현봉학 선생은 1990년대에는 '국제고려학회'를 창립하고 의료위원장을 맡아 의료 분야를 매개로 남북한의 화해와 통일을 위해 노력하셨다.

　이처럼 흥남철수작전 시 10만 북한 피난민 구조 이후 현봉학 선생의 삶은 어떻게 이산가족들을 다시 상봉케 하며, 어떻게 민족이 화해하고 통일해야 할 것인지, 보통사람들과는 다른 차원에서 고민하고 헌신하셨다. 현봉학 선생이 흥남철수를 통해 10만 명을 구하는 것으로만 당신의 일을 끝냈더라면, 물론 그 자체가 위대한 업적이었지만, 현봉학 선생은 어찌 보면 '반쪽만의 위인'으로 남으셨을지도 모른다. 그러나 현봉학 선생은 당신이 직접 관계했던 역사적 사건의 뒷면에 존재했던 이산가족의 고통과 눈물을 닦아주고 민족의 화해와 통일을 위해 인생 후반부를 온통 바치심으로써 '온전한 위인'이 된 분이셨다. 우리들 조상 중에서 현봉학 선생처럼 '완결된 삶'을 사셨던 분이 얼마나 될까. 오늘따라 현봉학 선생이 무척 그립다.

2017년 10월 18일
(사)현봉학박사기념사업회 이사,
세종연구소 수석연구위원
백학순

"저는 죄인입니다."

"네?"

1998년 10월, 아주대학 병원 임상병리학 실험실.

두 시간에 걸친 부산함 속에 조명이 켜지고 인터뷰 촬영을 시작한 첫머리에 하신 말씀이 놀라웠다. 그의 뒤 벽엔 피난민 14,500명을 갑판에 빼곡하게 채운 메르디스 빅토리호가 슬라이드 영상으로 비치고 있었다.

1950년 12월의 흥남.

영하 30℃를 넘나드는 추위와 중공군의 포위망이 조여오는 급박한 상황 속에 집요하게 미 10군단장 알몬드 중장을 설득한 사람. 민간인 10만 명을 구해낸 전쟁 영웅의 첫마디가 "저는 죄인입니다."라니…. 그리고 이어간 두 시간 분량의 인터뷰 내내 현봉학 박사는 단 한 번도 과장 없이 담담한 말투로 그 당시를 정확하게 묘사해내고 있었다.

인터뷰 동안 수도 없이 언급했던 그의 두 미국인 은인은 당시 미 10군단장 에드워드 알몬드 중장과 에드워드 포니 대령이었다.

흥남철수작전의 결정권을 가지고 있던 알몬드 장군에 대한 그의 기억은 1950년 가을, 미 해병대 사령부 시찰 당시로 거슬러 올라갔다. 미 10군단 사령관과 한국 해병대 통역관으로 만난 자리에서 그들은 깊은 첫인상을 받았다. 사령관은 그와 비슷한 사투리까지 쓰는 젊은 통역관을 눈여겨보았다. 알몬드는 고향 리치먼드 버지니아의 의과대학을 졸업한 의학도 현봉학 박사에게 더욱 친근감을 느끼게 되었다. 알몬드는 바로 다음 주에 함흥에서 열린 이승만 대통령의 강연에 그를 초대했다. 미 사령관이 한국인 통역관에게 직접 비행기 표까지 보내 초청한 것이다.

의사 출신의 젊은 통역관은 이후 10군단의 민사부 고문이 되어 단 하루도 쉬지 않고 헌신적으로 활동한다.

10군단에서 일하게 된 현봉학 박사는 또 한 번의 운명적인 만남을 갖게 된다. 바로 에드워드 포니 대령이다. 현봉학 박사의 포니 대령에 대한 첫마디는 '상륙작전의 최고 전문가'였다. 당시 40년 만의 강추위가 계속됐던 12월의 흥남 부두. 영하 40℃의 폭설 속에서는 미군 병력 10만 명과 35만 톤의 장비 철수조차 장담하기 어려운 상황이었다. 거기에 민간인 10만 명을 철수시킨 '미 전사상 가장 영예로운 후퇴'인 흥남철수작전을 가능케 한 것은 단연 포니 대령의 능력이라고 증언했다.

알몬드 장군의 손자인 역사가 퍼거슨 전 해병대 대령은 서로 깊게 신뢰하고 있던 현봉학 박사와 포니 대령의 노력이 아니었다면 민간인 철수는 불가능했을 것이라고 단언했다.

당시 현봉학 박사는 전시 상황에서의 알몬드 장군의 입장을 정확하게 이해하고 있었다.

"알몬드 장군은 VMI(버지니아 밀리터리 인스티튜트) 출신으로, 그 학교의 모토가 '정직'인데 아주 정직하고 애국적이고 인정이 있었다."고 회고했다.

"군 작전 최고 책임자로서 민간인 피난민들의 사정도 충분히 이해하고 있었습니다."

어려운 상황에서도 피난민 모두를 구출하게 한 동력은 알몬드 장군의 인도주의적인 정신이었다고 감사해 했다.

철수작전이 성공적으로 끝난 이후에도 경주에 있던 알몬드 장군은 현봉학 박사를 거제도로 보내 피난민들의 상황을 점검하게 했다. 10만 피난민들을 뜨거운 동포애로 맞아주었던 거제도 주민들, 고아들을 보살폈던 애광원, 피난 생활에도 교육에 힘썼던 대광학교 등의 보고를 듣고 크게 기뻐했다고 한다.

인터뷰 내내 현봉학 박사는 당시의 일을 정확하게 기억하고 알몬드 장군과 포니 대령의 인도주의와 헌신적인 노력에 감사하고 있었다.

피난민들의 상황을 정확하게 꿰뚫고, 끈질기고 집요하게 미군을 설득하고, 흥남으로의 교통편을 마련하고, 각 처마다 직접 다니면서 연락하는 등 혼신의 힘을 바친 그의 노력은 스쳐 지나가듯 담담하게 얘기했다.

그건 오직 겸손이었다.

인터뷰 후에 미국 취재에서 만난 수많은 미국 인사들이 현봉학 박사에 대해 증언을 해주었다.

현봉학 박사의 헌신적인 노력과 그를 신뢰하게 했던 수많은 일화를 증언하는 알렉산더 헤이그 전 미 국무장관, 에드워드 로우니 전 소련 주재 미 대사, 퍼거슨 전 해병대 대령과 알몬드 장군 생전의 육성 증언 테이프 등이 있다.

그 위급한 순간에 민간인 탈출을 가능하게 했던 것은 오직 현봉학 박사가 미군에게 쌓아온 믿음이었다고 한결같이 증언했다.

혹독한 추위 속에 함흥과 흥남을 오가면서 헌신적인 노력을 했던 현봉학 박사를 직접 봤던 분들은 '한국의 모세'라고 불렸다고 눈물 글썽한 표정으로 인터뷰를 했다.

그런데 막상 그해 겨울을 회상하는 현봉학 박사의 태도는 그가 한 일에 대한 자부심보다는 그를 도와준 이들에 대한 감사의 마음만으로 가득 차 있었다.

그리고 인터뷰 말미에 다시 "저는 죄인입니다."를 반복했다. 오히려 이산가족을 만든 장본인이라고…. 남북 교류가 활발해져서 빨리 남북통일이 됐으면 좋겠다고 했다. 이산가족이 상봉할 수 있도록 남은 여생 최선을 다하겠노라고 거듭 다짐했다.

"인도주의적인 입장에서 피난민을 구출한 미군에 감사하고 또 그 피난민을 받아들인 거제도 주민의 따뜻한 인도주의적인 마음이 얼마나 고마운지 말로 다 할 수 없습니다."

당시 한국의 모세라 불렸던 현봉학 박사님의 인터뷰를 마칠 때 가슴속에 뭔가 뭉클함이 올라왔던 기억을 지울 수가 없다. '아! 이게 진짜

영웅의 모습이구나. 위인이란 바로 이런 분이구나.'

전쟁 이후 미국으로 돌아가 혈액병리학의 권위자로 의학계의 노벨상이라 불리는 이스라엘 데이비스 상을 수상하고, 북한 의료시설 지원, 윤동주 비 건립, 서재필 재단, 중국 동포를 위한 봉사 활동으로 잠시라도 쉴 틈이 없었던 진정한 위인의 겸손에 저절로 머리가 숙여졌다.

나에게 현봉학 박사님은 30년 동안 다큐멘터리를 만들면서 만난 분 중 가장 위대하고 가장 겸손했던 영웅으로 기억된다.

2016년 12월 19일.

현봉학 박사님의 동상이 서울에 세워지던 날, 20년 전 그분을 처음 인터뷰할 때의 감동이 되살아났다.

인류 역사상 가장 큰 휴머니즘을 가능하게 한 분. 한평생 실천한 희생과 봉사, 그리고 한없이 자신을 낮추고 늘 감사하며 살아온 그분의 높은 뜻을 이제는 우리 모두가 기억하고 본받길 기도한다.

2017년 10월 24일
이은택 피디

1,400만 관객을 돌파한 영화 〈국제시장〉. 많은 관객들이 영화 도입부에서 항구에 모인 피난민 철수를 미군 장군에게 간청하는 한 청년의 장면이 기억에 남는다며 화제에 올랐다. "이대로 철수하면 저 사람들 다 죽습니다."라며 호소하던 영화 속 실존 인물이 故 현봉학 의학박사임을 아는 의사들이 많지 않다. 현대 임상병리학의 개념과 교육, 그리고 체계화된 검사실을 국내에 처음 도입한 현봉학 선생은 '한국의 쉰들러'로 추앙되며 2014년 국가보훈처가 발표하는 6.25전쟁영웅에 선정되기도 한 의학자이다.

함경북도 함흥에서 성장기를 보낸 현봉학 선생은 1941년 세브란스 의전에 입학 후 방대한 내용의 병리학 분야를 명료하고 열정적으로 강의하던 '윤일선' 교수에게 감화되어 전공을 병리학으로 선택한다. 대

---

* 이 글은 2015년 2월 《대한의사협회지》에 기고된 글을 재수록한 것입니다.

학 졸업 후 평양기독병원 인턴으로 근무하던 현봉학 선생은 해방 후 공산치하의 압제를 피해 가족과 함께 서울로 월남한다. 이때 영어교사로 만난 윌리엄스 부인은 현봉학 선생의 학문과 인생 항로에 큰 전환점을 마련해준다. 현봉학 선생의 높은 학업 성취력과 열정을 본 윌리엄스 부인이 자신의 아들인 '조지 윌리엄스'가 병리학 교수로 있던 미국 버지니아 주립의대로 유학을 권하고 필요한 수속과 여비까지 마련해주었다. 2년간의 유학 후 모교로 돌아온 현봉학 선생은 임상병리학 강의를 개설하는 한편, 세브란스 병원에 최신 임상병리 검사실을 마련했다. 그러나 수개월 만에 발발한 6.25전쟁으로 국내 임상병리학 발전을 이루겠다는 현봉학 선생의 꿈은 꺾이고 만다.

1950년 12월, 중공군 참전으로 전황이 불리해진 유엔군이 함흥에서 철수를 서두르자 뒤따르던 10만여 명의 피난민도 부두로 몰려들었다. 당시 미 제10군단 민사부 고문관으로 참전 중이던 현봉학 선생은 알몬드 사령관에게 기나긴 간청을 통해 군수물자를 버리는 대신 피난민 전원을 군함과 지원선을 통해 거제도로 후송하는 기적을 일군다. 휴전 직전 다시금 도미한 현봉학 선생은 미국 펜실베이니아 의대에서 의학박사를 받고 콜럼비아 의대와 토머스 제퍼슨 의대 교수를 역임했으며, 미국의학회지와 미국병리학회지 편집위원을 지냈다.

특히 스승인 윌리엄스 교수의 뒤를 이어 미국 내 최고의 임상병리학자로 자리매김한 현봉학 선생은 미국 임상병리학회(ASCP)가 주는 세계적 권위의 '이스라엘 데이비슨 상'을 수상했으며, 오랫동안 연구하던 뉴저지 뮬런버그 병원은 선생의 업적을 기려 병원 병리학연구실을 '현봉학 임상병리교실'로 명명하기도 했다.

아버님의 산소와 친척을 두고 온 실향민으로서 누구보다 이산가족의 슬픔을 잘 알고 있던 현봉학 박사는 10만여 명의 피난민 탈출을 도왔지만, 결과적으로 100만 명의 이산가족이 생겨난 것에 대해 항상 가슴 아파하였다. 이 때문에 현봉학 선생은 '1950년 크리스마스의 기적'을 가져온 공로에 대해 가족에게도 거의 언급하지 않았다. 대신 다양한 방면에서 이산가족 만남과 통일운동에 자신이 기여할 바를 조용히 찾았다. 또한 중국 연변의과대학 명예교수로 자주 중국을 방문한 선생은 윤동주 시인의 시를 읽고 감명받아 연변의 지인들과 연변에서 교환교수로 있는 일본인 오무라 교수에게 부탁하여 찾게 하고, 그동안 방치되어 있던 윤동주 시인의 묘쇼를 재단장하였으며, 현지에 '윤동주문학상'을 제정하여 시인의 글과 정신이 계속 전해지도록 했다. 또한 서재필 선생 기념재단을 미국에서 설립하는 한편, 남북 이산가족 상봉을 위한 다양한 통일운동에도 참여한 사회운동가로서의 면모를 보인 현봉학 선생은 자신의 오랜 터전이었던 뮬런버그 병원에서 향년 85세로 별세했다.

2015년 2월
한승경

Memoris of Dr. Hyun[*]

For me, a young Korean boy reared in a devoutly Christian home, December was always a month of eager anticipation and celebration, which began with renewed hope that carried through the season of Advent to Christmas Day. It was a time of loving affirmation and joy, celebrated in the safety and security of family and friends.

But in December of 1950, the year of my 14th birthday, our household was thrust instead into a turmoil generated from outside.

Threatened by the North Korean Communist forces, who were

---

* 이 글은 흥남철수 시 미 해병 10군단 야전병원에서 헌신했던 이준철 선생의 아들인 이웅범 박사의 글입니다. 이웅범 박사는 1961년 연세의대 졸업 후 도미하여 미국에서 인술을 베풀었습니다. 원어 자체에서 풍기는 그 당시의 생생한 감동을 살리고자 한글로 번역하지 않고 그대로 싣습니다.

hostile to all South Koreans, and Christians in particular, my family had already retreated into the hills of Hungnam for safety.

Then, in December, what was only previously experienced as a threat, became a terrifying reality. The North Korean Communist forces were advancing. Hundreds and thousands of Korean civilian refugees needed immediate evacuation from Hungnam or face the very real threat of annihilation.

As a boy, I had learned the story of Moses, for whom I was named. I had often read of the Exodus experience, now it was a reality. With only a few personal belongings, enough to be comfortably carried, my mother and father, my younger brother and I left everything behind. We gathered at the port, losing ourselves in the crush of humanity, and waited in fear and trepidation to board the ship that would carry us to safety 200 miles south to Pusan.

I remember the wait ⋯ looking into the faces of my fellow countrymen, women and children, faces distorted with the fear of not knowing⋯ not knowing where they were going or if they would even be able to board the ship. Their eyes were filled with the pain of separating from all they have ever known and valued, hands clenched, holding fiercely to that which was left. We were a tremulous mass of human suffering, huddled shivering against the bitter December cold. It was an image that would remain with me always. Even today, the memory of this all too human experience continues to compel me toward a more compassionate medical practice in Norwich, Connecticut, where I specialize in International Medicine.

As I reflect back from my privileged vantage point today, there is no experience more valuable to me than those I lived aboard the ship, where life and the fullness of the human drama pressed up close. Women labored and brought forth new life, giving meaning and poignancy to the Christmas season. The old and sick failed, too fragile to fight their hunger and the cold. Egos, status, wealth, titles were meaningless, as if the suddenness of the exodus had pierced the armor of our pretensions and touched our humanity at a deeper place. No matter who we were, we were stripped down to our essential selves. If we were to survive, we had to rise above our pretty differences and self-interests and pull from within to contribute the best of ourselves to the survival of the larger community. That we succeeded in doing this was a miracle.

I am particularly indebted to my mother and father, Dr. and Mrs. ChoonChul Lee, who modeled Christian compassion and a selfless willingness to serve; to Lt. Col. Carl T. Dubuy, for his warmth and encouragement as well as his depth of understanding of the human condition; and to Bong Hak Hyun, M.D., for his skillful intervention with the commanding officer of the 10th

Corps, and whose leadership, persistence and courageous spirit instilled in all of us, young and old, the very hope and confidence we needed to survive this experience and transform it into the "food" that would sustain us on our journey.

Hopefully, those who read the details of this refugee rescue operation and the beginning of the first MASH unit in the articles below, will resonate to his experience in a way that recalls with gratitude the sacrifice and courage of those who paved the roads on which we walk today.

맺는말

현봉학 박사를 처음 만난 것은 1995년 가을쯤으로 기억된다. 필자가 필라델피아에 있는 토머스 제퍼슨 의대 병원 피부과의 고영재 교수 밑에서 임상연수를 받고 있을 때, 현봉학 박사와 점심식사를 하게 되었다.

필자의 숙모인 한혜원 교수가 같은 병원에 내과교수로 근무했기에 점심 자리를 같이했다. 현봉학 박사는 필자의 대선배(1944년 세브란스 졸업)로서 미국에 연수 온 후배에게 격려의 말씀과 함께 민간인의 흥남철수작전에 대해 자세한 내막을 얘기해주었는데, 흥남철수작전으로 남으로 피난 온 부모님 슬하에 자란 탓에 무척 감명 깊게 들었다.

세월이 흘러 2010년 세브란스 피부과 스승이셨던 이성낙 가천대학 명예총장님이 '현봉학 박사를 추모하는 모임(현추모)'의 회장이 되시면서 필자에게 간사 직책을 맡아주길 부탁해서 얼떨결에 맡게 되었지만, 지금 생각해보니 그것은 '나와 현봉학 박사의 운명적인 재상봉'이었다.

2007년 현봉학 박사가 소천하시고 현봉학 박사의 애국애족 정신을 추모하고 기리고자 '현추모'가 설립되고 2008년 서거 1주기 기념식

현봉학 박사와의 첫 만남(1995)
왼쪽부터 고 현봉학 박사, 필자, 숙모 한혜원 교수

을 성대히 거행하고는 그 후 활약이 미미하던 참에 새로 현추모 회장
으로 뽑히신 이성낙 교수와 필자가 현추모를 맡게 되었다. 이성낙 회장
은 아주의대 의료원장 재직 시, 토머스 제퍼슨 의과대학 병원에서 은퇴
하신 현봉학 교수를 1996년에 아주대학 병원의 임상병리과장으로 초
빙하신 분으로 '시대를 영웅'을 알아보는 혜안을 가진 분이다. 필자는
2010년부터 현추모 간사로서 이성낙 회장을 도와 세인의 관심에서 멀
어진 현봉학 박사 추모 강연회를 활성화하기 위해서 현봉학 박사의 동
생인 피터 현과도 만나 대화를 나누기도 했다.

　　연세의료원과 연세의대 동문들이 뜻을 같이하여 기념식을 매년 개
최하던 중 국가보훈처가 2014년 12월의 6.25전쟁영웅으로 현봉학 박
사를 민간인으로는 처음 선정하여 2014년 7월 하얏트 호텔에서 열린

6.25전쟁영웅 기념식을 개최하였다. 그때 현봉학 박사의 셋째 따님인 헬렌 현과 아들 카일(Kyle)을 처음으로 만났다.

그 후 이성낙 회장께서 제4회 추모강연회를 전쟁영웅 선정 축하연으로 바꾸자고 하여, 당시의 의료원장인 정남식 교수와 이병석 학장에서 협조를 요청하였다. 그리고 미국에 거주하고 있던 현봉학 박사의 가족들은 부친의 6.25전쟁영웅 선정 축하연 소식에 기뻐하며 둘째 딸 에스더 현, 셋째 딸 헬렌 현 가족들이 축하연에 참석하였고 연세대학교 총장 및 국가보훈처 처장, 대한의사협회 회장, 국회의원, 흥남철수 기념사업회 관계자, 함경남도 지사 등 많은 귀빈이 참석하게 되는 성대한 축하연이 되었다. 이 축하연에는 흥남철수 시 민간인 구출을 위해 현봉학 박사를 도와 알몬드 중장을 설득한 미 해병 10군단 군수참모였던 인정 많았던 포니 대령의 자손들도 헬렌 현의 연락으로 참가하게 되었다. 더욱이 마지막 피난선인 메르데스 빅토리호에서 태어난 5명의 아이 중 5번째로 태어난 '김치5' 이경태 원장도 참석하여 현 박사 가족들에게 감사의 뜻을 전했다.

현봉학 박사의 전쟁영웅 선정 축하연의 성공적인 개최 후 국가보훈처에서는 현봉학 박사의 동상 설립 등 여러 가지 현충 사업을 제안하였는데, 우선 현봉학 박사의 동상 설립이 채택되어 연세대학교, 연세의료원, 국가보훈처, 대한민국 해병대, 현추모 임원들이 주축이 되어 진행하여 뜻있는 분들의 기부와 도움으로 2016년 12월 19일 세브란스 빌딩 앞에 동상이 건립되었다.

동상 건립 후 현봉학 박사의 휴머니즘과 뜨거운 동포사랑 정신을 계승하고 후대에 널리 알리려면 '현추모'라는 임의 단체보다 사단법인으로 만드는 게 좋겠다는 현추모 회원 및 국가보훈처의 뜻을 모아 2017년 12월 4일 국가보훈처 산하 (사)현봉학박사기념사업회가 탄생되었다. 이 자리를 빌어 현봉학 박사의 6.25전쟁영웅 선정 및 동상 설립에 도움을 주신 전 국가보훈처 박승춘 처장과 사단법인 설립과 제1회 동상 제막식 기념행사에 도움을 주신 국가보훈처 피우진 처장에게 깊은 감사를 드린다. 동상 설립을 위해 함께 수고한 서울보훈청 이재진 과장, 박해남 주무관에게도 감사의 말씀을 드리고 싶다.

사단법인 창립과 함께 현봉학 박사의 일생을 재조명하여 그의 애국애족 정신과 활동이 담긴 새로운 자서전을 재발간하기로 하고, 현봉학 박사의 자서전인 《내 인생에는 은퇴가 없다》(역사비평사, 1996)와 《한국의 쉰들러 현봉학과 흥남 대탈출》(현추모, 1999)을 기본으로 하여 현봉학 박사의 일대기와 후학들이 현봉학 박사를 기렸던 기록들을 함께 모아 이번 이 책을 출간하게 되었다.

이 책의 발간에는 미국에 있는 현봉학 박사의 가족들이 제공한 소중하고도 역사적 가치가 있는 사진이 크게 도움이 되었고, 이 모든 일의 진행 업무를 도와주신 연세의료원 윤도흠 원장과 의과대학 송시영 학장, 의료원의 김종민 행사과장, 의과대학 총동창회 최승희 사무국장 이하 여러분에게 감사드린다. 마지막으로 이 책을 발간하며 함께 고생한 북코리아 출판사 이찬규 사장님에게도 감사드린다.

2017년 12월
(사)현봉학 박사 기념사업회 회장
한승경

(사)현봉학박사기념사업회 기념식 모습들

현봉학 박사 기념사회업회 창립총회(2017. 7. 25)

현봉학 박사 기념사회업회 창립총회를 마치고

(사)현봉학박사기념사업회 이사진 명단

직위	성명	주요 약력
이사장	한승경	연세대학교 의과대학 총동창회장 전) 현봉학박사 동상설립위원회 사무총장 　연세의대 피부과 교수
이사	백학순	세종연구소 수석연구위원 재단법인 서재필기념회 이사 전) 현봉학박사 동상설립위원회 위원
이사	송시영	연세의대 학장 보건산업정 책심의위원장 대한소화기암학회 이사장 대한췌담도 학회회장
이사	오광섭	조각가 오다미 스튜디오 대표
이사	조경희	아태국제의료정보학회 회장 전) 대한가정의학회 이사장 　대한의료정보학회 회장
이사	장양수	연세의대 내과학교실 주임교수 세브란스 병원 내과부장 연세대학교 총동문회 상임이사(공공분야)
이사	유승흠	(재)한국의료지원재단 이사장 필란트로피(Philanthropy) 소사이어티 회장 전) 유한학원 이사장 　(사)대한민국의학한림원 회장
이사	조수봉	사진작가 (사)한국사진작가협회 누드분과 부위원장 북청군민회 자문위원
이사	이성낙	가천대학교 명예총장 전) 연세의대 피부과학 주임교수 　아주의대 학장 및 부총장
이사	김일순	연세의대 명예교수 연세대학교 재단 감사 전) 연세대학교 의무부총장 겸 의료원장

직위	성명	주요 약력
이사	최규식	연세의대 외래 임상교수 의료법인 해정의료재단 회장 전) 연세의대 동창회장
이사	전굉필	전굉필 소아과 원장 전) 연세의대 총동창회장 　　연세대학교 재단이사 　　현봉학박사 동상설립위원회 위원
이사	이은택	(주)아시아채널 대표 고려대학교 미디어학부 겸임교수 전) KBS 다큐멘터리 피디
이사	윤도흠	연세대학교 의무부총장 겸 의료원장 의료분쟁 조정 중재원 이사 대한병원협회 부회장 연세사회복지재단 대표이사 연세의대 신경외과학 교수
이사	네드 포니	WRITER 전) PRINCIPAL AND TEACHER 　　– at schools in Colorado and North Carolina
이사	박창일	학교법인 연세대학교 이사 연세대학교 의과대학 명예교수 세계재활의학회 명예회장 전) 연세대학교 의무부총장 겸 의료원장
감사	권용대	(주)카프로 경영지원본부 부사장 전) 코오롱건설 경영지원본부장 　　코오롱그룹 연수원장 　　오운문화재단 대표
감사	김흥기	삼일회계법인 부회장 동국대 겸임교수 전) 연세대 겸임교수

현봉학 이력

학력

1941. 3	함흥고보 졸업
1944. 9	세브란스 의전(연세대 의과대학) 졸업
1959. 5	펜실베이니아대학원 박사학위(D. Sc)
1991. 5	연세대학교 명예박사(과학 분야)
2001. 5	세종대학교 명예문학박사

경력

1944-45	평양 기독병원 인턴
1947-49	버지니아 주립의대 임상병리학 수련의
1950. 3-6	세브란스 의전 강사(임상병리학교실 창설)
1953-55	이리 펜실베이니아 해머트 병원 수련의
1955-60	펜실베이니아 의과대학 병리학 강사
1955-68	펜실베이니아 의과대학원 병리학 연구생
1960-61	버지니아 주립의대 부교수(병리학)
1961-88	뉴저지 뮬런버그 병원 병리과장
1964-70	컬럼비아대학 의대 조교수
1966, 1968, 1972	연세대학교 의과대학 교환교수

1966-88	뉴저지 주립의대 부교수, 정교수
1970-96	연세의대 재미동창회장, 이사, 이사장 역임
1974-2007	재미 한인의학협회 회장(1978-79), 상임부회장(1992-95), 학술위원장, 국제위원장, 출판위원장, 장학위원장 등 주요 멤버로 활동
1976-2007	미국 임상병리학회 혈액병리분과위원, 위원장 등
1977-88	뉴저지 병리학회 학술위원, 위원장
1980-85	미국 병리학 보드 시험관(출제, 심사)
1980-85	미주 국제의사회 이사
1981-95	미국병리학회 혈액병리위원, 국제위원회 위원
1983-88	미국병리학회지 편집위원
1984-90	미국 의학협회 진단, 치료, 기술 기재 전문위원
1986-2007	연세의학지 편집위원
1987-2007	중국 연변의대 명예교수
1988-2007	토머스 제퍼슨 의대 교수, 명예교수
1991-94	재미 한인병리학회장
1996-2002	아주대학교 의대 교수, 과장

공적 사항

1974	연세의대에 윤일선 교수를 기념하는 동호상(東湖賞) 설립
1970-2007	미국 기독교고등교육재단 이사(1975-84), 여러 위원회 위원 및 위원장, 고문(1986-2007)으로, 특히 한국기독교고등교육(연세대, 서강대, 이화여대, 숭실대, 한남대, 서울여대 등)에 기여. 재단을 통해 연변대학과 연변의학원 지원
1976-2007	서재필기념재단 초대 이사장(1976-85), 명예이사(1986-2007) 등으로 활동하면서 수많은 추모사업 지원. 서재필장학제도 창설 운영. 1994년 4월 서재필 박사 유해봉송공동위원장 역임
1982-85	하버드 옌칭재단 이사로서 아시아고등교육(사회과학 분야), 특히 한국 고등교육 발전에 공헌

1985-2007	미 · 중 한인우호협회 회장
	《중국조선어문》 잡지에 많은 조언과 원조
	윤동주문학사상연구회 명예회장, 윤동주 묘소 복원
	윤동주문학상 설립 및 《별》지 발행 및 명예 주필
	3.13열사릉 복구사업 원조
	연변의학원 도서 기증(206상자/10만 달러어치)
	연변대학 장학생제도로 외국 유학 추진
	하얼빈의 안중근 의사 기념사업 지원
1987-96	재미 한인대학생총회(KASCON) 연사(2, 6, 7, 8, 9, 10차), 고문(6, 7, 8, 9, 10차). 미국 및 캐나다 대학생의 발전 및 정신적 지주 역할. KASCON의 모체인 미래재단 고문
1991. 1 -1995. 6	국제고려학회(의료위원장으로 제1차 고려학회 세계의학회 대회장, 1992). 학회 미주지역 회장으로 국제학회 공동대회장, 1993)
	이민사회의 여성문제학회 준비위원장(1994)
1995. 11	재미 한인유적복구사업회 대표
1996. 1	제3차 미주동포지도자회의(Hawaii) 간부 겸 초청연사
1996. 2	SAT II(Scholastic Assessment Test) Korea Committee(한국학진흥재단) 공동위원장으로 미주동포들의 정치적 도약, 학생 고등교육 진흥, 한국학 발전에 공헌
	국제 한국학대회 "해외 한민족과 차세대"(로스앤젤레스, 1996. 7. 19~22) 공동위원장
1996-2002	재단법인 서재필기념회 객원이사
1996-2007	미국 학술평가시험(SAT II) 한국어위원회 공동위원장
1999-2001	우리민족서로돕기운동 보건의료협력본부 고문
1999-2007	해외 한민족진흥후원회 공동대표

한국전쟁 시

1950. 6-10	대한민국 해병대 사령관 고문
1950 -1951. 7	미 10군단 사령관 민사부 고문
	흥남철수작전 시 민간인 10만 명 구출에 숨은 공로

| 1951. 1-7 | 역사, 미술, 번역 등 각 분야 전문가로 구성된 미 10군단 내 '한국군 전사반' 조직, 전사 작업에 일익 담당 |
| 1951-52 | 대한민국정부 보건부 장·차관 고문으로 활약 |

주요 수상 경력

1980	윌리엄 오거스트 상(시상처: 뮬런버그 보건재단)
1988	뮬런버그 병원의 병리학교실을 '현봉학 병리검사실'로 명명
1965-	수많은 과학상, 공로상 수상
1992	Distinguished Service Award honoring Israel Davidsohn(미국 임상병리학회)
1994	The Kirk Steiff Pewter Award(미국 임상병리학회 교육공로상)
1995. 8. 15	조국을 빛낸 해외동포에 선정 서울시 명예시민증 수여(서울특별시)
1996. 5. 11	연세학술대상 수상(연세대학교)

저서 및 논문

저서	혈액병리 분야 저서 6권 《중공의 한인들》(피터 현 공저, 범양사, 1984) 《나에게 은퇴는 없다》(역사비평사, 1996) 《한국의 쉰들러 현봉학과 흥남 대탈출》(현추모, 1999)
수필	일간지, 의학계 출판물 등에 수십 편
논문	1996년까지 총 90편(혈액학/혈액병리학)
초록 및 Editorials	1996년까지 총 60편(혈액학/혈액병리학)